ÖSTERREICHISCHE AKADEMIE DER WISSENSCHAFTEN
PHILOSOPHISCH-HISTORISCHE KLASSE
SITZUNGSBERICHTE, 420. BAND

GERTA HÜTTL-FOLTER

Die trat/torot-Lexeme in den altrussischen Chroniken

Ein Beitrag zur Vorgeschichte der russischen Literatursprache

VERLAG
DER ÖSTERREICHISCHEN AKADEMIE DER WISSENSCHAFTEN
WIEN 1983

Vorgelegt von w. M. Günther WYTRZENS in der Sitzung am 23. Juni 1982

Gedruckt mit Unterstützung durch den Fonds
zur Förderung der wissenschaftlichen Forschung

ISBN 3 7001 0600 9

Druck: R. Spies & Co., 1050 Wien

Seit 1971 beschäftige ich mich mit der Sprache der altrussischen Chroniken, soweit es zahlreiche andere Verpflichtungen erlaubten.

Im Laufe dieser langjährigen Arbeit ergab sich Gelegenheit, verschiedenste Einzelprobleme mit zahlreichen in- und ausländischen Slavisten und Sprachwissenschaftlern zu diskutieren und so einer Lösung näherzubringen. Ihnen allen sei hier nochmals herzlich gedankt.

Mein aufrichtiger Dank gilt weiter dem Fonds zur Förderung der wissenschaftlichen Forschung, der meine Arbeit seit 1978 finanziell unterstützte und so die Mitarbeit eines Forschungsassistenten ermöglichte. Herr cand. phil. Norbert Brien hat diese äußerst mühevolle Arbeit — wie Sammeln der statistischen Angaben, Zusammenstellung sämtlicher Tabellen, Maschinschrift des Manuskripts und Mitlesen der Korrekturen — fünf Jahre hindurch bestens erfüllt, und dafür bin ich ihm sehr dankbar. Für den Vergleich des Wortmaterials aus den Chroniken mit dem modernen Russischen bin ich Dr. Ilona Polterauer sehr verpflichtet sowie Mag. Birgit Enzinger für die Zusammenstellung des Wortregisters.

Für die Drucklegung meines Manuskriptes im Rahmen der Sitzungsberichte spreche ich der Österreichischen Akademie der Wissenschaften meinen aufrichtigen Dank aus, ebenso wie nochmals dem Fonds zur Förderung der wissenschaftlichen Forschung, der durch eine weitere finanzielle Unterstützung den Druck ermöglichte.

Daß die äußerst schwierige Drucklegung zügig vor sich ging, wurde sehr durch die geduldige Mithilfe von Herrn H. Sauer (Druckerei Spies) gefördert; dafür danke ich ihm vielmals.

Gerta Hüttl-Folter

INHALT

EINLEITUNG

ERSTER TEIL

ZWEITER TEIL

DRITTER TEIL

VIERTER TEIL

VORWORT

Im Mittelpunkt dieser Untersuchung steht das bedeutendste historische und kulturhistorische Denkmal der Kiever Epoche, die sogenannte „Nestorchronik“ (Повесть временных лет = PVL). Sie stellt zugleich eine Hauptquelle für die sprachliche Erforschung der altrussischen Periode (11. bis 14. Jahrhundert) dar, wie die Fülle der Fachliteratur über dieses vielschichtige Werk bezeugt. Ein wesentlicher Grund, warum trotzdem viele Aspekte umstritten oder ungeklärt bleiben, ist darin zu suchen, daß die Urfassung der Nestorchronik vom Anfang des 12. Jahrhunderts nicht erhalten blieb, sondern nur späte Abschriften in Regionalchroniken, namentlich in der Laurentius-Handschrift (1377, = PVL L) und in der Hypatius-Handschrift (Anfang des 15. Jahrhunderts, = PVL Ip). Eine befriedigende Rekonstruktion der Urfassung ist bisher nicht geglückt und wird es wohl auch in Zukunft nicht geben. Somit muß man bei der sprachlichen Analyse von den tatsächlich erhaltenen Texten ausgehen und sich ständig bewußt bleiben, daß diese nur konkrete Glieder einer Entwicklungskette darstellen. Das heißt, die Ergebnisse einer solchen Analyse sind gültig für einen bestimmten Text, die nicht ohne Vorbehalte verallgemeinert oder auf die Urfassung zurückprojiziert werden dürfen. Trotz intensiver Erforschung haben also die Resultate nur bedingten Charakter, wie Spezialisten mit Bedauern zugeben, ebenso die Verfasserin dieser Studie nach mehr als zehnjähriger Arbeit.

Der Großteil dieser Monographie ist eine synchrone Beschreibung der russischkirchenslavischen (rksl.)-altrussischen (ar.) lexikalischen Wechselbeziehungen, konkret — der auf den urslavischen Lautgruppentypus *tort zurückgehenden Lexeme — in der Nestorchronik. Das Ziel, das mir im Laufe dieser Arbeit ständig vorschwebte, war jedoch zugleich, die Entstehung dieser komplexen Beziehungen aufzuspüren und schließlich, sie als Ausgangspunkt der späteren Entwicklung zu skizzieren. Dieses diachrone Ziel ergab sich folgerichtig aus meiner — von mehreren Spezialisten geteilten — Auffassung, daß die neuere russische Literatursprache (ab dem 18. Jahrhundert) genetisch eine Fusion aus ksl. und russ. Elementen darstellt. Die Anfänge dieser Hybridisierung sind meines Erachtens bereits in der ar. Periode zu suchen und zeigen sich besonders klar in den Chroniken. In diesem Sinn ist die vorliegende Arbeit ein Beitrag zur Vorgeschichte der Jahrhunderte später entstehenden einheitlichen russischen Literatursprache, wie der Titel anzeigt.

Über die rksl.-ar. lexikalischen Wechselbeziehungen existiert eine überaus reiche Fachliteratur, jedoch ist noch vieles ungeklärt oder umstritten. Die vorliegende Studie unterscheidet sich von den allermeisten bisherigen Untersuchungen durch ihre Gesamtkonzeption. Wir gehen von der Auffassung aus, daß die Sprachsituation in der Rus am zutreffendsten durch den Begriff „Diglossie" charakterisiert wird. Die genannten Wechselbeziehungen werden im Rahmen dieser Konzeption analysiert. Es stehen daher soziolinguistische, psycholinguistische und pragmatische Faktoren im Vordergrund.

Wir nehmen im folgenden schlagwortartig vorweg, was diese Studie beinhaltet und welche die wesentlichsten Ergebnisse sind:

1. Der allgemeine Sprachcharakter der besterhaltenen Abschrift der Nestorchronik (= PVL L) wurde aufgrund einer Zählung von rksl. und ar. distinktiven Merkmalen bestimmt. Resultat: 91% des narrativen Textes von PVL L ist in fast reinem oder (ganz) überwiegend kirchenslavischem Sprachschlüssel abgefaßt.

2. Dies erlaubt, das Schwergewicht der weiteren Untersuchung auf die Russismen in PVL L zu konzentrieren. Da Polnoglasie das ar. Merkmal katexochen ist, werden die torot-Lexeme erschöpfend behandelt.

3. Wesentlichstes Ergebnis: Der Gebrauch sämtlicher austauschbarer torot-Lexeme in ksl. Kontexten ist in PVL L m o t i v i e r t. Ihre Funktion ist, den Bezug auf die Rus zu unterstreichen, das heißt, sie beziehen sich nur auf Russen, Waräger und das russische Land (vier Ausnahmen von 189 Vorkommen).

4. Die neueingeführte Motivation „(pragmatisch) situationsangemessene Darstellung"[1] steht an erster Stelle; bisher anerkannte Motivationen wie direkte Rede und realistische Darstellung von Konkretem sind Teilaspekte von dieser.

5. Stilistische Variation von synonymen trat/torot-Lexemen ist in PVL L entgegen bisherigen Annahmen nur eine sekundäre Motivation, also eine Begleiterscheinung.

---

[1] Diesen Terminus der linguistischen Pragmatik gebrauchen wir in spezieller Bedeutung, Näheres S. 97.

6. In 91% des narrativen (überwiegend) ksl. Textes befinden sich trat- und torot-Lexeme in folgenden asymmetrischen Oppositionen:

TRAT genetisch unmarkiert: TOROT genetisch markiert

TRAT kontextuell unmarkiert: TOROT kontextuell markiert

TRAT referentiell unmarkiert: TOROT referentiell markiert

7. Versuch, den Ursprung der trat/torot-Korrelationen zu erforschen: Es wurden jene Teile von PVL L, die mit dem Načal'nyj svod[2] identisch oder ihm sehr ähnlich sind, verglichen. Resultat: PVL L ist bedeutend volkssprachlicher. Alle genannten Motivationen für den Gebrauch von Polnoglasie scheinen daher ein Novum der Nestorchronik zu sein.

8. Schema der mutmaßlichen Etappen bei der Infiltration von torot-Lexemen. Vermutliche Gründe für die Zunahme von torot-Lexemen in PVL L gegenüber dem Načal'nyj svod sowie für die baldige Ablösung der Motivationen durch freien Gebrauch in späteren Abschriften und den Regionalchroniken.

9. Alle in PVL L vorkommenden trat- und torot-Lexeme sind mit Frequenzangaben in einer Wortnestliste zusammengefaßt, um zu veranschaulichen, daß sowohl die Struktur der einzelnen Nester als auch die Frequenz ihrer Komponenten die spätere Entwicklung bereits vorzeichneten.

10. Belege mit Kommentaren zu sämtlichen trat- und torot-Lexemen auf dieser Wortnestliste (S. 182—265).

11. Vergleich aller trat/torot-Vorkommen in der Nestorchronik der II. und III. Redaktion (Laurentius- und Hypatius-Handschrift). Ergebnisse: die letztere ist bedeutend volkssprachlicher; die „situationsangemessene Darstellung" ist nicht wirksam, hingegen spielen für den Gebrauch von TOROT direkte Rede und stilistische Variation eine größere Rolle als in PVL L.

12. Wortnestlisten mit Frequenzangaben für sämtliche trat- und torot-Lexeme in der Ersten Novgoroder Chronik, der Suzdaler, Kiever sowie der Galizischen und Volhynischen Chronik.

13. Zusammenfassende Listen der in den untersuchten Chroniken vorkommenden trat- und torot-Lexeme. Sie zeigen 1) Unterschiede im Wortbestand und beträchtliche Verschiebungen in der

---

[2] Der Načal'nyj svod stammt vom Ende des 11. Jh., ist jedoch nur in Kopien des 15. Jh. in der Ersten Novgoroder Chronik der jüngeren Redaktion erhalten, daher kommt diesem Vergleich nur hypothetische Beweiskraft zu.

Frequenz zwischen der National- und den Regionalchroniken an und 2) den Gesamtbestand in diesem Genre bis zum Ende der ar. Periode (das heißt, vor dem Zweiten südslavischen Einfluß), der als Grundlage für die Entwicklung bis heute angesehen wird.

14. Abschließend werden die trat-Wurzeln in den ar. Chroniken als Basis genetischer Slavonismen in der russischen Gegenwartssprache untersucht, und zwar durch einen Vergleich mit einem Verzeichnis von Šachmatov, weiters mit dem Bestand des "Russian Derivational Dictionary" sowie mit Angaben über genetische Slavonismen in den Dialekten.

Ergebnis: die heute noch gebräuchlichen trat-Wurzeln sind schon fast alle in den ar. Chroniken belegt. (Die Wortnester änderten sich naturgemäß im Laufe der Jahrhunderte.) Die Basis der Hybridisierung, die der modernen Literatursprache zugrundeliegt, geht also auf die ar. Periode, insbesondere auf die untersuchten Denkmäler zurück.

Zur neueren Fachliteratur

Wie erwähnt, existiert sowohl über die Sprache der ar. Chroniken, insbesondere über die der Nestorchronik, als auch speziell über die rksl.-ar. lexikalischen Wechselbeziehungen in diesem und in anderen Genres eine überaus reiche Fachliteratur. Hier sollen nur einige Arbeiten genannt werden, an die unsere Untersuchung anknüpft, auch wenn sie dann eigene Wege gegangen ist. An erster Stelle ist hier A. Paschens Buch „Die semasiologische und stilistische Funktion der *trat/torot*-Alternationen in der altrussischen Literatursprache“ (Heidelberg, 1933) zu nennen, das durch seine einheitlichen Untersuchungsprinzipien und die Geschlossenheit der knappen Darstellung besticht. Hier wird vieles vorweggenommen, was in der späteren Literatur wiederholt oder durch ausführlichere Darstellung bestätigt wird — (die Arbeit enthält nur eine repräsentative Auswahl der in PVL L vorkommenden trat/torot-Lexeme). A. Paschen erkannte als erster etwas meines Erachtens Wesentliches, nämlich, daß die trat/torot-Alternationen in PVL L auf sprachpsychologischen und soziologischen Gründen beruhen und ihnen eine funktionelle Rolle zukommt. Daran knüpft die vorliegende Studie an.

Die umfassendste Monographie über den Wortschatz der Nestorchronik samt der Vielfalt der Lesarten in verschiedenen

Abschriften ist F. P. Filins «Лексика русского литературного языка древнекиевской эпохи (по материалам летописей)», Leningrad 1949. Die rksl.-ar. lexikalischen Wechselbeziehungen werden hier ausführlich und von verschiedenen Gesichtspunkten aus beschrieben. An diese Beobachtungen schließt die vorliegende Arbeit in vielem konkret an. Filins Schlußfolgerung allerdings, daß die genannten Korrelationen eine Fusion beider lexikalischen Systeme in ein neues bewirkten (S. 95) — der die Verfasserin ursprünglich nahekam (Hüttl-Worth 1973: 47) — wird von den Ergebnissen der vorliegenden Studie nicht bestätigt.

Seit den sechziger Jahren erschien eine ganze Reihe von Arbeiten über Einzelprobleme der rksl.-ar. lexikalischen Wechselbeziehungen mit Schwergewicht auf den Chroniken, wie über die Präfixe пре- / пере-, предъ- / передъ- (von I. S. Uluchanov, s. Literaturverzeichnis) oder вы- / из- (G. I. Belozercev). Sie waren für die vorliegende Studie — so wie schon für frühere — ein Vorbild dank ihrer Gründlichkeit, vor allem aber wegen Uluchanovs neuer Methode, bei der Analyse von trat/torot-Lexemen die Chroniken nicht durchlaufend, sondern gesondert nach verschiedenen Textkomponenten zu behandeln.

T. N. Kandaurova widmete ihr ganzes Œuvre (s. Literaturverzeichnis) der Erforschung der trat/torot-Lexeme in der gesamten Literatur der ar. Periode und berücksichtigt besonders die Nestorchronik. Kandaurovas Arbeiten, soweit sie mir zugänglich waren (darunter auch die unveröffentlichte Doktordissertation), wurden naturgemäß bei der vorliegenden Studie besonders in Betracht gezogen. Daß die Ergebnisse trotzdem in vielem abweichen, liegt einerseits an Auffassungsunterschieden (z. B. was „Variation" anbelangt, vgl. S. 149), andererseits aber an der Verschiedenartigkeit des untersuchten Materials, das heißt, die Einbeziehung der religiösen Literatur zeitigt zum Teil andere Resultate.

T. N. Kandaurova gelang eine wichtige Entdeckung, die neue Aspekte in die Erforschung dieser Problematik brachte. Einige torot-Lexeme in rksl. Denkmälern religiösen Inhalts treten nämlich aus rein technischen Gründen auf, weil sie die Abteilungsmöglichkeit von Wörtern am Zeilenende erhöhen (Näheres S. 151 f.). Bisherige Untersuchungen — auch für diese Studie — von den späterhaltenen Abschriften der Nestorchronik zeigen wohl, daß Polnoglasie aus diesem Grund kaum vorkommt, doch kann man nicht ausschließen, daß dies in der Urfassung der Fall war.

Eng an Kandaurova schließen die Untersuchungen L. M. Ustjugovas an (s. Literaturverzeichnis, soweit sie mir zugänglich waren). Diese sind für die vorliegende Studie besonders wichtig, weil Ustjugova die rksl.-ar. lexikalischen Beziehungen in verschiedenen Abschriften der Nestorchronik untersucht und vergleicht. Ihre Schlüsse werden durch unsere Studie weitgehend bestätigt (vgl. besonders Kapitel 19).

Was die Gesamtkonzeption dieser Arbeit anbelangt, so schließt sie an B. A. Uspenskij an, der den Diglossie-Begriff zum ersten Mal 1973 für die Rus anwendete und in diesem Rahmen einen Überblick über die systemhaften Oppositionen der ksl. und russischen Elemente gab (vgl. Literaturverzeichnis).

TECHNISCHE HINWEISE. In den Zitaten wird die Schreibung der benützten Ausgaben möglichst getreu wiedergegeben, d. h. Superskriptionen, diakritische Zeichen und Graphemvarianten wurden — so weit wie nur technisch möglich — beibehalten. Im Text behandelte Lexeme, Stichwörter in den Wortnestlisten und Konkordanzen sind in der Schreibung vereinheitlicht, Näheres dazu in den Einleitungen zu diesen Listen. Bei Frequenzangaben wird einmaliges Vorkommen im allgemeinen nicht vermerkt, wenn also ein Wort ohne Zahl genannt wird, so ist dieses einmal im Text belegt. Zahlen nach Doppelpunkten geben die Frequenz der Wiederholungen an. Bei Verweisen auf Belegstellen gibt die Zahl nach dem Punkt die Zeile an. Größere Auslassungen in Zitaten werden einheitlich durch fünf Punkte angezeigt.

Es ist bekannt, daß die gedruckten Chronikausgaben viele Fehler enthalten; deshalb wurde der Text von PVL L mit Schefflers „Textkritischem Apparat zur Nestorchronik“ (1977) verglichen. Hinsichtlich des Gebrauches von trat/torot-Lexemen liegen keine Verwechslungen vor.

Für die vorliegende Studie wurden sämtliche Vorkommen von trat- und torot-Lexemen aus den sieben ältesten ar. Chroniken registriert (11.000 Belege). Wenn trotz wiederholter, mühsamer Zählungen der eine oder andere Irrtum unterlaufen sein sollte, so kann dies die in dieser Arbeit erzielten Gesamtresultate weder beeinträchtigen noch verändern.

ПРЕДИСЛОВИЕ

В центре исследования находится самый знаменательный культурно-исторический памятник Киевской эпохи — «Повесть временных лет», являющийся одновременно главнейшим источником литературного языка Древней Руси.

Настоящая работа содержит синхронное описание лексических взаимоотношений церковнославянских и древнерусских элементов в «Повести», в особенности неполногласной и полногласной лексики, как самых явно маркированных признаков. Но, сверх того, мы попытались выяснить возникновение этих сложных взаимоотношений и в заключении представим эту гибридизацию в древнейших летописях как основу дальнейшего развития.

Существует весьма богатая специальная литература о лексических цсл.-дрр. взаимоотношениях, но все-таки многое остается спорным или необъяснимым. Настоящая работа отличается почти от всех прежних исследований своей общей концепцией. Мы исходим из позиции, что языковая ситуация в Древней Руси характеризуется отчетливее всего понятием «диглоссия». Названные взаимоотношения анализируются в рамках этой концепции, поэтому выдвигаются на передний план социолингвистические, психолингвистические и прагматические факторы.

В дальнейшем кратко изложим содержание этой работы по главам и представим наиболее важные результаты нашего исследования.

1. В первой главе речь идет о языковой ситуации в Древней Руси и о различных интерпретациях этого явления, а также более подробно излагается концепция «диглоссия».

2. Во второй главе трактуются первые причины, вызвавшие нарушение дополнительной дистрибуции в применении литературного и народного языков в летописях.

3. Дается языковой анализ Повести временных лет по Лаврентьевскому списку (в тексте: PVL L), основанный на статистическом учете дифференциальных признаков восточнославянского и церковнославянского происхождения из области фонетики,

морфологии, лексики и синтаксиса. Каждая тематическая единица (= ТЕ) анализируется отдельно, так как язык религиозных повестей, народных рассказов и сообщений об исторических событиях отнюдь не однороден. Этот анализ показал, что тематически связанный текст ПВЛ Л в основном в церковнославянском языковом ключе (91%), но с разными пропорциями цсл. и дрр. элементов, см. описание классификации стр. 40 и след. и таблицу тематических единиц с указанием соответствующего языкового ключа, стр. 49—56. Результат этого анализа дал возможность сосредоточить в дальнейшем исследование на контекстуально маркированных русизмах, в первую очередь на полногласной лексике.

4. В этой главе делается попытка классифицировать полногласную лексику ПВЛ Л по степени их заменяемости цсл. соответствиями. Выделяются в основном следующие группы полногласных слов: 1) не имеющих цсл. соответствия, 2) имеющих другое значение, чем формальные цсл. соответствия, 3) закрепленные узусом только с полногласием. Слова названных групп рассматриваются как «незаменимые» («nicht austauschbar») в ПВЛ Л. Значительно бо́льшую группу образуют заменимые неполногласные слова («Korrelatentlehnungen»), которые по степени заменяемости делятся на 1) «синонимические корреляты» («synonymische Korrelatentlehnungen») и 2) на «частичные корреляты» («partielle Korrelatentlehnungen»), которые могли чередоваться друг с другом, но только в значениях, общих обоим коррелятам. Эта классификация служила выделению незаменимых полногласных слов. В дальнейшем исследуются преимущественно синонимические и частичные корреляты.

5. Уточнение языкового ключа отдельных тематических единиц исключением незаменимых полногласных слов из статистического подсчета.

6. Дискутируются связи между сюжетом данных тематических единиц и применимым языковым ключом и зависимость контекстуальной маркированности отдельных слов от языкового ключа, в котором написана целая тематическая единица. Устанавливается, что отдельно взятым формам вообще еще не была присуща стилистическая значимость.

7. Самый важный результат нашего исследования находится в седьмой главе. Это следующий вывод: употребление заменимых полнонласных слов явно м о т и в и р о в а н о в ПВЛ Л. Их функция — подчеркнуть соотношение между изложенным в летописи

и Русью, то есть, русизмы служат для актуализации передачи исторической действительности. Известные до сих пор мотивации — прямая речь или реалистическое описание событий с помощью русизмов — лишь частные аспекты этой тенденции. Суть «основной мотивации» („Grundmotivation“ = „situationsangemessene Darstellung“) в том, что полногласные слова относятся почти исключительно к Руси, т. е. к восточным славянам, варягам и русской территории, а не к другим народам или странам. Этот факт приводит к заключению, что полногласная лексика была первоначально всегда маркированной: и генетически, и контекстуально и, наконец, функционально. Неполногласная лексика была, наоборот, немаркирована во всех этих отношениях. Сказанное действительно для 91 процента тематически связанного текста, то есть, для всех тематических единиц, написанных в цсл. языковом ключе.

8. Эта глава содержит все полногласные слова с цитатами, употребление которых вызвано основной мотивацией. Дается подробное изложение мест с torot из договоров с греками и рассматривается единственное название города **Царьградъ / Царьгородъ,** в котором наблюдается такое чередование в ПВЛ Л.

9. Перечисляются все случаи прямой речи в ПВЛ Л, содержащие полногласные слова. Дана таблица со статистическими данными относительно распределения trat – torot по статусу говорящего. В конце главы следуют заметки о других видах передачи личного выражения.

10. Представлено реалистическое изображение конкретного как мотивация употребления полногласной лексики, особенно при передаче действия, точных указаний на места и сообщений, связанных с бытом. Когда о действии только говорится, но само действие не состоится, то изложение продолжается в цсл. языковом ключе. После полного перечисления полногласных слов, вызванных этой мотивацией, анализируются сложные случаи с комбинированной мотивацией.

11. Стилистическая вариация коррелятных цсл. и дрр. слов не является главной мотивацией для употребления полногласной лексики в ПВЛ Л вопреки общепринятому мнению. Вариация исполняет лишь сопровождающую роль при наличии выше названных мотиваций, см. таблицу стр. 141 и след.

12. Мотивации, встречающиеся в единичных случаях.

13. О языке погодных записей и кратких сообщений. В противоположность распространенному взгляду в новой специаль-

ной литературе, эти места не отличаются «народностью» используемого языкового ключа.

14. Обзор распределения всех полногласных слов в ПВЛ Л.

15. Гипотетический экскурс об исчезновении и возникновении основной мотивации. По нашим наблюдениям, основная мотивация имеет два вторичных назначения. Это — различительная функция для разграничения «своего от чужого» и сигнальная функция, то есть, единичные полногласные слова действуют как знаки в цсл. контекстах, обозначающие, что изложенное относится к Руси. Из этого следуют важные выводы: существенным является не то, какие заменимые слова появляются в тексте с полногласием, а только то, что вообще употребляются какие-либо русизмы, подходящие в данном контексте. Для описания стереотипных ситуаций (например, походы) имелся запас полногласных слов, из которого летописец выбрал от случая к случаю некоторые различные лексемы. Это «непоследовательное» применение, на наш взгляд, прокладывало путь к исчезновению основной мотивации. Иначе говоря, суть этой мотивации — отношение к Руси — выражающаяся лишь частичным переключением языкового ключа — не была достаточно специфична, чтобы удержаться надолго. Сопоставление ПВЛ Л с Ипатьевским списком показало, что основная мотивация действует только в прямой речи, а для региональных летописей она иррелевантна (см. стр. 160).

В дальнейшем делается попытка исследовать возникновение цсл.-дрр. лексических взаимоотношений путем сопоставления ПВЛ Л с Начальным сводом, то есть тех частей, которые совпадают или очень похожи в обоих памятниках. Так как Начальный свод конца XI в. сохранился только в списках XV в. и ПВЛ Л с 1377 г., такое сравнение имеет только небольшую степень доказательства. Итог следующий: Сопоставление показало, что количество полногласных слов увеличилось больше чем вдвое. Их наличие вызвано упомянутыми мотивациями, которые представляют собой новшество, тесно связанное с возникновением первой национальной летописи. Хотя языковая ситуация начала XI в. не позволяла составить ее на народном языке, все же «русский налет» — вполне естетственное явление, отражающее и языковыми средствами патриотизм составителя этого замечательного памятника.

16. Список словарных гнезд неполногласной и полногласной лексики, встречающихся в ПВЛ Л; приводятся данные о частот-

ности употребления слов. Эта организация материала имеет целью доказать, что и структура этих гнезд как и частотность отдельных слов воздействовали на последующее развитие.

17. Цитаты и комментарии ко всем неполногласным и полногласным словам в ПВЛ Л, причем цсл. лексика трактуется здесь более подробно (см., например, *страна*, стр. 248—253), так как неполногласные слова анализировались уже в предыдущих главах.

18. Список словарных гнезд неполногласной и полногласной лексики в ПВЛ по Ипатьевскому списку (III-ей редакции).

19. Сопоставление полногласной и неполногласной лексики, содержащейся в ПВЛ Л с ПВЛ по Ипатьевскому списку. Как говорилось, основная мотивация уже вытеснена в III-ей редакции. Вместо нее увеличились тенденции к использованию полногласных слов в прямой речи, с одной стороны, и также стилистические вариации с коррелянтными церковнославянизмами, с другой. Дается таблица с отклонениями в употреблении trat – torot в обеих редакциях (стр. 282—297).

4-ая часть (главы 20—24) содержит списки словарных гнезд неполногласной и полногласной лексики, встречающихся в Новгородской первой летописи старшего извода по Синодальному списку, в Суздальской, Киевской и Галицко-волынской летописях с частотными данными.

25. Список, охватывающий всю неполногласную и полногласную лексику из всех исследованных летописей. Список таких слов, встречающихся во всех названных летописях. Список таких слов, встречающихся в более чем одной летописи (с указанием источников). Список таких слов, встречающихся только в одной летописи (с указанием источников). Резюме: Сопоставление словарных гнезд из исследованных летописей.

В заключении сравнивается неполногласный словарный состав этих летописей с соответствующей лексикой в современном литературном языке на основе списка А. А. Шахматова, “Russian Derivational Dictionary” (RDD) и данных о народных говорах. Итог следующий: подавляющее большинство к о р н е й с trat, существующих в настоящее время, уже зарегистрировано в древнерусских летописях — хотя словарные гнезда, очевидно, сильно и постоянно изменялись в течение веков.

Этот факт, как нам кажется, поддерживает нашу гипотезу, что я д р о лексических взаимоотношений полногласных и неполногласных слов было уже выработано в древнерусский период.

ABKÜRZUNGEN[1] UND TERMINI

I. QUELLEN[2]:

im Text	auf Tabellen[3]	
Gal.	G	Galizische Chronik
Ip.		Hypatiuschronik
Kiev.	K	Kiever Chronik
Lavr.		Laurentiuschronik
Nač. svod		Načal'nyj svod
Novg.	N	Erste Novgoroder Chronik der älteren Redaktion (Synodalhandschrift)
PVL		Povest' vremennych let (= Nestorchronik)
PVL Ip	PI	III. Redaktion der Nestorchronik in Ip.
PVL L	PL	II. Redaktion der Nestorchronik in Lavr.
Suzd.	S	Suzdaler Chronik
Vol.	V	Volhynische Chronik
A		Akademie-Handschrift der Nestorchronik (Lesarten im Anmerkungsteil von PVL L).
П		Pogodin-Handschrift der Nestorchronik (Lesarten im Anmerkungsteil von PVL Ip).
P		Radziwill-Handschrift der Nestorchronik (Lesarten im Anmerkungsteil von PVL L).
T		Troica-Handschrift der Nestorchronik (Lesarten im Anmerkungsteil von PVL Ip).

1 Abkürzungen der Fachliteratur und Wörterbücher s. im Literaturverzeichnis.
2 Siehe weiter unter erster Abkürzung im Literaturverzeichnis.
3 Und bei ständiger Wiederholung auch im Text.

X	Chlebnikov-Handschrift der Nestorchronik (Lesarten im Anmerkungsteil von PVL Ip).

II. Sprachen:

aksl., Aksl.	altkirchenslavisch, das Altkirchenslavische
ar., AR	altrussisch, das Altrussische
griech.	griechisch
idg.	indogermanisch
ksl., Ksl.	kirchenslavisch, das Kirchenslavische
lat.	lateinisch
ostslav., Ostslav.	ostslavisch, das Ostslavische
rksl., Rksl.	russischkirchenslavisch, das Russischkirchenslavische
russ.	russisch
slav.	slavisch
urslav.	urslavisch

III. Andere Abkürzungen:

Adj.	Adjektiv	Л.	Ленинград
Akk.	Akkusativ	М.	Москва
Anm.	Anmerkung	m., mask.	maskulin
Ao.	Aorist	n., neutr.	neutral
Bd.	Band	Nom.	Nominativ
Bed.	Bedeutung	Part.	Partizip
bzw.	beziehungsweise	Pers.	Person
Chr.	Chronik	Pl(ur).	Plural
dass.	dasselbe	Präs.	Präsens
Dat.	Dativ	Prät.	Präteritum
Dat. abs.	Dativus absolutus	S.	Seite
Erz.	Erzählung	s.	siehe
f., fem.	feminin	Sing.	Singular
Gen.	Genitiv	s. o.	siehe oben
gg.	gegen	Sp.	Spalte
Handschr.	Handschrift	СПб.	Санктпетербург
Inf.	Infinitiv	s. u.	siehe unten
J.	Jahr	vgl.	vergleiche
Jh.	Jahrhundert		

IV. Termini (mit und ohne Abkürzungen):

im Text	auf Tabellen	
Alternation		Aufeinanderfolge von korrelierten trat/torot-Lexemen, aber nicht als Stilmittel
austauschbare torot-Lexeme (Russismen)		Wörter mit Polnoglasie (oder anderen ostslavischen Merkmalen), die ksl. Entsprechungen haben.
Bedarfsentlehnungen		Russismen, die überhaupt keine oder keine geeigneten bzw. usuellen ksl. Entsprechungen besitzen, vgl. Kapitel 4.
(fast) rein ksl.	(f.)r.k.	thematische Einheit mit keinen bis höchstens 10% Russismen.
ganz überwiegend ksl.	g.ü.k.	thematische Einheit mit 11 bis 20% Russismen.
Grundmotivation		s. situationsangemessene Darstellung
Kirchenslavismen	K	Wörter, Endungen und Formen, die (alt)ksl. oder rksl. Ursprungs sind, besonders mit distinktiven ksl. Merkmalen.
Korrelatentlehnungen		torot-Lexeme, die mit trat-Entsprechungen alternieren können. Näheres S. 61.
nicht austauschbare Russismen	mono-Russ.	solche, die keine oder keine geeigneten ksl. Entsprechungen haben. Näheres S. 71.
nicht austauschbare torot-Lexeme	mono-torot	solche, die keine oder keine geeigneten trat-Entsprechungen haben. Näheres S. 57—60.
paarig, paarige torot/trat-Lexeme		torot-Lexeme, die trat-Entsprechungen besitzen und umgekehrt.
partielle Korrelatentlehnungen		torot-Lexeme, die nur in einem Teil ihrer Bedeutung austauschbar sind.

im Text	auf Tabellen	
pragmatisch		s. situationsangemessene Darstellung.
situations-angemessene Darstellung		
Russismen	R	Wörter, Endungen und Formen ostslavischen Ursprungs, besonders mit distinktiven ar. Merkmalen.
sekundäre Variation		Wechsel von korrelierten trat/torot-Lexemen als Begleiterscheinung zu anderen Motivationen. Näheres S. 138 f.
situations-angemessene Darstellung	SAD	Motivation für den Gebrauch von Russismen, um den Bezug auf die Rus zu aktualisieren. Näheres S. 96.
sprachlich gemischt	gem.	thematische Einheiten mit 34 bis 55% Russismen.
stilistische Variation		Wechsel von synonymen trat/torot-Lexemen in engerem Kontext, um Monotonie zu vermeiden.
synonymische Korrelat-entlehnungen		unbeschränkt austauschbare trat/torot-Synonyme.
thematische Einheit	TE	inhaltlich zusammenhängende Textstelle. Näheres S. 39.
TOROT, torot- (Lexeme u. ä.)		Polnoglasie; Wört(er) und Form(en) mit Vollaut.
TRAT, trat- (Lexeme u. ä.)		Metathese; Wört(er) und Form(en) mit Metathese.
überwiegend ar.	ü.ar.	thematische Einheit mit mehr als 55% Russismen.
überwiegend ksl.	ü.k.	thematische Einheit mit 21 bis 33% Russismen.
unpaarig		torot-Lexeme, die keine trat-Entsprechung besitzen und umgekehrt.

EINLEITUNG

1. DIE SPRACHSITUATION IM ALTEN RUSSLAND

Die Untersuchung einzelner sprachlicher Phänomene oder bestimmter Texte kann schwerlich ohne Berücksichtigung von größeren Zusammenhängen erfolgen. Bevor man an die Analyse konkreter Tatsachen herantritt, muß man in unserem Fall zur damaligen Sprachsituation Stellung nehmen, denn die Interpretation des Materials hängt zum Teil von der vertretenen Gesamtkonzeption ab.

Die Sprachsituation in der Rus[1] ist ein noch immer ungelöstes, sehr umstrittenes Kernproblem der historischen Russistik, wie die laufend erscheinende Fachliteratur bezeugt[2]. Die grundlegenden Tatsachen sowie die älteren Hypothesen sind wohlbekannt, daher genügt hier eine summarische Zusammenfassung: Die Sprachsituation ist seit dem ausgehenden 10. Jahrhundert dadurch gekennzeichnet, daß durch die Christianisierung das Altkirchenslavische — die Kult- und erste Literatursprache der Slaven — in die Rus verpflanzt wurde. Somit koexistierten das Altkirchenslavische südslavischen Ursprungs und das bodenständige Ostslavische, das allgemein von historischer Zeit an als Altrussisch bezeichnet wird. Die erstere Sprache nahm sehr bald in der neuen Umgebung einige regionale Züge an und die Orthographie entwickelte etwas abweichende Normen; so entstand die russischkirchenslavische Redaktion. Die Koexistenz der beiden Sprachen dauerte bis zum Ende des 17. Jahrhunderts an, wie manche Slavisten meinen, sogar bis in das 18. Jahrhundert.

Die Problematik der Sprachsituation besteht nun darin, *wie* man diese Koexistenz beurteilen soll. Erfreulicherweise stimmen fast alle Forscher wenigstens in einem Punkt überein, nämlich, daß es sich um zwei genetisch verschiedene, wenn auch nahverwandte Sprachen handelt. Sonst gehen die Ansichten bekanntlich ganz

[1] Wir verwenden diesen Namen in den Bedeutungen von ar. Роусь 'russ. Lande, Ostslaven, Waräger'.

[2] Vgl. die neuesten Arbeiten, die hier in Betracht genommen werden konnten: Filin 1981: bes. 201—276 und Uspenskij, 1981.

auseinander, ob beide als Literatursprachen anzusehen seien und welche Rolle sie in der folgenden Entwicklung spielten.

Vinogradov (1958) bietet eine gute Zusammenfassung der älteren Hypothesen, die in zwei entgegengesetzte Richtungen gehen: 1. Die älteste und einzige Literatursprache war das Russischkirchenslavische (so seit Šachmatov — und Unbegaun als beharrlichster Vertreter). 2. Die Literatursprache der Rus war echt ostslavisch (= древнерусский литературный язык), wobei aber der Status und die Rolle des Rksl. ganz verschieden beurteilt werden. So allgemein formuliert kann man die Auffassung zahlreicher Sowjetgelehrter zusammenfassen.

Vinogradov (1958) schlägt weiters einen Kompromiß vor, der für uns insofern wichtig ist, als I. S. Uluchanov, T. N. Kandaurova und L. M. Ustjugova ihre zahlreichen Untersuchungen (siehe Literaturverzeichnis) über trat/torot-Lexeme in diesen Rahmen stellen. Vinogradov nimmt bekanntlich die gleichzeitige Entstehung und Parallelentwicklung eines „knižno-slavjanskij" und eines „narodno-literaturnyj" Sprachtyps an, jedoch ohne zu definieren, was unter „Typ" zu verstehen sei. Auch gibt es keine Werke, die gänzlich im letzteren Sprachtyp abgefaßt sind, wie I. S. Uluchanov selbst feststellte (1969: 108).

F. P. Filins neuestes Schema[3] sieht folgendermaßen aus: Die ksl. Literatursprache besteht aus zwei Typen, dem eigentlichen Russischkirchenslavischen der kanonischen Texte und dem Slavjano-Russischen, der Sprache rksl. Originalwerke, mit mehr oder weniger vorhandenem ostslav. „Substrat". Auch die ar. Literatursprache tritt in zwei Typen auf, der «деловой язык» mit vereinzelten ksl. Beimischungen und der Sprache der erzählenden Literatur verschiedener Gattungen, in der auch weitgehend ksl. Sprachmittel herangezogen werden. Die *Gramoty* und *Russkaja Pravda* werden gemäß diesem Schema als literatursprachliche Texte angesehen.

Die Sprachsituation in der Rus wird meines Erachtens — trotz neuerlich erhobener Einwände — am zutreffendsten durch die Konzeption „Diglossie", einer besonderen Form des Bilingualismus, charakterisiert, wie sie Ch. Ferguson (1959: 325—340) für vier nichtslavische Sprachgemeinschaften definierte. B. A. Uspenskij

---

[3] Filin 1981: 259; in früheren Arbeiten nahm Filin neben zwei Literatursprachen (Rksl. und AR) bereits in der ältesten Periode deren Verschmelzung in einigen Genres an, als „Grundstein" für einen «новый тип литературного языка» (1974: 3, 12) oder verschiedene Formen «срединного языка» (1977: 4, 3).

(1973: 4—5) wendete diesen Begriff erstmalig für die Rus an. Die von Ferguson beschriebenen Kriterien treffen auch für die dortige Sprachsituation zu (dazu ausführlich Hüttl-Folter 1978: 108—115), doch vgl. die weiter unten folgenden Einschränkungen bzw. Ergänzungen. Hier genügt es, das für den Diglossie-Begriff am wesentlichsten Erscheinende zusammenzufassen. Man muß sich jedoch hierbei wie bei allen vorher erwähnten Hypothesen bewußt bleiben, daß es sich lediglich um ein Schema handelt. Im Gegensatz zur Bilingualismus-Konzeption werden durch die Annahme einer Diglossie die verschiedenartigen Rollen des Russischkirchenslavischen und Altrussischen in soziolinguistischer Sicht präzisiert. Die Funktionen dieser beiden Sprachen befinden sich in komplementärer Distribution: Rksl. dient für die geistig-religiöse Sphäre, AR für weltliche, alltägliche Belange. Rksl. als die kodifizierte Hochsprache des ganz vorwiegend religiösen Schrifttums im Mittelalter steht der nichtkodifizierten Volkssprache deutlich gegenüber. AR ist hauptsächlich in literarisch nicht bearbeiteten Texten bewahrt. Der Anwendungsbereich beider Sprachen deckt sich daher mit den Funktionen einer Sprache in Gemeinschaften ohne Diglossie. Folglich wurden Rksl. und AR nicht als zwei verschiedene, sondern als „höhere" und „niedrigere" Varietät ein- und derselben Sprache von der Bevölkerung der Rus aufgefaßt, soweit diese die Kultsprache aktiv erlernte (des Lesens und Schreibens Kundige) oder mit ihr durch Religionsausübung in Berührung kam. Rksl. und AR funktionierten praktisch wie zwei Stile einer Sprache, so Uspenskij (1976: 93—94). Diese Einstellung wurde durch die nahe Verwandtschaft der beiden Idiome ermöglicht, wenn auch Unterschiede auf jeder sprachlichen Ebene bestanden. Der beschriebene Zustand hielt während der ganzen ar. Periode (11. bis einschließlich 14. Jahrhundert) bis zum Zweiten südslavischen Einfluß an, dann änderte sich der Charakter der Diglossie (dazu Uspenskij 1976: 96 f.).

Als ein Hauptmerkmal der Diglossie gilt also die komplementäre Distribution, der Ferguson (1959: 328) den ersten Platz einräumte, mit dem Bemerken, daß die beiden Varietäten nur geringfügig überlappen. In der Rus wurde diese Distribution durchbrochen — meines Erachtens nicht im Gegensatz, sondern als natürliche Folge der Diglossie — wie im zweiten Kapitel ausführlich dargelegt wird.

Von den acht weiteren Merkmalen ist das den Wortschatz betreffende besonders relevant, nicht nur für die vorliegende Arbeit, sondern im allgemeinen, weil es sich um eine spezifische, der Diglossie innewohnende Erscheinung handelt. Dies zeigt Ferguson selbst (1959: 334) durch Kursivdruck an, vgl. Zitat unten, nach hier resümierten einleitenden Bemerkungen. Während sich der Großteil des Wortschatzes der koexistierenden Varietäten deckt, schließt H[4] jedoch auch technische Termini und Buchwörter ein, für die es in L keine gebräuchlichen Äquivalente gibt und L umfaßt volkstümliche Ausdrücke, Namen für alltägliche Gegenstände oder örtlich sehr beschränkte, ohne Entsprechungen in H. "But *a striking feature of diglossia is the existence of many paired items, one H one L, referring to fairly common concepts frequently used in both H and L, where the range of meaning of the two items is roughly the same, and the use of one or the other immediately stamps the utterance or written sequence as H or L.*"

Dieses Merkmal ist für die Sprachsituation in der Rus besonders wichtig, weil es meines Erachtens die Korrelationen der rksl.-ar. Lexempaare vom Typ градъ – городъ genau charakterisiert; nur die letzte Bemerkung, ein einzelnes Lexem sei bereits für die Zuordnung des ganzen Kontextes zu H oder L ausschlaggebend, trifft für die ar. Periode nicht zu (dazu vgl. S. 92).

Ferguson erläutert dieses Merkmal ausschließlich mit einigen Beispielen von vier gegenwärtigen Diglossiegemeinschaften wie in der Soziolinguistik üblich. Der beschriebene Anwendungsbereich der Parallelbildungen zerfällt in folgende Opposition: H-Glied = geschriebene Sprache, L-Glied = gesprochene Sprache; z. B. auf einer griech. Speisekarte steht ínos (= H) 'Wein', doch der Gast bestellt beim Kellner krasí (= L) dass. Das ist bestimmt eine für die Diglossie besonders typische Distribution. Ferguson geht hier nicht auf lexikalische Interferenz ein, wie sie etwa im heutigen Arabisch vorliegt[5], und zwar nicht nur in der mündlichen Kommunikation, sondern auch in der geschriebenen Sprache und in der Literatur, besonders bei der Wiedergabe von direkter Rede. Wir erwähnen diese Tatsache, weil gerade die Interferenz beim Gebrauch von Parallelbildungen für unser Thema wichtig ist, vor allem von Polnoglasieformen in rksl. Kontexten, wie in den Kapiteln 7—10 gezeigt wird.

Ergänzend zu einem früheren Artikel über die Sprachsituation in der Rus (Hüttl-Folter 1978), soll hier betont werden, daß „Di-

---

[4] Ferguson bezeichnet der Einfachheit halber die übergeordnete Varietät mit H ('high') und die regionalen Dialekte mit L ('low').

[5] Vgl. Diem 1974: Sprachliche Interferenz (S. 25—52), lexikalische Interferenz (S. 44—48), das Problem der direkten Rede S. 96 ff.

glossie“ weder ein streng linguistischer Begriff noch ein starres Schema ist, sondern eine soziolinguistische Konzeption, bei der psychologische und soziologische Faktoren eine wichtige Rolle spielen. Bekanntlich ist Diglossie weitverbreitet, und zwar in den verschiedensten Sprachgemeinschaften und geographischen Regionen. Folglich erscheint sie auch in verschiedenartigen Abwandlungen. H. Lüdtke sagte treffend, „daß es *die* Diglossiesituation schlechthin nicht gibt, sondern vielmehr Formen und Grade von Diglossie“ (1968: II, 84). Diesem Schluß kommt Gewicht zu, da H. Lüdtke erstmals eine ausführliche Darstellung der lateinisch-romanischen Diglossie verfaßte, in der er sowohl theoretische Probleme behandelt, als auch verschiedene Erscheinungen und Folgen der Diglossie in anderen Sprachen. Auch wir betrachten diese Konzeption als einen geeigneten Rahmen — und nicht mehr — für die folgende Untersuchung, trotz verschiedener Einwände.

Der wichtigste Einwand betrifft die Durchbrechung des Hauptkriteriums — der komplementären Distribution in sprachlich gemischten Werken. Nach D. S. Worth (1978a: 384) ist dies entweder genrebedingt, wenn sowohl religiöse als auch weltliche Sujets behandelt werden (in den Chroniken, weniger in Sborniki) oder die rksl.-ar. Verflechtungen dienen als rhetorisches Mittel wie im Igorlied, *Molenie Daniila Zatočnika* oder der Erzählung über die Blendung Vasilkos u. a. Nach D. S. Worth und manchen anderen Forschern stehen diese Erscheinungen im Widerspruch zur Diglossie-Konzeption. Was den ersten Faktor anbelangt, so fasse ich die Sprachbeimischung als Folge der Diglossie (und nicht als Gegenbeweis) auf, das heißt, die sonst gültige komplementäre Distribution mußte in den Chroniken durchbrochen werden, um der historischen Realität Rechnung zu tragen, mehr darüber im zweiten Kapitel. Die Sprachmischung in der „Blendung Vasilkos“ (PVL L 1097, 256.24—273.6) sehen wir primär durch andere als rhetorische Gründe bedingt an, wie Polnoglasie durch direkte Rede (15×, vgl. S. 124 f.) u. a. Motivationen oder гра҃ statt городъ als Raumsparungsmittel (11×, vgl. S. 211 f.). Darüber hinaus scheint die Verflechtung von rksl. und ar. Elementen als rhetorisches Mittel in relativ wenigen Werken der ar. Periode kein schwerwiegender Einwand gegen die Diglossie-Konzeption als solche zu sein. Da diese heterogenen Elemente jahrhundertelang koexistierten und im Sprachbewußtsein der Autoren (Schreiber) verankert waren, so ist es nur natürlich, daß man von ihnen gelegentlich zu ästhetischen Zwecken Gebrauch machte, vor allem durch Variation.

In der sowjetischen Fachliteratur wird die Diglossie-Konzeption größtenteils abgelehnt, so neuestens von Filin (1981: 234 f.), dessen eigene Auffassung schon erwähnt wurde. Filin hält im wesentlichen am Bilingualismus fest (und bestätigt, daß es eine „Art" von komplementärer Distribution gab), wobei beide Sprachen sich in zwei Typen entwickelten, doch weist er ähnlich wie in seinen früheren Arbeiten darauf hin, daß auch eine Literatur «на смешанном языке (с преобладанием то церковнославянской, то русской основы», S. 235) bestand. Sein Einwand, daß Diglossie für die Masse der analphabetischen Bevölkerung nicht existierte, trifft genauso für Bilingualismus zu.

Es scheint nicht notwendig, hier auf andere — auch berechtigte Einwände — einzugehen, die Abweichungen in Details zwischen Fergusons Kriterien und der Sprachsituation in der Rus betreffen, weil sie für diese Studie unerheblich sind.

Abschließend soll nochmals betont werden, daß die Diglossie-Konzeption lediglich den Rahmen für diese Untersuchung bildet, genauso wie für die schon genannten Sowjetgelehrten Vinogradovs Hypothese von den zwei Sprachtypen.

2. SPRACHMISCHUNG ALS FOLGE DER DIGLOSSIE
DIE ERSTEN ANSTÖSSE

Das Altkirchenslavische, so wie es durch die Christianisierung in die Rus verpflanzt wurde, konnte dort von allem Anfang an die Aufgaben einer Literatursprache nicht ohne ein Minimum an sprachlicher Adaption erfüllen. Das betrifft hauptsächlich den Wortschatz, der unmittelbar Zusammenhänge mit der außersprachlichen Wirklichkeit widerspiegelt, während die Syntax weitgehend buchsprachlich bleiben konnte. Wie allgemein bekannt, finden sich bereits im Postskriptum zum Ostromirevangelium, dem ältesten datierten religiösen Denkmal, zwei markiert russische Namen mit Polnoglasie, **Володимиръ** und **Новъгородъ.** Ihre Verwendung war unumgänglich, weil von einem russischen Fürsten und einer Stadt in der Rus die Rede ist. Nach Frančuk kommt der Personenname im gesamten Schrifttum der ar. Periode bis Ende des 14. Jahrhunderts ausschließlich in der Polnoglasieform vor, jedoch auf Münzen findet sich Владимиръ (1965: 261—267).

Wir sehen die Aufnahme einheimischer Namen aller Art als ersten Anstoß zur Sprachmischung an. In der religiösen Literatur ist er naturgemäß nicht so bemerkbar, aber es ist festzuhalten, daß auch in dieser keine Tendenz zur Slavonisierung von Namen vorliegt. In unvergleichlich größerem Ausmaß war es in den historischen Berichten der Chroniken unumgänglich, spezifisch Ostslavisches zu nennen, nämlich ar. Personennamen, ethnographische und geographische Bezeichnungen aller Art (sowie Ableitungen von diesen). Die ganz besonderen referentiellen Beziehungen zwischen Eigennamen und Namensträger (vgl. Searle 1977: 243—260) verhinderten eine generelle slavonisierende Adaptierung. Nur äußerst selten kommen Formen wie **Новъградъ** (Suzdaler Chr. 423.22 und 445.23 für «Нижний Новгород»), **Бѣлъградъ** (Kiever Chr. 516.12) oder **Предъславино** (PVL L 80.1) vor. Eine interessante Ausnahme bildet das Paar **Царьгородъ** / **Царьградъ** in PVL L, das ausführlich ab S. 111 besprochen wird.

Es ist nicht Aufgabe dieser Studie, auf Einzelheiten hinsichtlich der ostslavischen Namen einzugehen[1], aber es soll hier gezeigt

[1] Es liegen Namenregister in ПСРЛ I, S. 541—566 vor; Lichačev 1950: II gibt

werden, daß ihre hohe Frequenz unzweifelhaft ein massiver erster Anstoß zur Sprachmischung war. In dem ältesten Denkmal, der Nestorchronik, finden sich bereits mehr als 600 Vorkommen von ostslavischen Namen (einschließlich Ableitungen) mit Polnoglasie, dem hervorstechendsten Merkmal. Die Gesamtfrequenz der torot-Lexeme beträgt in PVL L lediglich 385. Der Personenname **Володимеръ** und das davon abgeleitete Possessivadjektiv — zugleich Stadtname — kommen darin allein 272× (!) vor. Weiters **Всеволодъ** 60×, **Всеволожь** 12×, **Новъгородъ (Великыи)** 54×, **Переꙗславль** 29× usw. Polnoglasieformen, die in Namen und deren Ableitungen weitverbreitet waren, wie **-волод-** oder **-городъ,** konnten wohl auch in anderen Wörtern leichter in das Kirchenslavische eindringen.

Nach dem Gesagten ist es nicht verwunderlich, daß manche überwiegend ksl. abgefaßte Passagen durch die hohe Frequenz ostslavischer Namen ein „russisches Gepräge“ erhalten, so z. B. im Bericht über die Belagerung von Torčesk (PVL L 1093, 218.6 bis 222.7), in dem **Володимеръ, Ростиславъ, Переꙗславль, Всеволожь** und **Въıшегородъ** 28× vorkommen, hingegen nur acht torot-Lexeme, aber 24 trat-Lexeme.

In dieser Studie behandeln wir nur die wenigen Namen, die in den untersuchten Chroniken trat/torot-Alternationen aufweisen, wie **Деревлѧне – Древлѧне** (dazu vgl. S. 215 f.). Sie wurden in die Wortnestlisten (s. ab S. 176) und zusammenfassenden Listen aufgenommen, jedoch nicht als trat/torot-Wörter gezählt und deshalb in Klammern gesetzt. Die einzige Ausnahme bilden schon erwähntes **Ц(ес)арьградъ / Ц(ес)арьгородъ**, deren Gebrauch in PVL L durch spezifische Motivationen geregelt ist, vgl. ab S. 111.

Übergänge von Appellativen zu Namen werden behandelt; in Zweifelsfällen wurden solche aufgenommen, die auch in Sreznevskijs Wörterbuch angeführt sind — der ja Namen im allgemeinen ausschließt — auch wenn sie in den gedruckten Ausgaben durch Großschreibung gekennzeichnet sind. Eine Abgrenzung bereitet — auch wegen der niedrigen Belegzahl — Schwierigkeiten. Ein anschauliches Beispiel ist in PVL L einmal vorkommendes **Заволочие** (199.25), das offensichtlich verschiedene Gebiete jenseits eines Volok ‘Schleifstelle für Boote zwischen zwei nahen Wasserwegen. Insbesondere die Verbindung zwischen dem Oberlauf des Dnjepr und der Lovot’’ (Trautmann 298) bezeichnen konnte, denn **За-**

zu diesen Erläuterungen; im neuesten Wörterverzeichnis zu PVL sind Namen aller Art aufgenommen (Gröber - Müller, 1977).

волоүне wird in der Fachliteratur ganz verschieden definiert: 'Gebiet im N. und NO. der oberen Volga, später ein Novgoroder Gebiet, das Land zwischen Onega im W. und Mezen' im O.' (Trautmann 283); bei Vasmer noch zusätzlich 'Gebiet ... an den Flüssen N. Düna ... und Pečora' (I. 437), während sich Sreznevskij auf «название местности за Волоком» beschränkt und S. Rospond auf «местность» mit Verweis auf волок, deren es mehrere in der Rus gab (1972: 31 und 18). Desgleichen bezeichnet in PVL L einmal belegtes Заволоүьскаꙗ үюдь (4.5) nicht einen bestimmten, sondern mehrere Stämme (so Lichačev 1950: II, 211). Deshalb wurden diese beiden Grenzfälle in die Wortnestliste der trat/torot-Lexeme aufgenommen und den nicht austauschbaren Russismen zugeordnet (s. Kapitel 4).

Der volkssprachliche Beiname von Kirchen Золотоверхъıи 'goldkuppelig' (nur so einmal in der Nestorchronik, PVL L 283.6, PVL Ip 259.12) ist eindeutig als Lexem und nicht als Name zu behandeln. Er alterniert nämlich mit Златоверхъıи in den anderen untersuchten Chroniken, ist also austauschbar; weiters wird er für verschiedene Kirchen und einmal sogar für ein Zelt verwendet. In der Kiever Chronik bezieht sich Златоверхыи auf die Muttergotteskirche in Vladimir (551.15, 630.12), aber auch auf St. Michael (665.27, 694.12), während eine Muttergotteskirche ohne Ortsangabe einmal mit Золотоверхъıи bezeichnet wird (624.25). In der Suzdaler Chronik wird nur die ksl. Form für die Muttergotteskirche in Vladimir verwendet (370.23, 392.12, 437.22, 444.10), aber der Russismus für ein königliches Zelt (480.17).

Zusammenfassend ist zu sagen, daß das ostslavische Namensgut unzweifelhaft einen sehr bedeutenden Faktor im Sprachmischungsprozeß darstellt, weil einheimische Namen nahezu ausnahmslos unverändert wiedergegeben wurden und sie gerade im Chronikgenre so besonders zahlreich auftreten. Dazu kommen noch verschiedene Ableitungen von gebräuchlichen Namen, ebenfalls mit hoher Frequenz, vgl. z. B. in der Novgoroder Chronik: Новъгородъ 299, новгородьскыи 65, новгородьць 289 (nach Dietze 1977: 68 f.). Wir sehen somit den Gebrauch ostslavischer Namen als ersten Anstoß zur Sprachmischung an, auch in chronologischer Hinsicht, weil er schon in religiösen Denkmälern des 11. Jahrhunderts nachweisbar ist.

An zweiter Stelle stehen Bezeichnungen für spezifisch ostslavische Realien, Einrichtungen, Standesbezeichnungen u. ä., wie кисель, медуша, гривьна, вѣверица (Geldeinheit), погостъ, порѧдъ, посадьникъ, конюхъ usw. Wir fassen sie mit dem Terminus „Bedarfsentlehnungen" zusammen[2]. Das sind vor allem ar. Wörter ohne ksl. Entsprechungen wie die genannten und „unpaarige" torot-Lexeme, d. h., solche, die überhaupt keine trat-Korrelate besaßen; sie werden in Kapitel 4 behandelt. Wir zählen weiters Russismen zu den Bedarfsentlehnungen, die wohl formale ksl. Entsprechungen hatten, jedoch in abweichender Bedeutung, vgl. Liste S. 58 f. Die Verwendung solcher Wörter war auch in einer sonst ksl. abgefaßten Darstellung notwendig, um für die Rus Charakteristisches wiederzugeben. Allerdings nicht im selben Ausmaß wie der Gebrauch von ostslavischen Namen, die praktisch unersetzbar waren. Bei manchen Bedarfsentlehnungen ist es nämlich denkbar, daß sie durch eine unmarkierte Entsprechung hätten vermieden werden können, wie z. B. der ar. militärische Terminus сторона 'Flanke' durch крило dass. oder durch einen annähernd synonymen ksl. Ausdruck (ohne die ostslavische Konnotation) wie ar. колодникъ 'Gefangener (mit Fußblöcken)' durch плѣньникъ 'Gefangener' oder, schließlich, durch eine Umschreibung.

Wir sehen Bedarfsentlehnungen als eine der historischen Ursachen für die weitere Sprachmischung an.

In diesem Zusammenhang muß noch eine Wortgruppe erwähnt werden, die man als „durch Usus bedingte Russismen" bezeichnen kann. Es handelt sich um Wörter, die wohl ksl. Äquivalente besaßen, doch war deren Gebrauch fast ausschließlich auf das religiöse Schrifttum beschränkt. Im Chronikgenre stellten solche Russismen die Norm dar, sie waren also auch in ksl. abgefaßten Kontexten angemessen. Das Musterbeispiel ist лодьꙗ, das Wort schlechthin für 'Boot, Schiff' in allen ar. Chroniken (vgl. weiter S. 71), das auch in religiösen Denkmälern vorkommt, obwohl in diesen корабль ganz dominiert (s. Sreznevskij oder das Glossar zum Успенский сборник XII—XIII вв., M., 1971, S. 592). Die ksl. Entsprechung алдиꙗ ist schwach belegt, ладиꙗ gar nicht (nach Sreznevskij). Zu den durch Usus bedingten Russismen in den Chroniken zählen u. a. озеро, осень, вѣче sowie torot-Lexeme; von den letzteren findet sich ein Dutzend in PVL L, vgl. S. 59.

Wir betrachten sowohl ostslavische Namen und Bedarfsentlehnungen als auch durch Usus bedingte Lexeme im Chronikgenre als „nicht austauschbare Russismen" — wenn auch der Grad ihrer Substitutionsfähigkeit von Null bis zu einem möglichen,

[2] Den Diem für lexikalische Interferenzen in der gegenwärtigen arabischen Diglossiesituation prägte (1974: 26).

gegebenenfalls ungebräuchlichen oder unangemessenen Ersatz reichte. Ihr Vorkommen in ksl. Kontexten beruht weitgehendst auf der Tatsache, daß sie keine — oder keine geeigneten — ksl. Entsprechungen besaßen und bedarf folglich keiner weiteren Begründung, noch verstößt es gegen die Norm. Wir halten nicht austauschbare Russismen für Wegbereiter einer weiteren Sprachmischung, das heißt, für die Aufnahme von einheimischen Wörtern trotz vorhandener ksl. Äquivalente.

Schließlich sollen noch einige bekannte allgemeine Faktoren, die die Sprachmischung förderten, schlagwortartig aufgezählt werden: 1. Nahe Verwandtschaft der Literatur- und Volkssprache, das heißt, großes Überlappen im Laut- und Formenbestand sowie in der Lexik. 2. Enge und ständige Kontakte durch jahrhundertelange Koexistenz im selben Raum. 3. Chronisten, Kompilatoren und Schreiber waren zweisprachig, beherrschten jedoch in der Regel das Kirchenslavische als Bildungssprache unvollkommener als ihre Muttersprache. Es lag also subordinierter und nicht koordinierter Bilingualismus vor, wodurch die ständige Möglichkeit zu Substitutionen gefördert wurde. 4. Bei der Beschreibung konkreter historischer Ereignisse gab es keine Vorbilder zur Nachahmung, im Gegensatz zur religiösen Literatur verschiedener Genres, die man kopieren, übersetzen und nachahmen konnte.

ERSTER TEIL

3. SPRACHANALYSE DER NESTORCHRONIK AUFGRUND DISTINKTIVER KSL. UND AR. MERKMALE

Als Grundlage für die weitere Untersuchung ist eine möglichst eingehende Analyse des gesamten Sprachcharakters von PVL L unumgänglich. Dies umso mehr, als in der Fachliteratur durchaus keine Einigkeit darüber besteht, in welcher Sprache die Chronik abgefaßt ist. So behauptet L'vov in der neuesten Monographie über dieses Werk, daß zwei Drittel seines Wortschatzes altrussisch seien (1975: 352). Der Verfasser behandelt nämlich die Lexik nach Sachgebieten und klammert die religiös-geistige Sphäre aus, daher ist dieser Schluß nicht verwunderlich. In der umfangreichsten Studie über dasselbe Thema folgert Filin, daß durch die ksl.-ar. lexikalischen Wechselbeziehungen in den Chroniken ein neues Sprachsystem entstand, nämlich «древнерусский литературный язык» (1949: 95). In seinem letzten Buch stellt Filin fest, daß die Nestorchronik eine ostslavische Sprachbasis habe (1981: 227). Auf zahlreiche ältere Meinungen, die eng mit der jeweiligen Konzeption verknüpft sind, welche Sprache als Literatursprache der Rus anzusehen sei, brauchen wir nicht näher einzugehen, sie werden übrigens von L'vov referiert (1975: 344—352). Abschließend soll auf den hervorragendsten Kenner verwiesen werden: Obwohl Šachmatov sich meines Wissens in seinen zahlreichen Werken über die Nestorchronik nicht ausdrücklich zu dieser Frage äußerte, so geht doch seine Auffassung klar hervor, besonders aus der Rekonstruktion dieses Textes: Die Sprache der Nestorchronik ist russischkirchenslavisch (1916: PVL I). Bei der Rekonstruktion standen allerdings textkritische und nicht linguistische Erwägungen im Vordergrund (vgl. *ibid.* Einleitung, bes. S. LIX—LXV).

Schon vor einem Jahrzehnt erörterten wir die außerordentlichen Schwierigkeiten, die sich einer Sprachanalyse der ar. Chroniken entgegenstellen (Hüttl-Worth 1973: 36, 42 f.). Seitdem hat sich die Lage kaum gebessert. Das größte Hindernis ist und bleibt der Mangel an einem russischkirchenslavischen Wörterbuch; es fehlen weiters umfassende Beschreibungen der (r)ksl. Wortbildungstypen und der Syntax. Ohne diese Hilfsmittel ist weder eine Wort-für-Wort-Analyse möglich, noch eine sich auf alle sprachlichen Ebenen erstreckende genaue Untersuchung. Man muß sich damit abfinden, daß derzeit eine genetische Analyse sprachlich gemischter Texte notgedrungen nur approximativ sein kann. Das ist vor allem durch die nahe Verwandtschaft der beiden Idiome bedingt, die eine Aussonderung der drei folgenden Komponenten so erschwert: 1. ausschließlich (Russisch)kirchenslavisches, 2. ausschließlich Altrussisches und letztlich 3. Wörter, Segmente, grammatische Formen und syntaktische Konstruktionen, die beiden Sprachen gemein sind und insgesamt die große Mehrheit bilden.

Im folgenden handelt es sich um einen ersten Versuch, den Sprachcharakter der gesamten Nestorchronik aufgrund distinktiver ksl. und ar. Merkmale zu analysieren. Bisherige Untersuchungen erstreckten sich auf darin enthaltene Fragmente und selbständige Werke, vgl. z. B. Vinokur (1943: 43 ff.), Obnorskij (1946: 32—80, *idem* 1960: 99—120), Jakubinskij (1953: 302—320), Larin (1975: 24—52), Issatschenko (1980: 120 ff.). Diese Analysen unterscheiden sich stark sowohl in der Methodik als auch was die Gründlichkeit anbelangt; die Verfasser kommen auch zu recht verschiedenen Ergebnissen. Eine neuartige Methode wandte Shevelov für die Galizisch-Volhynische Chronik an (Texte unter 1259 und 1262; 1968: 195—207), indem er jedes autosemantische Wort genetisch zu bestimmen versuchte, und zwar mit allen bisher bekannten Methoden sowie durch Kontrolle mittels Wörterbücher.

METHODIK DER FOLGENDEN ANALYSE. Für eine so umfangreiche und schwierige Untersuchung mußten zum Teil eigene Methoden entwickelt werden; wir beschreiben sie deshalb ausführlicher. Es wurden keinerlei Entscheidungen willkürlich getroffen, sondern sie ergaben sich nach verschiedenen Versuchen als die zweckmäßigsten. Wir verweisen im folgenden darauf, wann immer subjektive Momente nicht ausgeschlossen werden konnten. Bei einem so komplexen, vielschichtigen Werk sowie dem Mangel an Hilfsmitteln und Vorarbeiten sind Patentlösungen nicht zu erwarten.

In den ar. Chroniken treten die sprachlich heterogenen Beimischungen bekanntlich in ganz verschiedenen Proportionen auf. Daher kann sich die Analyse nicht durchlaufend auf den ganzen Text erstrecken. Wie früher dargelegt (Hüttl-Worth 1973: 32 f.), ist die auf Eremin (1949: 67—97) zurückgehende und von Vinogradov (1958: 50 ff.) sanktionierte Dreiteilung der Chroniktexte in погодные записи, рассказы und повести für eine linguistische Analyse ungeeignet, wenn sie auch durch ihre Einfachheit besticht. Wir schlugen 1973 eine bedeutend schwieriger durchzuführende Segmentierung vor, die wir hier anwenden, und zwar in Stellen, die inhaltlich eine Einheit bilden und bezeichnen sie als „thematische Einheiten" (= TE). Denn die sprachliche Komposition steht in einem relativ engen Zusammenhang mit dem behandelten Sujet (Näheres Kapitel 6). Dann kann man sprachlich gleichartige (ähnliche) TE zusammenfassen und sie bei der Untersuchung andersartigen gegenüberstellen. Diese Segmentierung ist nicht mit der historisch-chronologischen Gliederung identisch, auch wenn sie oft mit dieser zusammenfällt. Die Jahreseintragungen sind demnach minimale thematische Einheiten. Auf der unten folgenden Tabelle als „kurze Mitteilung" bezeichnete Eintragungen sind etwas umfangreicher; dasselbe im Plural deutet an, daß solche Mitteilungen trotz Aufeinanderfolge inhaltlich nicht zusammenhängen.

Der Beginn der thematischen Einheiten ist oft durch einleitende Formeln, wie das sich ständig wiederholende «Въ лѣто» und der folgenden Jahreszahl gekennzeichnet oder seltener durch Anknüpfungen wie «Мы же на предълежащее възвратимсѧ». Da aber solche Signale auch häufig fehlen und historische Berichte oder Erzählungen lose aneinandergereiht sind bzw. ineinander verfließen, so kann man bei der Textsegmentierung subjektive Momente nicht ganz ausschalten. Das heißt, eine durch verschiedene Personen durchgeführte Segmentierung würde in Einzelheiten abweichen, z. B. durch eine weitere Unterteilung von Textabschnitten. Das läßt sich kaum vermeiden und ist auch nicht wesentlich, so lange nach Möglichkeit sprachlich andersartige Stellen ausgesondert werden. Das Ende thematischer Einheiten ist oft schwieriger abzugrenzen. Wenn einer TE sprachlich gleichartige kurze Mitteilungen folgen, so haben wir diese nicht immer ausgesondert, um den Text nicht unnötig zu zerstückeln, wie z. B. nach „der Überführung der Gebeine des hl. Feodosij" (1091, 209.10—214.13) die Mitteilungen über eine im gleichen Jahr vorkommende Sonnenfinsternis (214.14 bis 22) und das Erscheinen eines Zauberers (214.22—24).

Aus einem, den gemischten Texten inhärenten Grund kann man nicht erwarten, daß irgendeine Methode zur Ausgliederung sprachlich ganz einheitlicher Stellen führen wird. Es sind doch in historische Berichte und Erzählungen häufig religiöse Zitate und Anspielungen sowie moralische Betrachtungen des Chronisten eingeflochten, die regelmäßig eine ksl. Wiedergabe hervorrufen, auch innerhalb stärker von der Volkssprache geprägter Stellen. Das erschwert auch eine summarische Einteilung in weltliche und religiöse thematische Einheiten, wie auf der folgenden Tabelle angegeben, Näheres dazu S. 87 f.

Weiters gibt es einige TE, deren Sprache sich im Laufe der Darstellung stark verändert, das ist z. B. bei den Verträgen mit den Griechen der Fall: die Präambeln und Schlußteile sind (fast) rein ksl., die Mittelteile über konkrete Verhandlungen mit der Rus jedoch sprachlich gemischt (vgl. Analyse ab S. 108); ähnlich verhält es sich mit dem Bericht über die Belagerung von Torčesk durch die Polovcer (1093, 218.6—225.26, ganz überwiegend ksl., aber 219—220 lexikalisch gemischt).

Soweit thematische Einheiten in der Fachliteratur übliche Namen haben, behielten wir sie bei, die anderen benannten wir nach ihrem (Haupt)sujet. Obwohl die Werke Monomachs nur in PVL L eingeschoben sind (Näheres Lichačev 1950: II, 425 ff.), also keinen eigentlichen Bestandteil der Chronik bilden, wurden sie in die Analyse eingeschlossen. Jahreseintragungen und kurze Mitteilungen, die keine ksl. und ar. Merkmale enthalten, die bei der Zählung in Betracht gezogen wurden, sind auf der unten folgenden Tabelle nicht angeführt.

Die durchgeführte Segmentierung der thematischen Einheiten (insgesamt 113) dient dazu, eine Klassifikation je nach ihrer sprachlichen Zusammensetzung zu ermöglichen. Das Klassifikationsprinzip beruht auf einer gleitenden Skala je nach den verschiedenen Proportionen der auftretenden ksl. und ar. Merkmale (s. u. die Liste der in Betracht gezogenen distinktiven Merkmale). Aufgrund dieser wechselnden Proportionen wurden „Sprachschlüssel" für alle TE errechnet. Bei der prozentuellen Abgrenzung der Sprachschlüssel wurde nicht willkürlich vorgegangen, sondern versucht, eine so weit als möglich den sprachlichen Tatsachen entsprechende zu finden (sie wurde mehrmals revidiert).

Sprachschlüssel der thematischen Einheiten

1. (fast) rein ksl. (f.r.k.) = keine oder bis 10% Russismen
2. ganz überwiegend ksl. (g.ü.k.) = bis 20% Russismen
3. überwiegend ksl. (ü.k.) = bis 33% Russismen
4. sprachlich gemischt (gem.) = ab 34% bis 55% Russismen
5. überwiegend altrussisch (ü.ar.) = ab 56% Russismen

Naturgemäß ist die Abgrenzung der Sprachschlüssel bei einigen Grenzfällen etwas künstlich, weil die Übergänge fließend sind, z. B. wird eine Stelle mit 33% ar. Beimengungen noch als „überwiegend ksl.“ eingestuft, bei 34% jedoch als „sprachlich gemischt“. Wir versuchten, dies durch eingehendere Analysen zu korrigieren und nicht rein mechanisch vorzugehen, Näheres S. 72 ff. Je kürzer eine Texteinheit ist und je weniger distinktive Merkmale sie enthält, desto künstlicher ist naturgemäß ihre Zuordnung. Aus diesem Grund wurde für Jahreseintragungen und kurze Mitteilungen überhaupt kein Sprachschlüssel bestimmt; zu ihren sprachlichen Eigenheiten vgl. Kapitel 13. Die Distribution der TE nach den verschiedenen Sprachschlüsseln wird in Kapitel 6 erörtert.

Zur Analyse aufgrund distinktiver Merkmale regte uns besonders der folgende Bericht Žuravskijs an, den wir hier zusammenfassen (1972: 95—101, bes. 98 f., dort auch über ähnliche Arbeiten). In der slavischen Lexikographie werden seit den sechziger Jahren erfolgreich statistische Zählungen distinktiver Merkmale zur Abgrenzung ksl. Denkmäler mit altweißrussischen Zügen und slavonisierter altweißruss. Texte angewendet. Nach Žuravskij ist dies die sicherste Methode; als besonders markant werden folgende Merkmale angesehen: Formen mit Polnoglasie und Metathese, Deverbativa auf -ье und -ние, -ч- und -щ- in Partizipien, Verbalendungen der 2. P. in -шь und -ши sowie der Gen. Sg. der Adjektive -ого und -аго. Allein aufgrund dieser wenigen Merkmale wurde festgestellt, daß fünf Bücher von Skorinas Bibel als ksl. und nicht als weißrussisch einzustufen sind. Žuravskij erwähnt jedoch, daß die Resultate desto gesicherter seien, je mehr distinktive Merkmale in Betracht gezogen werden (und zählt weitere auf), wodurch die Analyse naturgemäß schwieriger wird.

Im folgenden geben wir alle (r)ksl. und ar. Merkmale an, die wir bei der Analyse zählten, zuerst in Form einer Tabelle und dann Kommentare zu einzelnen Punkten. In der Praxis ist nämlich eine — auf zahlreichen Merkmalen basierende Untersuchung — nicht nur mühsam und zeitraubend, sondern erfordert auch schwierige Einzelentscheidungen (wie erwähnt, wegen fehlender lexikographischer Hilfsmittel u. a. Vorarbeiten). Wir beschreiben daher die konkrete Vorgangsweise etwas ausführlicher. Erstens, um dem Leser eine Vorstellung zu geben, worauf die Analyse tatsächlich basiert und wie Entscheidungen getroffen wurden. Zweitens, um zu verhindern, daß die gesamte Analyse wertlos wird, sollte sich in Zukunft das eine oder andere Merkmal (oder Entscheidung in Einzelfällen) als unrichtig erweisen. Diese könnten dann bei der Durchsicht einzelner thematischer Einheiten von der angegebenen Zahl der darin enthaltenen Merkmale subtrahiert werden.

Die Anzahl der ausgewählten distinktiven morphologischen Merkmale erstreckt sich auf die meisten im Ksl. und Ar. divergierenden Endungen (vgl. Bulachovskij 1958: 447—459).

Für die Bestimmung des allgemeinen Sprachcharakters ist es unumgänglich, die syntaktische Ebene zu berücksichtigen. Die Einbeziehung solcher Merkmale in die Analyse gemischter Texte ist u. a. deshalb besonders wichtig, weil die Syntax unvergleichlich stabiler als der vorkommende Wortschatz ist. Das beweist anschaulich ein genauer Vergleich der II. und der III. Redaktion der Nestorchronik (PVL L — PVL Ip). Die beiden Texte unterscheiden sich sehr stark lexikalisch (s. Kapitel 19), doch kaum in der Syntax; spezifisch zu den für die Analyse ausgewählten syntaktischen Merkmalen vgl. Punkt 12 der Kommentare.

Liste der gezählten distinktiven Merkmale

(R)Ksl. / AR

1. TRAT / TOROT
2. щ / ч nur aus urslav. *tj, *kt+vorderer Vokal
3. ѥ- / о- fast nur im Anlaut, ebenso 4—7.
4. ю- / ѹ-
5. ла- / ло-
6. ра- / ро-
7. из(ъ)- / въı-, siehe Kommentare.
8. Substantivische Endungen:
   Jo-Stämme und Stämme mit ц, ж, ш, щ im Auslaut: Akk. Pl. ksl. -ѧ (-а), z. B. конѧ / ar. -ѣ (-е), z. B. конѣ
   Ja-Stämme und Stämme mit ц, ж, ш, щ im Auslaut: Gen. Sg., Nom.-Akk. Pl. ksl. -ѧ (-а), z. B. землѧ (-а) / ar. -ѣ (-е), z. B. землѣ.
9. Pronomina:
   Nom. ksl. азъ / ar. ꙗ, ꙗзъ
   Dat.-Lok. ksl. — / nur ar. тобѣ, собѣ (gelegentlich auch im Gen.)
   Gen. Sg. fem. еѩ (еа, еꙗ) / еѣ
   Akk. Pl. mask. und fem. ѩ (ꙗ) / ѣ (е)
   dieselben als Endungen anderer Pronomina, z. B. тоѩ, вьсѧ, своеꙗ / тоѣ, вьсѣ, своеѣ

10. Adjektivendungen:
Gen. Sing. mask. und neutr. -аго (аего), -ѧго / -ого -его
Gen. Sing. fem. -ꙑѧ (-ѩ, -а), -ѩѩ / -ꙑѣ, -оѣ, (-є), -еѣ
Nom.-Akk. mask. und fem. Pl. -ꙑѩ (а), -ѩѩ / -ꙑѣ, -ѣѣ (-иѣ)

11. Partizipia:
Präs. aktiv alle mit -щ- / -ч-
Nom. Sing. mask. -ꙑ / -а
Prät. aktiv alle Formen mit -ѧ (а) s. Adjektive / alle mit -ѣ (е)

12. Syntax. Siehe Kommentare.
Alle Konstruktionen mit иже, ꙗже, ѥже
Konstruktionen mit да, nur in modaler Bedeutung im Indikativ
Dativus absolutus- Konstruktionen

KOMMENTARE. 1. Schließt auch unechte, das heißt nicht auf urslav. *tort zurückgehende Lexeme ein, vgl. Liste S. 181.

2. In den meisten Analysen wurde dieses Merkmal nur in den aktiven Präsenspartizipien in Betracht genommen; wir zählen es in jeder Position, z. B. щюжь (41.16) – чюжии (200.25, 237.29), отвѣщевати (27.18) – отвѣчати (260.5), обще, (198.12), аще – аче, оче. Obwohl наүченье 'Belehrung' und наүщение 'Anstiftung' in PVL L wie Dubletten funktionieren, vgl. «наѹщеньѥмь (PA наүченьемь) бѣсовьскꙑͫ», (178.20), «но се ѥсть бѣсовьское наоүченье (PA наүщение)» (178.25), dasselbe 180.6, 7 und 206.7, wurde dieses Paar nicht gezählt, da *č* auf *ke zurückgeht und *šč* mit *st* alterniert, vgl. наүстити 'überreden'; das letztere gilt für mehrere Deverbativa, wie пощеньѥ (185.1), obwohl sie unzweifelhaft buchsprachlich sind.

3. Nicht gezählt wurden häufiges егда, ѥгда, da keine ar. Entsprechung mit о- existiert, ebenso єтеръ (41.15, 165.27), aber z. B. ѥдва / ѡдва (44.24) und ѡсень (38.16), obwohl єсень in PVL L nicht vorkommt und Sreznevskij letzteres ohne Beleg zitiert; ѡзеро ist die Norm vgl. S. 71 – єзеро ist einmal belegt (6.19); ein Beleg nicht in unmittelbarem Anlaut: үединивъсѧ (158.2).

4. Nicht gezählt wurden: үже (nur so in PVL L), das im Aksl. und Ar. die Hauptform ist, neben vereinzeltem *juže* in beiden Sprachen, vgl. Etym. Slovník II, 294; үжинъ, da kein *южинъ im Aksl. belegt; үжикъ (110.27), da aksl. ǫžika (Vasmer III, 176).

5. Nur лакоть (192.7) – локоть (81.9, 90.20, 21 2×, 236.6) und лѧдь, -ьнꙑи, олѧдиꙗ – лодьꙗ, das gebräuchlichste Wort für 'Boot, Schiff' (44×, Näheres S. 71).

6. Kommt öfter nicht im absoluten Anlaut vor, vgl. въздрастають (A возрастають, 184.7, auch 184.8), поростъше (224.7); gezählt wurden u. a. рощенье (91.16) und росꙋтисѧ (роз + с, 170.26), da Sreznevskij auch расꙋтисѧ zitiert.

7. Die genetische Bestimmung von Verben mit из(ъ)- bereitete die größten Schwierigkeiten, dazu vgl. ausführlich Hüttl-Folter 1983 (im Druck). Seit Ljapunov (1929) ist gesichert, daß solche mit aussondernder Bedeutung (bes. Verba movendi) ksl. Ursprungs sind, denen oft echt ostslavische mit вы- entsprechen. Belozercev beschrieb ausführlich die in den Denkmälern der ar. Periode vorkommenden изъ- / вы-Verben (1964: 161—217); vgl. z. B. in PVL L: излазити (77.16) – вылазити (192.13). In exhaustiver Bedeutung sind Bildungen mit из(ъ)- jedoch keine Kirchenslavismen, auch wenn sie Entsprechungen mit вы- haben, z. B. изгорѣти (57.10) – выгорѣти (Pskover Chronik, Sreznevskij). Manche Verben können beide Bedeutungen besitzen, wie in PVL L исповѣдати 'bekennen' (113.18), also 'aussagen' und 'lobpreisen' (241.28, Lehnbedeutung aus dem Griech.) ist ksl., 'alles berichten' (244.11) hingegen nicht. Die Schwierigkeit liegt darin, daß die Verben mit ausscheidender Bedeutung in PVL L nur rund ein Drittel ausmachen (von 84 mit einer Gesamtfrequenz von 330 — 26: 126, vgl. Belozercev 1964: 195); Zahl und Frequenz der exhaustiven werden dort nicht angeführt, doch machen sie nur rund ein Dutzend aus. Der Ursprung der restlichen Bildungen ist aufgrund der genannten Kriterien nicht bestimmbar. Meines Erachtens sind sie als Kirchenslavismen zu werten, und zwar aus verschiedenen Gründen, meist aus einer Kombination von diesen: Ihre übertragenen Bedeutungen lassen sich auf eine aussondernde zurückzuführen, wie Verba dicendi. Sie treten (nur) in abstrakten, buchsprachlichen Wortverbindungen auf, besonders in religiösen Kontexten, sind im Aksl. in denselben Bedeutungen gut belegt und haben keine Parallelen mit вы-. Mehrere sind Lehnübersetzungen, bzw. Bedeutungsentlehnungen aus dem Griech. (nach Schumann 1958). Schließlich wurden einige bereits in der Fachliteratur als Kirchenslavismen bezeichnet (Filin 1949, L'vov 1975, von Kandaurova u. a.). Zu dieser Gruppe gehören ebenfalls Deverbativa und andere Bildungen; wir geben im folgenden Beispiele zur Illustration (ausführlicher Hüttl-Folter 1983): извѣстити 'bekräftigen' (33.14, 19), aksl. dass., aber auch 'verkünden', извѣтъ 'Ausrede' (263.14), избытокъ 'Rest' (141.3), aksl. Lehnübersetzung izbytъkъ 'Überfluß', искоренити 'ausrotten' (185.11), trotz exhaustiver Bedeutung, da Lehnübersetzung und in über-

tragener Bedeutung; dasselbe gilt für **исполнити(сѧ)** ‘erfüllen, erfüllt werden’, nur mit abstrakten direkten Objekten wie **книжное слово** (27.15), häufig; **исцѣлити, ицѣление** ‘heilen, Heilung’, in PVL L nur in religiösem Kontext.

Punkt 8 und 9 bedürfen keines Kommentares; den morphologischen Merkmalen dürfte weniger Bedeutung als den vorhergehenden zukommen, da sie oft unmotiviert gebraucht werden, bzw. alternieren (Beispiele S. 85). Das gilt auch für Punkt 10.

10. Da die Endungen **-аго / -ого** nicht immer klar ersichtlich sind, so 14× beim Gen. von **свѧтыи**, abgekürzt **с҃го**, zählten wir diese Endungen je nach dem, wie Lichačev 1950 : I sie auflöst. Es ist nämlich durchaus nicht so, daß bei diesем Adjektiv aus semantischen Gründen nur **-аго** zu erwarten wäre, vgl. z. B. Formen wie **«с҃тое Бц҃е»** (151.22) oder **«с҃тыѣ Софьѣ»** (237.18). Wir zogen nicht die Auflösungen Šachmatovs heran, weil seine Rekonstruktion der Nestorchronik unseres Erachtens zu sehr slavonisiert ist.

12. Bisher wurden Merkmale besprochen, die sowohl im Ksl. als auch im AR lautlich realisiert sind, ausgenommen ar. **тобѣ, собѣ**, denen keine markiert ksl. Formen gegenüberstehen, denn **тебе, себе, тебѣ, себѣ** sind in beiden gebräuchlich. Die Syntax ist aber eine besondere Ebene, in deren Aufbauprinzipien sich bei so nah verwandten Sprachen noch keine konträren Paare entwickelt hatten. Während die grundlegende Struktur des einfachen Satzes fast identisch ist (Bauer 1965 : 472), offenbart sich der Unterschied zwischen der Literatur- und Volkssprache am deutlichsten im zusammengesetzten Satz, vor allem in der Subordination. So breitete sich im Altkirchenslavischen als einziges Relativpronomen **иже** in allen Funktionen von griech. ὅς aus und ließ keinen Platz für neue Relativpronomina (Bauer 1965 : 80; Bauer 1967: bes. 304—306). Dasselbe gilt praktisch für die literarisch bearbeiteten Texte in der ar. Periode wie der Nestorchronik. Dazu sagt Borkovskij: «предложения с *иже*, не будучи чужды русскому языку (об этом свидетельствует их употребление в русских оригинальных памятниках — в летописях, в слове о полку Игореве и др.), принадлежали книжной, а не живой речи, в которой заменялись местоимениями *къто* и *чьто*, а затем и *которыи.*» (Borkovskij - Kuznecov 1965: 517). Man könnte nun **иже** als distinktives ar. Merkmal **которыи** gegenüberstellen, aber das wäre vollkommen künstlich und formalistisch, denn als Russismus ist es in der ganzen Nestorchronik nur zweimal belegt, **иже** dagegen (mehrmals) fast auf jeder Spalte; vgl. (Kij) **«велику честь приꙗлъ ѿ цр҃ѧ. при к°тором҄ при-**

ходивъ ц͠ри.» (10.7); in direkter Rede: «то вд͠а ти котори ти городъ любъ.» (265.19) und in nicht relativer Funktion, ebenso wie im Aksl.: «аще которыи братъ въ етеро прегрѣшенье впадаше. оутѣшаху и епитемью.» (188.28), dass. 6.2. Der Gebrauch dieses Pronomens ist also hier durch seine Bedeutung ‘wer, was auch immer’ motiviert.

Wir bezogen иже in allen Konstruktionen in die Zählung ein, weil diese schon im Aksl. belegt sind, wie z. B. der unkoordinierte Gebrauch von еже (Vondrák 1912: 623—627). Eine Beschreibung der Satztypen mit иже, яже, еже in den ar. Chroniken, besonders in PVL L, gibt Sumkina (1954: 153—172).

Es handelt sich also bei иже um eine Opposition, die durch das Vorhandensein eines Merkmales im Kirchenslavischen und durch sein Fehlen (syntaktische *Nullform*) im Altrussischen gekennzeichnet ist. Der syntaktischen Nullform kommt genauso ein Stellenwert zu wie einem lautlich realisierten Merkmal (dazu Jakobson 1974: 132—134). Dasselbe gilt für Konstruktionen mit да, nur in modalen Bedeutungen; wir zählten lediglich solche mit dem Indikativ als ksl. Merkmal; zu deren griech. Vorbildern im Aksl. und ihrer Verwendung in der ar. Periode vgl. Bauer (1972: 91 ff.), Večerka (1971: 130) und bei beiden angeführte Literaturangaben. Eine ausführliche Beschreibung dieser Satztypen in rksl. Texten mit vielen Beispielen aus PVL L gibt Kuz’mina (1954: 107—112) und bestätigt ihren bulgarischen Ursprung (*ibid.* 109); Borkovskij meint, daß да der Buchsprache und dem hohen Stil angehöre (Borkovskij - Kuznecov 1965: 501). Man könnte wieder Konstruktionen mit да solche mit ать gegenüberstellen, wie es Kuz’mina im folgenden tut, nur wäre dies bei einer Analyse der Nestorchronik ganz künstlich, weil modales да die Norm ist (vgl. drei Spalten Belegangaben bei Gröber - Müller 1977: ab S. 180, 2. Spalte) und synonymes ar. атъ (so in PVL L) nur viermal vorkommt: 171.14, 17 und in direkter Rede 193.3, 194.25.

Konstruktionen да mit dem Konditional — die in PVL L 22× vorkommen — wurden nicht gezählt; mehr als die Hälfte der Belege erscheint in direkter Rede und Wir-Berichten. Im Aksl. sind solche Konstruktionen selten (Bauer 1972: 72).

Über den Dativus absolutus, den wir als drittes ksl. Merkmal zur Zählung auswählten, besteht eine derartig reiche Fachliteratur, so daß hier ein kurzer Hinweis genügt. Die meisten Spezialisten nehmen einen Zusammenhang zwischen seiner Entstehung und dem Griechischen an. Wie Růžička treffend formulierte, handelt es sich um eine „Nachschöpfung“, „die durch die außerordentliche Häufigkeit und Regelmäßigkeit der Gleichung griech. Genitiv = altslav. Dativ" zustande kam (1961: 593, 595). Es ist offensichtlich, daß es in der ar. parataktischen Syntax dafür weder Parallelen noch einen Platz für solche Konstruktionen gab. So findet sich in dem auf ar. abgefaßten Meisterwerk, Monomachs Autobiographie, kein einziger Dativus absolutus.

TECHNISCHES ZUR ANALYSE. Von allen Namen, die distinktive Merkmale enthalten, wurde nur Ц(ес)арьгородъ / Ц(ес)арьградъ gezählt. Grenzfälle wie Заволочье und Золотоверхыи (vgl. S. 32 f.) hingegen wurden gezählt, ebenso distinktive Endungen, mit denen Namen oder Ableitungen auftreten, z. B. Ꙗрославлѣ (Poss. Adj. Akk. Pl.) oder Половцѣ (Akk. Pl.). Da es sich um eine Zählung distinktiver Merkmale und nicht von Wörtern handelt, so werden auch mehrere Merkmale in einem Wort (Wortform) gezählt, z. B. drei in развращена: раз-, врат- und -щ-. In 19 Fällen sind die in Stamm und Endung auftretenden Merkmale heterogen. Das häufigste Hybrid ist мощѣ (158.7, 209.16, 18, 210.12, 211.18); vgl. weiter володѣющемъ (9.5), златоѣ (148.26), ѹноша (Akk. Pl., 242.37) u. a.; im Wort selbst: изворогъ (236.1) u. a. Die syntaktischen Konstruktionen wurden als eine Einheit gezählt, jedoch darin auftretende andere Merkmale gesondert, z. B. «и бывши нощи» (167.17). Wiederholungen desselben Wortes mit Metathese oder Polnoglasie innerhalb einer thematischen Einheit sind auf der Tabelle unter „trat" und „torot" nach dem Doppelpunkt angegeben, also 12 : 15 bedeutet, daß zwölf verschiedene Lexeme vorkommen und drei Wiederholungen. Vgl. weitere Erläuterungen zur Tabelle in Fußnoten. Die statistischen Angaben über die Anzahl der Merkmale in Prozenten sind gegebenenfalls auf- bzw. abgerundet.

Verben, die in einigen Formen ein distinktives Merkmal aufweisen, in anderen nicht, wurden nur im ersten Fall gezählt, z. B. умрети, умерелъ, aber nicht умроша — сѣщи, сѣчи, aber nicht сѣче.

Schreibfehler und Abweichungen in der Orthographie wurden dem Sinn gemäß behandelt, z. B. «приложиста (ТА преложиста) Псалтырь» (27.7) wurde als пре- gezählt, ebenso «приступи крестъ» (270.4), hingegen nicht предаемо (50.13) statt продаемо.

Jahreseintragungen und kurze Mitteilungen, die keine der in Betracht gezogenen distinktiven Merkmale enthalten, werden auf der Tabelle nicht angeführt.

Wenn auch das „Netz" der gezählten distinktiven Merkmale im Vergleich mit ähnlichen Arbeiten beträchtlich erweitert wurde, so sind wir uns durchaus bewußt, daß die angewandte Methode noch immer — vor allem in Grenzfällen — approximativen Charakter hat. Trotz dieser bei dem heutigen Wissensstand kaum vermeidlichen Schwäche erscheint mir dieser Raster ein geeignetes, wenn auch grobes Werkzeug zu sein, mit objektiven Mitteln, nämlich durch Zahlen, den Sprachschlüssel der thematischen Einheiten festzustellen.

Die Bestimmung des Sprachcharakters der einzelnen TE ist nur eine notwendige Vorarbeit für die folgende Untersuchung, die sich auf das hervorstechendste distinktive Merkmalpaar, Metathese – Polnoglasie, konzentriert. Der Stellenwert der trat/torot-Lexeme, ob markiert oder unmarkiert, hängt nämlich vom Sprachschlüssel der jeweiligen Stelle ab, in der sie auftreten.

Bei der folgenden Zählung wurden im Text gedruckte Zusätze aus der Akademie- und Radziwill-Handschrift der Nestorchronik nicht berücksichtigt.

Distinktive ksl. und ar. Merkmale in PVL L prozentuell errechnete Sprachschlüssel der thematischen Einheiten[1]

Jahr	W/R	Name der TE	Sp./Zeile	trat	torot	K	R	K%	R%	Schlüssel
	R	Einleitung	1.—5.22	8 : 16	1	50	4	93	7	f.r.k.
	W	Die slavischen Stämme	5.23—6.25	2	—	9	—	100	—	(f.)r.k.
	W	Der Weg von den Varägern zu den Griechen	7.1—24	1	3 : 5	8	9	47	53	gem.***
	R	Legende über den hl. Andreas	7.25—9.4	5	3	17	6	74	26	ü.k.
	W	Poljanen-Brüder	9.5—21	2 : 3	1	12	3	80	20	g.ü.k.
	W	Der Fährmann Kij	9.22—10.14	3	5 : 7	12	7	63	37	gem.***
	W	Sitze der slavischen Stämme	10.15—11.14	2	—	8	2	80	20	g.ü.k.*
	W	Über die Avaren	11.15—12.13	2	—	11	2	85	15	g.ü.k.
	W	Gebräuche der slavischen Stämme	12.14—14.14	7 : 11	—	24	4	86	14	g.ü.k.
	R	Aus Hamartolos	14.15—16.20	12 : 15	—	50	1	98	2	f.r.k.
	W	Tributeinnahme durch die Chazaren	16.21—17.24	4 : 5	2	12	5	71	29	ü.k.
852	W	Der erste Angriff der Rus auf Konstantinopel	17.25—18.24	4 : 5	1	16	1	94	6	f.r.k.
858		Kurze Mitteilung	19.1—6	1	—	3	—	—	—	—
862	W	Berufung der Varäger	19.14—21.6	6 : 9	3 : 5	16	11	59	41	gem.
866	W	Askold und Dir	21.10—22.3	4	2	15	3	83	17	g.ü.k.
879		Kurze Mitteilung	22.18—21	1	—	3	—	—	—	—

[1] Erklärungen zur Tabelle: W/R = weltliches bzw. religiöses Sujet (Näheres S. 87 f.). Sp. = Textspalte, K = alle gezählten ksl. Merkmale, einschließlich TRAT, R = alle gezählten ar. Merkmale, einschließlich TOROT, K% = prozentuelle Berechnung der gesamten ksl. Merkmale der angegebenen TE, R% = dasselbe für ar. Merkmale.

* Wegen nicht austauschbarer Russismen prozentuell (ganz) überwiegend ksl.; tatsächlicher Sprachschlüssel: (fast) rein ksl., vgl. S. 71 f.

** Wegen nicht austauschbarer Russismen prozentuell überwiegend ksl.; tatsächlicher Sprachschlüssel: ganz überwiegend ksl., vgl. S. 71 f.

*** Wegen nicht austauschbarer Russismen prozentuell gemischt; tatsächlicher Sprachschlüssel: (ganz) überwiegend ksl., vgl. S. 72 f.

**** Wegen nicht austauschbarer Russismen prozentuell überwiegend ar.; tatsächlicher Sprachschlüssel: fast rein ksl., vgl. S. 84.

Jahr	W/R	Name der TE	Sp./Zeile	trat	torot	K	R	K%	R%	Schlüssel
882	W	Ermordung von Askold und Dir	22.24—24.4	2 : 3	2 : 3	12	8	60	40	gem.***
883		Kurze Mitteilung	24.5—7	—	—	—	1	—	—	—
884		Kurze Mitteilung	24.8—12	—	—	1	—	—	—	—
885		Kurze Mitteilung	24.13—20	1	—	1	1	—	—	—
887		Kurze Mitteilung	24.22—24	—	—	2	—	—	—	—
898	R	Skazanie o gramote	25.10—29.2	8 : 13	1	66	7	90	10	f.r.k.
902		Kurze Mitteilung	29.6—11	2	—	2	1	—	—	—
903		Kurze Mitteilung	29.12—15	—	—	1	—	—	—	—
907	W	Olegs Feldzug gegen die Griechen	29.19—31.3	6 : 11	—	23	3	88	12	g.ü.k.
907	W	Vertrag 907	31.3—32.1	4 : 6	2 : 4	26	9	74	26	ü.k.
907	W	Ende des Feldzuges	32.1—18	4	3 : 4	9	4	69	31	ü.k.*
912	W	Vertrag 912	32.27—37.28	14 : 26	9 : 10	170	22	89	11	g.ü.k.*
912	W	Griechische Gesandte bei Oleg	37.29—38.14	4 : 5	1 : 2	12	3	80	20	g.ü.k.*
912	W	Olegs Tod	38.14—39.15	4 : 7	—	13	5	72	28	ü.k.
912	R	Erzählung über Zauberer	39.16—42.2	19 : 28	3 : 6	60	7	90	10	f.r.k.
913		Kurze Mitteilung	42.3—6	1	—	1	—	—	—	—
914		Kurze Mitteilung	42.7—11	1	—	2	—	—	—	—
915	W	Erster Pečenegeneinfall	42.12—43.2	3 : 6	1	12	1	92	8	f.r.k.
929		Kurze Mitteilung	43.17—21	3 : 4	—	4	—	—	—	—
941	W	Igors erster Feldzug gegen die Griechen	44.4—45.9	10 : 13	1	33	9	79	21	ü.k.
943		Kurze Mitteilung	45.13—15	2	—	2	—	—	—	—
944	W	Igors zweiter Feldzug gegen die Griechen	45.16—46.10	4 : 9	1 : 3	17	9	65	35	gem.***
945		Kurze Mitteilung	46.11—17	2	—	4	3	—	—	—
945	W	Vertrag 945	46.18—53.20	23 : 48	6 : 14	244	29	89	11	g.ü.k.*
945	W	Igors Eid	53.21—54.12	1	1	11	3	79	21	ü.k.
945	W	Igors Feldzug gegen die Derevljanen	54.12—55.9	4 : 7	—	17	5	77	23	ü.k.**
945	W	Olgas erste Rache	55.10—56.29	3 : 5	5 : 6	26	22	54	46	gem.***
945	W	Olgas zweite Rache	56.29—57.10	—	1	7	3	70	30	ü.k.
945	W	Olgas dritte Rache	57.10—29	3	—	10	1	91	9	f.r.k.

Jahr	W/R	Name der TE	Sp./Zeile	trat	torot	K	R	K%	R%	Schlüssel
946	W	Svjatoslavs Feldzug gegen die Derevljanen	57.30—58.10	2	—	4	—	100	—	(f.)r.k.
946	W	Olgas vierte Rache	58.10—60.8	7 : 22	2 : 7	41	14	75	25	ü.k.
947		Kurze Mitteilung	60.9—17	2	1	3	2	—	—	—
955	R	Olgas Taufe	60.25—63.4	19 : 28	3	72	7	91	9	f.r.k.
955	R	Svjatoslavs Widerstand gegen die Taufe	63.4—64.13	4 : 5	1	31	6	84	16	g.ü.k.
964	W	Sagenhafte Charakterisierung Svjatoslavs	64.22—65.5	3	1	5	3	62,5	37,5	gem.***
965		Kurze Mitteilung	65.6—11	2	—	3	—	—	—	—
967		Kurze Mitteilung	65.14—18	—	1	1	1	—	—	—
968	W	Pečenegenfeld-zug gegen Kiev	65.19—67.19	8 : 25	2	49	13	79	21	ü.k.**
969	W	Olgas Tod	67.20—68.7	4	3	12	6	67	33	ü.k.
969	R	Lobpreisung Olgas	68.7—69.7	6 : 7	—	19	—	100	—	(f.)r.k.
970	W	Die Novgoroder suchen einen Fürsten	69.8—22	2	—	4	4	50	50	gem.
971	W	Svjatoslavs Feldzug gegen die Griechen	69.23—72.17	11 : 30	3 : 6	62	17	78	22	ü.k.**
971	W	Vertrag 971	72.18—73.19	4 : 9	3	28	4	87,5	12,5	g.ü.k.*
971	W	Svjatoslav bei den Dnjepr-schnellen	73.20—74.9	4 : 5	2 : 7	7	9	44	56	ü.ar.****
975		Kurze Mitteilung	74.12—20	—	1	3	1	—	—	—
977	W	Jaropolks Sieg	74.22—75.20	5 : 7	4	15	6	71	29	ü.k.
980	W	Ermordung Jaropolks	75.23—79.10	15 : 30	2	54	24	69	31	ü.k.
980	R	Volodimers Vielweiberei	79.11—81.25	24 : 25	3	66	9	88	12	g.ü.k.*
981		Kurze Mitteilung	81.26—82.2	1 : 2	—	3	—	—	—	—
982		Jahres-eintragung	82.3—4	—	—	—	1	—	—	—
983	R	Sage über Menschenopfer	82.5—83.25	9 : 15	2	40	5	89	11	g.ü.k.
984		Kurze Mitteilung	83.26—84.5	1	1	2	3	—	—	—
985		Kurze Mitteilung	84.6—16	—	2	1	4	—	—	—
986	R	Überprüfung der Religionen	84.17—87.21	11 : 19	—	67	5	93	7	f.r.k.
986	R	Rede des Philosophen	87.21—106.10	61 : 138	2	412	18	96	4	f.r.k.

Jahr	W/R	Name der TE	Sp./Zeile	trat	torot	K	R	K%	R%	Schlüssel
987	R	Zweite Glaubensprüfung	106.15—108.30	12 : 14	1	54	4	93	7	f.r.k.
988	R	Korsuner Legende	109.1—112.2	17 : 38	3	83	10	89	11	g.ü.k.
988	R	Glaubens-bekenntnis Volodimers	112.3—116.8	19 : 33	1 : 4	98	7	93	7	f.r.k.
988	R	Sturz der Götzen	116.9—117.13	9 : 11	2 : 3	32	7	82	18	g.ü.k.
988	R	Taufe der Bevölkerung	117.13—119.13	9 : 16	1	44	3	94	6	f.r.k.
988	R	Zweites Glau-bensbekenntnis Volodimers	119.13—121.4	10 : 15	—	44	—	100	—	(f.)r.k.
988	W	Fürstentümer von Volodimers Söhnen	121.5—23	1	1 : 2	4	4	50	50	gem.
989		Kurze Mitteilung	121.24—122.3	1	—	5	—	—	—	—
991		Kurze Mitteilung	122.4—7	1 : 2	1	2	1	—	—	—
992	W	Gründung von Perejaslavl'	122.8—124.5	5 : 6	6 : 7	33	16	67	33	ü.k.
996	R	Die Wohltaten Volodimers	124.8—127.9	14 : 28	3	71	10	88	12	g.ü.k.
997	W	Belgoroder Grütze	127.10—129.12	7 : 15	6 : 18	34	36	49	51	gem.
1000		Jahres-eintragung	129.15—17	1 : 2	—	2	—	—	—	—
1001		Jahres-eintragung	129.18—19	1	—	1	—	—	—	—
1003		Jahres-eintragung	129.21—22	1	—	1	—	—	—	—
1007		Jahres-eintragung	129.26	1	—	1	—	—	—	—
1011		Jahres-eintragung	129.30—31	1	—	1	—	—	—	—
1014		Kurze Mitteilung	130.3—11	1	—	6	2	—	—	—
1015	W	Volodimers Tod	130.12—131.29	7	1	36	3	92	8	f.r.k.
1015	R	Ermordung der hl. Boris und Gleb	132.1—139.14	26 : 47	2	170	16	91	9	f.r.k.
1015	W	Svjatopolks Missetaten	139.15—141.21	9 : 11	1	45	9	83	17	g.ü.k.
1016	W	Beginn der Regierung Jaroslavs	141.22—142.22	2	4 : 6	5	16	24	76	ü.ar.
1018	W	Boleslavs Sieg	142.25—144.8	1	2 : 4	16	9	64	36	gem.***
1019	R	Svjatopolks Tod	144.9—146.10	5 : 6	—	34	6	85	15	g.ü.k.
1021		Kurze Mitteilung	146.13—21	—	1	1	3	—	—	—

Jahr	W/R	Name der TE	Sp./Zeile	trat	torot	K	R	K%	R%	Schlüssel
1022	W	Zweikampf Rededja-Mstislav	146.22—147.16	2	1 : 2	16	5	76	24	ü.k.**
1024	W	Jaroslav richtet die Zauberer	147.19—148.5	3	1	9	1	90	10	f.r.k.
1024	W	Über Jakun	148.5—149.9	3	3 : 4	5	10	33	67	ü.ar.
1026		Kurze Mitteilung	149.12—18	—	1	2	1	—	—	—
1030		Kurze Mitteilungen	149.24—150.2	2	—	4	—	—	—	—
1031		Kurze Mitteilung	150.3—8	1	—	4	—	—	—	—
1032		Jahres-eintragung	150.9—10	—	1	—	1	—	—	—
1036	W	Mstislavs Tod	150.15—151.18	8 : 10	3	20	5	80	20	g.ü.k.
1037	R	Lobpreisung Jaroslavs	151.19—153.18	11 : 12	3	44	10	81	19	g.ü.k.
1039		Jahres-eintragung	153.20—22	—	—	4	—	—	—	—
1041		Jahres-eintragung	153.24—25	—	—	—	1	—	—	—
1042		Kurze Mitteilung	153.26—154.2	—	—	4	—	—	—	—
1043	W	Feldzug von Volodimer Jaroslavič gegen die Griechen	154.3—155.3	4 : 6	—	17	5	77	23	ü.k.**
1044		Kurze Mitteilungen	155.4—15	1	—	7	3	—	—	—
1047		Kurze Mitteilung	155.19—21	—	—	1	1	—	—	—
1050		Jahreseintragung	155.24—25	1	—	1	—	—	—	—
1051	R	Gründung des Höhlenklosters	155.29—160.25	13 : 23	3	100	31	76	24	ü.k.
1052		Kurze Mitteilung	160.26—28	1	—	2	—	—	—	—
1053		Kurze Mitteilung	160.29—31	—	—	—	2	—	—	—
1054	W	Tod Jaroslavs	161.1—162.9	6 : 7	1	40	4	91	9	f.r.k.
1054		Kurze Mitteilungen	162.10—18	1	—	1	—	—	—	—
1057		Kurze Mitteilung	162.20—22	1	—	1	—	—	—	—
1059		Kurze Mitteilung	162.24—27	—	—	—	1	—	—	—
1060		Kurze Mitteilung	162.28—163.9	2	—	3	2	—	—	—
1061		Kurze Mitteilung	163.10—16	1	—	3	—	—	—	—
1063		Kurze Mitteilungen	163.18—23	2	—	3	—	—	—	—
1064		Kurze Mitteilungen	163.24—164.5	2	—	2	1	—	—	—
1065	R	Folgen von Himmelszeichen	164.6—165.30	16 : 20	2	48	6	89	11	g.ü.k.
1066	W	Tod Rostislavs	166.1—20	1	—	14	1	93	7	f.r.k.
1067	W	Vseslavs Niederlage	166.21—167.13	3	1	7	4	64	36	gem.***

Jahr	W/R	Name der TE	Sp./Zeile	trat	torot	K	R	K%	R%	Schlüssel
1068		Einleitung zum folgenden	167.14—20	—	—	4	1	—	—	—
1068	R	Predigt über die Strafen Gottes	167.21—170.20	17 : 29	2	83	5	94	6	f.r.k.
1068		Übergang zum folgenden	170.21—22	2	—	3	—	—	—	—
1068	W	Aufstand in Kiev	170.22—171.26	5	—	18	5	78	22	ü.k.**
1068	W	Polovcereinfall und religiöse Reminiszenzen	171.27—173.4	5 : 7	—	27	5	84	16	g.ü.k.
1069	W	Vertreibung Vseslavs	173.5—174.13	5 : 10	—	29	3	91	9	f.r.k.
1070		Kurze Mitteilungen	174.14—17	—	—	1	—	—	—	—
1071		Kurze Mitteilungen	174.18—21	—	—	—	1	—	—	—
1071	R	Erzählung über Zauberer	174.22—181.17	19 : 47	6	128	28	82	18	g.ü.k.
1072	R	Überführung der Gebeine der hl. Boris und Gleb	181.18—182.19	7	—	19	2	90	10	f.r.k.
1073	W	Vertreibung Izjaslavs	182.20—183.16	7 : 12	—	17	3	85	15	g.ü.k.
1073		Nachsatz zu vorhergehender TE	183.16—19	—	—	4	—	—	—	—
1074	R	Tod des hl. Feodosij	183.20—188.15	17 : 34	1	118	12	91	9	f.r.k.
1074	R	Erzählung über die Mönche des Höhlenklosters	188.16—198.15	31 : 61	6	201	37	84	16	g.ü.k.
1075		Kurze Mitteilungen	198.16—199.5	2	1	5	1	—	—	—
1076		Kurze Mitteilungen	199.6—12	1	—	2	1	—	—	—
1078		Kurze Mitteilungen	199.22—200.17	1	1	13	2	—	—	—
1078	W	Izjaslavs Tod	200.17—202.16	5 : 13	1	34	5	87	13	g.ü.k.
1078	R	Nekrolog für Izjaslav	202.16—204.6	4 : 8	2	34	8	81	19	g.ü.k.
1078		Kurze Mitteilung	204.7—12	1	1	1	1	—	—	—
1079		Kurze Mitteilungen	204.13—22	2	—	3	—	—	—	—
1082		Jahreseintragung	205.1—2	—	—	—	1	—	—	—
1083		Kurze Mitteilung	205.3—7	—	—	1	—	—	—	—

Jahr	W/R	Name der TE	Sp./Zeile	trat	torot	K	R	K%	R%	Schlüssel
1084		Kurze Mitteilungen	205.8—16	1	—	1	2	—	—	—
1085		Kurze Mitteilung	205.17—26	—	—	1	—	—	—	—
1086	W	Jaropolks Begräbnis	206.1—207.15	9 : 12	2	32	4	89	11	g.ü.k.
1088		Kurze Mitteilung	207.17—24	—	—	3	—	—	—	—
1089		Kurze Mitteilungen	207.25—209.8	5 : 8	2 : 3	30	3	—	—	—
1091	R	Überführung der Gebeine des hl. Feodosij	209.10—214.22	24 : 33	1	125	20	86	14	g.ü.k.
1092	R	Spuk in Polock	214.25—215.9	6	1 : 2	11	3	79	21	ü.k.
1092		Kurze Mitteilungen	215.9—26	4	1	7	2	—	—	—
1093	R	Vsevolods Ende	215.27—217.20	8 : 11	—	38	5	88	12	g.ü.k.
1093		Kurze Mitteilungen	217.21—218.6	3	—	9	1	—	—	—
1093	W	Polovcer belagern Torčesk	218.6—225.26	30 : 66	7 : 12	149	35	81	19	g.ü.k.
1093		Kurze Mitteilung	225.26—226.2	1	—	4	—	—	—	—
1094	W	Kämpfe um Černigov	226.5—18	2 : 6	1	11	2	85	15	g.ü.k.
1094		Kurze Mitteilungen	226.18—26	2	—	5	—	—	—	—
1095	W	Ermordung Itlars	227.2—228.12	3 : 4	1	16	5	76	24	ü.k.
1095	W	Kämpfe mit den Polovcern	228.12—229.11	2	3 : 4	9	10	47	53	gem.
1095		Kurze Mitteilungen	229.11—24	2	1	5	1	—	—	—
1096	W	Belagerung von Starodub	229.25—230.28	5 : 13	2	18	5	78	22	ü.k.
1096	W	Neuerliche Polovcereinfälle	231.1—234.6	12 : 21	4 : 5	64	14	82	18	g.ü.k.
1096	W	Nach Methodius von Patara	234.6—22	1	—	7	3	70	30	ü.k.
1096	W	Wiedergabe von Gurjatas Bericht	234.23—235.18	3 : 4	—	18	2	90	10	f.r.k.
1096	W	Sagenhaftes über Alexander den Großen	235.18—236.15	2 : 3	1	26	3	90	10	f.r.k.
1096		Übergang	236.16—17	4	—	4	—	—	—	—
1096	W	Kämpfe des Oleg Svjatoslavič	236.17—240.22	7 : 16	11 : 24	49	42	54	46	gem.
1096	R	Monomachs Belehrung	240.23—247.11	26 : 36	8	159	50	76	24	ü.k.

Jahr	W/R	Name der TE	Sp./Zeile	trat	torot	K	R	K%	R%	Schlüssel
1096	W	Monomachs Autobiographie	247.12—252.13	4 : 5	14 : 20	29	63	32	68	ü.ar.
1096	W	Monomachs Brief an Oleg	252.13—255.9	11 : 14	4 : 5	53	30	64	36	gem.
1096	R	Monomachs Gebete	255.10—256.23	20 : 23	—	55	1	98	2	f.r.k.
1097	W	Blendung Vasilkos	256.24—273.6	28 : 90	19 : 41	269	120	69	31	ü.k.
1098		Kurze Mitteilung	273.7—9	1	—	1	—	—	—	—
1099		Kurze Mitteilungen	273.10—14	—	—	1	—	—	—	—
1100	W	Tod von David Igorevič	273.15—274.26	1	1	17	10	63	37	gem.
1101		Kurze Mitteilungen	274.27—275.15	3	—	10	1	—	—	—
1102		Kurze Mitteilung	275.16—21	1	—	2	1	—	—	—
1102	W	Die Novgoroder verweigern Volodimer die Herrschaft	275.22—276.9	1	—	5	3	62,5	37,5	gem.
1102	R	Himmelszeichen	276.9—30	3	1	10	5	67	33	ü.k.
1103	W	Siegreicher Feldzug gegen die Polovcer	277.1—279.28	12 : 18	4 : 6	43	28	61	39	gem.***
1103—5		Kurze Mitteilungen	279.29—281.3	3 : 4	3	10	3	—	—	—
1106		Kurze Mitteilungen	281.4—27	2 : 3	1	14	2	—	—	—
1107	W	Sieg über die Polovcer	281.27—282.25	4	—	17	2	89	11	g.ü.k.
1107		Kurze Mitteilung	282.25—283.3	—	—	1	1	—	—	—
1108		Kurze Mitteilung	283.5—22	1	1	10	1	—	—	—
1109		Kurze Mitteilungen	283.23—284.2	1	—	4	3	—	—	—
1110		Kurze Mitteilung	284.3—5	—	1	—	2	—	—	—
1110	R	Zeichen über dem Höhlenkloster	284.5—285.7	6 : 7	—	19	—	100	—	(f.)r.k.
1116		Postskriptum Silvesters	286.1—7	1	—	7	—	—	—	—

4. NICHT AUSTAUSCHBARE UND AUSTAUSCHBARE TOROT-LEXEME

In diesem Kapitel wird versucht, die torot-Lexeme in PVL L nach dem Kriterium einzuteilen, ob sie durch trat-Entsprechungen ersetzbar waren oder nicht[1]. Das ist aus zwei verschiedenen Gründen ein äußerst schwieriges Unterfangen: 1. Eine genaue Klassifizierung nach dem Grad der Austauschbarkeit stößt auf große Schwierigkeiten, soweit diese auf semantischen Kriterien beruht, weil Bedeutungen, Nuancen und Konnotationen fallweise kaum abgrenzbar sind. Zur Illustration werden am Ende dieses Kapitels einige komplexe Fälle genauer analysiert. 2. Sreznevskijs Wörterbuch u. a. Lexika, die man bei der Beurteilung hinzuziehen muß, sind lückenhaft hinsichtlich Bedeutungsangaben und weit mehr noch, was das Belegmaterial betrifft.

Die Substitutionsfähigkeit umfaßt eine weite Skala von Null bis zur vollen Ersatzmöglichkeit bei Synonymie und schließt einige kaum eindeutig beantwortbare Fälle ein. Am unteren Ende der Skala liegen „Bedarfsentlehnungen" (s. S. 33 f.) aus der Volkssprache, die meines Erachtens eine der historischen Ursachen für die weitere Sprachmischung darstellten. Diese Wörter besaßen keine (oder keine geeigneten) ksl. Entsprechungen. Die Ursache für ihre Verwendung beruht auf dieser Tatsache allein und erheischt keine weitere Begründung; ihr Vorhandensein verändert auch den ksl. Sprachschlüssel nicht. Man darf annehmen, daß Bedarfsentlehnungen fast unbewußt, als etwas Selbstverständliches, in die historischen die Rus betreffenden Berichte der ar. Chroniken aufgenommen wurden. Wie die folgende Aufstellung zeigt, handelt es sich nämlich meist um örtlich gebundene Konkreta und das russische Milieu Betreffendes (besonders Kampfhandlungen).

Zu den Bedarfsentlehnungen zählen unzweifelhaft an erster Stelle unpaarige torot-Lexeme, das heißt solche, die überhaupt keine korrelierten TRAT besitzen. Wenn in der Fachliteratur von nicht

[1] Vgl. Belege und Kommentare zu allen hier zitierten Wörtern in Kapitel 17; bei Aufzählungen sind die Wörter nach ihren urslavischen *tort-Ansätzen angeordnet, vgl. Wortnestliste zu PVL L (Kapitel 16).

austauschbaren TOROT die Rede ist, so wird oft nur diese Gruppe gemeint.

In PVL L kommen wohl 56 auf *tort zurückgehende Lexeme sowie sieben unechte torot-Wörter ausschließlich mit Polnoglasie vor, doch haben nur 19 von diesen laut Sreznevskij, Slovník und Miklosich keine ksl. Entsprechungen: **болонье**[2], **боронение**[3], **волокъ**, **Заволоѵию**[4], **заволоѵьскъıи**, **паволоѵитъ**, **ворожвитъ**, **колодникъ**, **колоти**[5], **сколота**, **королевиѵь**, **заморозъ**, **отполонити**, **перевѣсище**, **перегъбъ**, **пережеѵи**[6], **перекѣздити**, **сороѵка**; hiezu ist auch **ѵзороѵье** zu zählen, da **ѵзраѵіе** erst ab dem 15.—16. Jahrhundert belegt ist (Sreznevskij).

Schwieriger ist eine zweite Gruppe von torot-Lexemen abzugrenzen, die wohl formal entsprechende TRAT besitzen, jedoch mit anderer Bedeutung. Die semantischen Beziehungen zwischen den Gliedern der einzelnen Paare sind sehr verschiedenartig. Je stärker die Bedeutung abweicht, desto weniger konnte TOROT durch TRAT ersetzt werden (s. u. **паволока**). Dazu kommt, daß die folgenden Kirchenslavismen laut Sreznevskij auf die religiöse Literatur beschränkt sind. Somit war nicht nur der Bedeutungsunterschied von Gewicht, sondern auch die andere Anwendungssphäre. Wir betrachten die folgenden sechs Wörter als nicht austauschbar, also als Bedarfsentlehnungen im weiteren Sinn:

паволока fast nur im Pl. und in dieser Bedeutung: 'kostbare Gewebe' – **повлака** 'покрышка, переплет книги?' (Srezn.); im Slovník ist wohl als Stichwort **павлака** 'kostbarer Stoff' angeführt, jedoch findet sich im einzigen Beleg **павωлоками** (Wenzelslegende, russ. Abschrift, 16. Jahrhundert).

воропъ 'Angriff' ist außerdem phraseologisch gebunden: **пустити(сѧ) на воропъ**; in allen untersuchten Chroniken kommen auch Ableitungen nur mit Polnoglasie vor; – **врапъ** 'насилие, сила' (in Sreznevskij ein Beleg, Izb. 1073, vgl. auch **врапѣти** 'усилиться, возмочь').

головнıа 'Brandstätte': diese Bedeutung fehlt in Sreznevskij, doch geht sie eindeutig aus dem einzigen Beleg in PVL L hervor: **«тои посласта Берестию брата на головнѣ. иде бѧху пожгли.»** (Monomachs

[2] Vielleicht Gebietsname, vgl. S. 186.

[3] Aber **бранение** 'Hindernis' kommt einmal in der ersten Novgoroder Chronik der jüngeren Redaktion vor (НПЛ 298.28 unter Jahr 1245).

[4] Bezeichnet verschiedene Gebiete, s. S. 32 f.

[5] Sreznevskij zitiert wohl **клати, колю**, aber ohne Beleg; in PVL L findet sich einmal **заклати** 242.1.

[6] Obwohl **прежещи** nicht registriert ist, kommt es im Načal'nyj svod vor (НПЛ 112.7).

Autobiographie, 1096, 247.20); so übersetzen auch Trautmann 201 und Lichačev 1950: I, 360; – главьнꙗ 'головня, костер, уголь'.
городище 'frühere Siedlungsstätte' – градище für 'castrum' (Sreznevskij ein Beleg), aber 'место бывшего поселения' (Слов. р. яз. XI—XVII вв. ein Beleg, jedoch erst aus dem 17. Jahrhundert).
жерело in PVL L nur 'Flußarm' vgl. S. 75; Слов. р. яз. XI—XVII вв. und Sreznevskij auch 'голос, горло' u. a. Bedeutungen – жрѣло nur 'голос' (Sreznevskij und Miklosich).
пересѣчи 'alle erschlagen' – прѣсѣчи 'рассечь' (Sreznevskij); dazu vgl. auch Uluchanov (1968: 35).

Außer Bedarfsentlehnungen im engeren und weiteren Sinn finden sich in PVL L elf torot-Lexeme, die wohl korrelierte trat-Synonyme besitzen, doch sind die letzteren (fast) ausschließlich auf das religiöse Schrifttum beschränkt, daher ist in den ar. Chroniken nur Polnoglasie angemessen. Wir sehen diese als „nicht austauschbare torot-Lexeme aufgrund des Usus" an: болото, бороти (сѧ), перебороти (fehlt in Sreznevskij), король, перевезтисѧ (превезтисѧ ist eine rksl. Neubildung, belegt ab 14. Jahrhundert, vgl. Uluchanov 1968: 53 f.; kommt einmal in PVL A vor, s. PVL L 258 Anm. 32), перерѣзати (прерѣзати einmal in PVL П, also erst Anfang des 17. Jahrhunderts, s. PVL Ip 235 Anm. 3), утолочити, холопъ (vgl. dazu auch L'vov 1975: 238 f.), череда und das unechte torot-Lexem скоропии (-ие), dazu vgl. aber S. 264.

Zu dieser Gruppe gehört ebenfalls черевию, jedoch nur in der Bedeutung 'Schuh', da rksl. чрѣвию lediglich in religiösen Texten belegt ist; darüber hinaus ist черевию auch in seiner Eigenbedeutung 'Fell vom Tierbauch' nicht austauschbar.

Alle bisher genannten 36 torot-Lexeme sind meines Erachtens als nicht austauschbar zu werten — aufgrund fehlender oder zu sehr eingeschränkter Substitutionsmöglichkeit durch trat-Entsprechungen. In PVL L finden sich weiters 17 Wörter ausschließlich mit Polnoglasie, die wir nicht dieser Gruppe zuordnen. Die ihnen korrelierten TRAT kommen nämlich in anderen Abschriften der Nestorchronik, besonders in PVL Ip, meist in denselben Stellen vor, ferner in Regionalchroniken[7] und auch vereinzelt in anderen weltlichen Werken. Das sind: забороло – забрало (PVL Ip, Igorlied), изворогъ – изврагъ (PVL Ip), золотоверхыи – златоверхыи (Suzd., Kiev., Perejaslav. L., Igorlied), огородити(сѧ) – оградити (PVL Ip, Novg.), измерети – измрѣти (PVL Ip, Novg., Suzd.), померети – по-

[7] Soweit diese nicht untersucht wurden, stammt die Information aus Sreznevskij.

мрѣти (PVL Ip, Novg.), перебродитисѧ – пребродитисѧ (Pskov. L., пребродити Amartol, vgl. auch пребрести PVL PA, Kiev.), переклюкати – преклюкати (bei Amartol beide, vgl. Srezn.), напередъ – напрѣдъ (Gal., напредѣ Suzd.), середнии – среднии (PVL Ip), стереꙑи – стрещи (PVL Ip, Novg., Suzd., Kiev., Gal.), ꙋстереꙑи – ꙋстрещи (Pskov. L.), простороньство (russifizierter Kirchenslavismus, Beleg aus PVL L ist der einzige in Srezn.) – пространство (PVL Ip, Novg., Pskov. L.), поздоровꙋ – здраво, -ѣ (Nik. let., vgl. Слов. р. яз. XI—XVII вв.), тереба – треба (PVL Ip), похоронити – похранити aber beide nur für 'beerdigen' (PVL Ip, Pskov. L.), скоморохъ (ursprüngliche ar. Form) – скомрахъ (slavonisiert, PVL Ip, auch sonst gut belegt, vgl. Srezn.).

Das Gesagte trifft nicht für gut belegtes перевозъ und перевозникъ zu. Obwohl ksl. Dubletten laut Sreznevskij je einmal in der Perejaslavler Abschrift der PVL vorkommen, betrachten wir diese Wörter als nicht austauschbar und die Kirchenslavismen als sporadische Umbildungen. Diese Annahme stützt sich auch auf Šachmatov 1916 PVL I, der in seiner sonst sehr slavonisierten Textrekonstruktion перевозъ und перевозникъ beläßt (S. 9). Dasselbe gilt für wahrscheinlich nicht auf *tort beruhenden теремъ, теремныи, теремьскыи (vgl. S. 181): sie werden als nicht austauschbar angesehen, da sie bereits im Načal'nyj svod in dieser Form vorkommen (Näheres S. 162 f.) und in den ar. Chroniken u. a. Denkmälern gut belegt sind (s. Srezn. III, 950 f.), трѣмъ hingegen nur einmal (nach Srezn. s. unter теромъ).

Somit sehen wir insgesamt 41 in PVL L vorkommende Wörter mit einer Gesamtfrequenz von 77 als nicht austauschbare torot-Lexeme an[8].

AUSTAUSCHBARE TOROT-LEXEME bilden eine bedeutend größere Gruppe mit 81 Wörtern. Diese konnten mit den korrelierten trat-Entsprechungen entweder frei oder beschränkt alternieren. Die Substitutionsfähigkeit umfaßt — wie schon gesagt — eine breite Skala, auf der die im weiteren folgende Klassifikation beruht.

Wie in der Einleitung erwähnt, sind solche Paare (ein Glied aus der Volks-, das andere aus der Hochsprache) geradezu ein

[8] Die Frequenz der einzelnen Wörter ist auf der Wortnestliste zu PVL L (Kapitel 16) angegeben; nur паволока kommt häufig vor (15×). Von den nicht austauschbaren torot-Lexemen beziehen sich nur drei ausschließlich auf Fremde: король (270.26), королевиꙑь (280.9) und пересѣꙑи (42.20), weiters je ein Beleg von паволока (45.28) und холопъ (97.22).

Mustermerkmal der Diglossie. W. Diem bezeichnet diese — auf die arabische Diglossie bezogen — als „stilistische Entlehnungen“[9], um sie von den Bedarfsentlehnungen abzugrenzen. Dieser Terminus ist jedoch in unserem Fall insofern irreführend, als die trat- und torot-Glieder ursprünglich *zwei* genetisch verschiedenen Sprachen angehörten. Somit kann man sie meines Erachtens nicht als stilistisch verschieden bewertete Varianten ein und derselben Sprache klassifizieren. Lediglich die Mitglieder der Diglossie-Gemeinschaft *empfanden* sie als solche wegen der komplementären Distribution der Hoch- und Volkssprache, ihrer nahen Verwandtschaft und den durchlässigen Grenzen in nichtreligiösen Texten. Der Terminus „stilistische Entlehnungen“ spiegelt also diese subjektive Auffassung wider. Sie ist ein soziolinguistisches Phänomen, das aber meines Erachtens nicht als Prinzip einer philologischen Klassifikation dienen darf, die genetischen Tatsachen Rechnung trägt. Aus diesem Grunde bezeichnen wir torot-Lexeme, die mit trat-Entsprechungen alternieren konnten, als „Korrelatentlehnungen“. Sie bilden den Gegenstand der weiteren Untersuchung. Wir gehen nämlich von der Annahme aus, daß ihr Gebrauch — der nicht wie bei den Bedarfsentlehnungen notwendigerweise erfolgte — in PVL L *motiviert* war und bestimmte Funktionen erfüllte, wie in den nächsten Kapiteln dargelegt wird.

Die Korrelatentlehnungen zerfallen je nach dem Grad ihrer Substitutionsfähigkeit in zwei große Gruppen. Wenn TOROT und TRAT praktisch unbeschränkt austauschbar waren, weil sich ihre Bedeutung(en) ganz oder nahezu deckten, so sprechen wir von *synonymischen Korrelatentlehnungen*. Wenn TOROT und TRAT nur in einem Teil ihrer Bedeutungen austauschbar waren, jedoch in anderen nicht, so bezeichnen wir solche Wörter als *partielle Korrelatentlehnungen*.

I. Synonymische Korrelatentlehnungen. a. Sowohl TOROT als auch TRAT kommen in PVL L vor. Paare mit höherer Frequenz beider Glieder: **городъ** 62 / **градъ** 215, **Царьгородъ** 14 / **Царьградъ** 17, **володѣти** 6 / **владѣти** 7, **ворота** 6 / **врата** 12.

Bei weitem an der Spitze steht **городъ** / **градъ**, deren Korrelationen ausführlich ab S. 206 besprochen werden. Streng genommen handelt es sich hier nicht um ein vollständig synonymisches Paar, da nur aksl.-rksl. **градъ** auch ‘Garten’ u. ä. bedeuten konnte (s.

[9] Vgl. Diem: „stilistische Interferenz“, d. h. jede über Bedarfsentlehnungen hinausgehende (1974: 26), stilistische Entlehnungen (1974: 46 f.).

Slovník und Sreznevskij). Die semantischen Abweichungen zwischen den beiden Gliedern sind jedoch ganz peripher, da die gemeinsame Hauptbedeutung ‘Stadt, befestigter Ort’ in PVL L in 268 von insgesamt 277 Belegen vorliegt. Auch die selten auftretenden Bedeutungen decken sich, von einer Ausnahme abgesehen, s. S. 207. Wir sehen auch im folgenden trat/torot-Lexeme als Synonyme an, wenn sie nach Sreznevskij nur in vereinzelten (kontextuellen) Bedeutungen — vor allem in der ksl. Übersetzungsliteratur — geringfügig abweichen.

In den folgenden Synonympaaren ist die Korrelation insofern eine andere, als nur TRAT hohe Frequenz besitzt und durchlaufend vorkommt, während TOROT sporadisch und motiviert auftritt: голодъ 4 / гладъ 17, золото 5 / злато 22, золотыи 1 / златыи 9, умерети 1 / умрети 7, переступити 1 / преступити 13 (преступати 10), передъ 5 / предъ 69.

Umgekehrt verhält es sich bei: воробьи 6 / врабьи 1 und воротитисѧ 6× ab 1095 / вратитисѧ 1 (das einzige gebräuchliche Wort für ‘zurückkehren’ ist възвратитисѧ 45).

Weitere synonymische Korrelatentlehnungen: боронити / бранити 2, возборонитисѧ (jedoch wohl Schreibfehler für возворотитисѧ) / възбранѧти, оборонити / обранити, волочити / влачити (влещи 3), воронъ / вранъ, невѣголосъ 2 / невѣгласъ 4, възворотити / възвратити 3, городныи / градныи 2, горожанинъ 3 / гражанинъ 4, деревѧныи / древѧныи 5, золотникъ 2 / златникъ 3, колодѧзь 4 / кладѧзь 5, молодыи 4 / младыи 4, полонѧникъ / плѣньникъ 2, бес перестани 2 / беспрестани, соромъ 2 / срамъ 4; trotz verschiedener Präfixe осоромити / посрамити, чересъ 8 / чресъ 5; nicht auf *tort zurückgehend: мороморѧнъ 2 / мраморѧнъ 5.

Diese Gruppe der synonymischen Korrelatentlehnungen — sowohl TOROT als auch TRAT kommt in PVL L vor — umfaßt 31 torot-Lexeme mit einer Gesamtfrequenz von 156.

In der Funktion von synonymischen Korrelatentlehnungen treten in PVL L ferner 17 Wörter ausschließlich mit Polnoglasie auf, s. Liste S. 59 f. In den angewendeten Bedeutungen decken sie sich mit den von Sreznevskij zitierten trat-Entsprechungen; einige von diesen besitzen auch zusätzliche (figurative) Bedeutungen, was hier nicht von Belang ist, weil sie in PVL L nicht vorkommen. Die Gesamtfrequenz dieser 17 Russismen beträgt 18. Die einzige Ausnahme auf der genannten Liste bildet похоронити, das in PVL L nicht nur als synonymische Korrelatentlehnung auftritt, sondern auch zusätzlich in Eigenbedeutung, vgl. Gruppe II. 5.

II. Partielle Korrelatentlehnungen bilden eine komplexe Gruppe, weil die semantischen Beziehungen zwischen TOROT und TRAT in den einzelnen Paaren sehr verschiedenartig sind. Hier folgt ein Überblick, um die Vielfalt dieser Beziehungen aufzuzeigen sowie die davon abhängige Skala, in welchem Maß solche TOROT austauschbar waren. In allen Fällen kommen in PVL L beide Glieder vor, falls nicht anders erwähnt. Soweit die Russismen identische Bedeutung(en) wie die ihnen korrelierten Kirchenslavismen hatten, waren sie austauschbar und ihr Gebrauch durch verschiedene Motivationen bedingt, die in den nächsten Kapiteln behandelt werden.

1. TOROT hat die gleiche Grundbedeutung wie TRAT, das zusätzlich (meist abstrakte) Bedeutung(en) hat, doch erscheinen in PVL L beide nur in der ersteren: въıволоѵи / извлещи 2 'herausziehen', вередити 2 / вредитисѧ 2 '(sich) verletzen', перенести / пренести 3 'überführen', ѵересла / ѵресла 'Lenden'; берегъ 8 / брегъ 7 'Ufer'[10].

2. TOROT hat die gleiche Grundbedeutung wie TRAT, das jedoch figurativ verwendet wird: соволоѵи(сѧ) 2× '(sich) ausziehen' / совлещисѧ (das sündige Gewand des alten Adam) 'ablegen'.

3. TOROT hat die gleiche Grundbedeutung wie TRAT, das jedoch nur in abstrakten zusätzlichen Bedeutungen vorkommt: оборотити 'umdrehen' / обратити '(zu)wenden, bekehren, verwandeln', aber vgl. обратитисѧ auch 'sich umwenden'.

Wir rechnen схоронити zu dieser Gruppe, das wohl '(etwas) aufbewahren' 2× im gleichen Kontext bedeutet und nicht 'убрать, спрятать', wie Sreznevskij für dieselben Belege angibt, vgl. S. 261; somit liegt dieselbe Grundbedeutung wie für съхранити 'сохранить, сберечь' vor (konkret und übertragen, vgl. Srezn.), das in PVL L jedoch 1. '(vor Üblem) bewahren' 8×, 2. '(Vertrag, Gebot) einhalten' 3× und 3. 'bestatten' bedeutet.

4. TOROT hat die gleiche Grundbedeutung wie TRAT, das in PVL L in derselben und zusätzlichen Bedeutungen vorkommt[11]: ворогъ 'Feind' / врагъ dass. 24×, 2. 'Teufel' 6×; дерево 'Holz' / древо dass. 4×, 2. 'Kreuz' 7×, 3. 'Baum des Paradieses' 6×, 4. 'Baum'

[10] Wir zählen берегъ / брегъ zu dieser Gruppe, weil sie in PVL L nur als Synonyme auftreten und obwohl Sreznevskij für брѣгъ nur eine zusammenfassende Bedeutung 'скала, praecipitium, берег' angibt, ohne die ar. Chroniken zu berücksichtigen.

[11] Die Anordnung der Bedeutungen stimmt von hier an nicht immer mit jener in den Kommentaren (Kapitel 17) überein, da wir hier von den Polnoglasieformen ausgehen, in den Kommentaren jedoch von den Kirchenslavismen, die höhere Frequenz und meist mehr Bedeutungen besitzen.

2× ; передатисѧ 'sich ergeben' 3× / прѣдатисѧ dass. 9×, 2. 'sich übergeben' (dem Teufel), 3. 'sich unterwerfen'; полонити Grundbedeutung nach Srezn. 'взять в плен', gut belegt; in PVL L: 1. pass. Prät. Part. 'Gefangene, gefangen' 3×, 2. 'erbeuten' / плѣнити 1. 'gefangennehmen', 2. 'Gebiet unterjochen', nach Sadnik liegt auch im Aksl. die Bedeutung 'erbeuten' vor; переити 'hinübergehen, überqueren' 4× / прѣити 4× dass., 2. 'vergehen' (Zeit), vgl. weitere Bedeutungen in Srezn; хоромъ 'Haus' 2× / храмъ dass., 2. 'Gotteshaus' 2×; хоромина 'Haus' / храмина dass. 3×, 2. 'Tempel'.

Annähernd gleiche Grundbedeutung haben прѣсѣдѣти 'sitzend verweilen' 2× / пересѣдѣти 'sich aufhalten', zu den semantischen Beziehungen vgl. S. 68; außerdem bedeutet прѣсѣдѣти (statt присѣдѣти) in PVL L 'angesiedelt sein, leben'.

Die Gruppen 1—4 der partiellen Korrelatentlehnungen enthalten 16 austauschbare torot-Lexeme mit einer Gesamtfrequenz von 35.

5. TOROT und TRAT sind polysem; ihre Bedeutungen decken sich zum Teil und in diesen sind sie daher austauschbar, in ihren jeweiligen Eigenbedeutungen jedoch nicht. (In den letzteren verhalten sie sich wie die Bedarfsentlehnungen:)

волость 1. 'Wolost' 11×, 2. 'Rechtsanspruch' 2× / власть 1. dass. 3×, 2. dass. 3×; 3. in Eigenbedeutungen: 'Herrschaft' 20×, 4. 'Herrschaftsgebiet' 2×.

голова in PVL L 1. 'Kopf' 6×, 2. наши головы '? unsereiner'; 3. in Eigenbedeutung: phraseologisch в головахъ 'zu Häupten'; weitere acht Bedeutungen in Srezn. und Redewendungen / глава 1. dass. 26× und 'Haupt' eines Heiligen u. ä. 2×, 2. 'Führer'; 3. in Eigenbedeutung 'Kapitel, Vertragsbestimmungen' 3×; weitere Bedeutungen s. Srezn.

норовы nur Pl. 'heidnische Gebräuche' 2×, nicht Eigenbedeutung, aber spezifische Konnotation vgl. S. 67, daher austauschbar / нравъ 1. 'Brauch, Sitte' 2×, 2. 'Handlungsweise' 3×, 3. 'Charakter'; vgl. Eigenbedeutungen in Srezn.

порогъ 1. 'Schwelle'; 2. in Eigenbedeutung: nur Pl. 'Dnjeprschnellen' 9× / прагъ 1. dass., auch in PA, s. PVL L 179, Anm. 8; ein Beleg in Srezn. 'стремнина' für 'praecipitia'.

сторожь (bzw. сторожа) 1. 'Wache' 3×; 2. in Eigenbedeutung nur Pl. сторожи 'Vorhut' 8× [12] / стражь 1. 'Hüter, Wache' 2×; nach Srezn. Eigenbedeutung 'наблюдатель' (ein Beleg).

[12] Сторожи bezieht sich einmal auf Fremde (278.16).

сторона 1. 'Seite' 3×, 2. 'Ufer' 10×, 3. 'Heimatland'; 4. in Eigenbedeutung: militärisch 'Flanke' 3× / страна 1. dass. 5×, 2. dass. 9×, 3. '(fremdes) Land' 50×, schließt aber auch 'Heimatland' ein, Eigenbedeutungen 4. 'Vertragspartner' 4×, 5. Pl. странъı 'Völker' 9×, 6. 'eine Seite des Kirchenchores'.
хоронити kommt nur einmal in der Eigenbedeutung 'verstecken' in PVL L vor (aber vgl. Srezn. auch 'хранить, беречь, соблюдать') / хранити 1. 'erhalten, bewahren' 3×, 2. '(Vertrag) einhalten' 3×, 3. 'in Gewahrsam halten', 4. 'beschützen', 5. '(Sabbat) heiligen'; хранитисѧ 'sich vor etwas hüten'.
похоронити 1. 'beerdigen' 3×; 2. in Eigenbedeutung: 'verstecken' 2× (dazu vgl. S. 68) / похранити kommt zwar nicht in PVL L vor, aber in PVL PA in 1. Bedeutung.

TRAT und TOROT kommen in verschiedener Bedeutung vor, die jedoch beide Wörter besitzen: черево 1. 'Bauch', nach Srezn. 2. 'утроба' und 3. 'мех с брюха животного' / чрево in PVL L 'Mutterleib' 2×, nach Srezn. 1. 'живот' und im Pl. 'внутренности'.

TOROT kommt in gemeinsamer, TRAT nur in Eigenbedeutung vor: колода 'Baumstamm' / клада 'Scheiterhaufen' 2×.

TOROT / TRAT sind polyseme Synonyme, doch kommen sie in PVL L nur in verschiedener Bedeutung vor: середа 'Mitte' / среда 'Mittwoch'.

TOROT und TRAT erscheinen in PVL L nur in derselben übertragenen Bedeutung: передънѧꙗ / преднѧꙗ 2× 'das vorher Gesagte'.

6. Zum Unterschied von den vorhergehenden Gruppen ist in den folgenden polysemen Paaren TOROT in PVL L durch mehr Bedeutungen als TRAT vertreten: переꙗти 1. '(Macht) übernehmen' 9×, 2. '(Ruhm) erwerben', 3. 'annehmen', 4. reflexiv 'auf sich nehmen', 5. '(Wasser) abschneiden' / преꙗти besitzt laut Sreznevskij dieselben Bedeutungen (ausgenommen 4., die aber Sreznevskij auch nicht für переꙗти aussondert), doch kommt in PVL L nur 1. und 5. einmal vor; weiters das entsprechende Imperfektum перенимати 1× in 1. Bedeutung, doch преимати statt примати.
полонъ 1. 'Gefangenschaft', 2. 'Beute' 3×; 3. 'Gefangene' – плѣнь (sic!) 1. dass., 2. Bedeutung dass. nach Srezn., 3. Bedeutung im Aksl. belegt, vgl. Slovník und Sadnik.
переди 1. 'vorher' 2×, 2. 'voraus' (räumlich) – преди 1. dass., 2. ist in Sreznevskij angegeben.

7. Einen Sonderfall stellt воротити(сѧ) / вратити(сѧ) insofern dar, als воротити semantisch von in PVL L nicht belegtem вратити

abweicht, während die Reflexivformen Synonyme sind. Dieses Wortpaar wurde daher bereits bei den synonymischen Korrelatentlehnungen genannt und воротитисѧ ist hier nicht nochmals als Lexem zu zählen, sondern lediglich die Frequenz von semantisch abweichendem воротити: in PVL L 'zurückschicken' 2×, in Srezn. 'возвратить, отдать назад' (sechs Belege, nur aus weltlichen Quellen) – вратити nach Srezn., Dopolnenija III, 40: 1. 'отвратить' (ein Beleg Мин. 1096), 2. 'обратить' figurativ (ein Zitat aus PVL Ip 1111, 263.10); Miklosich verweist unter вратити 'vertere' wohl auf das Ostromirev., doch findet sich im Glossar nur das Reflexivum (ed. A. Vostokov, Остромирово евангелие 1056—1057 г. . . . SPb., 1845, S. 61); vgl. weiters Slovník: „forma non refl. tantum in Fris." Вратити war also im Aksl.-(R)ksl. selten und ist erst ab dem 16. Jahrhundert in der Bedeutung 'вернуть' belegt (Слов. р. яз. XI—XVII вв.); воротити ist daher in PVL L als nicht austauschbar anzusehen, zum Unterschied von воротитисѧ 6× / вратитисѧ 'zurückkehren'.

Schließlich ist das unechte torot-Lexem молоньꙗ (*mъlni) ein Sonderfall: es kommt in PVL L mit zweitem Polnoglasie 3× vor und ist sowohl durch die ursprüngliche Form мълниꙗ (so z. B. Novg.), als auch durch молньꙗ (z. B. PVL L 284.8) und andere Dubletten austauschbar (vgl. Sreznevskij II, 203), aber naturgemäß nicht durch TRAT.

Die Gruppen 5—7 enthalten 17 Lexeme, die partielle Korrelatentlehnungen sind. Auch sie treten ganz überwiegend in austauschbaren Bedeutungen auf, nämlich insgesamt 73× ; nur sieben von diesen Wörtern kommen (zusätzlich) in Eigenbedeutungen vor, deren Gesamtfrequenz 26 beträgt.

ERGEBNIS: Die Aussonderung nicht austauschbarer torot-Lexeme — 41 Wörter, Gesamtfrequenz 77 — sowie von 26 Vorkommen ar. Eigenbedeutungen erlaubt nun, die weitere Untersuchung auf das Wesentliche zu konzentrieren. Das sind die Gründe für den Gebrauch austauschbarer Wörter aus der Volkssprache (81 TOROT) und solche in austauschbaren Bedeutungen (Gesamtfrequenz 282) an Stelle ihrer ksl. Äquivalente.

In der sowjetischen Fachliteratur beschäftigte sich vor allem T. N. Kandaurova mit den semantischen Korrelationen der trat/torot-Paare und veröffentlichte wiederholt mit geringfügigen Veränderungen eine Klassifikation aufgrund solcher Kriterien, so neuestens Kandaurova 1980: 64—73. Ihre Arbeit umfaßt nahezu alle in der ar. Periode belegten Paare (über 250), und zwar auch aus der religiösen Literatur. Dadurch ergeben sich naturgemäß zum Teil andere Korrelationen, als die hier im wesentlichen aufgrund von PVL L dargestellten. Weiters läßt sich Kandaurova — wie sie stets betont — bei der Beurteilung der lexikalisch-semantischen Beziehungen von den Angaben in Sreznevskijs Wörterbuch leiten. Die in diesem Kapitel durchgeführte Einteilung der trat/torot-Lexeme — soweit sie auf semantischen Merkmalen beruht — läßt sich also a priori mit Kandaurovas Klassifikation nicht vergleichen.

Als Abschluß zu diesem Kapitel analysieren wir einige komplexe Beispiele ausführlicher, um sowohl die Schwierigkeiten bei der hier durchgeführten Klassifikation aufzuzeigen, als auch die verschiedenartigen Faktoren, von denen wir uns leiten ließen.

Zu den semantischen Beziehungen von нравъ/ норовъ: das letztere kommt in PVL L nur im Pl. in der Bedeutung 'heidnische Gebräuche' vor: «ѡнже не послуша мт҃ре. творѧше норовы поганьскиꙗ ...» (Svjatoslavs Widerstand gegen die Taufe, 955, 63.27); im folgenden nicht auf Ostslaven bezogen: «ѿ сего суть Єврѣи на ·о҃· и единъ ꙗзы(къ) раздѣлиша(с). и разидошасѧ по странамъ. и кождо своꙗ норовы прииꙗша по дьꙗволю оучѧенью ѡви рощенье (PA рощениемъ). кладеземъ и рѣкамъ жра(х). и не познаша Ба҃.» (Rede des Philosophen, 986, 91.15). In beiden Fällen handelt es sich um die einzigen austauschbaren TOROT in diesen TE. Im Načal'nyj svod — der der Schaffung der Nestorchronik vorausging (s. Näheres S. 161) — findet sich in denselben Stellen нравы (116.17, 137.7). Die Substitution wurde wohl bewußt zur Unterstreichung der pejorativen Konnotation 'heidnische Gebräuche' durchgeführt. Dasselbe nimmt Kandaurova (1973: 74) auch für rksl. religiöse Denkmäler an: нравъ und треба beziehen sich auf christliche Riten, норовъ und тереба auf heidnische. Allerdings handelt es sich um nicht mehr als eine Konnotation, da semantisch viel umfassenderes нравъ auch 'Unsitten' einschließt (vgl. Bedeutungen und Belege S. 222 und Sreznevskij). So kommt auch einmal in PVL L — ebenso wie im Načal'nyj svod — нравъ in einem ähnlichen Kontext vor: «... дьꙗволъ лстить. и дру(г)гыми нравы всѧчьскыми. лестьми превабльꙗ ны ѿ Ба҃.» (Predigt über die Strafen Gottes, 1068, 170.11, Načal'nyj svod 188.23). Dies führen wir darauf zurück, daß der Chronist hier anschließend einen anderen markierten Russismus als einziges torot-Lexem in dieser fast rein ksl. TE hinzufügte, der die pejorative Konnotation trägt: «трубами и скоморохы.» (170.12).

Es ist aus verschiedenen Gründen schwierig festzustellen, ob пресѣдѣти / пересѣдѣти semantisch differenziert waren oder nicht, abgesehen davon, daß das erstere statt присѣдѣти 'angesiedelt sein' vorkommt (s. S. 228 und Sreznevskij). Das ksl. Verb ist schwach belegt und das ar. nur einmal registriert (so auch Uluchanov 1968: 43 f.). Пресѣдѣти kommt in PVL L 2× in der Bedeutung 'sitzend verweilen' vor, die Sreznevskij nicht anführt, einmal mit einer Zeitangabe: «и пресѣдѧщи врⷮѣ нощь ту оу него.» (Erzählung über die Mönche des Höhlenklosters, 1074, 188.5), also wörtlich 'eine gewisse Zeit durch neben jemandem sitzen'; im folgenden ohne eine solche, doch drückt bereits пре- 'eine Zeitlang' aus (vgl. Srezn. 9. Bedeutung von прѣ-): «пришедшю Володимеру. видѣвъ и велми (PA и видѣ отца) болна суща и плⷶкавъсѧ. пресѣдѧщю (PA председящу) Володимеру и Ростиславу. (Vsevolods Ende, 1093, 217.10); zu beachten ist die Lesart mit пред-, vgl. Srezn. прѣдъсѣдѣти 'сидеть, находиться'. Den einzigen Beleg von пересѣдѣти übersetzt Sreznevskij mit 'пробыть, переждать', vgl.: «Ꙗрополкъ же сѣде. Володимери. и пересѣдев мало дн҃и.» (Jaropolks Begräbnis, 1086, 206.4), also wörtlich auch 'eine gewisse Zeit sitzend verweilen'; пере- bedeutet u. a. gleichfalls 'eine Zeitlang', daher nehmen wir in diesem Fall Synonymie an. In PVL Ip kommt in derselben Stelle пересѣдивъ vor (197.21).

Die semantischen Korrelationen zwischen хранити und хоронити sind komplex, vgl. dazu Paschen (1933: 51 f.). Das erstere ist häufig in PVL L und kommt in fünf verschiedenen abstrakten Bedeutungen fast immer in positivem Sinn vor, wie Liebe bewahren, Vertrag halten u. ä., Belege S. 260. In Monomachs überwiegend ksl. abgefaßten Belehrung erscheint einmal konkreteres хоронити 'verstekken, verbergen' mit negativer Konnotation in einem Verbot, das direkt an die Leser gerichtet ist: «и в земли не хороните то ны ѥсть великъ грѣхъ.» (246.1). Dieses hochliterarische, in Ich-Form abgefaßte Werk enthält weitere torot-Lexeme ausschließlich in eingebetteten direkten Reden und in fünf persönlichen Aufforderungen an die Leser. Es ist daher schwierig zu sagen, welcher Faktor hier für die Verwendung von хоронити ausschlaggebend war: die konkretere Bedeutung, die negative Konnotation in einem Verbot oder die Wendung an die Leser. Wir meinen, daß dem ersten Grund, also der semantischen Teildifferenzierung, am meisten Gewicht zukommt. Dafür spricht auch похоронити, das dieselbe Bedeutung besitzt, die похранити zu fehlen scheint (entgegen Sreznevskij II, 1319 f., der wohl 'спрятать, сохранить' angibt, doch trifft für den einzigen angeführten Beleg meines Erachtens nur ‘сохранить’ zu); vgl. «и оувидѣ Ѡлегъ. ꙗко Ѡсколдъ. и Диръ. кнѧжита. похорони вои въ лодьꙗх. а другиꙗ назади ѡстави ..... и приплу подъ Оугорьское. похоронивъ вои своꙗ.» (23.6, 8); so auch in PA. Hier wird похоронити ‘verstecken’ weder mit negativer Konnotation, noch in persönlicher Diktion verwendet, daher ist Polnoglasie semantisch bedingt.

5. FESTSTELLUNG DES TATSÄCHLICHEN SPRACHSCHLÜSSELS DER TE DURCH ELIMINATION NICHT AUSTAUSCHBARER RUSSISMEN

Analyse der prozentuell gemischten und überwiegend ar. TE

Auf der Tabelle S. 49ff. wurde der aufgrund ksl. und ar. Merkmale prozentuell errechnete Sprachschlüssel sämtlicher thematischer Einheiten in PVL L angegeben. Darunter finden sich auch Einheiten mit einer relativ hohen Anzahl von Russismen. Ihre Quantität allein bestimmt aber nicht den tatsächlichen Sprachcharakter dieser TE. Ausschlaggebend ist, ob der Gebrauch der Russismen notwendigerweise erfolgte, oder ob eine Wahl zwischen ihnen und ksl. Entsprechungen bestand. Im ersteren Fall handelt es sich um „nicht austauschbare Russismen" und solche in ihren Eigenbedeutungen, wie sie im Kapitel 4 ausführlich beschrieben wurden — allerdings nur für torot-Lexeme — doch gilt dasselbe auch für andere markiert ostlavische Wörter, s. u.

Bei der Bestimmung des prozentuellen Sprachschlüssels wurden nicht austauschbare Russismen mitgezählt, um ihrem Auftreten im Text Rechnung zu tragen. Für dieses Verfahren sprechen zusätzliche Gründe: 1) Die Notwendigkeit, diese zu verwenden, war nicht so zwingend wie bei Eigennamen, manche waren z. B. durch unmarkierte Synonyme ersetzbar. 2) Die Abgrenzung von „nicht austauschbar" und „austauschbar" ist in Übergangsfällen kaum zu objektivieren. Außerdem wenden wir das erste Kriterium im weiten Sinn an und schließen auch im Chronikgenre durch Usus bedingte Russismen ein (die also sehr wohl formale ksl. Entsprechungen besaßen — doch war der Gebrauch der letzteren in weltlichen Kontexten eben nicht „angemessen"); Näheres s. Kapitel 4. 3) Aus methodologischen Gründen ist es meines Erachtens unzulässig, nicht austauschbare Russismen a priori auszuschließen, jedoch Kirchenslavismen ohne ar. Äquivalent in die Zählung distinktiver Merkmale einzubeziehen.

Nun wurde aber bewiesen, daß der allgemeine Sprachcharakter von PVL L im wesentlichen russischkirchenslavisch ist, und zwar aufgrund aller in Betracht gezogener ksl. und ar. Merkmale, vgl.

Tabelle S. 49 ff. Demnach bilden nicht austauschbare Kirchenslavismen einen inhärenten, homogenen Bestandteil dieses Denkmales, jedoch nicht solche Russismen. Folglich ist es jetzt zulässig und notwendig, nicht austauschbare Russismen zwecks Bestimmung des tatsächlichen Sprachschlüssels zu eliminieren.

In Kapitel 4 wurde dargelegt, daß 41 torot-Lexeme mit einer Gesamtfrequenz von 77 nicht austauschbar sind, ebenso weitere sieben, jedoch nur in Eigenbedeutungen; die letzteren kommen 26× in PVL L vor.

Außerdem enthält dieses Denkmal eine Reihe anderer Russismen, die im Chronikgenre die Norm darstellen, also den ksl. Sprachcharakter einer gegebenen Stelle nicht verändern. Auch diese müssen bei der Feststellung des tatsächlichen Sprachschlüssels eliminiert werden. An erster Stelle ist hier лодьꙗ zu nennen, dem Wort schlechthin für ‘Boot, Schiff’ in allen ar. Chroniken, mit einer Gesamtfrequenz von 44 in PVL L. Noch dazu wird лодьꙗ z. B. in dem sonst fast rein ksl. Vertrag unter 912 neunmal wiederholt. Wenn man diese Vorkommen bei der Zählung der Russismen beläßt, so ergibt sich ein vom tatsächlichen Sprachcharakter abweichendes Bild. Das Auftreten von лодьꙗ allein bewirkt eine Senkung des prozentuellen Sprachschlüssels von acht thematischen Einheiten.

Die restlichen, im Chronikgenre assimilierten Russismen sind weniger häufig und beeinträchtigen den tatsächlichen Sprachschlüssel der TE geringfügiger: локоть (81.9, 90.20, 90.21 2×, 236.6) / лакоть (192.7); die erstere Form beeinflußt nur den Sprachschlüssel einer TE (79.11—81.25, zusammen mit einem nicht austauschbaren TOROT); озеро (7.4, 5, 6, 7, 10.23, 11.1, 142.8, 14, 16) – езеро (6.19, PA о.), das wiederholte Auftreten von о. verändert den Sprachschlüssel in Spalte 7 und 10; осень — nur so belegt in PVL L und in Sreznevskij — verändert den Schlüssel in zwei Fällen (46.18 – 53.20, zusammen mit nicht austauschbaren TOROT sowie лодьꙗ und 54.12 — 55.9, Belege für о. 51.14 und 54.14); вѣче ‘Volksversammlung in der Rus’ ist nur mit -ч- gebräuchlich (vgl. andere Formen in Srezn.) und in PVL L 9× belegt, doch beeinflußt es den Sprachschlüssel nur in einer TE (170.22—171.26, Belege 170.25, 171.3).

Die folgende Tabelle gibt einen Überblick über die Verschiebungen im Sprachschlüssel der prozentuell ksl. TE (aufgrund aller gezählten ksl. und ar. Merkmale) durch den Abzug nicht austauschbarer torot-Lexeme (= mono-torot) und der oben genannten anderen Russismen (= mono-Russ.); unter der Rubrik „R“ sind die restlichen Russismen zusammengefaßt.

Jahr	Name der TE	Sp./Zeile	mono-torot	mono-Russ.	R	K	K%	R%	tatsächl. Schlüssel
	Sitze der slavischen Stämme	10.15—11.14	—	2	—	8	100	—	(f.)r.k.
907	Ende des Feldzuges	32.1—18	4	—	—	9	100	—	(f.)r.k.
912	Vertrag 912	32.27—37.28	2	9	11	173	94	6	f.r.k.
912	Griechische Gesandte bei Oleg	37.29—38.14	2	—	1	12	92	8	f.rk.
945	Vertrag 945	46.18—53.20	3	2	24	244	91	9	f.r.k.
945	Igors Feldzug gegen die Derevljanen	54.12—55.9	—	1	4	17	81	19	g.ü.k.
968	Pečenegenfeldzug gegen Kiev	65.19—67.19	1	6	6	49	89	11	g.ü.k.
971	Svjatoslavs Feldzug gegen die Griechen	69.23—72.17	3	—	14	62	82	18	g.ü.k.
971	Vertrag 971	72.18—73.19	1	—	3	28	90	10	f.r.k.
980	Volodimers Vielweiberei	79.11—81.25	1	1	7	65	90	10	f.r.k.
1022	Zweikampf Rededja - Mstislav	146.22—147.16	2	—	3	16	84	16	g.ü.k.
1043	Feldzug von Volodimer Jaroslavič gegen die Griechen	154.3—155.3	—	1	4	17	81	19	g.ü.k.
1068	Aufstand in Kiev	170.22—171.26	—	2	3	18	86	14	g.ü.k.

In einem Dutzend der TE verschiebt sich der Sprachschlüssel um eine Stufe der Skala, nämlich je 6× von „ganz überwiegend ksl.“ zu „(f.) rein ksl.“ und von „überwiegend ksl.“ zu „ganz überwiegend ksl.“, nur einmal um zwei Stufen: ü.k.> (f.)r.k. (32.1—18).

Prozentuell und tatsächlich gemischte thematische Einheiten

Wesentlich wichtiger für den weiteren Gang dieser Untersuchung als Veränderungen innerhalb der ksl. Sprachschlüssel ist eine möglichst präzise Abgrenzung der prozentuell von den tatsächlich sprachlich gemischten TE. Deshalb wird diese Gruppe genauer beschrieben (die Nummern der einzelnen TE beziehen sich auf die weiter unten folgende Analyse).

In PVL L finden sich 18 thematische Einheiten, die insgesamt mehr als ein Drittel bis knapp über die Hälfte (34—55%) Russismen enthalten, vgl. Tabelle S. 49 ff. Sie haben ausschließlich weltliche, die Ostslaven betreffende Sujets zum Gegenstand, darunter sieben Kampfberichte, zwei Sagen, ein Brief Monomachs und eine geographische Beschreibung. Der Umfang dieser TE beträgt eine halbe bis vier Spalten, insgesamt 26 Spalten. Ihr tatsächlicher Sprachcharakter ist uneinheitlich, wie im folgenden dargelegt wird.

Die prozentuelle Zuordnung zum gemischten Sprachschlüssel ist lediglich durch das Auftreten von nicht austauschbaren TOROT und anderen Russismen verursacht:

1. Der Weg von den Varägern zu den Griechen: drei nicht austauschbare TOROT + озеро 4×; tatsächlicher Sprachschlüssel: ganz überwiegend ksl.

2. Der Fährmann Kij: fünf nicht austauschbare TOROT; tatsächlicher Sprachschlüssel: ganz überwiegend ksl.

4. Die Ermordung von Askold und Dir (882): похоронити in der Eigenbedeutung 'verstecken' 2× + лодья 2×; tatsächlicher Sprachschlüssel: überwiegend ksl.

5. Igors zweiter Feldzug gegen die Griechen (944): nicht austauschbares паволока 3× + лодья; tatsächlicher Sprachschlüssel: überwiegend ksl.

6. Olgas erste Rache (945): fünf nicht austauschbare TOROT + лодья 10×; tatsächlicher Sprachschlüssel: ganz überwiegend ksl.

7. Sagenhafte Charakterisierung Svjatoslavs (964): ein nicht austauschbares TOROT; tatsächlicher Sprachcharakter: überwiegend ksl.

18. Siegreicher Feldzug gegen die Polovcer (1103): fünf nicht austauschbare TOROT + лодья 2×; tatsächlicher Sprachschlüssel: ganz überwiegend ksl.

Schließlich gibt es zwei Grenzfälle (11. Boleslavs Sieg unter 1018 und 12. Vseslavs Niederlage, 1067) unter den prozentuell gemischten TE, die ganz nahe zum überwiegend ksl. Sprachschlüssel liegen. Sie enthalten je einmal лодья; wenn man dieses abzieht, so sind beide TE dem letzteren Schlüssel zuzuordnen, was ihrem tatsächlichen Sprachcharakter entspricht. Das Gesagte ist weder eine Spitzfindigkeit, noch handelt es sich um eine willkürliche Vorgangsweise, denn es gibt ein wichtiges Indiz dafür, daß die Aussonderung von nicht austauschbaren Russismen hier notwendig und gerechtfertigt ist. In diesen beiden TE sowie in Nr. 4 und 18 ist nämlich deren Gebrauch (vor allem von TOROT) weitgehend motiviert, vgl. die folgenden Analysen. Somit haben sie denselben Sprachcharakter wie ksl. TE, in denen Russismen kontextuell markierte Komponenten bilden. Trotz leicht erhöhter Quantität der Russismen durch auftretende Bedarfsentlehnungen ist also qualitativ die Opposition ksl. kontextuell unmarkiert : ar. kontextuell markiert nicht aufgehoben (dazu vgl. S. 90).

Anders verhält es sich mit dem Grenzfall „Tod des David Igorevič“ (Nr. 16, 1100), der auch prozentuell ganz nahe zu den überwiegend ksl. TE liegt und ein nicht austauschbares torot-Lexem enthält; bei dessen Abzug verschiebt sich wohl der Schlüssel zu überwiegend ksl., doch ist der tatsächliche Sprachcharakter gemischt, s. Analyse.

Musterbeispiele für Sprachmischung in PVL L stellen die Erzählung über die Belgoroder Grütze (Nr. 10, 997) und 14. Kämpfe des Oleg Svjatoslavič (1096) dar. Beide enthalten sowohl zahlreiche Kirchenslavismen als auch Russismen, die teilweise unmotiviert alternieren bzw. treten die letzteren ohne ersichtlichen Grund auf. Dies erlaubt von einer weitgehenden Neutralisierung der oben erwähnten Opposition zu sprechen, die ein Kennzeichen sprachlich gemischter Texte bildet. Zu diesen TE zählen weiters: 3. Die Berufung der Varäger (Jahr 862), 13. Die Kämpfe mit den Polovcern (1095) und 17. Die Novgoroder verweigern Volodimer die Herrschaft (1102).

Zwei weitere TE (Nr. 8 und 9 unter 970 und 988) sind sehr kurz und enthalten zu wenig markierte Merkmale, so daß ihre Zuordnung zu einem Sprachschlüssel — ähnlich wie bei Jahreseintragungen — ziemlich künstlich ist. Prozentuell gehören sie zu den gemischten TE; sie werden bei dieser Gruppe belassen.

Schließlich ist Monomachs Brief an Oleg (Nr. 15, 1096) insofern ein Sonderfall, als Kirchenslavismen im ersten Teil und Russismen im zweiten konzentriert sind, also nicht „gemischt“ auftreten. Da dieser Brief jedoch thematisch eine Einheit bildet (trotz seines unklaren Anfanges), bleibt er den gemischten TE zugeordnet.

ZUSAMMENFASSUNG: Von den 18 prozentuell gemischten TE sind tatsächlich vier ganz überwiegend ksl., fünf überwiegend ksl. und neun sprachlich gemischt. Die letzteren umfassen rund 15 Spalten von 256 des gesamten narrativen Textes, das sind aufgerundet 6%.

Analyse der prozentuell sprachlich gemischten thematischen Einheiten[1]

1. Der Weg der Varäger zu den Griechen (7.1—24), eine geographische Beschreibung mit acht Kirchenslavismen (ein TRAT) und neun Russismen (TOROT 3 : 5), deren Überwiegen auf dem Gebrauch von nicht austauschbaren Lexemen beruht: волокъ ‘Schleifstelle für Boote’, жерело 2×, neben устье ‘Mündung’, das sich wohl semantisch etwas unterscheidet, etwa ‘(einmündender) Flußarm’, vgl. «и вътечеть семьюдесѧть жерелъ в море Хвалисьское.» Diese Bedeutung wird auch im Слов. р. яз. XI—XVII вв. ausgesondert: ‘рукав реки’. Weiters 4× ѡзеро; der Gebrauch von Царьгородъ 2× ist motiviert, vgl. S. 112 f. Dem steht жребии ‘Landanteil’ als einziges trat-Lexem gegenüber, aber sieben weitere Kirchenslavismen: иже 4×, -аго, полунощье und einleitend ein Dat. abs., der den ganz überwiegend ksl. Sprachcharakter dieser TE unterstreicht.

2. Der Fährmann Kij (9.22—10.14) enthält zwölf Kirchenslavismen und 5 : 7 torot-Lexeme, doch sind von diesen перевозъ 2×, перевозникъ 2× und городище ‘frühere Siedlungsstätte’ als nicht austauschbar anzusehen, vgl. S. 59; dagegen ist сторона im Ausdruck «с оноꙗ стороны Днѣпр^{д}» auswechselbar (‘Ufer’ 10× in PVL L, mit страна 9×), ebenso Цр҃югороду, dessen Gebrauch motiviert ist, s. S. 112 f. Bemerkenswert ist das Auftreten des russischen Relativpronomens которыи (in der Zählung nicht berücksichtigt) neben ksl. иже, weil es in PVL L nur 2× vorkommt: «ꙗко велику честь приꙗлъ ѿ цр҃ѧ. при к^{о}торомь приходивъ.» Die TE enthält drei trat-Lexeme: assimiliertes гл҃ху und градъ, möglicherweise zur Variation mit городище: «еже и донынѣ наречють Дунаи городище Киевець. Киеви же пришедшю въ свои градъ Киевъ.» Schließlich ungewöhnliches «сруби градокъ» (dafür auch PVL TPA und PVL Ip городокъ), da (с)рубити sonst regelmäßig mit городъ verbunden ist. Es finden sich noch neun weitere Kirchenslavismen: drei Dat. abs., drei Partizipien mit -щ-; аще, еже, Gen. Sing. f. оноꙗ. Diese TE ist also als ganz überwiegend ksl. einzustufen, wenn man von den nicht austauschbaren torot-Lexemen absieht.

3. Die Berufung der Varäger (862, 19.14—21.6) enthält 16 Kirchenslavismen und 11 Russismen, darunter 6 : 9 TRAT und

---

[1] Die Aufzählung der Merkmale entspricht ihrer Reihenfolge im Text; sie werden in der auftretenden Form angeführt, nur bei mehrmaligem Vorkommen in verschiedenen Formen im Nom. bzw. im Infinitiv.

3 : 5 TOROT. Es alternieren frei володѣти 3× – владѣти – обладати und собѣ 3× – себѣ, aber городъ – градъ einmal zur Variation: «и раздаꙗ мужемъ своимъ грады .... и по тѣмъ городомъ суть находници Варѧзи...». Die slavonisierte Form градокъ 2× (auch градоко-сь, in PA dafür городокъ, городъ, градъ сеи[2]) — man würde городокъ oder im Aksl. gut belegtes градьць erwarten — erscheint auch in direkter Rede. Hier ist also der Kirchenslavismus und nicht — wie in ksl. TE Russismen — markiert. Das Auftreten der restlichen trat-Lexeme ist semantisch bedingt (приꙗ власть) und durch Usus: преже (nur so in PVL L); «ко Цр҃югороду» ist motiviert, s. S. 112 f. Diese TE enthält nur zwei, markiert russische Partizipien: идуче, платѧче; 2× иже, auch in direkter Rede, 1× modales да und zum Abschluß einen verballhornten Dat. abs. Sonst ist die Syntax überwiegend parataktisch. Obwohl die ksl. Elemente mit 61% überwiegen und diese TE somit nahe der Grenze zum überwiegend ksl. Sprachschlüssel liegt, so ist ihr Sprachcharakter tatsächlich gemischt. Die Opposition kontextuell markiert : unmarkiert ist weitgehend aufgehoben.

4. Die Ermordung von Askold und Dir (882, 22.24—24.4) enthält zwölf Kirchenslavismen (TRAT 2 : 3) und acht Russismen (TOROT 2 : 3); darunter градъ auch in direkter Rede in stilistisch-expressiver Funktion: «и реч Ѡлегъ се буди мт҃и градомъ рускими. (TPA руськимъ)», dem городъ im narrativen Text folgt: «се же Ѡлегъ нача городы ставити.» Weitere Kirchenslavismen: азъ; fünf morphologische: Akk. Pl. воꙗ, другиꙗ, своꙗ, eine Hybridform: изъ лодьꙗ und -аго sowie syntaktische: еже 2×, да. Die Russismen sind nicht austauschbar: похоронити ‘verstecken’ 2× (Eigenbedeutung) oder motiviert durch konkret dargestellte Bewegung: выскакавъ, вынесоша bzw. die Norm: лодьꙗ 2×; weiters Akk. Pl. всѣ. Der tatsächliche Sprachcharakter dieser TE ist überwiegend ksl.

5. Igors zweiter Feldzug gegen die Griechen (944, 45.16—46.10) enthält 17 Kirchenslavismen (TRAT 4 : 9) und neun Russismen — darunter nicht austauschbares паволоки 3× als einziges TOROT — weiters: лодьꙗ, хочемъ, ѡбьча, собѣ und Akk. Pl. Тѣверьцѣ, лучиѣ. Kirchenslavismen: злато 3×, phraseologisch bedingt in Verbindung mit паволоки, einmал erweitert durch сребро; durchlaufend gebräuchliches гл҃ѧ, гл҃ть und Partizipialformen mit zusätzlichem ksl. Merkmal: гл҃ще 2×; възратисѧ; еще, аще; Akk. Pl. всѧ воꙗ; je einmal иже und да. Der tatsächliche Sprachcharakter ist überwiegend ksl.

---

[2] Zur Distribution der Formen in den anderen Abschriften vgl. Filin 1949: 98.

6. Olgas erste Rache (945, 55.10—56.29) enthält 26 Kirchenslavismen (TRAT 3 : 5) und 22 Russismen, einschließlich 5 : 6 TOROT, die mit Ausnahme von 1× городъ nicht austauschbar sind, und zwar: теремъ 2×, теремнъıи, теремьскии, перегъбъ. Der Gebrauch dieser Lexeme sowie die zehnmalige Wiederholung von лодьıа bedingen eine zahlenmäßige Zuordnung zu den gemischten TE, der Sprachcharakter ist jedoch tatsächlich ganz überwiegend ksl., wie auch Filin (1949: 121) bemerkte. Die phonetischen Russismen sind durch direkte Rede motiviert, und zwar wendet sich Olga an die Derevljanen mit хочю und die Kiever gebrauchen хоче. Morphologische Russismen: Akk. Pl. лучьшие, Akk. Pl. е 2× und собѣ. Die vorkommenden trat-Lexeme sind durchlaufend gebräuchlich und austauschbar: градъ 2×, глте in Olgas Rede an die Derevljanen, ebenso предъ (людьми) und zweifach markiertes глще. Weitere Kirchenslavismen: ископати (ıаму), распасли, noch sechs Partizipien mit -щ- sowie хощемъ in DR der Derevljanen zueinander, ebenso Рускаго; Akk. Pl.: Кievьскиıа und 5× ıа; in Olgas DR да und азъ, in DR der Derevljanen иже und да. Diese Aufzählung beweist sowohl den ganz überwiegend ksl. Sprachcharakter sowie den Gebrauch zahlreicher Kirchenslavismen in DR, und zwar unabhängig vom „Status" der Sprecher.

7. Sagenhafte Charakterisierung Svjatoslavs (964, 64.22—65.5): fünf Kirchenslavismen, drei Russismen, darunter als einziges TOROT phraseologisch gebundenes в головахъ 'zu Häupten, am Kopfende', daher nicht austauschbar; tatsächlich ist diese TE überwiegend ksl., wie schon aus dem einleitenden Dat. abs. hervorgeht: «Кнѧзю Стославу възрастъшю. и възмужавшю.» Drei TRAT: страна 'fremdes Land', in dieser Bedeutung nicht austauschbar, храбръ (in PVL L ohne torot-Entsprechung) und глѧ. Russismen: собѣ und хочю (in DR).

8. Die Novgoroder suchen einen Fürsten (970, 69.8—22): je vier Merkmale; Russismen: kein TOROT, собѣ 3× und Gen. Sing. ключницѣ; in der Zählung nicht berücksichtigtes вото 'вот' in direkter Rede ist gleichfalls als Russismus zu werten. Kirchenslavismen: assimiliertes времѧ, unpaariges отпрѣсѧ, аще und просѧще.

9. Die Fürstentümer von Volodimers Söhnen (988, 121.5—23) enthält gleichfalls je vier Merkmale, darunter городъ 2× / градъ beide 'Wehrsiedlung, befestigte Stadt', vgl. Beleg S. 206; meines Erachtens liegt keine stilistische Variation vor; weitere Kirchenslavismen: ein Dat. abs., просвѣщенъ und еже; Russismen: Akk. Pl. мужѣ лучьшиѣ.

10. Belgoroder Grütze (997, 127.10—129.12); diese bekannte volkstümliche Erzählung ist der erste längere sprachlich gemischte Text in PVL L, in dem auch die Russismen leicht überwiegen: 34/36 (49% / 51%), davon 7 : 15 TRAT und 6 : 18 TOROT; es alternieren градъ 4 ×/ городъ 7×, кладѧзь 2 ×/ колодѧзь 4×, предатисѧ / передатисѧ 3×, davon 2× in DR; (in PVL Ip 112.5—114.10 zusätzlich гладъ / голодъ, помрети, оумрети / померети) in PVL L nur ksl. гладъ 5×, времѧ, градьскъıꙗ, престоꙗти und ar. вес перестани, горожане, померети. Bei den alternierenden Formen liegen keine Variationen aus ästhetischen Gründen vor, vgl. die Distribution: einleitend nur городъ 4×, auf die eigene Stadt bezogen; in DR померети und передатисѧ, aber usuelles гладъ 4× ; im Mittelteil aufeinanderfolgend колодѧзь 3×, aber gegen Ende unmotiviert кладѧзь. Es ist auffallend, daß градъ erstmalig in DR der Belgoroder an die Pečenegen vorkommt: «и горожане же рѣша шедше к Печенѣгоⷨ. поимѣте к собѣ таль нашь. а въı поидѣте до ·і҃· мужь. Б градъ да видите что сѧ дѣеть в градѣ нашеⷨ.» Vielleicht liegt hier ein Kodewechsel vor, weil man zum Feind, also zu Fremden spricht, da die vorhergehende Passage (15 Zeilen) nur Polnoglasie enthält. Eine slavonisierte Rede in einer gemischten TE, noch dazu von einfachen Stadtbewohnern, ist ungewöhnlich. Wenn dies nicht einfach ein Zufall ist, so erfolgt hier ein Kodewechsel in „umgekehrter" Richtung, denn sonst sind in die ksl. Erzählung des Chronisten direkte Reden mit Russismen eingebettet, wenn überhaupt eine sprachliche Änderung die persönliche Diktion hervorhebt. Der anschließende Text erscheint mir allerdings unmotiviert gemischt: «Печенѣзи же ради бъıвше. мнѧще ꙗко предатисѧ хотѧⷮ. поꙗша оу ниⷯ тали. а сами избраша лучьшиѣ мужи в городѣхъ. и послаша в градъ. да розглѧдають в городѣ что сѧ дѣеть ... и рекоша имъ людье почто губите себе. коли можете престоꙗти (PA перестояти) наⷭ. аще стоите за ·і҃· лѣⷮ.».

Weitere Russismen: помочи 2×, хочемъ -ете in DR, вече 3×, das als Bezeichnung einer ar. Institution nicht austauschbar ist (obwohl aksl. вѣште 'Versammlung' und ein Beleg вѣще in Srezn. I, 499); въıлѣсти, росъıтити; ꙗ 'ich' und in der Zählung nicht berücksichtigtes нету 2× ; sechs morphologische Russismen: верховьнѣ воѣ, Gen. Sing. пшеницѣ, собѣ, Akk. Pl. лучьшиѣ (мужи), ѿ землѣ; zwei markiert russische, in PVL L selten vorkommende Konjunktionen: аче и und коли (das letztere ist in der Zählung nicht berücksichtigt), beide in DR. Dem stehen folgende Kirchenslavismen gegenüber: ископати 2×, nur so in PVL L, ist viel gebräuchlicher als въıкопати (nur ein Beleg in Sreznevskij), dazu vgl. Belozercev

1964: 205; ähnlich verhält es sich mit **изврати** und **овещатисѧ**; weiters **єдинъ, аще** 3×, **мнѧще,** Akk. Pl. **ꙗ, своꙗ.** Bedeutend mehr ins Gewicht fallen die syntaktischen Slavonismen: modales **да** 5× und **аще** 3× kommen auch in direkter Rede vor; einmal **иже** sowie ein Dat. abs. als Einleitung.

Jakubinskij (1953: 307 f.) analysierte diese Erzählung und kam zu dem Schluß, daß sie auf altrussisch, allerdings mit einer sehr unbedeutenden ksl. Beimischung, abgefaßt sei. Den allgemein ar. Sprachcharakter unterstreiche noch die Verwendung von Wörtern aus dem russ. Alltag: **медуша, цѣжь, латки, корчага** u. a. A. V. Issatschenko untersuchte dieselbe Erzählung und kam zum gegenteiligen Schluß: der Syntax nach handle es sich um einen typisch ksl. Text, der aus Gründen der Thematik mit ostslavischen Lexemen durchsetzt ist. A. V. Issatschenko stellte über 20 ksl. syntaktische Konstruktionen fest[3]. Meines Erachtens hat Jakubinskij sein Augenmerk zu sehr auf die Lexik und Issatschenko etwas einseitig auf die syntaktische Ebene gerichtet. Wenn man versucht, den gesamten Sprachcharakter zu berücksichtigen, so erscheint mir eine Zuordnung zu den gemischten TE dem am besten Rechnung zu tragen, auch wegen der unmotiviert alternierenden trat/torot-Lexeme, wodurch die Opposition kontextuell markiert : unmarkiert neutralisiert wird.

11. Boleslavs Sieg (1018, 142.25—144.8) enthält 16 Kirchenslavismen (nur ein TRAT: **г҃лѧ**) und neun Russismen (TOROT 2 : 4). Diese TE liegt an der oberen Grenze der prozentuell gemischten (64% / 36%). Wenn man jedoch nicht austauschbares **лодьꙗ** abzieht, so verschiebt sich der Schlüssel zu überwiegend ksl. (67% / 33%), der dem tatsächlichen Sprachcharakter entspricht, da der Gebrauch sämtlicher Russismen motiviert ist: 1) durch direkte Rede: **чрево, городъ** 2×, **хочемъ** und 2) durch Bezug auf die Rus: Akk. Pl. **лодьѣ** (zweifach marked) **Ꙗрославлѣ**, (Boleslav) «**городы .. заꙗ совѣ.**» Die Kirchenslavismen werden hingegen undifferenziert angewendet, und zwar **аще, азъ, єдинъ, разведѣте, расѣкоша, еще, єлико, рекуще** und eine besonders markierte Partizipialform, **могъı** sowie Akk. Pl. **воꙗ, ꙗ, Червеньскъıꙗ**; syntaktische Kirchenslavismen: modales **да** in DR und ein Dat. abs.

12. Vseslavs Niederlage (1067, 166.21—167.13) enthält sieben Kirchenslavismen (drei TRAT) und vier Russismen (ein TOROT). Hier gilt in jeder Hinsicht dasselbe wie bei Nr. 11: diese TE ist prozentuell knapp gemischt (64% / 36%), nach Subtraktion von

[3] Briefliche Mitteilung, datiert vom 4. XI. 1973.

лодьꙗ jedoch überwiegend ksl. (67% / 33%), was dem tatsächlichen Sprachcharakter Rechnung trägt, denn der Gebrauch der Russismen ist motiviert, allerdings hier durch realistische Darstellung von Konkretem: «ѵересъ Днѣпрь» (Bewegung), «исѣкоша мужѣ» (kriegerische Handlung), ebenso: «поидоша противу собѣ.» Die Kirchenslavismen umfassen zwei Dat. abs. mit doppelt markiertem предъидущю und сущи, usuelles «преступивше крⷭтъ» sowie градъ; weiters vielleicht приѣхавъ statt преѣхавъ, doch vgl. S. 179, Fußnote 10.

13. Kämpfe mit den Polovcern (1095, 228.12—229.11) enthält neun Kirchenslavismen (zwei TRAT) und zehн Russismen (TOROT 3 : 4), steht also prozentuell (47% / 53%) an der Grenze zu überwiegend ar. TE, doch ist der Sprachcharakter gemischt. Für die Verwendung einzelner Formen lassen sich trotzdem Gründe feststellen: городъ ist einmal phraseologisch gebunden (рубити г.), einmal tritt es als Teil eines Namens auf («нарекъ Сто҃полчь городъ.»), denen wohl zur Variation градъ folgt; ворогъ steht in direkter Rede und ist das einzige Vorkommen in PVL L; полонити ‘erbeuten’ unterstreicht die konkrete kriegerische Handlung der Russen, s. Beleg S. 224; вьıбѣгоша drückt Bewegung aus; weiters finden sich morphologische Russismen: Akk. Pl.: вѣжѣ 2×, конѣ, е (PA я) und тобе. Kirchenslavismen: zweifach markiertes гл҃ще, обѣщавъсѧ, единъ, und wenn von den Heiden die Rede ist: ити на поганꙑꙗ 2×. Obwohl in diesem realistischen Bericht Parataxe vorherrscht, so findet sich darin einmal иже und ein Dat. abs.

14. Die Kämpfe des Oleg Svjatoslavič (1096, 236.17—240.22) ist die längste gemischte TE; sie enthält 49 Kirchenslavismen und 42 Russismen, wobei die torot-Lexeme stark überwiegen: 7 : 16 TRAT / 11 : 24 TOROT; von diesen sind allerdings сторожи ‘militärische Vorhut’ 4× und воротити ‘zurückschicken’ (in DR) wegen Eigenbedeutung nicht austauschbar; переꙗти 2× ‘in seine Gewalt bringen’ ist in PVL L die Norm, in anderen Abschriften dafür zum Teil приꙗти; zwei Verben der Bewegung: перенесоша (einen Toten) ‘überführen’ und перешедъ. Etwas ungewöhnlich sind folgende Russismen bei der Aufbahrung Izjaslavs in der Kirche: «положиша и у ст҃ꙑѣ Софьѣ на лѣвѣи сторонѣ.» (237.18), vgl. bei der Überführung der Gebeine des hl. Feodosij: «на шюеи странѣ.» (212.23); in räumlicher Bedeutung mit Bewegung verbunden: передъ (aber auch 2× предъ) und ѵересъ. Der Gebrauch von городъ 7× und градъ 5× ist nicht motiviert, außer das letztere im Ausdruck «по приꙗтьи града»; nach einer konkreten Beschreibung der Ereignisse mittels Russismen wird abstrakt zusammengefaßt: „nach

Einnahme der Stadt". In direkter Rede erscheinen: **волость** 2×, **хоукю, выгналъ, в оуюжеи волости, ꙗзъ, тобѣ,** aber auch **хощеши, азъ** 2× und **аще.** Die restlichen Russismen: lexikalische: **горожане, выбѣже** und elf morphologische (im Akk. Pl. **-ѣ** und **собѣ** 3×). Außer bereits genannten trat-Lexemen erscheinen noch assimiliertes **гл҃ѧ** 4× und **възвратившеся,** phraseologisch bedingtes **брань** 2×: «**бꙑ҇с брань люта (крѣпка)**» und in engeren religiösen Kontexten **благоучестивꙑи** und **преподобнꙑи.** Weitere Kirchenslavismen: **растоучи, распусти, избавлѧти, нощи, зажещи, ѡбѣщасѧ;** morphologische: **-аго** 4×, Akk. Pl. **-(ꙑ)ꙗ** 7×. In der Syntax überwiegen ksl. Konstruktionen: mit **иже** 4× und Dat. abs. 4× mit je einem Part. Präs. mit **-щ-**. Diese TE hat tatsächlich gemischten Sprachcharakter, in der die Markierung der ar. und ksl. Merkmale weitgehend neutralisiert ist.

15. Monomachs Brief an Oleg (1096, 252.13—255.9) enthält 53 Kirchenslavismen (TRAT 11 : 14) und 30 Russismen (TOROT 4 : 5); er liegt somit an der Grenze zum überwiegend ksl. Sprachschlüssel (64% / 36%), doch bleibt er den sprachlich gemischten TE zugeordnet. Die Analyse des unter dem Jahr 1096 eingeschobenen Briefes, der sonst in keiner anderen Abschrift erhalten ist, bereitet Schwierigkeiten, weil sein Beginn nicht klar ist (s. S. 88) und 1/½ Spalten unleserlich sind. Es handelt sich nicht um einen „gemischten" Text, sondern die Kirchenslavismen sind in der Einleitung konzentriert und in den folgenden religiösen Anspielungen, die Russismen erscheinen meist, wenn sich Monomach mit konkreten Hinweisen an Oleg wendet. Einmal tritt die unmittelbare Folge von heterogenen Dubletten wohl zur Variation auf: «**али хощеши тою оубити а то ти еста. понеже не хоучю ꙗ лиха. но добра хоучю бра҇ти и Русьскѣи земли. а югоже тою хощеши насилье҇м.**» (254.31—34).

In der Einleitung und den folgenden religiösen Anспielungen finden sich 41 Kirchenslavismen, und zwar zwölf trat-Vorkommen: **прегрѣшении, гл҃ть, бл҃жнꙑхъ (ѡц҃ихъ), претерпѣ, владѣꙗ, прелюбодѣꙗнье, главу, древѣ** und **предъ** 4× (2× auf Gott bezogen). Im restlichen Text **ѡбратиши** (abstrakt 'zuwenden', das keine ar. Entsprechung hat) und **преже,** das der Norm in PVL L entspricht. Phonetische Kirchenslavismen: **азъ** 4×, **раздѣлять, аще** 3×, **хощеть** 2×, **рещи** 2× und **аще** 2× im folgenden; morphologische (in der gesamten TE): **-аго** 2×, **еꙗ, своꙗ, твоеꙗ.** Der ksl. Charakter des ersten Teils kommt besonders in der Syntax zum Ausdruck; er enthält fünf Konstruktionen mit **иже,** zwei mit modalem **да** und zwei Dat. abs. — der restliche Text je einmal **иже** und **да** mit Indikativ, aber dreimal mit Konditional.

Am Gebrauch der Russismen ist bemerkenswert, daß diese auch bei Erwähnung des Teufels und Gottes vorkommen, vgl. «дьıаволъ бо не хоче добра ...» (252.27), «и сѧдѣ акъı горлица. на сухѣ древѣ желѣюча. а ıазъ оутѣшюсѧ ѡ Бзѣ.» (254.3). Torot-Lexeme: переди + Verb '(im) voraus' 2×, vgl. «сими бо словесъı вари тѧ переди ...» (253.5), «но да сими словесъı послꙗвше бѧше переди.» (253.17). Weiters an Oleg gewendet: соромъ, волость 'Wolost' und ворожбитъ (einziger Beleg in PVL L); echt russisches въıискъıвати, ar. Part. Präs. река und mit -ч- 2×, чюжего, хочеть, ѹности und russ. Pronominalformen: ıазъ, ıа, тобе 2×, собѣ 3×. Bemerkenswert ist der Gebrauch russ. Konditionalkonjunktionen in diesem Brief: оже 4× und ѡли.

16. Tod von David Igorevič (1100, 273.15—274.26) ist, wie schon erwähnt, ein spezieller Fall: mit 17 Kirchenslavismen und zehn Russismen liegt diese TE ganz nahe zu den überwiegend ksl. (vgl. 63% / 37%); bei Subtraktion des einzigen TOROT, холопъ, das nicht austauschbar ist, verschiebt sich der Sprachschlüssel zu „überwiegend ksl.", doch ist der Sprachcharakter tatsächlich gemischt, zum Unterschied von anderen Grenzfällen. Das beruht vor allem auf der Syntax, denn diese TE besteht größtenteils aus direkter Rede mit volkstümlichen Ausdrücken und parataktischen Konstruktionen (die bei der durchlaufenden Zählung der Merkmale nicht berücksichtigt werden konnten) sowie folgenden Russismen: хочю, ѡдиного, хочемъ, собѣ, холопъı, въıдаита; andererseits kommen genug ksl. Konstruktionen vor, darunter auch in DR: modales да 5× (einmal aber als koordinierende Konjunktion), иже 2×; аще 2×. Es findet sich nur ein TRAT, ganz aus der Reihe fallendes власть 'Wolost' in DR: «поими брата своıего Василка к собѣ. и буди ваю ıедина власть Перемъıшль.» Andere Kirchenslavismen: ѿвѣща 2×, разно, своеıа, -аго, Akk. Pl. своıа, наша; die restlichen Russismen: einleitend Въıиниде (PA въıиде), noch 2× собѣ und своѣ (Akk. Pl.).

17. Die Novgoroder verweigern Volodimer die Herrschaft (1102, 275.22—276.9) enthält fünf Kirchenslavismen (ein TRAT) und drei Russismen (kein TOROT). Der gemischte Sprachcharakter dieser kurzen TE zeigt sich in der Rede der Novgoroder an Svjatopolk, die je zwei markierte Merkmале enthält: «се мъı кнѧже прислани к тобѣ. и ркли нъı тако не хочемъ Стополка. ни сна ıего. аще ли ·в· главѣ имѣıеть .. то пошли и.» Weiters kommen ein Dat. abs., 2× да und собѣ vor.

18. Siegreicher Feldzug gegen die Polovcer (1103, 277.1–279.28) enthält 43 Kirchenslavismen (TRAT 12 : 18) und 28 Russismen

(TOROT 4 : 6). Der Sprachcharakter dieses Berichtes ist jedoch — seinem religiösen Grundton entsprechend[4] — ganz überwiegend ksl. und der Gebrauch der Russismen teilweise motiviert. Mit Ausnahme von оустерегоша sind die torot-Lexeme nicht austauschbar: порогъ (Gen. Pl.) 'Stromschnellen', сторожѣ (-еве) 'Vorhut' 3× oder die einzig gebräuchliche Form in weltlichem, auf die Rus bezogenem Kontext: «с полонӧ великъı» 'Beute'; dasselbe gilt für лодьꙗ 2×. In direkter Rede kommen folgende Russismen vor: хоче̂, Akk. Pl. ѣ, ωже 2× und ꙗзъ. Weiters ein markiertes Part. Präs.: река und ein Verb der Bewegung въıше statt въıседше (so PA). Morphologische Russismen: Nominalformen Akk. Pl. mit -ѣ 10× und оунѣкишии.

Trat-Lexeme: гл҃ти, гл҃ѧ, in direkter Rede: «не ˢдравьлю» und градъı; пре̂ 2×, презрѣти, врагъı 4×, злато, сребро, преступати, глава 2× in religiösen Kontexten; nicht austauschbar: брашно und требованьꙗ. Phonetische Kirchenslavismen: ѥдинъ 2×, аще, ѿвѣщати, избавити 2×, избъıсть, расѣкоша und drei Part. Präs. mit -щ-; sechs ksl. markierte Nominalformen im Akk. Pl.; syntaktische ksl. Konstruktionen: ein Dat. abs., иже 3× und да 2×.

Zusammenfassung der sprachlich tatsächlich gemischten TE

Jahr	Name der TE	Sp./Zeile
862	Berufung der Varäger	19.14—21.6
970	Die Novgoroder suchen einen Fürsten	69.8—22
988	Fürstentümer von Volodimers Söhnen	121.5—23
997	Belgoroder Grütze	127.10—129.12
1095	Kämpfe mit den Polovcern	228.12—229.11
1096	Kämpfe des Oleg Svjatoslavič	236.17—240.22
1096	Monomachs Brief an Oleg	252.13—255.9
1100	Tod von David Igorevič	273.15—274.26
1102	Die Novgoroder verweigern Volodimer die Herrschaft	275.22—276.9

Prozentuell und tatsächlich überwiegend altrussische thematische Einheiten

In PVL L finden sich vier TE, die mehr als 55% markierte Russismen enthalten und insgesamt acht Spalten umfassen. Sie behandeln ausschließlich weltliche, die Rus betreffende Sujets, besonders Kriegshandlungen und Beziehungen zwischen den russischen

[4] In der Einleitung legt Gott den russischen Fürsten den Plan zu diesem Feldzug ins Herz und der Sieg wird als Rettung durch Gott angesehen, der die Feinde demütigte und die Köpfe der Schlangen zerschmetterte (Psalm LXXII 14).

Fürsten. Das Musterbeispiel unter diesen bildet Monomachs Autobiographie, die unter dem Jahr 1096 eingeschoben wurde. Dieses Werk ist der einzige längere ar. Text (fünf Spalten) in PVL L und bildet keinen eigentlichen Bestandteil der Chronik.

Das einleitend über nicht austauschbare Russismen Gesagte gilt naturgemäß auch hier: diese müssen bei der Bestimmung des tatsächlichen Sprachcharakters ausgesondert werden. Das betrifft nur die folgende TE:

1. Svjatoslav bei den Dnjeprschnellen (971, 73.20—74.9) mit sieben Kirchenslavismen (TRAT 4 : 5) und neun Russismen (TOROT 2 : 7), acht Vorkommen von diesen sind nicht austauschbar, nämlich **пороѕи** 6× und der Norm entsprechendes **лодьꙗ** 2× ; **полонъ** 'Gefangene' ist durch den Bezug auf die Rus motiviert, vgl. Beleg S. 224. Die trat-Lexeme sind dagegen austauschbar: **глҭе** (zweifach markiert), **гладъ, глава** 2× (sogar **глава конѧча**), mit Ausnahme von **брашно** 'Nahrung', da **борошно** 'Mehl' bedeutet, doch stand dem Chronisten auch **кормлѧ** für 'Nahrung' zur Verfügung (so z. B. 128.27); ein Dat. abs. Der tatsächliche Sprachcharakter dieser TE ist also fast rein ksl.

2. Beginn der Regierung Jaroslavs (1016, 141.22—142.22) ist eine sehr realistische Kriegsbeschreibung mit parataktischer Syntax und direkten Reden; sie enthält fünf Kirchenslavismen (zwei TRAT) und 16 Russismen (TOROT 4 : 6), darunter unpaariges **заморозъ** 'Zeit, wenn die Flüsse zufrieren' und in den Chroniken als nicht austauschbar anzusehend: **перевезтисѧ** (vgl. S. 59) und **ѡзеро** 3× (vgl. S. 71); weiters **хоромомъ рубити** in DR und 2× **берегъ,** auch zur Variation: **«на брегъ ... ѿ берега»; высѣдъ;** fünf morphologische Russismen: **собѣ** 2×, Akk. Pl. **Новгородцѣ** und **на не** sowie zweifach markiertes **ѿ ... лодьѣ.** Kirchenslavismen: **гл҃ѧ, аще, нощь** und **суще** in DR.

3. Über Jakun (1024, 148.5—149.9) enthält fünf Kirchenslavismen (drei TRAT) und zehn Russismen (TOROT 3 : 4); **золотомь** alterniert hier mit der Hybridform **златоѣ**, aber nicht zur stilistischen Variation: **«луда бѣ оу него золотомь истъкана.»** (148.8), **«и Ꙗкунъ ту ѿбѣже луды златоѣ»** (nach 16 Zeilen, dazwischen zwei andere TOROT); **сторона** 'Ufergebiet, Land auf der rechten Dnjeprseite' in DR; mit zweitem Polnoglasie **молоньꙗ** 2×, darunter auch in Verbindung mit einem Dat. abs. Morphologische Russismen: Akk. Pl.: **на не, лежачиѣ** (zweifach markiert), **Ꙗрославлѣ** und **собѣ** sowie schon genanntes **златоѣ.** Die vorkommenden Kirchenslavismen sind ganz assimiliert: **възвративъсѧ, нощи, гл҃ѧ.** Dieser paratak-

tisch abgefaßte Kampfbericht enthält auch militärische Termini, wie чело 'Heeresspitze', крило 'Flanke' und stereotypes «и бъі҃ сѣча силна», die seinen ar. Sprachcharakter noch unterstreichen.

4. Das Meisterwerk auf altrussisch ist bekanntlich die nur in PVL L erhaltene Autobiographie Vladimir Monomachs (1096, 247.12—252.13). Da zwei ausführliche Sprachanalysen mit der Aufzählung der Russismen und Kirchenslavismen bereits vorliegen (Obnorskij 1946: 34—80, Jakubinskij 1953: 309—316), können wir uns hier kurz fassen. Die Autobiographie ist, wie schon erwähnt, der einzige längere ar. Text (fünf Spalten) in PVL L; hier überwiegen auch die ar. Elemente sehr stark: 29 / 63, rund 32% / 68%, also um zwei Drittel. Bezeichnenderweise kommt kein einziger Dat. abs. vor, modales да nur einmal: «да не зазрите ми дѣти мои.» (251.33) und anaphorisches иже 5× (davon 2× in religiösen Kontexten). Sonst besteht die Syntax vorwiegend aus kurzen parataktischen Sätzen, neben и und да auch mit koordinierendem та. 'Dann, danach' wird regelmäßig durch и потомь wiedergegeben, das wohl weniger buchsprachlich als послѣже u. a. war. Die Russismen, darunter 14 : 20 TOROT, sind hier das neutrale Element; der Gebrauch der trat-Lexeme (4 : 5) ist beschränkt auf nicht austauschbares потребьнъ, in PVL L allein gebräuchliches времѧ oder ist streng motiviert durch engere religiöse Kontexte: невреженъ 2× und вредитисѧ, vgl. aber: «и руцѣ и нозѣ свои вередиⷯ. въ оуности своеи вередиⷯ ...» (251.20). Von folgenden trat/torot-Synonymen verwendet Monomach hier ausschließlich die letzteren: городъ 5×, голова 2×, голодъ und сторона. Den grammatischen Kirchenslavismen maß er offensichtlich weniger Bedeutung bei, denn sie sind nur teilweise durch religiöse Kontexte motiviert, z. B. -аго in fünf von sechs Fällen, das Pers. Pron. der 1. Pers. alterniert dagegen ohne ersichtlichen Grund: je 2× азъ, ꙗзъ und ꙗ. Es ist nicht weiter verwunderlich, daß ein so gebildeter Fürst wie Monomach auch einige Kirchenslavismen in seine auf altrussisch abgefaßte Autobiographie einstreute, beherrschte er doch die Literatursprache vollkommen, wie seine Belehrung und Gebete zeigen. Das färbte auf die schriftliche Wiedergabe in seiner Muttersprache ab. Bei dem markantesten Merkmal ging er jedoch sehr präzis vor: die trat-Lexeme werden hier nur verwendet, soweit sie unumgänglich und assimiliert waren oder gezielt in religiösen Kontexten.

ZUSAMMENFASSUNG. Von den vier prozentuell überwiegend ar. TE ist der tatsächliche Sprachcharakter der ersten fast rein ksl.

und bei den restlichen (ganz) überwiegend ar. Das sind sieben Spalten des gesamten narrativen Textes, also rund 3%. (Wenn man dem Rechnung trägt, daß Monomachs Autobiographie keinen eigentlichen Bestandteil der Chronik bildet, so reduziert sich der Umfang auf zwei Spalten, das ist ein Prozent.) In diesen drei TE sind die Russismen als kontextuell unmarkiert aufzufassen, im Gegensatz zu allen Stellen in überwiegend ksl. Sprachschlüsseln. Die wenigen Kirchenslavismen treten hier aus vier Gründen auf, 1) weil sie ganz assimiliert waren, wie възвратитися oder время, 2) weil diese nicht austauschbar waren wie потребьнъ, 3) vielleicht einmal zur Variation: брегъ ... ѿ берега und schließlich 4) um in engeren religiösen Kontexten „angemessen", das heißt ksl. zu schreiben.

Wenn man den Gebrauch dieser Kirchenslavismen mit jenem der Russismen in überwiegend ksl. TE vergleicht, so ergeben sich Parallelen: 1) entspricht dem Typ von лодьи, die Verwendung beruht auf der Norm (dem Usus), 2) ist nicht austauschbaren Russismen gleichzusetzen, 3) Variation fördert möglicherweise den Gebrauch von Kirchenslavismen, doch läßt ein Beleg für PVL L keine Schlüsse zu. Nur bei Punkt 4 handelt es sich um eine eigentliche Motivation: jegliche Berührung von Religiösem innerhalb einer überwiegend ar. TE ruft Kirchenslavismen auf den Plan (in der Autobiographie вредитися, невреженъ, грѣшнаго, худаго, славяще u. a.). Diese Motivation läßt sich also mit jenen vergleichen, die den Gebrauch von Russismen in ksl. TE bewirken (vgl. Kapitel 7 bis 10). Wir betrachten somit trat-Lexeme der Gruppe 4 als „kontextuell markiert".

6. THEMA UND SPRACHSCHLÜSSEL

Kontextuelle Valenz von Russismen und Kirchenslavismen

In diesem Kapitel gehen wir auf die verschiedenen Faktoren ein, die den allgemeinen Sprachcharakter der 113 in der Nestorchronik enthaltenen thematischen Einheiten weitgehend bestimmten. Wie bereits erwähnt, unterscheidet sich die Sprache von Stelle zu Stelle, je nach dem Grad volkssprachlicher Beimischungen. Es ist bekannt, daß die sprachliche Komposition eng mit dem behandelten Thema zusammenhängt. Wohl als erster formulierte dies ganz klar G. Y. Shevelov: „Wie aus der Analyse der Sprache vieler Denkmäler zu sehen ist, wird die Umschaltung auf das vorwiegend kirchenslavische oder lokale Register in dieser Zeit (= 11. bis 12. Jahrhundert) in der Hauptsache nicht durch das Genre, sondern durch das Thema des gegebenen Textes oder Textfragmentes motiviert (gesperrt von mir; Šachmatov - Shevelov 1960: 73). Allerdings sind die Beziehungen zwischen Sprachschlüssel und Inhalt komplexer, als derzeit allgemein angenommen. Es gibt nur eine unmittelbare, durchlaufend gültige Korrelation: Religiöse Sujets werden auf russischkirchenslavisch abgehandelt. Das betrifft insgesamt 37 thematische Einheiten in PVL L. Von diesen sind 19 im I. Sprachschlüssel, also auf (fast) rein ksl. abgefaßt. Darunter finden sich umfangreiche, selbständige literarische Werke, wie die „Rede des Philosophen" (986, 87.21—106.10), eine der hagiographischen Erzählungen über den Tod der hl. Boris und Gleb (1015, 132.1—139.14) oder die „Predigt über die Strafen Gottes" (1068, 167.21—170.20), weitere vgl. Tabelle S. 49 ff. Dreizehn weitere TE sind im II. Sprachschlüssel, auf ganz überwiegend ksl. abgefaßt, darunter die Korsuner Legende (988, 109.1—112.2) und Erzählungen über die Mönche des Höhlenklosters (1074, 188.16—198.15), jedoch nur fünf im III. Sprachschlüssel, überwiegend ksl., also mit stärkeren ar. Beimengungen, wie die Legenden über den hl. Andreas (7.25—9.4) und über die Gründung des Höhlenklosters (1051, 155.29—160.25).

Bei der Gliederung thematischer Einheiten in weltliche und religiöse Sujets wurde jedoch nicht nur christlicher Stoff den letzteren zugeordnet (vgl. zweite Rubrik auf Tabelle S. 49 ff.). ,,Religiös" ist im weitesten Sinn aufgefaßt, was immer der mittelalterliche Mensch mit höheren Mächten in Verbindung brachte — also auch ,,Wunder" von Zauberern oder Dämonen, Vorzeichen am Himmel u. ä. — weil sie in PVL L konsequent eine ksl. Darstellung nach sich ziehen, dazu vgl. ,,Erzählung über Zauberer" (1071, 174.22—181.17, ganz überwiegend ksl.) oder ,,Folgen von Himmelszeichen" (1065, 164.6—165.30, ganz überwiegend ksl.). Aus demselben Grund — konsequente ksl. Wiedergabe — wurden auch Lobpreisungen auf russische Fürsten und deren Nekrologe hier hinzugezählt; sie haben auch ganz vorwiegend religiösen Inhalt, vgl. z. B. den umfangreichsten Nekrolog in der Chronik für Fürst Izjaslav (1078, 202.16—204.6).

Eine solche Zweiteilung in religiöse und weltliche Themen kann naturgemäß nur summarisch sein, je nach dem vorherrschenden Sujet. Die Abgrenzung ist in manchen Fällen schwierig, weil diese Themenkreise häufig verquickt sind; wir kommen noch darauf zurück. Zu den religiösen TE wurde z. B. ,,Volodimers Vielweiberei" (980, 79.11—81.25) gezählt, weil biblische Zitate und Vergleiche dominieren, ebenso die Korsuner Legende (988, 109.1—112.2), obwohl einleitend ein Feldzug beschrieben wird, doch ist das Hauptthema religiös. Hingegen wurde ,,Monomachs Brief an Oleg" (1096, 252.13—255.9) als weltlich angesehen, trotz der Einleitung[1] aus Gebet- und Bibelstücken und gleichfalls die ,,Belagerung von Torčesk" (1093, 218.6—225.26), die mit einer langen religiösen Betrachtung schließt, weil der Chronist dieses Ereignis als Strafe Gottes auffaßte.

Ebenso wie religiöse Themen werden in PVL L fast alle entlehnten Stellen aus originalen und übersetzten ksl. Quellen in der Hochsprache wiedergegeben, unabhängig von ihrem Inhalt, also auch weltliche Ereignisse (obwohl Religiöses bei weitem überwiegt). Diese Tatsache verdient festgehalten zu werden, weil dadurch die Domäne des Kirchenslavischen sozusagen automatisch ausgedehnt wird. Man könnte einwenden, daß eine kaum veränderte Übernahme aus ksl. Quellen selbstverständlich sei; das ist aber nicht der Fall, denn in der Hypatiuschronik sind dieselben Stellen teilweise russifiziert. Zur Illustration führen wir Entlehnungen aus der Hamartoloschronik und deren Fortsetzung an[2], die in PVL L fast

[1] Der Beginn dieses Briefes ist nicht klar, doch setzen ihn sowohl Trautmann (S. 206 und 249) als auch Lichačev 1950: II, 454 mit 252.13 an.

[2] Nach Šachmatov 1940: 41—61 und Lichačev 1950: II, 203—484.

rein bzw. ganz überwiegend ksl. wiedergegeben sind und wie die Quelle[3] ausschließlich градъ enthalten, das aber in PVL Ip zum Teil durch городъ ersetzt ist; vgl. «столпъ до н҃бсе и городъ ѡколо его Вавилонъ .... и сниде Г҃ь Б҃ъ видѣть горо҇д ...» (Einleitung 4.23—26, lexikalisch gemischt); «Ц҃рьгра҇д ѡступиша. ц҃рь же ѡдва в городъ вниде.» (Askold und Dir, 862, 15.22—23, ganz überwiegend ar.); «в городехъ и в селѣхъ.» (Erzählung über die Zauberer, 912, 29.30, enthält noch 3× городъ, überwiegend ksl.); «... в том же Єр҇лмѣ. въсиꙗ звѣзда. вь ѡбразъ копиины надъ городомъ.» (Zeichen am Himmel, 1065, 154.5, sonst ganz ksl.).

Eine detaillierte Gegenüberstellung der Texte aus entlehnten Quellen mit den entsprechenden Stellen in PVL L gibt Šachmatov (1940: 36—150).

In der Nestorchronik nehmen weltliche, die Rus betreffende Ereignisse — Historisches und Sagenhaftes — einen breiten Raum ein. In der Darstellung dieser 76 TE[4] besteht kein unmittelbarer Zusammenhang zwischen Thema und sprachlicher Wiedergabe. Sie können sowohl literarisch bearbeitet sein (das bedeutet Abfassung in einem ksl. Sprachschlüssel) oder aber mehr der ostslavischen Realität gemäß berichtet werden, also in einem sprachlich gemischten bzw. im überwiegend ar. Sprachschlüssel. Es besteht jedoch insofern eine Korrelation zwischen Inhalt und Ausdruck, als ausschließlich die hier genannte Thematik in den zwei letzten Sprachschlüsseln abgehandelt wird, also:

IV. Sprachlich gemischt und V. überwiegend altrussisch = nur auf die Rus bezogene weltliche Themen

Es ist bezeichnend für den literarisch-hochsprachlichen Charakter dieses Denkmals, daß von den 76 thematischen Einheiten, die von ihrem Inhalt her eine volkssprachliche Darstellung erlauben würden, 64 in ksl. Sprachschlüsseln abgefaßt sind. Lediglich neun TE sind tatsächlich sprachlich gemischt und drei weitere überwiegend altrussisch. Für diese Tatsache gibt es noch zusätzliche Gründe. Wie schon erwähnt, motiviert nicht das Sujet allein die sprachliche Gestaltung, sondern a u f w e l c h e W e i s e es der

---

[3] Vgl. Istrin 1920: III. Bd. (1930): Греческо-славянский и славянско-греческий словари; городъ wird dort nicht zitiert, doch findet sich ein einziger bemerkenswerter Beleg: «в Неаполіи, рекше новъ город» (I, 468.26).

[4] Die fast doppelt so hohe Anzahl von TE mit weltlichem als mit religiösem Inhalt ist etwas irreführend, denn bei den ersten überwiegen kurze Episoden, bei den zweiten hingegen lange Erzählungen.

Chronist auffaßt. Schreibt er z. B. einen Sieg über die Polovcer der Kraft des hl. Kreuzes zu (1068, 171.27—173.4), so ist eine Darstellung auf kirchenslavisch die natürliche Folge. Weiters ziehen häufig in historische Berichte eingeflochtene moralisch-religiöse Betrachtungen und Bibelzitate zwangsläufig einen Kodewechsel nach sich. Demnach bedingen folgende Faktoren den kirchenslavischen Sprachcharakter dieser Chronik: rein religiöse Thematik, der religiöse Grundton vieler historischer Berichte, die literarische Bearbeitung des rein weltlichen Stoffes und Entlehnungen aus ksl. Quellen (ungeachtet ihres Inhaltes).

Die summarische Zweiteilung in religiöse und weltliche (auf die Rus bezogene) Thematik erscheint dennoch gerechtfertigt, weil sie eine allgemeine Senkung im Sprachschlüssel aufzeigt:

Religiöse TE

(f.)r.k.	g.ü.k.	ü.k.	gem.	ü.ar.
19	13	5	—	—

Weltliche TE

(f.)r.k.	g.ü.k.	ü.k.	gem.	ü.ar.
19	25	20	9	3

Das Ergebnis der bisherigen Analyse besagt, daß jedes beliebige Sujet auf kirchenslavisch wiedergegeben werden konnte. Der sprachlich gemischte und der überwiegend altrussische Sprachschlüssel hingegen sind in PVL L auf weltliche, die Rus betreffende Ereignisse beschränkt und werden auch minimal angewendet, in zwölf TE, insgesamt 22 Spalten, das sind rund 9% des narrativen Textes. 101 TE sind in ksl. Sprachschlüsseln abgefaßt, die 234 Spalten, also rund 91% umfassen. Dieser sprachliche Gesamtcharakter bedingt den Stellenwert seiner einzelnen Komponenten: Homogene Elemente, also Kirchenslavismen jeder Art, sind in diesen 101 TE inhärente Bestandteile. Ihr Auftreten erklärt sich einfach durch diese Eigenschaft. Wir bezeichnen diese Art der Verwendung als kontextuell neutral. In denselben Passagen sind jedoch Russismen, soweit sie ksl. Äquivalente besaßen, kontextuell markiert, da sie sich klar von ihrer Umgebung abheben, also „aus der Reihe fallen". Ihr Gebrauch kann durch ganz verschiedene Gründe verursacht sein, daher erheischen sie eine Erklärung. Und das bildet den Gegenstand der weiteren Untersuchung. Man sieht, daß diese Betrachtungsweise die Aufgabe wesentlich erleichtert, weil nun primär nur die markierten Textkomponenten zu erläutern sind.

Wir wollen das Gesagte mit einem konkreten Beispiel illustrieren. In allen ksl. thematischen Einheiten tritt das Lexem градъ 192× (von insgesamt 215) auf, und zwar nur 30× in religiösen, sonst aber in weltlichen Stellen. In 184 Fällen besitzt градъ keinerlei stilistische oder emotionale Färbung, sondern ist das neutrale Wort für 'Stadt, befestigter Ort' und einige andere, selten vorkommende Bedeutungen (dazu s. S. 206 ff.). Die Verwendung der ksl. Form ist folglich auf den sprachlichen Gesamtcharakter dieser thematischen Einheiten zurückzuführen, in denen градъ einen inhärenten Bestandteil bildet, daher ist градъ kontextuell neutral. In denselben Stellen erscheint 25× городъ, dessen Gebrauch durchgehend motiviert ist, so z. B. in der Korsuner Legende, um ganz konkret einen Standort anzugeben: «и ста Володимеръ ωб онъ полъ города в лимени.» (109.4), wobei neutrales градъ (9×) den Russismus umrahmt. Der Gebrauch von городъ fällt also aus der Reihe. Solche Abweichungen bezeichnen wir als „kontextuell markiert".

In der kleinen Gruppe sprachlich gemischter TE (s. Analyse S. 75 ff.) halten sich die Kirchenslavismen und Russismen annähernd die Waage, folglich kann man weder die einen, noch die anderen aufgrund ihrer Distribution als kontextuell markiert ansehen. Darüber hinaus gibt es ein wichtiges Indiz für eine echte Sprachmischung, also eine Aufhebung der Opposition kontextuell neutral : kontextuell markiert — austauschbare Russismen (bzw. Kirchenslavismen) werden nicht selten ohne ersichtlichen Grund gebraucht. Das Musterbeispiel in PVL L ist die Erzählung über die Belgoroder Grütze (s. Analyse S. 78 f.), in der besonders trat/torot-Synonyme unmotiviert alternieren.

In den drei (überwiegend) ar. thematischen Einheiten tritt schließlich eine Umkehrung der genannten Opposition ein. Die Russismen bilden das kontextuell neutrale Element, hingegen sind die Kirchenslavismen — soweit sie nicht ganz assimiliert oder unersetzbar waren — kontextuell markiert. In Monomachs Autobiographie (s. Analyse S. 85 f.) zeigt sich dies am deutlichsten: Der Gebrauch solcher trat-Lexeme ist nicht nur stark eingeschränkt, sondern auch motiviert, und zwar durch Auftreten in engem religiösen Kontext.

Um Mißverständnisse zu vermeiden, betonen wir abschließend, daß sich alles Gesagte ausschließlich auf die s p r a c h l i c h e K o mposition des Chroniktextes bezieht. Es wurde versucht, genetisch heterogene Lexeme je nach der Beschaffenheit ihrer Kontexte zu bewerten. Stilistische Fragen sind meines Erachtens davon vollkommen zu trennen. Wir erbrachten bereits stichhaltige Beweise (vgl. Hüttl-Worth 1973: 44, Hüttl-Folter 1980a: 38 f. und 1980b: 7 f.), daß sämtliche trat/torot-Lexeme in den ar. Chroniken bis zum Zweiten Südslavischen Einfluß keine inhärente stilistische Valenz besaßen, wie etwa deutsch *Haupt*, *Antlitz* oder *Gestade*, die unabhängig von ihren Kontexten stilistisch „gehoben“ signalisieren. Nur so erklärt sich, daß dieselben ksl. und ar. Lexeme — je nach dem Kontext — einmal markiert, dann wieder unmarkiert auftreten können. Einen weiteren Beweis liefert ein Vergleich der Laurentius- mit der Hypatiuschronik: in denselben Stellen bei praktisch gleicher Syntax und restlichem Wortschatz erscheinen in der ersteren über 240 trat-Lexeme, die in der letzteren durch ihre torot-Entsprechungen ersetzt sind (Näheres s. Kapitel 19).

ZWEITER TEIL

7. MOTIVATIONEN FÜR DEN GEBRAUCH VON AUSTAUSCHBAREN RUSSISMEN IN PVL L

Seit 130 Jahren zog die Sprachmischung in den ar. Chroniken die Aufmerksamkeit slavistischer Philologen auf sich. Was die Nestorchronik anbelangt, so betrachtete man ursprünglich Abweichungen vom Kirchenslavischen als Entstellung der Urfassung. Daher wurde dieses Denkmal seinerzeit von Miklosich[1] und später von Šachmatov (1916: PVL I)[2] bei der Rekonstruktion weitgehend von Russismen „gesäubert". Diese Auffassung scheint endgültig überholt. Man kann meines Erachtens mit Sicherheit annehmen, daß austauschbare Russismen und somit trat/torot-Alternationen bereits in der Urfassung vorhanden waren[3] (dazu vgl. S. 169 f.), obwohl sich dies naturgemäß nicht beweisen läßt. Dasselbe vermutet Tvorogov (1963: 213) und auch Ustjugova, da nicht nur trat/torot-Alternationen, sondern auch der Wechsel von **е-** / **о-** und **-щ-** / **-ч-** in allen Abschriften vorkommen (1975: 34). Kandaurova hält diese Erscheinung allgemein für einen spezifischen Zug der Denkmäler aus dem 11. bis 14. Jahrhundert (1974: 47).

Sogar in der ältesten originalen hagiographischen Literatur wie in der Vita des hl. Feodosij findet sich eine merkliche Anzahl von Russismen, darunter auch austauschbare torot-Lexeme (vgl. Kandaurova 1967c). Hinsichtlich ihres Vorkommens vermutete I. Nekrasov bereits 1867: «не было следствием недостаточного знания старославянского языка достойнейшим

---

1 Miklosich zählt lange Listen von torot-Lexemen auf, die nach ihm durch TRAT zu ersetzen sind, so **болото, володѣти, холопъ, заморозъ** usw. (1854: 9 f., 22); in seiner Chronikausgabe sind diese Substitutionen durchgeführt (vgl. Miklosich 1860).

2 Vgl. z. B. den Vertrag unter 912, der in PVL L 10 TOROT enthält (35.20—36.21); davon ersetzt Šachmatov acht durch TRAT unter Berufung auf verschiedene Abschriften u. a. Quellen (s. Fußnoten), gelegentlich auch dann, wenn nur Polnoglasie belegt ist, s. **влачимъ** (S. 37, Fn. zu Zeile 7).

3 Diese spiegeln sich naturgemäß in den spät erhaltenen Abschriften der II. und III. Redaktion oft in abweichender Form wider.

книжником того времени (gesperrt von mir), не было проявлением его слабости по сравнению с другими монахами-книжниками, а объяснялось тем, что присутствие какого-то количества подобных русизмов допускалось литературной традицией того времени, находящейся в процессе своего начального становления.» (Zitiert nach Kandaurova 1967c: 395.)

Aus den genannten Gründen ist die Ansicht Sobolevskijs (1980: 30, geäußert 1889) und zahlreicher nachfolgender Gelehrter abzulehnen, daß russische Sprachbeimischungen lediglich auf ungenügende Sorgfalt oder Bildung der Chronisten und Kopisten zurückzuführen seien. Vinokur spricht trotz seiner trefflichen Beschreibungen der rksl.-ar. Wechselbeziehungen in der ältesten Literatur sogar von «чистейшая случайность» (1943: 53). Und neuestens wird diese Frage — ohne eingehendes Quellenstudium — überhaupt als ein ,,Pseudoproblem" abgetan (Issatschenko 1980: 124).

Niemand, der sich mit der Sprache ,,gemischter Texte" eingehend auseinandersetzte, wird leugnen, daß sich manche Alternationen einer Erklärung entziehen bzw. uns heute unmotiviert erscheinen, doch trifft dies für PVL L unvergleichlich seltener zu als allgemein angenommen (vgl. ab S. 97). Und es ist gerade diese besterhaltene Abschrift der Nestorchronik, auf die sich die Forscher von Miklosich bis heute besonders häufig beziehen.

Schließlich existiert seit Paschen (1933) eine andere weitverbreitete, meines Erachtens jedoch irrige Auffassung. Den trat- und torot-Formen wird bereits für die ar. Periode verschiedenartige stilistische Valenz zugeschrieben. So schreibt Vinokur: «. . . *градъ, глава* легко находили себе место в русском языке наряду с туземными вариантами *городъ, голова.* Но полного отожествления обоих лексических рядов все же не произошло. Они были дифференцированы или стилистически, или по значению. Так например, выбор между словами *градъ* или *городъ* зависел от того, что первое отличалось книжным оттенком, а второе — обиходным, или же оставалось словом, стилистически нейтральным» (1943: 52). Sprachliche Gegebenheiten einer viel späteren Epoche, in der градъ das zusätzliche Merkmal ,,stilistisch gehoben", ,,rhetorisch", ,,archaisch" u. ä. hatte und городъ das neutrale Wort für ‘Stadt’ u. a. Bedeutungen war, werden also von Vinokur in die ar. Periode projiziert.

In den letzten Jahren wurde dieser stilistische Erklärungsversuch als Irrtum erkannt und folgendes bewiesen: Einzelne rksl. und ar. Lexeme besaßen noch keinen inhärenten Stellenwert. Gerade von Vinokur zitiertes градъ war in PVL L das *neutrale* Wort für 'Stadt, befestigter Ort', wie schon erwähnt, vgl. weiter S. 208.

In dieser Studie werden die Beweggründe für die Sprachmischung als ein zentrales Problem angesehen; es wird hier der Versuch unternommen, in möglichst vielen Fällen eine Motivation für das Auftreten von Russismen zu finden. Wie man an diese Aufgabe herantritt, ergibt sich weitgehend aus der Gesamtkonzeption: Wir sehen in der Sprachmischung eine natürliche Folge der im alten Rußland herrschenden Diglossie (s. Kapitel 2). Die komplementäre Distribution der Hoch- und Volkssprache mußte im Chronikgenre durchbrochen werden, um der ostslavischen Wirklichkeit Rechnung zu tragen. Die ersten Anstöße, die eine gewisse Sprachmischung unvermeidbar machten, wie Verwendung einheimischer Namen aller Art und Bedarfsentlehnungen wurden bereits in Kapitel 2 besprochen. Wir grenzen solche allgemeine Voraussetzungen von den konkreten Beweggründen ab, die den Gebrauch austauschbarer Lexeme in gegebenen Kontexten nach sich ziehen und bezeichnen nur die letzteren als „Motivationen". Wie schon Paschen (1933: 1 f.) richtig erkannte, handelt es sich hier um sprachpsychologische und soziologische Gründe, also nicht um rein linguistische, sondern um vielschichtige Phänomene, die sich einer formal-linguistischen Klassifikation teilweise entziehen. Die Motivationen sind einem Netzwerk vergleichbar: sie können sich überlagern und dadurch verstärken; in einem Fall mag eine bestimmte Motivation vorherrschend sein, im nächsten eine andere. Es ist jedoch wesentlich, sich vor Augen zu halten, daß sämtlichen Motivationen für den Gebrauch von Polnoglasie *eine* einheitliche entgegengesetzte Tendenz gegenüberstand, nämlich am ksl. Sprachschlüssel konsequent festzuhalten. Dieser verkörperte die linguistische Norm, sein Anwendungsbereich war praktisch unbeschränkt, während Russismen in gegebenen Situationen zu bestimmten Zwecken möglich, sogar angebracht, aber nicht zwingend waren (ausgenommen nicht austauschbare Russismen). Daraus ergibt sich eine prinzipielle Opposition:

> Durchlaufendes Festhalten am ksl. Sprachschlüssel —
> Gelegentlicher Kode-Wechsel zwecks aktualisierter Wiedergabe der historischen Realität.

Somit wirken sich sämtliche Motivationen für den Gebrauch von Russismen lediglich als Tendenzen und nicht als Regeln aus. „Inkonsequenz" ist ein Charakteristikum solcher sprachlich gemischter Texte. Die Richtigkeit dieser Annahme kann leicht bewiesen werden, wenn wir kurz die Auswirkungen allgemein anerkannter Motivationen betrachten wie die der direkten Rede. Obwohl bekanntlich in dieser Situation ein besonders starker Beweggrund besteht, Russismen zu verwenden, so gibt es viele Dutzende von Reden mit trat-Formen, und zwar nicht nur wenn Gott, Heilige oder Fürsten sprechen, sondern sogar auch in Reden des einfachen Volkes (vgl. S. 118 f.). Andererseits haben jedoch sämtliche direkte Reden, die torot-Lexeme enthalten, einen gemeinsamen Nenner: Sprecher und/oder Adressaten sind Angehörige der Rus, bzw. bezieht sich die Mitteilung in fünf Fällen auf diese (vgl. S. 126). In der gesamten Chronik findet sich eine einzige (!) Ausnahme, das heißt, eine Stelle in Form einer direkten Rede, die keinerlei Bezug auf Ostslavisches hat (vgl. S. 126).

Ähnlich verhält es sich mit einer anderen seit Paschen (1933) bekannten Motivation, von der in der Fachliteratur des öfteren Teilaspekte erwähnt werden, die man zusammenfassend als „realistische Darstellung von Konkretem" bezeichnen kann (mit Bewegung Verbundenes wie Flußüberquerung, Ortsangaben und den Alltag Betreffendes). Sie alle beziehen sich — von zwei Fällen abgesehen — auf Russen (Varäger) oder ihr Land, wenn torot-Lexeme auftreten (s. S. 130 ff.).

Dieselbe Tendenz zeigt sich auch in anderen Genres, in hagiographischen Werken und der Erbauungsliteratur, jedoch naturgemäß nur in rudimentärer Form. In den relativ seltenen Fällen, wenn von konkreten Erscheinungen der ostslavischen Wirklichkeit die Rede ist, konnten einheimische Wörter auch dann auftreten, wenn sie ksl. Synonyme besaßen (dazu vgl. z. B. Uluchanov 1972: 28 f. mit Illustrationen).

Die beiden erwähnten Motivationen lassen sich meines Erachtens auf eine grundlegende Ursache zurückführen, die eine natürliche Folge der schon geschilderten Anstöße zur Sprachmischung überhaupt bildet: nämlich auf das Bestreben, die ostslavische Realität möglichst lebensnah, also aktualisiert durch die Verwendung von Russismen, wiederzugeben. Das wird durch eine allgemeine Tendenz verwirklicht, die wir mit dem Terminus „(pragmatisch) situationsangemessene Darstellung" bezeichnen. Alle Sachverhalte, die die Rus betreffen, das heißt, die Ostslaven, Varäger und/oder das russische Land, können den fakultativen Gebrauch von Russismen, insbesondere von austauschbaren torot-Lexemen hervorrufen. Das Gesagte trifft auch für direkte Rede und Darstellung von „Konkretem“ zu, die jedoch beide der situationsangemessenen Darstellung untergeordnet sind, weil diese bedeutend umfassender ist und zusätzlich den Gebrauch zahlreicher torot-Lexeme erklärt, somit also die Grundmotivation bildet. Die primäre Funktion der situationsangemessenen Darstellung besteht meines Erachtens darin, die Beziehung oder Verbindung zwischen dem berichteten Ereignis und der Rus zu unterstreichen.

In der linguistischen Pragmatik wird der Terminus „situationsangemessene Darstellung“ als Oberbegriff für jede sprachliche Interaktion gebraucht, wir verwenden ihn jedoch nur in der beschriebenen speziellen Bedeutung.

Als eine allgemeine Auswirkung der Tendenz, die ostslavische Realität aktualisiert durch Russismen wiederzugeben, ist meines Erachtens die Beibehaltung von ar. Bedarfsentlehnungen anzusehen, die überhaupt oder nur in PVL L unpaarig sind, also sonst ksl. Synonyme besitzen. Vom rein linguistischen Gesichtspunkt aus wäre es in vielen Fällen möglich gewesen, diese 1) durch existierende rksl. Äquivalente zu ersetzen, wie **болото** → **блато, перевозникъ** → **превозникъ, колодникъ** → **плѣньникъ** usw. oder 2) slavonisierte Formen — wie es oft geschah — neu zu prägen, etwa **болонье** → ***бланиѥ, перевѣсище** → ***превѣсище.** Daß dies nicht eintrat, ist eben auf das Bestreben der Chronisten zurückzuführen, der ostslavischen Realität sprachlich Rechnung zu tragen.

Die Untersuchung sämtlicher Vorkommen von austauschbaren torot-Lexemen und ihrer unmittelbaren Kontexte in allen ksl. thematischen Einheiten ergab ein erstaunlich klares Resultat. Ihr Auftreten ist weitgehend durch die drei genannten Motivationen verursacht, nämlich in 183 von insgesamt 189 Fällen. Von diesen 183 Vorkommen beziehen sich nur vier ausschließlich auf Fremde (bzw. deren Länder), das sind 2%. Es folgt ein Überblick über die Motivationen nach ihrer Frequenz:

Schema der Motivationen[4]

1. Pragmatisch situationsgemessene Darstellung = Grundmotivation 74 TOROT

[4] Im obigen Schema wurden die vier Ausnahmen mitgezählt; sie verteilen sich wie folgt: 1. — eine Ausnahme, 1.a. ebenso, 1.b. — zwei Ausnahmen. Weiters wird **Царьгородъ** 4× außerhalb des Wirkungsbereiches der Grundmotivation gebraucht, ist aber bei dieser mitgezählt, weil dieser Sonderfall im gleichen Kapitel behandelt wird, vgl. S. 115 f.

1. a.	Direkte Rede und ähnliche Ausdrucksweisen	59 TOROT
1. b.	Realistische Darstellung von Konkretem	49 TOROT
2.	Sekundäre trat/torot-Variationen als Begleiterscheinung der genannten Motivationen (21)	
3.	Vereinzelt auftretende Motivationen	6 TOROT

Jeder der genannten Motivationen ist ein eigenes Kapitel mit vollständigen Belegen der durch sie verursachten torot-Lexeme gewidmet. Hier folgen noch allgemeine Überlegungen über diese Erscheinung.

Die ersten drei Motivationen sind komplexe Phänomene: Sie sind pragmatischer Natur, da sie, verallgemeinert ausgedrückt, das Verhältnis zwischen Autor und Adressaten betreffen[5]. Der Inhalt der Mitteilung ändert sich ja nicht, gleichgültig ob austauschbare trat- oder torot-Lexeme gebraucht werden, sondern „der Ton der Äußerung" (Wunderlich 1972: 22). Die Motivationen sind weiters soziolinguistische, aus der Diglossiesituation heraus entstandene Erscheinungen und schließlich auch psycholinguistische, da der Chronist (Schreiber) jeweils eine Auswahl aus dem heterogenen Variantenrepertoire trifft. Nun ist aber fast ausschließlich die Problematik der mündlichen Sprache in der Gegenwart Gegenstand der linguistischen Pragmatik, der Sozio- und Psycholinguistik. So kann man von diesen Disziplinen für die Durchleuchtung sprachlicher Motivationen in einem mittelalterlichen Werk nur Denkanstöße erwarten, aber keinen Rahmen, in dem sie sich beschreiben ließen (zumindest fanden wir trotz ziemlich ausgedehnter Lektüre keinen dafür geeigneten). Im folgenden geben wir einige — für unser Problem besonders relevante — Ideen wieder, auf die wir nach der Textanalyse stießen und die unsere Auffassung der Motivationen soziolinguistisch untermauern. Es sind dies Fishmans Überlegungen

[5] Vgl. z. B. Brekle 1972: „Die *Pragmatik* ist die Disziplin, die die Beziehungen zwischen Zeichenbenutzern (Sender / Empfänger) und sprachlichen Ausdrükken zu beschreiben hat. Ein wesentlich pragmatisches Moment in einem Kommunikationsakt ist etwa die Art der Beeinflussung, die ein Sprecher (Sender) mittels entsprechend geformter Zeichenketten beim Hörer (Empfänger) erreichen will" (S. 28). Dasselbe gilt naturgemäß für Schreiber — Leser (vgl. S. 40). Die Pragmatik — ein Teilgebiet der Semiotik — wurde bis heute nicht systematisch beschrieben, sondern nur zahlreiche Aspekte, dazu vgl. Kapitel 6 „Pragmatik als notwendige Erweiterung der linguistischen Semantik" (S. 99—107). Zur Geschichte und den sprachphilosophischen Wurzeln der Pragmatik s. S. 24 f. und viel ausführlicher z. B. Morris 1946: 217 ff., 279 ff.

zur sozialen Situation im zweisprachigen Milieu (1975: 48 f.). Auf die austauschbaren trat- und torot-Lexeme in PVL L bezogen, liegt eine Kombination von SITUATIVEM WECHSEL (er tritt nur bei bestimmten Themen, Orten, Personen und Zwecken ein) und einem METAPHORISCHEN WECHSEL vor, denn es wird nicht gänzlich auf einen anderen Kode umgeschaltet, sondern nur fallweise aus rein metaphorischen Gründen, das heißt, zur BETONUNG oder zum KONTRAST werden torot-Lexeme verwendet. Der metaphorische Wechsel kann nur innerhalb bestimmter Situationen erfolgen (in unserem Fall, wenn sich das Thema auf die Rus bezieht, Sprecher und/oder Adressaten Ostslaven bzw. Waräger sind u. ä.).

Die folgende Beobachtung Fishmans ist für unsere Untersuchung besonders wichtig, weil sie das „inkonsequente" Auftreten von torot-Lexemen in ksl. Kontexten erklärt. Wir gelangten unabhängig aufgrund der konkreten Textanalyse zu demselben Schluß. Fishman meint, daß der metaphorische Wechsel NICHT von allgemein gültigen Zuweisungen bestimmt wird. Das bedeutet in unserem Fall: es gibt keine Regelung, welche von den in einer bestimmten Situation angemessenen austauschbaren torot-Lexeme tatsächlich in dieser Form und nicht mit Metathese auftreten. Ein Beispiel zur Illustration: von über einem Dutzend stereotypen trat/torot-Dubletten zur Beschreibung von Feldzügen werden in jedem Bericht nur einige mit Polnoglasie verwendet, und zwar jeweils verschiedene. Dieser Tatsache scheint eine Schlüsselrolle beim Übergang von motiviertem zu freiem Gebrauch der torot-Lexeme zuzukommen (Näheres S. 159 f.).

Die drei genannten Motivationen sind sowohl hinsichtlich ihrer Funktion als auch wegen ihres fakultativen Charakters eine verhältnismäßig ungewöhnliche Erscheinung. Es lassen sich jedoch annähernde Vergleiche aus neuerer Zeit finden, so z. B. die stellenweise Verwendung des historischen Präsens zur Dramatisierung der Darstellung in der modernen Literatur, denn derselbe Inhalt läßt sich durchlaufend in einem Vergangenheitstempus ausdrücken. Oder die Sprache der frühen russischen Komödien: Um eine handelnde Person als Dialektträger zu kennzeichnen, wird ihre Rede fallweise durch typische Dialektismen markiert. Der Autor setzt diese als Stilisierungsmittel ein und dazu genügen vereinzelte Dialektwörter (ein gänzlicher Kode-Wechsel findet nicht statt). Allerdings wendet der mittelalterliche Chronist (Schreiber) nicht individualistisch ein künstlerisches Mittel an, sondern — sicher unbewußt — durch die genannten Motivationen ein Verfahren, das dem „engeren Wirklichkeitsverhältnis" (Schmidt 1975: 9) der damaligen Literatur Rechnung trägt. „In jeder Gattung sind von vornherein bestimmte Inhalte mit bestimmten Ausdrucksformen verknüpft." (Schmidt 1975: 11 mit weiteren Literaturangaben.)

Direkte Rede — mit fakultativem Gebrauch von Russismen — ist die bekannteste spezifische Ausdrucksform der ar. Chroniken. Dank ihrer Häufigkeit bildet sie ein hervorstechendes Charakteristikum dieser Gattung, das sich erst auf ostslavischem Boden entwickelte (byzantinische und westeuropäische Chroniken machen von direkter Rede nur wenig Gebrauch, vgl. Lichačev 1947: 114—144). Diese Ausdrucksform weist zusätzlich rein sprachliche Merkmale auf, wie einleitende Verba dicendi und die Verwendung der 1. und 2. Person der Personalpronomina und Verben, wodurch sie — trotz Misch- und Übergangsformen zur indirekten Rede relativ leicht auszusondern ist.

Situationsangemessene Darstellung und Beschreibung von Konkretem besitzen hingegen keine solchen spezifischen linguistischen Merkmale. In manchen Fällen ist ihre Abgrenzung voneinander schwierig, nämlich, ob der Bezug auf die Rus oder der konkrete Inhalt für den Gebrauch von Polnoglasie ausschlaggebend war. Trotz solcher Überschneidungen decken sich die beiden Motivationen nicht, sie werden daher getrennt behandelt, mit Verweisen auf fallweise mehrfache Motivation.

8. PRAGMATISCH SITUATIONSANGEMESSENE DARSTELLUNG UND DER SONDERFALL ЦАРЬГОРОДЪ / ЦАРЬГРАДЪ

Diese Hauptmotivation für den Gebrauch von austauschbaren torot-Lexemen — 75 Vorkommen in PVL L — wurde im vorigen Kapitel definiert und im Zusammenhang mit den ihr unterzuordnenden Motivationen beschrieben. Wir fassen daher hier nur kurz zusammen und geben einige weitere Präzisionen. Das Wesentliche an der situationsangemessenen Darstellung ist, den Bezug zwischen berichteten Ereignissen und der Rus herzustellen. Austauschbare torot-Lexeme, die damit in überhaupt keinem Zusammenhang stehen, kommen in PVL L kaum vor. Diese können jedoch gelegentlich Einheimische(s) und Fremde(s) gemeinsam anbelangen. Ein anschauliches Bild hiefür bietet die Sprache der Verträge mit den Griechen (s. Analyse ab S. 108 ff.): Neben 21 austauschbaren, nur die Rus betreffenden Polnoglasieformen finden sich drei, die beide Vertragspartner angehen, wie **сторона** 'Heimatland', jedoch nur einmal **городъı** explizit für griechische Städte (945, 50.27) — die einzige Ausnahme zu dieser Motivation — doch folgt unmittelbar darauf ein Bezug auf die Rus. Diesen 21 Lexemen kommt also zusätzlich eine Unterscheidungsfunktion zu, denn wenn nur von den Griechen die Rede ist, so werden durchlaufend nur trat-Entsprechungen verwendet. In derselben Funktion finden sich weiters im restlichen Text **воротитисѧ, голодъ, середнии** und **устеречи,** s. u. Belege.

Eine Untersuchung aller Kontexte ergab, daß durch situationsangemessene Darstellung motivierte torot-Lexeme außerdem noch eine andere Sekundärfunktion besitzen können, die wir mit „Signalfunktion" bezeichnen, und zwar wenn diese als einzige oder sporadisch auftretende Marker in ksl. Kontexten auftreten. („Signalfunktion" deshalb, weil sie die Aufmerksamkeit darauf lenken, daß sich das Gesagte auf die Rus bezieht.) Dies ist bei 16 Wörtern der Fall; in den weiter unten folgenden Belegen wird darauf verwiesen. Auf die Auswirkungen der Signalfunktion kommen wir noch in Kapitel 15 zu sprechen.

T. N. Kandaurova erkannte für den Gebrauch der Wortpaare городъ / градъ und сторона / страна eine Tendenz, die sie mit «свое и чужое» bezeichnete, das heißt, Einheimisches kann durch diese Russismen wiedergegeben werden, Fremdes hingegen nur durch die Kirchenslavismen (1967b: 358 ff.). Das kommt der situationsangemessenen Darstellung nahe, doch decken sich die beiden Begriffe keineswegs, denn man kann mittels «свое и чужое» nicht erklären, wenn 1) TOROT auch Fremde(s) einschließt, wie z. B. schon genanntes сторона 'Heimatland, sowohl der Russen als auch der Griechen' (Vertrag unter 912, 36.8); 2) TOROT offensichtlich „Fremdes" bezeichnet, vgl. z. B.: «да входѧть в городъ ѡдинѣми вороты.» (Vertrag unter 945, 49.4), das heißt, (die Russen, Varäger) sollen Konstantinopel nur durch ein Stadttor betreten. Beide TOROT beziehen sich auf die Russen, bezeichnen aber griechisches Eigentum; und schließlich 3) ist «свое и чужое» nur auf eine beschränkte Anzahl von Substantiven anwendbar, während durch die situationsangemessene Darstellung der Gebrauch von Polnoglasie bedeutend umfassender erklärt werden kann, so vor allem auch von Verben wie володѣти.

Es folgen sämtliche Belege für torot-Lexeme, deren Gebrauch meines Erachtens auf die situationsangemessene Darstellung zurückzuführen ist[1]. Wir führen zuerst solche aus einzelnen ksl. thematischen Einheiten an, analysieren dann ganze Passagen mit TOROT aus den Verträgen mit den Griechen und schließlich sämtliche Vorkommen von Царьгородъ / Царьградъ.

володѣти 3×: (Ꙗрополкъ) «и бѣ володѣꙗ единъ в Руси.» (977, 75.19), schließt die Erzählung über Jaropolks Sieg ab; володѣти unterstreicht hier deutlich, daß auf einen russischen Fürsten und sein Land verwiesen wird und das erscheint angemessen, weil dieselbe Tatsache früher 2× mittels власть berichtet wurde. Das erste torot-Vorkommen im Text, bedingt durch situationsangemessene Darstellung und in Signalfunktion: «Полем же живишемъ ѡсобѣ (PA поляномъ же живущимъ) и володѣющемъ. и роды своими. иже и до сев братьѣ бѧху Полѧне. и живѧху кождо съ своимъ родомъ. и на своихъ

[1] Das Material ist so angeordnet: zuerst eindeutige Belege, die keines Kommentares bedürfen, dann Vorkommen, die auch anders ausgelegt werden könnten (oder wurden); bei hoher Frequenz nur Stellenangaben für weitere Vorkommen; Verweise auf Gebrauch desselben Lexems, der nicht durch diese Motivation bedingt ist bzw. in nicht überwiegend ksl. TE; zum Vergleich Hinweise auf das trat-Synonym. Die Anordnung der Stichwörter erfolgt wie auf den Wortnestlisten nach den urslavischen Ansätzen.

мѣстѣхъ. владѣюще (РА володѣя) кождо родомъ своимъ ...» (9.5). Meines Erachtens liegt hier keine Variation vor, sondern das ungewöhnliche Vorkommen von володѣти in einem Dat. abs., der die Passage einleitet, also den „Ton“ angibt, ist durch die situationsangemessene Darstellung motiviert. Ebenso im folgenden — obwohl formal auch eine Alternation vorliegt — denn владѣти bezieht sich auf Fremde, володѣти aber auf die Russen: «тако и си владѣша а послѣже самѣмъ владѣють (Juden und Ägypter) ꙗкоже бъ҃ı володѣють Козары Русьскии (Russen die Chazaren) до дн҃шнго дн҃е.» (17.23); володѣти kommt noch 3× auf die Varäger bezogen vor (19.16, 19, 20.3), doch in sprachlich gemischter TE; владѣти bezieht sich weiters 1× auf die Gelen (medisches Volk) 15.19, Varäger (21.15) und auf Gott (243.34, 253.11).

волость 'Wolost, Herrschaftsgebiet eines Fürsten' 2×: «положи главу свою за брата своѥго. не желаꙗ болшее волости (РА чти) ни имѣньꙗ ...» (203.11), auf Izjaslav bezogen, eingebettet in religiöse Zitate mit sechs trat-Lexemen; s. weiteren Beleg unter переꙗти; 2. 'Rechtsanspruch' 2×, s. Analyse der Verträge S. 110.

воротитисѧ 'zurückkehren': obwohl възвратитисѧ in PVL L durchlaufend dominiert (über 40×), so findet sich в. auf Russen bezogen 2× gegen Ende des Textes in der „Blendung Vasilkos“: «а Лазарь и Василь воротистасѧ Туриску.» (1097, 268.15) in Signalfunktion und weiters in Unterscheidungsfunktion, da im selben Kontext von Bonjak die Rede ist: (Д҃вдъ) «. . иде в Половцѣ. и устрѣте и Бонѧкъ. и воротисѧ Д҃вдъ.» (270.31).

голодъ: «Половци же начаша налѣгати и ѡтъимаху воду. и изнемагати начаша людье в градѣ водною жажею и голодомъ.» (Die Polovcer belagern Torčesk, 1093, 221.15); da abwechselnd von den Belagerern und den Russen die Rede ist, unterstreicht in trat-Lexeme eingebettetes голодъ den Bezug auf die Rus (Unterscheidungs- und Signalfunktion). Ähnlich scheint г. im folgenden Beleg motiviert zu sein, denn zuerst wird von Zauberern und dem Teufel berichtet, dann von der russischen Bevölkerung: «Въсташа волъсви в Суждали. избиваху старую чадь. къ дьꙗволю наоущенью. и бѣсованью гл҃ще. ꙗко си держать гобино. бѣ мѧтежь великъ. и голодъ по всеи тои странѣ.» (Jaroslav richtet die Zauberer, 1024, 147.27); es folgt dann гладъ, aber nicht zur Variation, sondern in religiösem Kontext: «Б҃ъ наводить по грѣхомъ. на куюждо землю гладо҃м.» (148.3).

невѣголосъ: 'Unwissender, Heide': «бѧху бо тогда ч҃лвци невѣголоси (РА невѣигласи) и погани. дьꙗволъ ра҃дȣвашесѧ сему.» (Sage über Menschenopfer, 983, 83.10); in Signalfunktion; betrifft die heidnische russische Bevölkerung im Gegensatz zu den christlichen Varägern. Zufolge der Tendenz in PVL L Polnoglasie mit der negativen Konnotation 'Bezug auf die Heiden' einzusetzen (vgl. S. 150 f.), kann **невѣголосъ** auch für Fremde verwendet werden.

городъ: ist naturgemäß am häufigsten durch situationsangemessene Darstellung motiviert (17×), weil die Städte im Brennpunkt der historischen Ereignisse stehen. Russ. Fürsten errichten, belagern, erobern, verteidigen und verteilen einheimische Städte oder gelangen in ihre eigene Stadt: **«се же Ѡлегъ нача городы ставити.»** (23.25); **(Ст҃ополкъ) «и городы Червеньскыꙗ заꙗ собѣ.»** (144.5); **(Ꙗрославъ) «приде Кыеву и вниде в городъ свои.»** (151.3); (aus PA: **«Ѡлегъ҇ⷤ вбежа въ Стародоубъ и затвори҇ⷭ тоу. Ст҃ополкъ. и Володимеръ) ѡступиста и в градѣ. быꙗхутсѧ из города крѣпко.»** (230.17), danach 5× **градъ**, auch **из града**, daher keine Bedeutungsdifferenzierung **городъ** 'Festung' – **градъ** 'Stadt', sondern das erstere in Signalfunktion; **«а имже роздаꙗлъ Всеволодъ городы.»** (257.4); **(Дв҃дъ) «и затворисѧ в Бужьскѣ. и Володарь ѡступи и в городѣ.»** (267.6); **городъ** 'Stadtbevölkerung', gefolgt von **градъ** dass.: **«оубьенъ бы҇ⷭ кнѧзь Изѧславъ .... И вземше тѣло его привезоша и в лодьи ... изиде противу ему весь городъ Кыевъ ... плака бо сѧ по немь весь гра҇ⷣ Киевъ.»** (202.5, 9); **городъ** ist hier zusätzlich durch Zusammenhang mit Bewegung motiviert und besitzt auch Signalfunktion; möglicherweise ist jedoch in dieser rhetorischen Stelle stilistische Variation ausschlaggebend, vgl. S. 140. Die übertragene Bedeutung führt Sreznevskij für keine der beiden Formen an. Weitere neun Belege für **городъ**, motiviert durch situationsangemessene Darstellung, finden sich in den Verträgen, s. S. 108 ff. sowie einer in einer Stelle mit mehrfacher Motivation (151.19, s. Analyse S. 134 f.).

горожанинъ: **«и горожане скочиша з града. и почаша сѣчи воѣ Дв҃довы.»** (Blendung Vasilkos, 1097, 272.21); in Signalfunktion, denn **г.** ist von **градъ** (5×) umgeben und aktualisiert die Schilderung der Kampfhandlung in dem Moment, wo von Bewegung die Rede ist; sonst ist die Distribution von **горожане** (noch 2×) / **гражане** — beide nur Russen betreffend — durch den Sprachschlüssel bedingt, Belege s. S. 213 f.

золото 'Goldschmuck' bezieht sich im folgenden Kontext auf Igor, seine Družina und nicht auf die griechischen Gesandten (dazu vgl. Šachmatov 1940: 112 f.), die zu Igor sagen: **«твои сли водили суть цр҃ѣ наши ротѣ. и насъ послаша ротѣ водитъ тебе. и мужь твоихъ. ѡбѣщасѧ Игорь сице створити. заоутра призва Игорь слы. и приде на холмъ кде стоꙗше Перунъ. покладоша ѡружье свое и шитъ и золото. и ходи Игорь**

ротѣ и люди его.» (54.3); einziges TOROT in dieser TE; in Unterscheidungs- und Signalfunktion? Alle weiteren Vorkommen von золото (4× in verschiedenen Bedeutungen) betreffen die Rus (36.21, 73.15 in den Verträgen, s. S. 109 f.), davon zwei in überwiegend ar. TE (148.8, 247.39), die hier daher nicht in Betracht gezogen wurden; viel häufigeres злато (22×) ist meist phraseologisch gebunden, s. S. 216 f.; in freiem Gebrauch kommt зл. in religiösem Kontext (233.10) und auf die Rus bezogen vor (269.8, 23).

полонъ 'Beute': «взѧша бо тогда скотъı и ѡвцѣ и конѣ. и вельблудъı ..... и придоша в Русь с полоноⷨ великъıⷨ и с славою.» (Siegreicher Feldzug gegen die Polovcer, 1103, 279.27); п. ist ein typischer Russismus dessen Auftreten durch den Bezug auf die Rus motiviert ist (dass. in der überwiegend ar. Autobiographie Monomachs 248.17 und in einer kurzen Mitteilung 281.7), ebenso in anderen Bedeutungen, vgl. Belege S. 224, während aksl.-rksl. плѣнъ sich in der Rede des Philosophen auf die Juden bezieht (102.3).

полонени: prädikativ 'gefangen', 2×. In einer langen, von religiösem Pathos getragenen Passage (1093, 222.8—225.26) werden die unseligen Folgen der Polovcereinfälle als Strafe Gottes geschildert, wobei nur ein torot-Lexem pro Spalte sprachlich den Bezug auf die Rus signalisiert[2]. Dies erscheint notwendig, da das Unheil ganz allgemein, mit zahlreichen biblischen Zitaten beschrieben wird, vgl.: «сего ради вселенаꙗ предастьсѧ. сего ради гнѣвъ простресѧ. сего ради землѧ мучена бъⷭı. ѡви ведутьсѧ полонени. друзии посѣкаюми бъıвають. горкую см҃рть приемлюще .....» (223.9); nach der Schilderung aller Leiden folgt ein Hinweis, daß sich das Gesagte auf die Russen bezieht: «праведно и достоино есть. тако да накажемъсѧ.» In ähnlichem Kontext findet sich der zweite Beleg: «се уже третьее наведе поганъıꙗ на землю Руськую югоже грѣха дабъı и Бъ҃ простилъ. занеже много хⷭьꙗнъ изгублено бъⷭı. а друзии полонени. и расточени по землѧⷨ.» (1094, 226.17). Zu полонени, полонити, плѣнити vgl. weiter S. 223 f.

пересѣдѣти 'verweilen': «Ꙗрополкъ же сѣде Володимери. и пересѣдев мало дн҃и.» (Jaropolks Begräbnis, 1086, 206.4); zu den semantischen Beziehungen mit пресѣдѣти und Belege vgl. S. 68.

переꙗти 1. '(Macht) ergreifen, (Gebiet, Wolost) erobern, beherrschen' 6× in ksl. TE, 9× im gesamten Text, ist in PA systematisch durch приꙗти ersetzt, bezieht sich immer auf russisches Territorium und ist phraseologisch auch mit einer trat-Form gekoppelt (переꙗ

[2] Es kommt 2× городи in Wir-Erzählung vor (222.21, 224.4); diese Belege werden daher hier nicht in Betracht genommen, vgl. S. 129.

власть), ähnlich wie **злато и серебро** oder **злато и паволоки**; in den ersten beiden Belegen hat **п.** auch Signalfunktion: **«и въшедъ Ꙗрополкъ въ градъ Ѡльговъ. переꙗ влⷣсть его.»** (75.1), hier ‘Macht’; (Mstislav starb) **«посемь же переꙗ власть юго всю Ꙗрославъ. и бъⷭ҇ı самовл̑стець Русьстѣи земли.»** (150.23), hier ‘Wolost’; in dieser Bedeutung kommt auch einmal **волость** vor: **«Дв҃дъ хотѧ переꙗти Басилкову волость** (PA **власть.**)**»** (267.2); sonst **п.** + russische Städtenamen: **«а Дв҃дъ переꙗ Лучьскъ .... переꙗ Болодимерь»** (272.31, 273.1); **«а Ст҃ополкъ переꙗ Болодимерь.»** (273.5), ebenso in lexikalisch gemischten TE (237.25, 238.5); auch in zweiter, figurativer Bedeutung ist **переꙗти** nur auf Russen (bzw. russische Klöster) bezogen: (Volodimer benannte die Stadt) **«Переꙗславль. зане переꙗ славу ѡтроко тъ.»** (124.1); (Izjaslav) **«... на сѧ переꙗ печаль братнию.»** (203.6); **«Ѳеѡдосии все то изъѡбрѣтъ. предасть манастырю своему. ѿ того же манастырѧ переꙗша** (PA **прияша, -е**) **вси манастыреве оуставъ.»** (160.14), in Signalfunktion; **переꙗти** in erster Bedeutung kommt weiters in direkter Rede vor (266.20) und einmal konkret ‘(Wasser) abschneiden’, ebenso **преꙗти** dass. s. S. 229.

середнии: In der volkstümlichen Erzählung über die Gründung von Perejaslavl’ findet ein Zweikampf zwischen einem Pečenegenfürsten und einem Russen statt; der erste ist durch ksl. **превеликъ зѣло**, der zweite jedoch durch ein torot-Lexem charakterisiert, das somit zur Unterscheidung vom Fremden beiträgt: **«выпустиша Печенѣзи мужь свои. бѣ бо превеликъ зѣло ... и выступи мужь Болодимерь. и оузрѣ и Печенѣзинъ и посмѣꙗсѧ. бѣ бо середнии тѣломь.»** (123.21); einziger Beleg in PVL L.

сторожь ‘Wache’: (Vasilko) **«И ѡковаша и въ двои ѡковы. и приставиша к нему сторожѣ на ночь.»** (259.23); dass. kommt in einer Aufforderung vor, s. S. 128 und in einer sprachlich gemischten TE, s. S. 80. Alle Belege beziehen sich auf Russen, während **стражь** auf biblische Kontexte beschränkt ist, s. S. 248.

сторона, nur in den Ausdrücken **по, на онои сторонѣ** ‘auf der gegenüberliegenden Flußseite’ 2×; die folgenden Belege sind insofern komplex, als sie auch **с.** motiviert durch „Darstellung von Konkretem“ enthalten und die genannten Ausdrücke sich scheinbar auf den nicht-russischen Feind beziehen, was der „situationsangemessenen Darstellung“ widerspräche. Dem ist jedoch nicht so: meines Erachtens kann man in diesen Kontexten nur **«по, на онои сторонѣ»** vom Gesichtspunkt jener aus sagen, die sich **«по сеи сторонѣ»** befinden — und das sind die Russen. Vgl.: **«Иде (Болодимиръ** aus PA) **на Хорваты. пришедшю бо юму с воины Хорватьскыꙗ. и се Печенѣзи**

придоша. по ѡнои сторонѣ ѿ Сулы .... и ста Володимеръ на сеи сторонѣ. а Печенѣзи на ѡнои.» (Gründung von Perejaslavl', 992, 122.10). Die durch се dramatisierte Darstellung unterstreicht noch die Schilderung aus „russischer Sicht“. «Ст҃ополкъ же и Володимеръ поидоста на нь по сеи сторонѣ Днѣпра. и придоста къ Зарубу перебродистася ..... а Половци стоꙗху (PA стоять) на онои сторонѣ Трубежа исполчившеся.» (Neuerliche Polovcereinfälle, 1096, 231.19). Die anderen TOROT in diesen zwei Stellen sind durch „Darstellung von Konkretem“ motiviert, da vor allem Bewegung beschrieben wird nebst einem Standort, dazu s. S. 130 f.

устеречи 'auflauern': In der folgenden Beschreibung des Kampfes zwischen Polovcern und Russen wird устеречи nur für die letzteren in Unterscheidungsfunktion verwendet, doch nicht austauschbares сторожи 'militärische Vorhut' abwechselnd für beide Gegner: «поидоша Половци. и послаша пре҃д собою сторожѣ Алтунопу ..... такоже Русскиѣ кнѧзи. послаша сторожѣ своѣ. и оустерегоша Русkиѣ сторожеве Ѡлтунопу.» (278.18).

тереба 'heidnisches Opfer' wird einmal statt viel gebräuchlicherem трѣба in Signalfunktion verwendet, s. Beleg und Erklärung S. 157 f.

скоморохъ kommt ebenfalls einmal in Signalfunktion vor, s. Beleg und Erklärung S. 158.

Damit ist die Aufzählung von austauschbaren torot-Lexemen in ksl. thematischen Einheiten (ausgenommen die Verträge mit den Griechen) beendet, die meines Erachtens ihr Auftreten der Motivation „situationsangemessene Darstellung“ verdanken. Nur ein einziges der genannten Wörter, невѣголосъ, verweist in PVL L auch einmal auf einen Nicht-Russen, doch ist dies nicht als eine Ausnahme zu werten, da Polnoglasie ebenfalls die negative Konnotation 'Bezug auf die Heiden' ausdrücken kann, vgl. S. 150 und 206.

Die Verträge mit den Griechen
Passagen mit torot-Lexemen

Diese Texte gehören zu den schwierigsten und umstrittensten in der Nestorchronik. Trotz zahlreicher Untersuchungen durch Philologen und Historiker bleibt vieles unklar oder zweideutig, was ihre Entstehung anbelangt, ihre Beziehungen zueinander (Verträge unter 907 und 912), die Textabgrenzung (907) und vor allem die Interpretation mehrerer Stellen. Die ursprünglichen Dokumente waren auf griechisch abgefaßt, deren slavische Übersetzungen in Konstantinopel oder Kiev entstanden. Naturgemäß ist unbekannt, wie weit die Sprache dieser Übertragungen für die Chroniken adaptiert wurde. In der Fachliteratur herrscht völlige Uneinigkeit darüber, ob diese auf (alt)kirchenslavisch oder altrussisch abgefaßt sind. Einen Überblick über die Problematik nebst einer polemischen Darstellung der früheren Untersuchungen sowie ausführliche eigene Analysen gibt Larin (1975: 24—52, vgl. auch Filin 1981: 216 f.). Wir gehen auf diese Fragen nicht ein, sondern versuchen lediglich zu zeigen, daß der Gebrauch der Russismen weitgehendst durch die situationsangemessene Darstellung motiviert ist: Wenn immer ein direkter Bezug auf die Russen (Varäger), ihre Fürsten oder ihr Land erfolgt, dann erscheinen torot-Lexeme. Wie schon gesagt, können sich diese vereinzelt auf beide Parteien beziehen, jedoch nicht ausschließlich auf die Griechen — mit einer Ausnahme (945, 50.27). Daraus ergibt sich auch die Distribution dieser Russismen in den Verträgen von 912 und 945, denn sie treten nur in den Mittelteilen auf, die konkrete Abmachungen mit den Russen beinhalten.

Es folgt eine Analyse sämtlicher Kontexte mit TOROT. Vertrag unter 907 (31.3—32.1)[3], überwiegend ksl., enthält 3× городъ auf russische Städte bezogен: «даıати углаᴬы (ТА уклады) на Роу҇кыа граᴬ ..... на Ростѻ҇. на Любе҇. и на проѹаа гороᴬ. по тѣᴹ во гороᴬмъ седѧхѹ велиции кнᶾи.» (31.8—9); meines Erachtens liegt hier keine Variation vor, sondern городъ resultiert aus der situationsangemessenen Darstellung; «и тогда возмѹть мѣ҇ѹин'нов свое. первое ѿ гороᴬ Кивва.» (31.25); im folgenden wird festgelegt, daß die Russen Konstantinopel nur durch ein Stadttor betreten dürfen, wobei diese Angabe durch zwei Russismen markiert ist: «и да входѧᵀ в' граᴬ ѡдними вороты.» (31.27, dass. in TAP).

---

[3] Den Beginn dieses Vertrages setzen Lichačev 1950: II, 267 und Tschižewskij 1969: 300 mit 31.3 an, Šachmatov 1916: PVL I, 31 mit 31.10.

Vertrag unter 912 (32.27—37.28), fast rein ksl. (170 Kirchenslavismen / 22 Russismen, darunter zehn TOROT, nur im Mittelteil); die ersten fünf beziehen sich ausschließlich auf «мы Роуⷭ҇»: «аще ли таковаꙗ лоⷣа. ли ѿ вꙋрѧ [или] воронениа[4] земнаго воронима. не моⷤть воз҅воронитиⷭ҇ въ своа си мѣста . . . мы Роуⷭ҇. допроводиⷨ с кꙋплею иⷯ поздоровꙋ.» (35.20—24). Die beiden ersten kommen sonst in PVL L nicht vor; возворонитисѧ ist sicher ein Schreibfehler für возворотитисѧ, so auch Larin 1975: 41; «и аще что можеть продати ѿ лоⷣа. волочиⷨ мы Роуⷭ҇ да егⷣа ходиⷨ в Грекы.» (35.28); die zwei folgenden TOROT beziehen sich ausdrücklich auf beide Vertragspartner: «ѿ тѣⷯ аще полонѧникъ ѡбою странꙋ держиⷨ е. или ѿ Рꙋси или ѿ Грекъ. проданъ в ѡнꙋ странꙋ аще ѡбрѧщетⷭ҇. ли Рꙋсинъ. ли Греченинъ да възратѧⷮ искꙋпное лице въ свою сторонꙋ.» (36.4, 8); einziger Beleg in PVL L für сторона 'Heimatland', während häufiges страна sowohl das eigene wie ein fremdes Land bedeuten kann, dazu ausführlich S. 248 f.; zu страна 'Vertragspartner' vgl. S. 249 f. Die restlichen drei TOROT betreffen das Verhalten der Russen zu den in ihrem Land befindlichen Gefangenen: «. . . да бꙋдоуⷮ ѿ Роуси ѿполонени . . . . . и еще и ѡ хⷭ҇тьанеⷯ ѡ полоненыⷯ ѿ коеа любо страны приходѧщиⷨ в Роуⷭ҇. се продаеми бывають по ·к҃· золота и да придоуⷮ в Грекы.» (36.17—22); dies sind die einzigen Belege für отполонити (unpaarig), полонѧникъ (s. oben) und золото 'Geldeinheit' in PVL L, dafür im Vertrag 945 золотникъ in Bezug auf die Russen (49.12, 50.3), aber златникъ für den Griechen zu zahlendes Lösegeld (50.23). Es ist bemerkenswert, daß einige der genannten torot-Lexeme nur in den Verträgen vorkommen.

Vertrag unter 945 (46.18—53.20), fast rein ksl., (244 Kirchenslavismen / 29 Russismen); der Mittelteil enthält 14 TOROT — von diesen bezieht sich nur възворотити auf beide Partner und городъı einmal explizit auf griechische Städte (50.27, s. u.), vgl. «тогда возьмуть мѣсѧчное свое съли слебное (А слюбное) . . . . первое ѿ города Києва.» (49.2); dann folgt derselbe Ausdruck wie im Vertrag unter 907, nämlich daß die Russen Konstantinopel nur durch ein Stadttor betreten sollen, der jedoch hier nur Russismen enthält: «да входѧть в городъ ѡдинѣми воротъı.» (49.4, aber 31.27 град); der ungewöhnliche Gebrauch von городъ für Konstantinopel erklärt sich hier meines Erachtens eben dadurch, daß sich das Gesagte auf die Russen bezieht, obwohl sonst im gleichen Zusammenhang градъ (vgl. das folgende Zitat); die den Russen gestellten Kaufbedingungen enthalten ausschließlich TOROT: «входѧще же Русь в [г]радъ.

[4] Da воронение unpaarig ist, ist sein Gebrauch nicht durch situationsangemessene Darstellung motiviert.

да не имѣють волости (РА власти) купити. паволокъ лише по ·н҃· золотникъ и ѿ тѣхъ паволокъ аще кто крьнеть ...» (49.11, 12); волость 'Recht(sanspruch)' kommt 2× nur in diesem Vertrag vor, ebenso власть 3× in derselben Bedeutung (49.18, 51.12, 20, auch auf Russen bezogen); золотникъ 2× nur unter 945, die Russen betreffend; паволока ist nicht austauschbar und wird bei der situationsangemessenen Darstellung nicht berücksichtigt; es findet sich nochmals 49.26; anläßlich der Auslieferungsbedingungen: «ѿ города вашего. или ѿ инѣхъ городъ.» (49.27, 28), betrifft russische Städte; für einen in die Rus entlaufenen Griechen beträgt das Lösegeld два золотника: «оускоүчить челѧдинъ нашь къ вамъ ..... да возьметь ѿ него золотника два.» (50.3), wenn die Russen aber gefangene christliche Griechen nach Konstantinopel bringen, so wird in златникъ gezahlt: «елико хесанъ ѿ власти нашеꙗ. плѣнена приведуть Русь ту. аще будеть оуноша или дѣвица добра. да вдадѧть златникъ ·і҃· ..... аще ли будетъ старъ или дѣтещь. да вдасть златникъ ·е҃·» (50.18, 21), ebenso für russische Sklaven bei den Griechen: «... Русь работающе оу Грекъ. аще ли суть плѣньници. да ископають (РА искупають) е Русь. по ·і҃· златникъ.» (50.23); ausdrücklich beide Vertragspartner betrifft: «аще ли ключитсѧ оукрасти Русину ѿ Грекъ что. или Грьчину ѿ Руси. достоино есть да възворотити (РА е) не точью едино.» (50.11); als Ausnahme zu werten ist meines Erachtens: «а ѡ Корсуньстѣи странѣ. елико же есть городовъ на тои части.» (50.27) — weil городъ hier ausdrücklich griechische Städte betrifft, allerdings wird unmittelbar anschließend ein Bezug auf die Russen hergestellt: «да не имать волости кнѧзь Рускии да воюеть на тѣхъ странахъ.» (РА да не имуть власти князи руссии. 50.28). Der restliche Text (51.1—53.20) enthält nur mehr Kirchenslavismen.

Vertrag unter 971 (72.18—73.19), fast rein ksl., (28 Kirchenslavismen / vier Russismen, darunter neun TRAT und drei TOROT); der Text ist Fürst Svjatoslav in den Mund gelegt: «ни иного приведу на страну вашю ..... ни на власть Корсуньскую. и елико есть городовъ ихъ.» (73.5), hier wird meines Erachtens городъ situationsangemessen verwendet, obwohl es dieselben griechischen Städte im Korsuner Land betrifft, weil Svjatoslav in der Ich-Form etwas über sie aussagt. Es folgen noch zwei TOROT in der russischen Eidesformel: «..... да имѣемъ клѧтву ѿ Ба҃. въ его же вѣруемъ в Перуна и въ Волоса скотья Ба҃. и да будемъ колоти ꙗко золото.» (73.15); vgl. die Interpretation von Larin 1975: 28: «будем колоты (исколоты, проколоты) как золото, т. е. как золотая пластинка (талисман, носимый на груди, как позже нательный крест) ...»; weiters die

Bemerkungen von Sreznevskij (I, 995 unter «Золото в клятве»); колоти ist nicht austauschbar.

Hiemit ist die Aufzählung sämtlicher torot-Lexeme aus den Verträgen abgeschlossen[5]; ihr Auftreten in diesen ksl. Texten ist meines Erachtens durch die situationsangemessene Darstellung bedingt.

DER SONDERFALL ЦАРЬГОРОДЪ / ЦАРЬГРАДЪ[6]

Wie im zweiten Kapitel erwähnt, zeichnen sich Eigennamen aller Art dadurch aus, daß ihre lautliche Form nahezu invariabel ist. Polnoglasie tritt als Merkmal einheimischer, ostslavischer Namen und geographischer Bezeichnungen konstant auf, ist aber in fremden eine Seltenheit, wie die Indices zu ПСРЛ I zeigen. Der Stadtname Царьгородъ ist das einzige Exonym (Name in der eigenen Landessprache für geographische Einheit im fremdsprachigen Ausland) in PVL L, das mit -градъ alterniert. In der Fachliteratur wird dieser Sonderfall meist übergangen oder unrichtig bzw. ungenügend gedeutet. So behauptet Paschen, bei „fremden" Eigennamen seien Phonemalternationen häufig, er führt jedoch nur dieses Paar an (1933: 44). Filin meint sicher richtig, die Polnoglasieform stamme aus vorchristlicher Zeit und weiter, daß zwischen beiden Formen in den Chroniken des 11.—12. Jahrhunderts keinerlei semantisch-stilistische Begrenzungen bestanden (1949: 97). Das letztere bedarf meines Erachtens einer Ergänzung. Kandaurova stellt lediglich fest, daß dieses Namenpaar der von ihr bemerkten Tendenz «свое и чужое» (vgl. S. 102) widerspricht; sie gibt Hinweise über die Distribution von Царьгородъ, das sowohl in rein religiösen Stellen, als auch zur Variation und in direkter Rede vorkomme (1968b: 92, Fußnote 56).

Die Bezeichnungen für Konstantinopel in PVL L stellen also nach wie vor einen ungeklärten Sonderfall dar, deshalb werden im folgenden alle Vorkommen beider Formen im gesamten Text analysiert. Wir versuchen zu zeigen, daß die Distribution dieser Varianten eng mit der situationsangemessenen Darstellung verknüpft ist.

Der Gebrauch von Polnoglasie für eine ausländische Stadt erscheint um so ungewöhnlicher, als sogar in Apposition zu fremden

[5] Zu den trat-Lexemen in den Verträgen vgl. Belege und Kommentare ab S. 182, insbesondere zu страна.

[6] Über den Ursprung, andere Varianten und abgekürzte Schreibweisen vgl. S. 212f.

Städtenamen in PVL L ausschließlich градъ auftritt (vgl. S. 209). Die Verwendung von Царьгородъ (14×) ist nicht mit dem Sprachschlüssel korreliert, da diese Form nur einmal in einer sprachlich gemischten Erzählung auftritt (20.21). Für Konstantinopel, dem Zentrum der orthodoxen Christenheit, würde man überhaupt nur den aus dem Aksl. stammenden Namen erwarten. Man muß daher — wie schon erwähnt — annehmen, daß sich Царьгородъ in vorchristlicher Zeit als ostslavische Entsprechung einbürgerte, weil diese Stadt als Eroberungs- und Reiseziel der Varäger eine besondere Rolle für die Rus spielte. Somit hatte der Chronist eine einheimische Form zur Verfügung, die er ursprünglich für die situationsangemessene Darstellung von (kriegerischen) Ereignissen verwenden konnte, wie in dem typischen Ausdruck: «Русь на Царьгородъ идеть» — ,,die Rus zieht in den Feldzug gegen Konstantinopel". Die Distribution im Text weist ebenfalls darauf hin, daß es sich um eine alte Prägung handelt: Царьгородъ wird am Anfang bis Spalte 20 5× ohne ksl. Äquivalent gebraucht. Ab 866 erscheinen beide Varianten ziemlich häufig, in den späteren Jahreseintragungen vereinzelt: Царьградъ 1043, 1079, -городъ 1104, mit einer Gesamtfrequenz 17 : 14. In den jüngeren Abschriften der PVL (Radziwill- und Akademische Chronik, beide 15. Jahrhundert) ist -городъ meist durch -градъ ersetzt. In PVL Ip findet sich Царьгородъ einmal (1079, 196.4), Цесарьградъ 27× und Царьградъ 2×. (Über Vorkommen in den Regionalchroniken s. S. 116.) Dies zeigt, daß die allmähliche Verdrängung der ar. Form früh einsetzte, etwa vom Ende des 10. Jahrhunderts an, zusammenfallend mit der Christianisierung.

Die folgenden Kontexte mit Царьгородъ beziehen sich auf die Russen bzw. Varäger. Somit erfüllen sie bereits die Bedingung, die als Beweis für die Motivation ,,situationsangemessene Darstellung" gestellt wird. An das Auftreten von trat-Lexemen wurde bisher in dieser Studie keinerlei ähnliche Bedingung geknüpft, da diese als referentiell unmarkierte jedes beliebige Thema oder Person betreffen können, einschließlich die Rus. In dem Sonderfall Царьгородъ / Царьградъ scheint mir aber, daß auch die ksl. Form — wenn auf die Russen (Varäger) bezogen — motiviert ist, denn es zeigt sich folgende Distribution: Царьгородъ wird in der Regel in Zusammenhang mit Bewegung von der Rus nach Konstantinopel verwendet. Sobald dieses Ziel erreicht ist, bzw. die Stadt erobert wurde, erscheint Царьградъ. Wenn Konstantinopel den Ausgangspunkt einer Handlung bildet, dann wird ebenfalls die ksl. Form gebraucht. Diese Varianten bilden somit eine äquipollente Opposition. Es folgen die ältesten Belege: «того ѡзера внидеть устье в море Варѧжьское. и по тому морю ити до Рима а ѿ Рима прити по томуже морю ко Цр҃югороду (РА царюграду) а ѿ Цр҃ѧгорода (РА царяграда) прити в Понотъ морѧ.» (Der Weg von den Varägern zu den Griechen, 7.9); «аще бо бъı перевозникъ Кии. то не бъı ходилъ Цр҃югороду (ТРА ко царюгороду) но се Кии кнѧжаше в родѣ своемь.» (Der Fährmann Kij, 10.3). Unter der ersten Jahreseintragung im Text, in der die Regierung des Kaisers Michael mit der Benennung des russischen Landes in Verbindung gebracht wird, erwähnt der Chronist in der Wir-Form den ersten Feldzug der Rus: «ѡ семь бо увидѣхомъ (А увѣдахомъ). ꙗко при семь цр҃и приходиша Русь на Цр҃ьгородъ (А царьградъ).» (852, 17.28). Auch in der sprachlich gemischten Sage über die Berufung der Varäger findet sich Ц. als ihr Reiseziel (gefolgt von градъ und sogar градокъ): «и по тѣмъ городомъ суть находн[и]ци Варѧзи ..... и тѣми всѣми ѡбладаше Рюрикъ. и бѧста оу него •в҃• мужа не племени его ни боꙗрина. и та испросист[а]сѧ ко Цр҃югороду с родомъ своимъ.» (862, 20.21). Im weiteren Text treten beide Namen auf, zum ersten Mal im Bericht über Askold und Dir: «Иде Ѧсколдъ. и Диръ на Греки и прииде въ •д҃і• Михаила цр҃ѧ цр҃ю же ѿшедшю на Ѹгарѧны ..... вѣсть епархъ посла к нему. ꙗко Русь на Цр҃ьгородъ (ТРА царьградъ) идеть ..... много оубıиство кр҃тнмъ створиша. и въ двою сотъ корабл[ь] Цр҃ьградъ ѡступиша.» (866, 21.14, 17). Der Wechsel dient hier meines Erachtens nicht zur Variation aus stilistischen Gründen, weil diese Formen sonst nie dazu benützt werden. Zuerst wird Царьгородъ in der schon erwähnten typischen Phrase verwendet (als indirekte Rede des Eparchen), dann wird das erreichte Ziel — die schon belagerte Stadt — mit Царьградъ bezeichnet. Diese Stelle stammt aus der rksl. Übersetzung der Fortsetzung der Hamartoloschronik, in der sich aber in beiden Fällen Ко(н)стѧнтинь градъ findet (vgl. Istrin 1920: I, 511 und Šachmatov 1940 : 48). Der Chronist hat hier also ganz bewußt zuerst den Russismus, dann den Kirchenslavismus gewählt, obwohl auch Костѧнтинь градъ bekannt war und tatsächlich in PVL L vorkommt (113.26), allerdings nur ein einziges Mal.

Die folgenden fünf Belege unterstützen die Vermutung, daß die Erreichung des militärischen Zieles — ausgedrückt durch perfektive Aoriste — den Gebrauch der ksl. Form nach sich zieht. Außerdem berichten die Jahreseintragungen 914 bis 943 über Attacken von Nicht-Russen, daher sind diese für die Motivation „situationsangemessene Darstellung" irrelevant; приити (поити) на, къ ist phraseologisch gebunden (dazu Sorokoletov 1970: 337 f.): «... поиде Ѡлегъ на конеⷯ и на кораблеⷯ. и бѣ числомъ кораблеи 2000. прїиде къ Цр҃юградⷣу.» (907, Olegs Feldzug gegen die Griechen, 30.1); «В то же лѣⷮ прїиде Семиѡнъ Болгарьскиї на Цр҃ьградⷣ. и сотворивъ миръ ...» (914, 42.10); «Приде Семевонъ на Црьградъ. и поплѣни Фракию и Макидонью. и приде ко Цр҃юграду въ силѣ въ велицѣ в гордости. и створи миръ ...» (929, 43.17, 19); diese beiden Mitteilungen stammen aus der Fortsetzung der Hamartoloschronik, dort findet sich in der ersten Костѧнтинь градъ (nach Istrin 1920: I, 544 und Šachmatov 1940: 52); «Паки придоша Оугри на Цр҃ьградъ. миръ створивше ...» (943, 45.13); (Volodimers Mannen) «поидоша к Цⷭ҇рю-граду.» (154.7).

Wenn jedoch прийти einfach (von der Rus aus) 'ankommen' bedeutet, erscheint Царьгородъ: «Иде Ѡльга въ Греки. и приде Цр҃ю-городу (PA ко царюграду).» (Olgas Taufe, 955, 60.26); die von Volodimer ausgesandten Russen: «придоша в Нѣмци и съглѧдавше церквную службу и҆ придоша Цр҃югороду.» (Zweite Glaubensprüfung, 987, 107.16, einzige Polnoglasieform, daher auch in Signalfunktion). Im Beispiel über Svjatoslavs Feldzüge gegen die Griechen ist Царьгородъ zusätzlich motiviert durch direkte Rede (und wird bei dieser Motivation gezählt), wenn er aber die Stадt fast erreicht, erscheint Царь-градъ: «поидемъ Цр҃югороду (PA ко царюграду). люба бꙑⷭ҇ рѣчь си дружинѣ.» (72.8), «и посла цр҃ь гл҃ѧ сице. не ходи къ граду возми дань еже хощеши. за маломъ бо бѣ не дошелъ Цр҃ѧграⷣ.» (71.16). Zum letzten Mal kommt eine Polnoglasieform Цесарьгородъ (einziger Beleg) in einer Mitteilung unter 1104 vor: «Ведена дщи Володарева за цр҃евичь за Ѡлексиничь Цⷭ҇рюгороду.» (280.7).

Wenn Bewegung in der anderen Richtung, von Konstantinopel aus gesehen, beschrieben wird, erscheint Царьградъ (Цесарьградъ): (Oleg) «показоуа побѣдꙋ. и поиде ѿ Цр҃ѧградⷣ.» (32.11); (die Griechen) «Вꙑшату же ꙗша съ изверженꙑми на брегъ. и приведоша ꙗ Цⷭ҇рюграду (PA ко царюграду).» (154.25), d. h. 'herführen'.

Im ganzen Text wurden zwei Gegenbeispiele gefunden, d. h. die ksl. statt der ar. Form: «Иде Игорь на Греки. ꙗко (PA и) послаша Болгаре вѣсть ко цр҃ю. ꙗко идуть Русь на Цр҃ъградъ. скѣдии ·г҃· тысѧщь.» (941, Igors erster Feldzug gegen die Griechen, 44.6); vgl. aus der Fortsetzung der Hamartoloschronik: «Иоуня же мѣсяца 18 день 14 индикта приплу Роусь на Констѧнтинь градъ лодіи тысящь 10, иже и скѣди глаголемъ ...» (s. Istrin 1920: I, 567 und Šachmatov 1940 : 55 und 69). Der Chronist stellt das Ereignis also als Botschaft der Bulgaren dar und verwendet im Gegensatz zu den früher zitierten Stellen aus derselben Quelle Царьградъ für Констянтинь градъ. Wegen wiedergegebener fremder Rede? (Aber vgl. die indirekte Rede des Eparchen 866, 21.14). Die zweite Ausnahme: «и рѣша Варѧзи сольстилъ еси нами. да покажи ны путь въ Греки. онъ же ре͡ч имъ идѣте. и избра ѿ нихъ мужи добры .... и раздаıа имъ грады. прочии же идоша Цр͡ьюгра͡дy въ Греки.» (980, 79.5). Der Ursprung dieser Stelle — ab 78.26 — ist unklar, dazu vgl. Lichačev (1950: II, 323).

Bei dem letzten Vorkommen von Цесарьградъ in einer kurzen Mitteilung unter 1079 scheint die situationsangemessene Darstellung irrelevant zu sein, da die Handлung von Nicht-Russen durchgeführt wird: «а Олга ıемше (Козаре aus PA) поточиша и за море Цр͡юградy.» (204.20) — „aber Oleg (Svjatoslavič) nahmen die Chazaren gefangen und verjagten ihn über das Meer nach Konstantinopel".

Alle bisher angeführten Belege beinhalten historische (legendäre) Ereignisse, die vom Chronisten realistisch als aktuelle Vorfälle dargestellt werden. Wird aber längst Vergangenes berührt, dann fallen offensichtlich die spezifischen Motivationen für den Gebrauch der einen oder anderen Form weg. Das geschieht im Bericht über die sieben ökumenischen Konzile anschließend an Volodimers Glaubensbekenntnis, in dem zuerst «сборъ в Костѧнтинѣ гра͡д» (988, 113.26), «во Цр͡ѣгра͡д ..... во Цр͡иградѣ» (114.7, 10), dann aber — nach der Warnung vor den Lateinern und einem russischen Einschübsel[7] — Царьгородъ 4× vorkommt, gefolgt noch 2× von -градъ: «на первомь во сборѣ. еже на Арьıа в Никѣи. ѿ Рима Силевестръ. посла еп͡пы и презвутеры. ѿ Олександрѣıа Офонаси. ѿ Цр͡ѧгоро͡д Митрофанъ посла еп͡п ѿ себе.» (115.7); sonst erscheint nach dem Namen der aus Konstantinopel zum Konzil entsandten Griechen der reine Genitiv: «Анаталии Цр͡ѧгорода» (115.15), ebenso 115.16, 19, aber «Тарасии Цр͡ѧграда» (115.21), dasselbe auch 116.2. Merkwürdigerweise ist gerade in dieser Stelle in PA die russische Form nur einmal durch -града ersetzt.

Wie man sieht, ist hier der Gebrauch der Varianten unmotiviert. Die vier auf Griechen bezogenen Belege von Царьгородъ sind jedoch meines Erachtens nicht als Ausnahmen zu werten, was die „situationsangemessene Darstellung" anbelangt, weil hier überhaupt keine realistische Schilderung von Ereignissen vorliegt, son-

[7] Vgl. Lichačev 1950: II, 341 und die dort angeführte Literatur und Suchomlinov 1908: 75.

dern lediglich eine Aufzählung von längst Vergangenem. Diese Vorkommen befinden sich somit außerhalb des Wirkungsbereiches dieser Motivation. Es ist allerdings bemerkenswert, daß in einer rein religiösen Stelle Polnoglasieformen vorkommen. Die genaue Quelle dieses Berichtes ist unbekannt; historische Erwägungen sprechen dafür, daß er aus dem 11. Jahrhundert stammt[8].

RESÜMEE. Von 14 Vorkommen des Namens **Царьгородъ** sind sieben durch situationsangemessene Darstellung in ksl. thematischen Einheiten bedingt (und nur diese werden gezählt), je ein weiteres tritt in einer sprachlich gemischten, in direkter Rede sowie in einer kurzen Mitteilung auf, und zwar verursacht durch dieselbe Motivation. Viermal ist der Gebrauch gänzlich unmotiviert, doch kann dieser nicht als Ausnahme hinsichtlich der situationsangemessenen Darstellung gewertet werden, weil es sich um eine Aufzählung von Ereignissen in ferner Vergangenheit handelt. Wir nehmen an, daß auch **Царьградъ** — wenn auf die Rus bezogen — ursprünglich motiviert war, bevor der einheimische vom ksl. Namen verdrängt wurde. Dafür spricht auch dieselbe Distribution in der Suzdaler Chronik, s. u.

Царьгородъ / **Царьградъ** IN DEN UNTERSUCHTEN REGIONALCHRONIKEN: In der ersten Novgoroder Chronik findet sich interessanterweise ausschließlich **Цесарьградъ** (9 ×), davon sieben Vorkommen in der ksl. Erzählung über die Einnahme von Konstantinopel durch die Kreuzfahrer (46.3—49.26). In der Galizischen und Volhynischen Chronik wird diese Stadt nicht erwähnt, in der Kiever Chronik nur zweimal: **«взидоста кнѧжича два. исъ Цр҃ѧгорода. заточени били (Х. П. были). Мьстиславомъ великъıмъ.»** (1140, 303.12), **«и великимъ сборомъ Костѧнтина града.»** (1159, 503.25). Hingegen tritt **Цесарьгородъ** 3 × und **Царьградъ** 4 × in der Suzdaler Chronik in derselben Distribution wie in PVL L auf: **«поточи Мстиславъ кнѧзь Полотьскъıѣ Цр҃югородꙋ.»** (1129, 301.9); **«и митрополитъ Михаилъ (иде** aus PA) **Цр҃югородꙋ.»** (1145, 312.25); **«ѡн же не иде на исправленье Цр҃югородꙋ.»** (1164, 352.9); in allen Stellen erscheint dafür in PA **ко царюградꙋ**; die ksl. Form wird bei Darstellung der Bewegung von Konstantinopel aus gebraucht: **«изъ Цр҃ѧграда»** (292.25, 346.27, 441.18) und **«изъ Црѧграда»** (347.4). Diese Belege untermauern die Vermutung, daß der Gebrauch der russ. und ksl. Form, wie für PVL L dargelegt, motiviert war.

---

[8] Vgl. Lichačev 1950: II, 340 Kommentare zu S. 78 f. und ausführlicher Suchomlinov 1908: 74 f.

9. DIREKTE REDE UND ÄHNLICHE AUSDRUCKSWEISEN

Von allen Motivationen für den Gebrauch von Russismen ist direkte Rede in der Fachliteratur am bekanntesten; sie ist auch unumstritten anerkannt. Das erlaubt eine kurzgefaßte Beschreibung.

Die sprachliche Gestaltung der DR in den ar. Chroniken ist eine typische Folge der Diglossie. Einerseits ist hier das Bestreben, die Wirklichkeit realistisch — also in der Volkssprache — wiederzugeben, besonders stark, andererseits wird durch Stilisierung doch am ksl. Sprachschlüssel festgehalten, und zwar nicht nur in den Reden der Fürsten, sondern auch des einfachen Volkes. Weiters treten in DR nicht selten Russismen und Kirchenslavismen gemeinsam auf (s. Tabelle S. 120ff.). In diesem Zusammenhang ist bemerkenswert, daß der Konflikt zwischen Realität und literarischer Tradition bei Wiedergabe der DR in gegenwärtigen Diglossie-Gemeinschaften noch immer Schwierigkeiten bereitet und nicht einheitlich gelöst wurde. Dies stellte zum Beispiel W. Diem für die moderne arabische Literatur fest (1974: 96—100).

DR ist im Russischkirchenslavischen weder auf die Chroniken, noch auf die ar. Periode beschränkt. So zeigte G. Stricker kürzlich, daß 22% der *Povest' o prichoženii Stefana Batorija na grad Pskov* (1581/82) in irgendeiner Form persönlicher Diktion abgefaßt sind, in denen das volkstümliche Präteritum mit dem l-Partizip die im narrativen Text üblichen Partizipien verdrängte (1979: 485 f.).

Was die ar. Chroniken anbelangt, so wird der russische Sprachcharakter der direkten Reden besonders in der sowjetischen Fachliteratur stark betont. Im folgenden geben wir einen Überblick über die DR in PVL L mit Frequenzangaben der trat/torot-Vorkommen. Religiöse Zitate in Form von DR wurden nicht berücksichtigt. Nach den Marginalglossen von Šachmatov 1916: PVL I handelt es sich um 60 solche Zitate; von diesen enthalten einunddreißig 77 trat-Lexeme und kein einziges mit Polnoglasie. Sie alle erscheinen ausschließlich in ksl. TE.

Eingebettete Reden, das sind solche innerhalb direkter Reden, in Monologen u. ä., wurden gezählt. (Sie treten besonders häufig in der „Rede des Philosophen" auf.) Dasselbe gilt für Übergangsformen von direkter zu indirekter Rede, wie Syntagmen mit einleitendem ꙗко (das wie im Aksl. in beiden Funktionen auftritt) — soweit sie Pronominal- oder Verbalformen der 1. und 2. Person enthalten. Eine weitere Klassifikation erübrigt sich hier, da ja lediglich der Einfluß der persönlichen Diktion im Gegensatz zum erzählenden Text auf die Distribution von TRAT/TOROT festgestellt werden soll.

In der folgenden Tabelle ist die Distribution von TRAT/TOROT je nach dem „Status" der Sprecher aufgeteilt, da ständig behauptet wird, die Reden des einfachen Volkes seien weitgehend russifiziert (vgl. besonders Kandaurova 1968b).

Direkte Rede in PVL L[1]

1. Im gesamten Text finden sich:	539 DR
2. Thematische Einheiten in ksl. Sprachschlüsseln enthalten:	504 DR
3. Von diesen enthalten:	126 DR ausschließlich 265 TRAT
	33 DR ausschließlich 39 TOROT
	23 DR 38 TRAT und 26 TOROT

SPRECHER:

a) Gott, überirdische Wesen, Propheten, Priester, Heilige, Zauberer, Wahrsager, Philosoph:

Insgesamt 112 DR, davon 37 DR mit 129 TRAT
1 DR mit 1 TOROT
5 DR mit 8 TRAT und 6 TOROT

Daraus ergibt sich ein Verhältnis von 137 TRAT : 7 TOROT
95% : 5%

b) Kaiser, Fürsten, Bojaren, Gelehrte, Gesandte, Vojevoden:

Insgesamt 298 DR, davon 70 DR mit 109 TRAT
23 DR mit 29 TOROT
10 DR mit 20 TRAT und 11 TOROT

Daraus ergibt sich ein Verhältnis von 129 TRAT : 40 TOROT
76% : 24%

[1] Die in Ich-Form abgefaßten Werke Monomachs wurden bei diesen Zählungen ausgeschlossen (vgl. Analyse der darin enthaltenen Aufforderungen weiter unten) ebenso die Verträge (Analyse ab S. 108), Jahreseintragungen und kurze Mitteilungen.

c) Einfaches Volk, Gefolge, Älteste:

Insgesamt 94 DR, davon	19 DR mit	27 TRAT
	9 DR mit	9 TOROT
	8 DR mit	10 TRAT und 9 TOROT
Daraus ergibt sich ein Verhältnis von		37 TRAT : 18 TOROT
		67% : 33%

Wie man sieht, überwiegen die trat-Formen stark, trotz dieser besonders wirksamen Motivation. Die Proportionen verschieben sich wohl ganz beträchtlich bei weltlichen Sprechern (und meist ebensolchen Sujets), doch erscheinen noch immer rund dreimal mehr TRAT als Polnoglasie bei hochgestellten Sprechern und zweimal mehr bei solchen aus dem einfachen Volk. Es ist somit auch die Sprache der direkten Reden überwiegend ksl[2].

Es folgen sämtliche Reden aus PVL L in ksl. TE, die TOROT enthalten, mit Angaben über Sprecher und Adressaten. Darin enthaltene TRAT sind punktiert unterstrichen sowie einige andere Russismen und Kirchenslavismen durch gesperrten Druck hervorgehoben, um die Sprachmischung zu veranschaulichen. Die Stellenangaben zeigen das Auftreten von TOROT an und nicht den Beginn des Zitates.

---

[2] Zur Illustration vgl. DR mit градъ S. 210 f.

DIREKTE REDEN MIT TOROT-LEXEMEN IN KSL. THEMATISCHEN EINHEITEN

Jahr	Stelle	Sprach-schlüssel	Inhalt der TE	Sprecher	Adressat	Zitat	Bemerkungen
	8.20,21	ü.k.	R,DR:W	Hl. Andreas	Römer	«видѣхъ бани древены. и пережьгуть е рамяно. совлокуться и будуть нази ... и возмуть на ся прутье младое .»	der hl. Andreas spricht über die Russen.
	17.11	ü.k.	W	Chazaren-älteste	Chazaren-fürst	«не добра дань княже. мы ся доискахомъ оружьемь одиною стороною (A страною). рекоша саблями. а сихъ оружье обоиду остро рекше мечь. си имуть имати дань на насъ. и на инѣхъ страна[x] .»	Der Inhalt der DR bezieht sich auf die Russen.
907	32.8	(f.)r.k.	W	Oleg	unklar	«ищите пароу паволочиты Роу. а Словеномъ кропиньныя.»	п. ist unpaarig.
912	40.11	f.r.k.	R	Zauberer (schreibt)	Stadt Antiochia	«оувы тобѣ оканьныи граде. яко потрясеши много и огнемъ одержимъ боудши. ополчать же тя. и пре березѣ. и Оронты ...»	einzige Ausnahme, s. S. 126.
944	46.3	ü.k.	W	Igors Družina	Igor	«... то что хочемъ боле того. не бившеся имати злато и сребро. и паволоки. ...»	п. ist nicht austauschbar.
946	58.21	ü.k.	W	Olga	Derevljanen	«что хочете досѣдѣти а вси гради ваши предашася мнѣ. и ялися по дань. и дѣлають нивы своя и землѣ своя. а вы хочете изъмерети гладомъ. не имучеся по дань.»	и. ist motiviert durch DR.
946	59.2	ü.k.	W	Olga	Derevljanen	«... даите ми о двора по ·г· голуби да ·г· воробьи. азъ бо не хощю тяжьки дани възложити. ...»	воробьи wird noch 5× in der Erzählung wiederholt, ist also nicht durch DR hervorgerufen.
955	61.22	f.r.k.	R	byzantinischer Kaiser	Olga	«переклюкала мя еси Ольга.»	

Jahr	Stelle	Sprach-schlüssel	Inhalt der TE	Sprecher	Adressat	Zitat	Bemerkungen
968	66.16	g.ü.k.	W	Otrok	Družina	«аще не п[одст]у[пи]те заоутра къ городу предати хотать людье Печенѣгомъ.»	einziges austauschbares TOROT in dieser TE (Signalfunktion).
968	66.30	g.ü.k.	W	r. Vojvode	Pečenegen-Fürst	«азъ есмь мужь его. и пришелъ есмь въ сторожѣ . . .»	с. ist nicht austauschbar.
969	67.23,25	ü.k.	W	Svjatoslav	Mutter und Bojaren	«. . . хочю жити с Переӕславци в Дунаи. ӕко то есть середа (Р средина А среда) в земли моеи. ӕко ту вс҄ блгаӕ сходатсѧ. ѿ Грекъ злато паволоки. вина ѡвощеве розноличныӕ. и-Щехъ же из Угоръ сребро и комони. . . .»	
971	70.27	g.ü.k.	W	Griechen	griechischer Kaiser	«посли к нему дары. искусимъ и любьзнивъ ли есть злату. ли паво[ло]камъ.»	der Inhalt bezieht sich auf Svjatoslav.
971	71.3	g.ü.k.	W	Svjatoslav	Družina	(die Griechen) положиша пред нимъ злато и паволоки. и ре Стославъ кромѣ зрѧ штрокомъ своимъ «схороните» (РА съхраніте).	zur Bedeutung und Kontext vgl. S. 261.
971	71.6	g.ü.k.	W	griechische Gesandte	byzantinischer Kaiser	«ӕко придохомъ к нему. и вдахомъ дары. и не зрѣ на нѧ. и повелѣ схоронити (РА сохранити).»	der Inhalt bezieht sich auf Svjatoslav.
971	72.8	g.ü.k.	W	Svjatoslav	Družina	«аще ли почнеть не оуправлѧти дани. да изнова из Руси совкупивше вои оумножавши. поидемъ Црюгороду.»	zur speziellen Motivation für Ц. vgl. S. 111.
971	73.23	f.r.k.	W	Svenald (Vojvode)	Svjatoslav	«поиди кнѧже на конихъ ѡколо. стоӕть бо Печенѣзи в порозѣ.»	nicht austauschbar.
971	73.26	f.r.k.	W	Perejaslavler	Pečenegen	и послаша Переӕславци къ Печенѣгомъ глще. «се идеть вы Стославъ в Русь. земъ имѣнье много оу Грекъ. и полонъ бещисленъ съ малыми дружины.»	

Jahr	Stelle	Sprach-schlüssel	Inhalt der TE	Sprecher	Adressat	Zitat	Bemerkungen
980	77.27	ü.k.	W	Blud (r. Vojvode)	Jaropolk	«видиши колько воин у брат твоего. нама ихъ не переборобoти.» (P A переборoти).	einziger Beleg, motiviert durch DR; nicht austauschbar.
983	82.25	g.ü.k.	R	Varäger	heidnische Russen	«не суть бо бзи на древо ... но суть дѣлани руками в деревѣ.»	s. Kommentar nach Tabelle.
988	109.19	g.ü.k.	R	Korsuner	Volodimer	«кладязи иже суть за тобою ѿ въстока. ис того вод идеть по трубѣ. копавъ переими.»	durch Anrede in schriftlicher Botschaft motiviert.
988	110.20	g.ü.k.	R	Schwester des byzantinischen Kaisers	byzantinischer Kaiser	«яко в полонъ» ре «иду. лучи бы ми сде оумрети.»	DR bezieht sich auf die Rus.
988	117.8	g.ü.k.	R	Volodimer	Russen	«... то ѿрѣваите юго (d. h. кумиръ) ѿ берега. донделе порогы проидеть ...»	б. ist einziges austauschbares TOROT in TE.
992	123.4	ü.k.	W	einfacher Russe	Volodimer	«княже. есть оу мене юдинъ снъ меншеи дома. а с четырми юсмь вышелъ. а онъ дома. ѿ дѣтьства бо юго нѣ кто имъ оударилъ. единою бо ми и сварящю. и оному мьнущю оусние. разгнѣвавъся на мя преторже череви (P чрево, A черевь) рукама.»	ч. wohl 'Fell vom Tierbauch', in dieser Bedeutung nicht austauschbar vgl. weiter S. 59.
992	123.14	ü.k.	W	Volodimer	einfacher Russe	«можеши ся с ни[мъ] бороти.»	vorwiegend in DR.
996	126.13,14	g.ü.k.	R (enger Kontext W)	Družina	Volodimer	«зло есть нашим головамъ. да намъ ясти деревяныими лъжицами. а не сребряныими.»	г. nur in DR, д. motiviert durch DR.

Jahr	Stelle	Sprachschlüssel	Inhalt der TE	Sprecher	Adressat	Zitat	Bemerkungen
1015	132.7	f.r.k.	R	Botschaft	hl. Boris	«ѡць ти оумерелъ.» (РА умерлъ).	einziges Vorkommen von оумерелъ, motiviert durch DR.
1015	141.10	g.ü.k.	W	Novgoroder	Fürst	«аще кнѧже брата наша исѣчена суть. можемъ по тобѣ бороти.»	einziges TOROT in dieser TE.
1018	143.6	ü.k.	W	Vojvode	Boleslav	«да то ти прободемъ трѣскою черево. (РА чрево) твое толъстое.»	motiviert durch DR.
1018	143.16	ü.k.	W	Boleslav	Kiever	«разведѣте дружїну мою по городомъ на покоръмъ.»	
1018	143.28	ü.k.	W	Svjatopolk	Družina	«елико же Лѧховъ по городу избиваите ꙗ.»	
1022	147.1	g.ü.k.	W	Rededja, Kasogenfürst	Mstislav	«что ради губивѣ дружину межи собою. но съı. идевѣ сѧ сама боротъ.»	
1071	176.1	g.ü.k.	R	Otroki	Jan'	«не ходи безъ ѡружьꙗ ѡсоромать тѧ.»	nur in DR.
1071	176.20	g.ü.k.	R	Zauberer	Jan'	«да аще истребивѣ сихъ будеть гобино. аще ли хощеши то пере (РА предъ) тобою вынемѣве жито . . .»	motiviert durch DR, gestützt durch beschriebene Bewegung.
1071	180.28	g.ü.k.	R	Zauberer	Russen	«ꙗко переиду по Волхову (РА преиду волховъ) предъ всѣми.»	
1074	188.11	f.r.k.	R	Feodosij	Mönche	«в ночь похороните тѣло моє.»	einziges TOROT in dieser TE.
1093	219.21	g.ü.k.	W	Volodimer	Družina	«ꙗко сдѣ стоꙗче чересъ рѣку в грозѣ сеи створимъ миръ с ними.»	
1093	219.25	g.ü.k.	W	Kiever	Volodimer	«хочемъ сѧ бити. поступимъ на ѡну сторону рѣки.»	motiviert durch DR und geplante konkrete Handlung, die dann durchgeführt wird.

Jahr	Stelle	Sprach-schlüssel	Inhalt der TE	Sprecher	Adressat	Zitat	Bemerkungen
1093	225.12	g.ü.k.	W	Russen	zueinander	«азъ бѣхъ сего города.» и другї «а ꙗзъ сеꙗ вси.»	in religiösem Kontext, eingebettet in TRAT, г. hat Signalfunktion.
1095	227.17	ü.k.	W	Družina	Volodimer	«кнѧже нѣту ти в томъ грѣха. да ѡни всегда к тобѣ ходѧче ротѣ губѧть землю Русьскую. и кровь хⷭ҇ꙗнску проливають бесперестани.»	Muster für russische Rede.
1096	230.2	ü.k.	W	Svjatopolk und Volodimer	Oleg	«поиду Кыꙗву да порѧдъ положимъ ѡ Русьстѣи земли. преⷣ епⷭ҇пы и пре игумены. и преⷣ мужи ѡцⷺь нашихъ. и пре людми градьскыми. да быхоⷨ ѡборонили Русьскую землю ѿ поганⷯы.»	ѡ. ist motiviert durch DR.
1097	257.21	ü.k.	W	Fürsten	unter-einander	«. . . да промышлѧи ѡ свои головѣ.»	
1097	258.17	ü.k.	W	David	Svjatopolk	«аще ти ѿидеть в свою волость. да оузришь аще ти не заиметь граⷣ (РА городовъ) твоихъ. Турова и Пиньска. и прочⷭ҇и граⷣ твои.»	в. ist vorwiegend durch DR motiviert und nicht durch semantische Gründe.
1097	259.10	ü.k.	W	Vasilko	Svjatopolk	«. . . не могу ѡстати брⷶте. оуже есмъ повелѣлъ товаровамъ поити переди.»	motiviert durch DR und konkrete Bewegung.
1097	260.2	ü.k.	W	Bojaren und Volk	Volodimer	«тобѣ кнѧ[же] достоить блюсти головы своее. да аще еⷭ҇ право молвилъ Дв҃дъ. да приметь Василко казнь. аще ли неправо гл҃а . . . да . . . . . ѿвѣчаеⷮ преⷣ Бм҃ь.»	г. nur in DR.
1097	261.18	ü.k.	W	Gefolgsleute	Vasilko	«кдѣ се есмъ» ѡни же рекоша ему. «въ Звиждени городѣ.»	
1097	261.21	ü.k.	W	Vasilko	Gefolgsleute	«чему есте снѧли с мене. да быⷯ в тои сорочкѣ кровавѣ см҃рть приꙗлъ и сталъ преⷣ Бм҃ь.»	с. ist nicht austauschbar.

Jahr	Stelle	Sprach-schlüssel	Inhalt der TE	Sprecher	Adressat	Zitat	Bemerkungen
1097	263.7,11	ü.k.	W	Svjatopolk	Fürsten	«. . . ꙗко Василко брата ти оубилъ Ӕрополка и тебе хоще оубити. и заꙗти волость твою. Туровъ и Пинескъ. и Берестие . . . . . а неволѧ ми своее головы блюсти . . .»	s. o. zu beiden TOROT.
1097	263.15	ü.k.	W	Družina	Svjatopolk	«извѣта ѡ семь не имѣи ꙗко Двдъ е слѣпилъ и. не в Двдовѣ городѣ ꙗтъ ни слѣпленъ. но в твоемь градѣ ꙗтъ и слѣпленъ.»	diese DR wird als stilistische Variation angesehen, doch vgl. S. 139.
1097	265.1	ü.k.	W	Kijever	Svjatopolk	«ꙗко се Двдва (А давыда) сколота. то иди ты Стополче на Двда.»	einziger Beleg auch in Sreznevskij, **с.** ist unpaarig.
1097	265.14	ü.k.	W	Vasilko	Družina	«. . . да бы послалъ мужь свои к Володимеру воротитьсѧ . . .»	**в.** ist motiviert durch DR, s. folgendes.
1097	265.18,19	ü.k.	W	David	Botschaft durch Gesandten an Vasilko	«ѡже хощеши . . . и воротитсѧ Володимеръ. то вдам ти которои ти городъ любъ.»	
1097	265.25	ü.k.	W	Vasilko	Družina	«. . . но сему имѧ (РА ми) дивно. дает ми городъ свои. а мои Теребовль. моꙗ власть и нынѣ и . . . бы.»	
1097	266.16 bis 266.23	ü.k.	W	Vasilko	innerer Monolog (an Volodar und David)	«и рекох въ оумѣ своемь . . . . . даита ми дружину свою молотшюю. а сама пита и веселитасѧ. . . . . и посем хотѣлъ ꙗсмъ переꙗти Болгары Дунаискыѣ. . . . . да любо налѣзу собѣ славу. а любо голову свою сложю за Русскую землю.»	**м.** ist motiviert durch DR, **п.** ist auch im narrativen Text gebräuchlich s. S. 229.
1097	267.10	ü.k.	W	David	Svjatopolk	«ци ꙗ се створилъ. [РА ци] ли в моем городѣ. ꙗ сѧ сам боꙗлъ аще выша и мене ꙗли.»	
1097	269.32	ü.k.	W	Svjatopolk	Fürsten	«ꙗко се е волость ѡтца моꙗго [и] брата.»	

ERLÄUTERUNGEN: Die aufgezählten 55 DR enthalten neben 64 TOROT auch 32 TRAT. Nur zweimal alternieren Synonyme, древо / дерево (82.23, 25) und градъ / городъ (263.15, 16), dazu vgl. S. 139. Zehn dieser torot-Lexeme sind als nicht austauschbar anzusehen bzw. erscheinen in Eigenbedeutung (Gesamtfrequenz 16): вороти(сѧ) 3×, паволока 4×, паволочитъ, переворoти, пережечи, порогъı 'Dnjeprschnellen' 2×, сколота, сороучка, сторожѣ 'Vorhut' und череви 'Fell vom Tierbauch'. Der Chronist gebrauchte also lediglich in 48 Fällen TOROT mit unbeschränkter Wahl; von diesen kommen sechs sonst nicht in PVL L vor, daher ist ihr Gebrauch durch DR motiviert. Das sind: голова (auch in DR in überwiegend ar. TE), деревѧнъıи, измерети, оумерети, переворoти, переклюкати. Weiters findet sich молоньꙗ, ein unechtes torot-Lexem mit zweitem Polnoglasie in direkter Rede: «..... повѣдаху кождо своимъ ѡ бъıвшемъ. и ѡ лѧдьнѣмь ѡгни. ꙗкоже молоньꙗ (P молъıниа A молнїа) ре̑. иже на нб҃хъ Грьци имуть оу собе. и се пущающа (PA пущающе) же жагаху насъ.» (45.4); dieser Russismus ist austauschbar, wodurch sich die Anzahl der durch DR motivierten TOROT auf 49 erhöht.

Was Sprecher, Adressaten und Bezug der Mitteilung anbelangt, so ergibt die Analyse folgendes:

Sprecher und Adressaten sind Angehörige der Rus:	41
Sprecher sind Fremde[3], Adressaten Russen:	6
Sprecher sind Angehörige der Rus, Adressaten Fremde:	2
Sprecher und Adressaten sind Fremde, doch die Mitteilung bezieht sich auf die Rus:	5

In der gesamten Chronik findet sich eine einzige Stelle in Form von persönlicher Diktion, die keinerlei Bezug auf die Rus hat (40.11). Diese ist aus der Fortsetzung der Hamartoloschronik übernommen. Der als Zauberer angesehene Philosoph Appolonios von Tyana schreibt auf ein Täfelchen über die Stadt Antiochia: «оувы товѣ ѡкан‘ныи граде. ꙗко потрѧсеши҃ много и ѡгнеⷨ ѡдержимъ боуⷣши. ѡполчать (statt ѡплачеть) же тѧ. и пре березѣ (statt при брезѣ). и Ѡренты (statt Ѡрентии)», vgl. Anmerkung PVL L Spalte 40 und Šachmatov 1940: 50 f. Möglicherweise wurde берегъ hier lediglich aus euphonischen Gründen eingeführt, um die Aufeinanderfolge der Lautgruppen *pr-* / *br-* zu vermeiden; vgl. einen ähnlichen Fall samt einem Gegenbeispiel S. 163.

Damit ist die Aufzählung der torot-Lexeme in ksl. TE beendet, die ihre Verwendung der Motivation „direkte Rede" verdanken. In

---

[3] Zauberer wurden zu „Fremden" gezählt.

sprachlich gemischten und überwiegend ar. Stellen vorkommende TOROT in DR sind in der Analyse dieser TE ab S. 75 vermerkt, mit Hinweisen, falls ihr Gebrauch oder die auftretenden Kirchenslavismen motiviert sind. In den Jahreseintragungen gibt es keine DR, in den kurzen Mitteilungen findet sich eine oft zitierte Rede mit TOROT, vgl.: «ре҃ Добрына Володимеру. съглядахъ колодникъ ѡже суть вси в сапозѣ. симъ дни намъ не дати. поидемъ искатъ лапотниковъ.» (985, 84.10); einziger Beleg für колодникъ in PVL L, motiviert durch DR, nicht austauschbar.

Zu erwähnen bleibt noch ein Sonderfall, nämlich ein Bericht von Methodius von Patara, der in eine direkte Rede an Gurjata eingebettet ist (235.17—236.15). Dieser enthält изворогъ, dessen Gebrauch mit Polnoglasie jedoch nicht auf DR zurückzuführen ist, sondern auf die kontextуelle pejorative Konnotation ‘Bezug auf heidnische Unsitten’, vgl.: «и видѣ ту ч҃лвкы неч҃тыя. ѿ племене Нелфетова (РА афетова) ихже неч҃тоту видѣвъ ꙗдяху скверну всяку ..... женьскыя извороrы.» (236.1); vgl. weiter S. 150.

Die durchgeführte Analyse erweist „direkte Rede“ als Motivation par excellence für den Gebrauch von TOROT, wenn Sprecher und Adressaten Angehörige der Rus sind, sie ist jedoch auch wirksam, wenn sich nur der Inhalt der Mitteilung auf sie bezieht (s. o.). Somit besitzt „direkte Rede“, wie schon erwähnt, dieselben Merkmale wie die situationsangemessene Darstellung. Die erstere bildet jedoch einen Sonderfall, da sie zusätzlich linguistische Merkmale aufweist (Personalpronomina und Verbalformen in der 1. und 2. Person).

Die so reichliche Verwendung von direkter Rede ist ein Spezifikum der ar. Chroniken im allgemeinen, doch ist der erhöhte Gebrauch des Vollautes eine Neuerung, die sicher mit der Schaffung der Nestorchronik zusammenhängt, wie in Kapitel 15 ausführlich dargelegt wird. Wir erinnern hier nur daran, daß direkte Reden in jenen Teilen von PVL L, die aus dem Načal’nyj svod stammen, ursprünglich nur sieben TOROT enthielten. In 16 weiteren Fällen finden sich im letzteren TRAT, die in PVL L durch TOROT substituiert sind (vgl. Belege S. 165).

TOROT-Lexeme in Monomachs Belehrung[4]

Da dieses Werk in Ich-Form abgefaßt ist, werden die darin enthaltenen TOROT getrennt behandelt. Die überwiegend ksl. Be-

[4] Monomachs Autobiographie ist ar. und wird hier nicht in Betracht gezogen.

lehrung enthält am Beginn zwei eingebettete DR: «... слы ѿ браⷮꙗ моѥꙗ .. рѣша ... да выженемъ Ростиславича. и волость ихъ ѿимеⷨ.» (241.18); «и рѣхъ аще вы сѧ и гнѣва[е]те не могу вы ꙗ ити. ни крⷭта переступити.» (241.21), das einzige Vorkommen von переступити in PVL L (12× прест.). Es folgen fünf persönliche Aufforderungen Monomachs an die Leser — Ausdrucksweisen, die also der direkten Rede ganz nahekommen und gleichfalls Russismen auf den Plan rufen: «и потомь собраⷯ словца си любаꙗ ... и написаⷯ. аще вы послѣднѧꙗ не люба. а переднѧꙗ примаите.» (241.26); «не забываите. г҃·хъ дѣлъ тѣхъ. не бо суть тѧжка. ни ѡдиночьство. ни черночьство. ни голодъ.» (244.7); «Старыꙗ чти ꙗко ѡц҃а. а молодыꙗ ꙗко братью.» (246.2); «и сторожѣ сами нарѧживаите.» (246.8); «Се же вы конець всему страхъ Б҃жии имѣите. выше всего. аще забываете всего. а часто прочитаите. и мнѣ будеть бе-сорома. и вамъ будеть добро.» (246.30). Es ist bemerkenswert, daß Monomach in diesem hochliterarischen Werk die genannten torot-Lexeme ausschließlich in DR und in Aufforderungen verwendet. Ähnlich verhält es sich auch mit dem einzigen weiteren TOROT, das in einem Verbot erscheint und außerdem semantisch differenziert ist, nämlich хоронити 'verstecken' (хранити 'erhalten, bewahren' s. S. 260): (Über Gott) «се все чⷭтны ѥси вдалъ. не наше но твое. поручил ны ѥси на мало дн҃ии. и в земли не хороните то ны ѥсть великъ грѣхъ.» (246.1), einziger Beleg in PVL L; х. ist als nicht austauschbar anzusehen, vgl. S. 68 f.

Ganz ähnlich wie in der Belehrung verhält es sich mit Monomachs Brief, der allerdings den sprachlich gemischten TE zuzuordnen ist, s. Analyse S. 81 f. Nur wenn sich Monomach direkt an Oleg wendet, treten vereinzelte TOROT auf.

WEITERE TOROT-LEXEME MOTIVIERT DURCH PERSÖNLICHE DIKTION

In den folgenden drei Fällen trägt meines Erachtens die Darstellung in der 1. Person Sing. und Pl. zur Verwendung von Polnoglasie in ganz religiösen Kontexten bei: «и другу моѥму ѡпочивающю передъ пещерою. и реⷱ ми оударивше в било ...» (Überführung der Gebeine des hl. Feodosij, 1091, 210.10); bemerkenswert ist das Auftreten in einem Dat. abs., sonst предъ пещеру (211.13), daher dürfte hier nicht die konkrete Ortsangabe, sondern die Ich-Erzählung ausschlaggebend sein.

In den nächsten beiden Belegen kommt den Russismen noch zusätzlich eine ausgeprägte Signalfunktion zu, da sie — eingebettet in Kirchenslavismen — in einer langen religiösen Passage sprachlich den Bezug auf die Rus unterstreichen: «сего ради пр҃ркъ гл҃ше. преложю праздникы ваша в плачь. и пѣсни ваша в рыданье (aus PA: сотвори бо ся плачь великъ в) земли вашеи (PA нашеи). ѡпустѣша села наша и городи наши.» (Polovcer belagern Torčesk, 1093, 222.21); «согрѣшихо҃м и казними юсмы. яко҃ж створихо҃м тако и страже҃м. городи вси ѡпустѣша.» (*ibid.*, 224.4); in derselben Erzählung finden sich noch голодъ und полонени in Signalfunktion, aber bedingt durch situationsangemessene Darstellung, vgl. S. 101 und 105.

Weiters ist der Vertrag mit den Griechen unter dem Jahr 971 in Ich-Form abgefaßt; er enthält drei torot-Lexeme, deren Verwendung wir durch situationsangemessene Darstellung motiviert ansehen, vgl. Analyse S. 110 f.

ZUSAMMENFASSUNG: 59 Vorkommen von austauschbaren torot-Lexemen in ksl. TE sind motiviert durch direkte Rede und ähnliche Formen der persönlichen Diktion.

10. REALISTISCHE DARSTELLUNG VON KONKRETEM

Ähnlich wie bei der direkten Rede wurde in der Fachliteratur wiederholt vermerkt, daß die Beschreibung von konkreten Handlungen, vor allem mit Bewegung Verbundenes und das ostslavische Milieu Betreffendes, Russismen auf den Plan rufen kann. Dasselbe gilt auch für konkrete Ortsanagaben innerhalb der Rus. Der Gebrauch von 49 torot-Lexemen ist auf diese Motivation zurückzuführen; sie beziehen sich alle auf die Rus, von zwei Ausnahmen abgesehen.

Diese Motivation betont den tatsächlichen Vollzug konkreter Handlungen (oder auch den wirklichen Tatbestand). Das läßt sich durch Beispiele wiederholt dargestellter Ereignisse — wie Flußüberquerung im Feldzug — anschaulich zeigen. Wenn die Durchführung jedoch unterbleibt, so besteht keine Veranlassung, vom ksl. Sprachschlüssel abzuweichen. Vgl. 1. Tatsächlicher Vollzug: **(Володимеръ) «и перешедъ** (P **прешедъ) на ѡнꙋ сторонꙋ** (PA **странꙋ) Днѣпра».** (1093, Polovcer belagern Torčesk, 220.22, 23, ganz überwiegend ksl.); **«С҃тополкъ же и Володимеръ поидоста на нь по сеи сторонѣ Днѣпра. и поидоста къ Зарꙋбꙋ перебродистасѧ.»** (Neuerliche Polovcereinfälle 1096, 231.13, 14, ganz überwiegend ksl.); ähnlich 261.11.

2. Bei nicht durchgeführten Handlungen wird der ksl. Sprachschlüssel beibehalten: In der Erzählung über den ersten Pečenegenfeldzug gegen Kiev (968, 65.19—67.19) überqueren die Kiever den Dnjepr nicht, sondern sie sammeln sich nur in Booten, fragen wer das andere Ufer erreichen könnte, (worauf allerdings ein **«ѡтрокъ»** ksl. antwortet **«азъ преидꙋ»**, dem die Übersetzung auch gelingt), sehen vom anderen Ufer zu und beabsichtigen eine Überquerung, um die Fürstin und ihre Söhne zu retten, ohne diese jedoch durchzuführen. Das Flußufer ist hier nur durch **страна** wiedergegeben (5×); **«собрашесѧ людье. ѡнoꙗ страны Днѣпра в лодьꙗхъ. ѡб онꙋ странꙋ стоꙗхꙋ. и не бѣ льзѣ внити в Киевъ ... въстꙋжиша людье въ градѣ. и рѣша не ли кого иже бы моглъ на ѡнꙋ странꙋ доити ... ѡни же видѣвше с оноꙗ страны ... рє҇ же воевода ихъ. имѧнемъ Прѣтичь. подъстꙋпимъ заоутра в лодьꙗ҇. и попадше кнѧгиню и кнѧжичѣ оумчимъ на сю странꙋ.»** Der Bericht wird allerdings auch dann auf ksl.

fortgesetzt, wenn tatsächlich ein Boot vom anderen Ufer eintrifft: «кто се приде. и ре̑ ємꙋ лодьꙗ ѡноꙗ страны.»

Eine ähnliche Situation wird in der Erzählung über die Gründung von Perejaslavl' (992, 122.13, 15) beschrieben, wobei jedoch das Umschalten auf Polnoglasie den konkreten Tatbestand unterstreicht: «и ста Володимеръ на сеи сторонѣ. (Angabe des tatsächlichen Standortes 'auf dieser Flußseite'.) а Печенѣзи на ѡнои. и не смѧхꙋ си на ѡнꙋ странꙋ. ни ѡни на сю странꙋ.» (nicht durchgeführte Überquerung.) Die sich daraus ergebende Variation ist meines Erachtens nur eine Begleiterscheinung.

Schließlich findet sich ein besonders anschauliches Beispiel in der Erzählung über den russischen Mönch Isakij: «бѣ бо раслабленъ тѣломь. ꙗко не мощи ѥмꙋ обратитисѧ на дрꙋгꙋю странꙋ ... но лежаше на єдинои сторонѣ подъ сѧ плеваше» (PA поливаше, 194.6); in dieser realistischen Schilderung eines Schwerkranken werden d i e Seite auf die er sich n i c h t w e n d e n kann, durch trat-Lexeme ausgedrückt, auf der er tatsächlich liegt, durch das einzige torot-Lexem in dieser Erzählung. Dieser Sachverhalt erscheint mir ausschlaggebend und nicht die dadurch entstehende Variation. Сторона kommt hier außerdem Signalfunktion zu, vgl. S. 157.

Eine weitere Klassifizierung nach dem Inhalt des realistisch Dargestellten ist einfach bei Ortsangaben und Handlungen (Bewegung), jedoch schwieriger bei Dingen, die den russischen Alltag betreffen. Bei den letzteren geht nämlich oft aus dem unmittelbaren Kontext hervor, daß sie in Zusammenhang mit Bewegung stehen, die vermutlich die Verwendung solcher torot-Lexeme mitförderte (s. u. Belege für хоромъ, хоромина, ворота). Dasselbe könnte für воробии und воронъ gelten: die Vögel werden entweder in Bewegung beschrieben oder sind Objekt einer konkreten Handlung.

PVL L enthält in ksl. thematischen Einheiten 19 austauschbare torot-Lexeme, die durch realistisch dargestellte Bewegung u. a. Handlungen motiviert sind, 15 durch Ortsangaben sowie elf Vorkommen, die das russische Milieu betreffen. Die relativ niedrige Frequenz der letzteren erklärt sich dadurch, daß rund 20 weitere torot-Lexeme sich ebenfalls auf den «быт» beziehen, die jedoch für diese Motivation nicht in Betracht gezogen wurden, weil wir sie als nicht austauschbar ansehen (vgl. S. 58 f.). Weiters findet sich eine einzige Zeitangabe mit Polnoglasie, черєсъ день (2×) und schließlich zwei torot-Lexeme, motiviert durch realistische Darstellung, aber ohne jeglichen Bezug auf die Rus.

Zu den folgenden Belegen fügen wir „Signalfunktion" hinzu,

wenn das zitierte torot-Lexem das einzige austauschbare in der thematischen Einheit bzw. in einer längeren ksl. Passage ist. Darunter sind nur чересъ und передъ Synsemantika, in denen daher diese Funktion wohl schwächer ausgeprägt ist. Näheres über die Signalfunktion S. 157.

1. Realistisch dargestellte Bewegung u. a. Handlungen bewirken den Gebrauch von Polnoglasie:

«(бурѧ) . . . безбожнъıхъ Руси корабль смѧте к берегу приверже» (21.25).
«(мимо Киевъ) . . . . . Половци. пришедъ ѿ стока и оустремиша҇ чересъ горы великиꙗ.» (25.14); obwohl die Bewegung von den Polovcern ausgeführt wird, so findet sie in der Rus statt und richtet sich gegen die «Словѣни», wie aus dem weiteren Kontext hervorgeht; Signalfunktion.
«(презвутеръ). сеи похорони блж҃ную Ѻльгу.» (68.6).
«(Володимеръ) повелѣ пристроити кола. въскладше хлѣбъı. мѧса . . . а въ другы҇ квасъ. возити по городу въпрашающи҇м.» (126.3); Verb der Bewegung + по городу muß besonders konkret empfunden worden sein, denn diese Wortverbindung kommt einmal auf Fremde bezogen vor (s. u.).
«заложиша цр҃квь велику. и манастырь ѡгородиша. а съ столпьемь . . .» (РА огородиша столпеемь 159.4); vgl. PVL Ip ѡградиша (147.17); Signalfunktion.
«. . . дѣтища выволокоша рыболове въ неводѣ.» (164.14); Signalfunktion.
«(Всеславъ) и приѣхавъ (Р приѣхалъ, А преихавъ, Ip. переѣха) в лодьи чересъ Днѣпръ.» (167.9).
«Инь же ѡборотѧ топоръ оудари и тыльемь.» (176.10).
(russischer Mönch) «. . . предасть дх҃ъ в руцѣ Бж҃ии. игумен же и бра҃ꙗ. похорониша (РА похраниша) тѣло юго.» (189.27); Signalfunktion.
«. . . Ярополкъ. выторгну изъ себе саблю. и возпи великы҇м гл҃мь ѡхъ тот мѧ враже оулови . . . . . Ярополка вземше ѡтроци на конь передъ сѧ.» (206.14).
«Ст҃ополкъ же и Володимеръ. и Ростиславъ созваша дружину свою на свѣтъ. хотѧче поступити чересъ рѣку.» (219.19, die Handlung wird dann ausgeführt).
(Василко) «и бы҇ везому ему. сташа с ни҇м перешедше мостъ.» (261.11).
«и сволокоша с него сорочку кроваву сущю.» (261.13); сорочка wird als nicht austauschbar angesehen und daher nicht gezählt, vgl. S. 58.
«и приставиша ·л҃· мужь стеречи и.» (262.4).
«Бы҇ знаменье в солн҃ци. ѡгородилосѧ бѧше сл҃це. в три дугы. и быша

дрꙋгъꙗ (Р дрꙋги) дꙋгъ (А дꙋгы) хребтъı к собѣ.» (276.16), vgl. Interpretation und zur Bedeutung S. 214; bezieht sich auf die Rus, denn dieses Himmelszeichen sagt voraus: «вложи Б҃ъ мъıсль добрꙋ в Рꙋськъıѣ кнѧзи.» (276.23); Signalfunktion.

Zu dieser Gruppe sind weiters vier torot-Lexeme aus den einleitend zitierten Belegen unter 1.) ,,Tatsächlicher Vollzug“ (der Handlung) zu rechnen, somit sind es insgesamt 19. Zum Gebrauch derselben Wörter in sprachlich gemischten und überwiegend ar. thematischen Einheiten vgl. Kapitel 5. Nicht austauschbare torot-Lexeme mit ähnlicher Semantik, vor allem Verba, wurden in Kapitel 4 erwähnt. Bewegung ist auch ein zusätzlicher Faktor für den Gebrauch einiger torot-Lexeme, die wir primär durch situationsangemessene Darstellung motiviert ansehen, z. B. воротитисѧ, городъ ‘Stadtbevölkerung’ (202.5) und vor allem: «горожане скочиша з града.» (272.21), vgl. ab S. 103 f.

2. Ortsangaben:

(der hl. Andreas) «ѿтоле поиде по Днѣпрꙋ горѣ. и по приключаю. приде и ста подъ горами на березѣ.» (8.5); obwohl die handelnde Person ein Apostel ist, so erscheint Polnoglasie bei der Ortsangabe innerhalb der Rus, ebenso wie in seiner später folgenden direkten Rede über russische Gebräuche.

«оу Кїєва бо бѧше перевозъ тогда с оноꙗ сторонъı Днѣпр^д.» (10.1); перевозъ sehen wir als nicht austauschbar an (vgl. S. 60), daher wird п. bei dieser Motivation nicht mitgezählt.

«но на горѣ градъ же бѣ Киевъ. идеже есть нъıнѣ дворъ Гордѧтинъ .. а дворъ кнѧжь бѧше в городѣ.» (55.22); Filin sieht hier городъ als ,,befestigter Ort“ an, mit ganz konkreter Bedeutung, die der Chronist nicht durch градъ wiedergeben konnte (1949: 101), doch besaß auch градъ die Bedeutung ‘Festung’, vgl. S. 206.

«бѧше чересъ гроблю мостъ ко врато || томъ (sic!) граднъıмъ.» (74.27).

«и погребоша Ѻльга на мѣст^ѣ оу города Кру^чога. и есть могила его и до сего дн҃е . . .» (75.11).

«и ста Володимеръ ѡб онъ полъ города в лимени.» (109.4), gemeint ist Korsun, das sonst 12× mit градъ bezeichnet wird; lediglich die genaue Angabe von Volodimers Standort erfolgt mit Polnoglasie, daher in Signalfunktion.

«и снидесѧ бе-щисла людии. влѣзоша в водꙋ и стаꙗхꙋ ѡвъı до шие . . . . младии же (по перси aus PA) ѿ берега.» (117.24); Signalfunktion.

(Володимеръ) «заложи городъ на бротѣ томь. и наре и Переꙗславль.» (123.28).

«Глѣбу же оубьену бывшю. и повержену на брезѣ. межи двѣма колодама.» (137.9); obwohl клада in PVL L nur in der Bedeutung 'Holzbahre für Tote' vorkommt, liegt keine allgemeine semantische Differenzierung vor, da in PVL Ip кладома (*ibid.* 124.12), vgl. weiter Sreznevskij, клада ebenfalls 'Baumstamm'. Das Polnoglasie betont in dem fast rein ksl. „Skazanie" die genaue Ortsangabe und hat auch Signalfunktion, denn es kommt nur einleitend noch ein torot-Lexem in direkter Rede vor (132.7).

«. . . приключися нѣкоему Новгородцю. прити в Чюдь. и приде г (А к) кудеснику хотя волхвованья ѿ него. он же . . . нача призывати бѣсы. в храмину свою. Новгородцю же сѣдящу на порозѣ (PA празѣ) тояже храмины.» (179.9). Diese Stelle ist dadurch bemerkenswert, daß die Behausung des fremden Zauberers konsequent mit einem Kirchenslavismus bezeichnet wird (nochmals 179.14), aber Häuser von Russen mit хоромъ, хоромина (s. u. Punkt 3 und S. 259). Die konkrete Angabe, wo sich der Novgoroder befindet, zieht TOROT nach sich; in Signalfunktion.

(Мстиславъ) «внезапу оударенъ бы҇с подъ пазуху стрѣлою. на заборолѣхъ сквозѣ дску скважнею.» (272.3), einziges Vorkommen in PVL L, забральныи in religiösem Kontext (62.16); Signalfunktion.

MEHRFACHE MOTIVATION. Der folgende Beleg ist so komplex, daß eine eindeutige Interpretation schwer möglich ist. Es handelt sich um die Einleitung zur Lobpreisung Jaroslavs mit drei trat/torot-Alternationen; die letzteren sind die einzigen in dieser Passage. Hier verflechten sich verschiedene Motivationen mit einem Eigennamen und einer Ortsangabe bzw. einem toponymischen Ausdruck, vgl.: «Заложи Ярославъ городъ (PA градъ) великыи. оу негоже града суть Златая врата. заложи же и цр҇квь ст҇ыя Софья. митрополью. и посемь цр҇квь на Золотыхъ воротѣхъ. ст҇ое Бц҇е Благ҇вѣщенье.» (1037, 151.19—22). Городъ sehen wir durch situationsangemessene Darstellung bedingt an (s. ähnliche Beispiele S. 104); «Заложи Ярославъ городъ» bezieht sich auf die Gründung des Kiever Stadtteiles Ярославовъ городъ (vgl. Lichačev 1950: II, 374 f.), daher wurde Polnoglasie wohl durch diesen Namen gefördert. Das berühmte Kiever Stadttor hieß «Златая врата», war also ursprünglich ein unveränderlicher Name, zumindest kommt er nur in dieser Form in allen Abschriften der Nestorchronik vor (vgl. Filin 1949: 104). Erst seit dem 17. Jahrhundert ist Золотые ворота für das Kiever Tor und seit dem 16. Jahrhundert für ein solches in Vladimir belegt (nach Слов. р. яз. XI—XVII вв. 6, 59). Schwierig ist «на Золотыхъ воротѣхъ» zu interpretieren; Sreznevskij zitiert diesen

Ausdruck ohne Kommentar (I, 996), aber für die ksl. Form «название одних из ворот гор. Киева». Filin hält «на Золотыхъ воротѣхъ» für einen konkreten toponymischen Terminus (1949: 105). Dagegen spricht meines Erachtens die Vielfalt der Lesarten, die Filin selbst anführt: die obige Schreibung findet sich nur in PVL L, P und A; in PVL Ip u. a. Abschriften der III. Redaktion ausschließlich «на Златыхъ вратѣхъ» (PVL Ip 139.13), die nach Filin sekundär ist; in sechs weiteren Abschriften liegt ein Hybrid vor: «на златыхъ воротѣхъ.» Wir meinen, daß in PVL L Polnoglasie in diesem Ausdruck durch die konkrete Ortsangabe motiviert ist und — wie schon gesagt — einleitendes городъ durch situationsangemessene Darstellung. Die sich aus so verschiedenen Faktoren ergebenden trat/torot-Alternationen können also nicht als stilistische Variation gedeutet werden, wie dies oft geschieht.

Im folgenden Beleg ist meines Erachtens nicht die Ortsangabe für den Gebrauch von Polnoglasie ausschlaggebend, sondern die Darstellung in Ich-Erzählung (s. S. 128): «азъ же вземъ рогалью начахъ копати рамено. и другу моюему ѡпочивающю передъ пещерою.» (Überführung der Gebeine des hl. Feodosij, 1091, 210.10); передъ ist das einzige TOROT in dieser Legende, sein Auftreten in einem Dat. abs. ist bemerkenswert; für unsere Annahme spricht, daß sonst предъ пещеру (211.13) auftritt.

Zwei weitere Belege mit на сторонѣ (122.13, 194.6), die zu dieser Gruppe gehören, wurden bereits in der Einleitung genannt; somit sind meines Erachtens insgesamt 15 torot-Lexeme in ksl. thematischen Einheiten durch Ortsangabe motiviert.

3.) Konkretes, den russischen Alltag betreffend (Gegenstände und ar. Vogelnamen). Wie schon erwähnt, treten auch diese meist in kontextuellem Zusammenhang mit Handlungen (Bewegung) auf.

In Olgas vierter Rache kommt воробии zuerst einmal in direkter Rede vor (s. S. 120), dann 5× in der Erzählung (59.7—20) und schließlich ohne ersichtlichen Grund einmal врабии: (Деревляне) «собраша ѿ двора по ·г҃· голуби. и по ·г҃· воробьи. ... Вольга же раздаꙗ воемъ по голуби комуждо. а другимъ по воробьеви. и повелѣ комуждо ... къ воробьеви привѧзывати цѣрь. .. и повелѣ Ѡльга ꙗко смерчесѧ пустити голуби и воробьи. ... голуби же и воробьеве полетѣша въ гнѣзда своꙗ. ѡви въ голубники. врабьѣве (P воробьеве) жи (PA же) подъ стрѣхи ...».

Die nächsten beiden Belege stammen aus der Grablegung der Fürsten Volodimer und Jaroslav. 'Marmorsarg' wird hier mittels unechtem Polnoglasie durch моромормнъ wiedergegeben (zur Ent-

stehung vgl. S. 181); sie sind die einzigen torot-Lexeme in beiden Stellen, somit haben sie auch Signalfunktion; in identischen Kontexten wird nämlich 2× мрамормнъ verwendet (Belege S. 264), doch treten in diesen andere torot-Lexeme als Marker auf.
«и вложиша и в корсту мороморяну. схраниша (PA и опрятавше) тѣло юго с плачемь блж҃наго кнѧзѧ.» (130.29).
«... положиша и в рацѣ мороморянѣ.» (162.7).
(russischer Mönch) «видѣ се гако толпа поиде ѿ воротъ. възведъ ѡчи свои видѣ. юдиного сѣдѧща на свиньи.» (191.2); obwohl von einer Vision die Rede ist, wird diese realistisch dargestellt, eingeleitet durch die Interjektion се, weiters durch TOROT, wieder in Zusammenhang mit Bewegung; in Signalfunktion.
(поваръ) «и ре҇ посмихаюсѧ Ісакию. ѡно ти сѣдить вранъ (PA воронъ) черныи. иди ими и. ѡн же поклонивъсѧ юму до землѣ. шедъ га ворона и принесе юму предо всѣми повары.» (195.24); in Signalfunktion; hier würde man wie in PA auch Polnoglasie in direkter Rede erwarten; wird auch als Variation interpretiert.
(in Polock waren) «гако чл҃вци рищюще бѣси. аще кто вылѣзѧше ис хороминъı. хотѧ видѣти. абье оуязвенъ бүдѧше (PA будеть) невидимо ѿ бѣсовъ. гязвою ... и не смѧху излазити ис хоромъ.» (214.28, 215.2).

Während räumliche Bewegung die Hauptursache dieser Motivation bildet, kommt nur ein einziger Ausdruck mit Polnoglasie für zeitliche Unterbrechung vor, und zwar чересъ день 'jeden zweiten Tag', in beiden Belegen mit Signalfunktion: (der hl. Antonij) «гадъıн хлѣбъ сухъ и тоже чересъ дн҃ь. и воды в мѣру вкушаю копаю печеру.» (Gründung des Höhlenklosters 1051, 157.4), ebenso in PA und in PVL Ip, aber ПХ чрез.
(Isakij) «бѣ же гадь юго проскура юдина. и та же чересъ дн҃ь. воды в мѣру пьяше.» (Erzählung über die Mönche des Höhlenklosters, 1074, 192.9), ebenso in PA, aber PVL Ip чресъ. Vgl. auch zu Beginn dieser Erzählung: «ѡви на пощенье чресъ дн҃ь. и чресъ два дн҃и. ини же гадуще хлѣбъ с водою. ини зелье варено.» (188.21).

Dieser Ausdruck, der sich regelmäßig auf die Unterbrechung der Nahrungsaufnahme beim Fasten bezieht, kommt in der rksl. religiösen Literatur wiederholt mit beiden Formen vor (vgl. Sreznevskij, III, 1501 черестъ Bedeutung 4, 1542 чрѣсъ Bedeutung 6). Die Schwankung erklärt sich wohl dadurch, daß es sich um einen religiösen Brauch handelt, daher erscheint TRAT; weil er jedoch eine genaue Zeitangabe mit dem stereotypen, konkreten Kontext „Nahrungsaufnahme" einschließt, so ist auch TOROT angemessen.

Darstellung von Konkretem, das sich nicht auf die Rus bezieht: In der Erzählung über Zauberer aus der Hamartoloschronik kommt 7× градъ und 1× городъ auf die Stadt Antiochia bezogen vor: (Appolonios von Tyana) «и повелѣ трость держати чл̃комъ. и ходити по городу и звати. тросте^м тряcомо^м. бес комара гра^ду.» (912, 40.4). In der Quelle findet sich «шествовати по граду» (vgl. Šachmatov 1940: 50), das dem Chronisten offensichtlich zu buchsprachlich war, vor allem weil Bewegung eingeschlossen ist; «ходити по городу» findet sich in derselben Stelle auch in PVL Ip (30.10) sowie in allen Abschriften, die in ПСРЛ I und II zitiert werden. Vgl. weiter oben zitiertes «возити по городу» (126.3), doch findet sich in PVL L auch по граду, s. S. 211. Es ist bemerkenswert, daß in derselben Passage auch das einzige torot-Lexem in direkter Rede vorkommt, das sich nicht auf die Rus bezieht, vgl. S. 126.

Der zweite Fall aus derselben Quelle ist meines Erachtens schwerlich als echte Ausnahme anzusehen. Es handelt sich um das einzige Vorkommen von черасла 'Lenden' in PVL L; auch Sreznevskij zitiert nur diesen Beleg, während чрѣсла dass. häufig ist und meist im biblischen Ausdruck препоясати чресла (своя) '(sich) die Lenden gürten' (III, 1541) vorkommt, so auch einmal in PVL L (81.6, aus Salomo). Vgl.: «пакы же при Маврикии цри бы сице. жена дѣтищь роди безъ очью. и без руку. в чересла (PA чресла) бѣ юму рыбии хвостъ прирослъ.» (165.13). Hier wird eine Mißgeburt mit einem an die Lenden angewachsenen Fischschwanz realistisch beschrieben, daher ist чересла für die Wiedergabe angemessener als phraseologisch meist gebundenes чресла — auch wenn es sich um einen Nicht-Russen handelt. Bei Hamartolos findet sich чресла (vgl. Šachmatov 1940: 59), jedoch im Načal'nyj svod ebenfalls чересла (185: 10).

11. SEKUNDÄRE TRAT/TOROT-VARIATIONEN ALS BEGLEITERSCHEINUNG DER ANDEREN MOTIVATIONEN

Variation ist, wie bekannt, ein Charakteristikum jeder Sprachtätigkeit und ist in den ar. Chroniken naturgemäß nicht nur auf trat/torot-Alternationen beschränkt, vgl. z. B. häufiges почати / начати oder das stellenweise Wechselspiel der Verba dicendi in PVL L, vor allem, wenn man auch die verschiedenen grammatischen Formen in Betracht zieht (Hüttl-Folter 1980b: 53 f.). Zum Zweck der Variation erscheinen auch andere Mittel als der Wechsel von Lexemen, wie Abänderung der Reihenfolge in oft vorkommenden Ausdrücken, z. B. злато и сребро: «Володимеръ ..... ре҃ сице. ꙗко сребромь и злато̑ не има̑ налѣсти дружины. а дружиною налѣзу сребро и злато. ꙗкоже дѣдъ мои ѡц҃ь мои доискасѧ дружиною злата и сребра.» (Die Wohltaten Volodimers, 996, 126.17—20).

Wenn in engeren Kontexten Russismen und Kirchenslavismen jeglicher Art alternieren, so kann dies ganz verschiedene Gründe haben. Einerseits ergibt sich oft ein unmotivierter Wechsel, so besonders bei den morphologisch markierten, andererseits erfolgt der Wechsel notgedrungen, wenn nicht austauschbare Wörter und Formen gebraucht werden. Auch semantische Gründe, phraseologische Gebundenheit oder der Grad der Gebräuchlichkeit beeinflussen die Verflechtung von Russismen und Kirchenslavismen im Textablauf.

Es versteht sich von selbst, daß man in solchen Fällen nicht von Variation als Stilmittel sprechen kann. Als „stilistische Variation" bezeichnen wir hier ausschließlich den Wechsel von korrelierten, synonymen trat/torot-Lexemen in engerem Kontext, wenn er ästhetische Funktion hat, um Monotonie zu vermeiden. Da eine solche Erscheinung den Gebrauch von Polnoglasie bewirken kann, ist stilistische Variation ebenfalls eine Motivation, und zwar die einzige auf stilistischer Ebene. Wie schon erwähnt (S. 92), besitzen jedoch nicht die einzelnen Lexeme eine inhärente stilistische Valenz, sondern die Variation selbst ist als Stilmittel zu werten. Darüber hinaus ist meines Erachtens auch ein Wechsel von trat/torot-Synonymen nicht primär als stilistische Variation einzustufen, wenn gleichzeitig andere Motivationen für die Verwendung von Polnoglasie nachweisbar sind. Solche Fälle wurden bereits in den

Kapiteln über situationsangemessene Darstellung, direkte Rede und realistische Darstellung von Konkretem aufgezählt. Bei jedem Beleg wurde erwähnt, falls außerdem eine Variation vorliegt. Naturgemäß kann man in vereinzelten Fällen schwer entscheiden, welche Motivation für den Gebrauch von TOROT ausschlaggebend war, wenn eine Überlagerung stattfand. Im Laufe dieser Untersuchung zeigte es sich jedoch immer deutlicher, daß Variation aus stilistischen Gründen nur eine sekundäre Rolle für die Verwendung von Polnoglasie zukommt. Sie erscheint mehr als ein „Nebenprodukt", also eine Begleiterscheinung der bereits behandelten Motivationen. Anders gesagt, wenn TOROT mit korreliertem TRAT in ksl. TE alterniert, so unterstreicht das erstere ebenfalls den Bezug auf die Rus oder weist auf eine realistisch dargestellte konkrete Handlung (Tatsache) hin oder erscheint gleichzeitig auch in direkter Rede. Stilistische Variation als einzige ersichtliche Motivation für den Gebrauch von TOROT in ksl. TE kommt in PVL L nicht vor (s. u. Tabelle).

Ein weiteres Indiz für diese sekundäre Rolle ist die Tatsache, daß bei der Übernahme des Textes aus dem Načal'nyj svod in PVL keine Substitutionen von TRAT durch TOROT ausschließlich aus stilistischen Gründen erfolgten (s. S. 164 ff.), soweit man dies aufgrund von so spät erhaltenen Abschriften beurteilen kann. Und schließlich würde man — wäre stilistische Variation eine ausgeprägte, charakteristische Motivation — sich wiederholende, gleichartige Muster von Variationsketten erwarten. Trotz eingehender Untersuchung ließen sich solche in PVL L nicht nachweisen. Daß bestimmte Variationsfiguren nicht regelmäßig wiederholt werden (annähernd wie ein Refrain in Volksliedern) deutet meines Erachtens auf die schwache Entwicklung dieses Stilmittels, auch als Motivation hin. Man könnte mit Recht einwenden, ursprünglich vorhandene Muster seien durch häufiges Kopieren und dem damit verbundenen Wechsel von TRAT und TOROT verwischt worden, doch würde man trotzdem mehr erkennbare Spuren erwarten. Diese Art von Text mit so oft erfolgender Wiederholung derselben Lexeme in stereotypen Situationen würde ja reichlich Gelegenheit zu elaborierten Variationsketten bieten. Wenn z. B. zu Beginn der Korsuner Legende (988, 109.1—7) 6× градъ erscheint und dazwischen einmal городъ — motiviert durch einen ganz konkreten Hinweis — so könnten ja folgende Variationen auftreten: градъ (= A), городъ (= B) ABABAB oder AABBAA oder AAABBB usw. Bei der hohen Frequenz von diesem Synonympaar allein ist schwer vorstellbar, daß alle Variationsmuster beim Kopieren verschwanden. Nun ergab eine Untersuchung sämtlicher Stellen in ksl. TE, in denen korrelierte, synonyme trat/torot-Lexeme in engerem Kontext auftreten, nicht ein einziges regelmäßig wiederkehrendes Muster[1]. Bei der einfachsten Variation liegt sowohl 7× BA, als auch 5× AB vor; bei einer dreigliedrigen bereits: 2× BAA, 1× AAB und 1× ABB; es ist nur eine viergliedrige Variation vom Typ BBAA belegt; größere Variationen sind selten und ganz unregelmäßig.

„Stilistische Variation" als ausschließliche Motivation für den Gebrauch von Polnoglasie existiert also meines Erachtens in PVL L nicht (s. u. abweichende Meinungen), sondern nur „sekundäre Variation" als Begleiterscheinung zu anderen Motivationen. In sämtlichen ksl. TE finden sich 21 Stellen mit korrelierten synonymen trat/torot-Lexemen in näherem Kontext, nicht mehr als acht Spaltenzeilen getrennt, meist in unmittelbarer Aufeinanderfolge. In 20 von diesen Fällen ist der Gebrauch der Russismen jedoch primär auf andere Motivationen zurückzuführen, und zwar neun auf situationsangemessene Darstellung, sieben auf realistische Darstellung von Konkretem und drei auf direkte Rede. Zwei weitere Fälle sind besonders komplex und werden anschließend an die Tabelle besprochen. Außerdem findet sich einmal **Цареѓородъ / Царьградъ** im selben engen Kontext bei der Aufzählung der sieben ökumenischen Konzile, jedoch ohne jegliche Motivation, vgl. S. 115. Um solche Aufeinanderfolgen von stilistischer und sekundärer Variation zu unterscheiden, bezeichnen wir die erstere als „unmotivierte Alternation".

In der folgenden Tabelle[2] sind der Übersichtlichkeit halber nochmals alle Stellen mit eindeutig sekundärer Variation aus den ksl. TE zusammengefaßt (mögliche Ausnahme Beispiel 17). Das erscheint auch deshalb zweckmäßig, weil diese Fälle in der Fachliteratur lediglich als stilistische Variationen interpretiert werden, soweit sie Beachtung fanden. Bei der Angabe der Variationsmuster sind im selben Kontext dazwischen auftretende nicht korrelierte trat/torot-Lexeme in Klammern gesetzt.

[1] Dasselbe gilt für die insgesamt neun Alternationen in sprachlich gemischten und überwiegend ar. TE sowie in einer Jahreseintragung, s. u.

[2] Erklärungen zur Tabelle: SAD = situationsangemessene Darstellung; die Stellenangaben zeigen das erste und letzte Vorkommen der variierenden korrelierten TRAT / TOROT an; dazwischen vorkommende nicht korrelierte sind gesperrt gedruckt; A = korrelierter variierender Kirchenslavismus, B = ebensolcher Russismus.

	Primäre Motiv.	Stelle	Sprach-schlüssel	Jahr	Thematische Einheit	Sekundäre Variationen	Variations-muster	Bemerkungen
1	SAD	9.5—8	g.ü.k.		Poljanen-Brüder	«Полем же живъшемъ ѡсобѣ и володѣющемъ. и роды своими. иже и до сее братьѣ бѧху Полѧне. и живѧху кождо съ своимъ родомъ. и на своихъ мѣстѣхъ. владѣюще (PA володѣя) кождо родомъ . . .»	BA	**володѣти** in einem Dat. abs. ist ganz ungewöhnlich; als Einleitung zu dieser TE unterstreicht **в.** den Bezug auf die Rus.
2	SAD	17.21—23	ü.k.		Tribut-einnahme durch die Chazaren	«погибоша Єюптѧне ѿ Моисеꙗ. а первое бъıша работающе имъ. тако и си владѣша а послѣже самѣмъ владѣють ꙗкоже бъı володѣють Козары Руськии до дньшнго дне.»	AAB	**володѣти** in Unterscheidungsfunktion, bezieht sich auf die Rus, aber **владѣти** 2× auf Fremde.
3	SAD	21.14—17	g.ü.k.	866	Askold und Dir	«вѣсть епархъ посла к нему. ꙗко Русь на Цр҃ьгородъ (TPA царьградъ) идеть. и вратисѧ црь си же внутрь Суду вшедше. много оубıиство крт҃нмъ створиша. и въ двою сотъ корабль Цр҃ьградъ ѡступиша.»	B(A)A	Spezielle Motivation für **Царьгородъ**, vgl. S. 111 f.
4	SAD	23.23—25	ü.k.	882	Ermordung von Askold und Dir	«и рече Ѡлегъ се буди мт҃и градомъ рускими. бѣша оу него Варѧзи и Словѣни и прочи прозвашасѧ Русью. се же Ѡлегъ нача городы ставити.»	AB	**градъ** trotz direkter Rede, weil rhetorisch gehoben; **городы** auf die Rus bezogen.

	Primäre Motiv.	Stelle	Sprach-schlüssel	Jahr	Thematische Einheit	Sekundäre Variationen	Variations-muster	Bemerkungen
5	SAD	31.5—9	ü.k.	907	Vertrag 907	«и потом дати углады на Роускыа град. первое на Киевъ. таж на Чернигов. на Переаславль. на Полтѣскъ. на Ростов. на Любе. и на прочаа город по тѣм бо городмъ седяхꙋ велиции кнзи.»	ABB	Роускыа грады weil verallgemeinernd? Reimt sich mit углады (statt уклады); 2× городъ auf Rus bezogen (Unterscheidungsfunktion).
6	SAD	31.25—27	ü.k.	907	Vertrag 907	«и тогда возмꙋть мѣсячин'ное свое. первое ѿ город Киева. и па ис Чернигова. и ис Переаславля. и прочии град. и да входят в' град ѡдними вороты.»	BAA	городъ wie oben; zweites градъ bezieht sich auf Konstantinopel.
7	Konkr.	40.4—5	f.r.k.	912	Erzählung über Zauberer	«и повелѣ трость держати члкомъ. и ходити по городꙋ и звати тростем тръсомом. бес комара градꙋ.»	BA	Offensichtlich wegen konkreter Bewegung, obwohl nicht auf Rus bezogen, vgl. S. 137.
8	Konkr.	55.20—22	g.ü.k.	955	Olgas erste Rache	«но на горѣ градъ же бѣ Киевъ. идеже есть нынѣ дворъ Гордятинъ. и Ни[ки]фо[ро]въ. а дворъ княжь бяше в городѣ.»	AB	городъ wegen Ortsangabe, oder hier 'Festung' im Gegensatz zu градъ 'Stadt', doch vgl. S. 206.

	Primäre Motiv.	Stelle	Sprach-schlüssel	Jahr	Thematische Einheit	Sekundäre Variationen	Variations-muster	Bemerkungen
9	Konkr.	59.15—21	ü.k.	946	Olgas vierte Rache	«Вольга же раздаꙗ воемъ по голуби комуждо. а другимъ по воробьеви. и повелѣ комуждо голуби. и къ воробьеви привѧзывати цѣрь. ѡвертывающе въ платки малы. нитъкою поверзывающе. къ коемуждо ихъ. и повелѣ Ѡльга ꙗко смерчесѧ пустити голуби и воробьи. воемъ своимъ. голуби же и воробьеве полетѣша въ гнѣзда своꙗ. ѡви въ голубники. врабьѣве (Р воробьеве, А воробье) жи (РА же) подъ стрѣхи . . .»	BB(A)-BBA	‘Spatz’ gehört zum russischen Alltag, daher воробии; ob врабии nach viermaligen TOROT als stilistische Variation anzusehen ist, scheint zweifelhaft, vor allem auch wegen der anderen Lesarten und nicht korreliertem платки.
10	DR	82.23—25	g.ü.k.	983	Sage über Menschenopfer	«и рѐ Варѧгъ не суть бо бѕи на (РА но) древо. днь есть. а оутро изъгнееть не ꙗдѧть бо ни пью. ни молвѧ но суть дѣлани руками в деревѣ.»	AB	деревѣ statt древѣ im Nač. sv.; древо hat sonst nur religiöse Bedeutungen, vgl. S. 215.
11	Konkr.	109.2—7	g.ü.k.	988	Korsuner Legende	«Иде Володимеръ съ вои на Корсунь гра Гречьскии. и затвориша Корсунѧне въ градѣ. и ста Володимеръ ѡб онъ полъ города в лимени. дали. града ст[р]ѣлище едино. и борѧхусѧ крѣпко изъ гра. Володимеръ же ѡбьстоꙗ градъ. изнемогаху въ градѣ людье.»	AABAAAA	градъ 6× für fremde Stadt, городъ nur bei konkreter Standortangabe des russischen Fürsten.
12	DR	109.19—22	g.ü.k.	988	Korsuner Legende	(Корсунѧнинъ) «напсавъ сице на стрѣлѣ. кладѧзи ꙗже суть за тобою ѿ въстока. ис того вода идеть по трубѣ. копавъ переими. Володимеръ . . . . . повелѣ копати преки трубамъ. и преꙗша воду.»	B(A)A	TOROT motiviert durch Anrede, in der Erzählung dem ksl. Sprachschlüssel angemessenes TRAT.

	Primäre Motiv.	Stelle	Sprach-schlüssel	Jahr	Thematische Einheit	Sekundäre Variationen	Variations-muster	Bemerkungen
13	SAD	147.27 bis 148.3	f.r.k.	1024	Jaroslav richtet die Zauberer	«Въсташа волъсви в Суждали ..... бѣ мѧтежь великъ. и голодъ по всеи тои странѣ ..... Ꙗрославъ ..... изъимавъ волхвы растоჁи ..... рекъ сице. Бг҃ъ наводить по грѣхомъ. на кую̆ждо землю гладо҇м. или моромъ.»	B(A)A	голодъ bezieht sich auf Rus, гладъ steht in religiösem Kontext (Hunger als „Strafe Gottes“).
14	SAD	151.3—4	g.ü.k.	1037	Lobpreisung Jaroslavs	(Ꙗрославъ) «приде Кыеву и вниде в городъ свои. и бѣ Печенѣгъ бе-щисла. Ꙗрославъ выступи из града.»	BA	городъ свои unterstreicht, daß die Stadt im Besitz eines russischen Fürsten ist; einziges TOROT in dieser TE.
15	Konkr.	194.4—6	g.ü.k.	1074	Erzählung über die Mönche des Höhlenklosters	(Исакии) «бѣ во расслабленъ тѣломь. ꙗко не мощи юму обратитисѧ на другую страну. ни встати ни сѣдѣти. но лежаше на единои сторонѣ подъ сѧ плеваше (PA поливаше).»	AB	betont den wirklichen Tatbestand im Gegensatz zu TRAT.
16	Konkr.	195.22—24	g.ü.k.	1074	Erzählung über die Mönche des Höhlenklosters	(поваръ) «ре҇ч посмихаꙗсѧ Ісакию. ѡно ти сѣдить вранъ (PA воронъ) черныи. иди ими и. ѡн же поклонивъсѧ юму до землѣ. шедъ ꙗ ворона и принесе юму предо всѣми поварꙑ.»	AB	‘Rabe’ gehört zum russischen Alltag, daher воронъ, gestützt durch Bewegung; wäre auch wie in PA in DR zu erwarten.

	Primäre Motiv.	Stelle	Sprach-schlüssel	Jahr	Thematische Einheit	Sekundäre Variationen	Variations-muster	Bemerkungen
17	Konkr.? oder stilistische Variation	202.5—9	g.ü.k.	1078	Izjaslavs Tod	«И вземше тѣло юго привезоша и ..... изиде противу юму весь городъ Кыевъ. и възложивше тѣло юго на сани. повезоша и с пѣ̑ми попове и черноризци понесоша и в граⷣ. и не бѣ лзѣ слышати пѣнья во плачи. велицѣ вопли. плака бо сѧ по немь весь граⷣ Киевъ.»	BAA	einziger Beleg in PVL L für городъ / градъ ‘Stadtbevölkerung’. Nicht auszuschließen, daß in dieser rhetorischen Stelle stilistische Variation die vorherrschende Motivation ist; городъ gestützt durch konkrete Bewegung.
18	SAD	230.16—25	ü.k.	1096	Belagerung von Starodub	(Ѡлегъ) «вбежа въ Стародоубъ и затвори̑ тоу. Ст҃ополкъ и Володимеръ [aus PA] ѡступиста и в градѣ. бьıахутсѧ из города крѣпко. а си приступаху къ граду и ıазвени бываху мнози ѿ обоихъ. и бы̑ межю ими брань люта. и стоıаше ѡколо града ... И изнемагаху людье в градѣ. и вылѣзе Ѡлегъ из града хотѧ мира.»	ABA(A)AAA	городъ hat hier meines Erachtens Signalfunktion, s. S. 157. Keine Bedeutungsdifferenzierung городъ ‘Festung’, гр. ‘Stadt’, da auch из града.
19	DR	263.15,16	ü.k.	1097	Blendung Vasilkos	«не в Дв҃довѣ городѣ ıатъ ни слѣпленъ, но в твоемь градѣ ıатъ и слѣпленъ.»	BA	Zur Interpretation von TRAT/TOROT in DR s. S. 146.

Zur sekundären Variation in direkter Rede (Belege 10 und 19): beide DR sind gleich aufgebaut, nach einer Verneinung erfolgt eine Richtigstellung. Der Gegensatz wird gleichsam noch zusätzlich durch den Wechsel von TRAT / TOROT betont, der also meines Erachtens der Emphase dient.

Mehrfache Motivation: «**Иде** [**Володимиръ** aus PA] **на Хорваты. пришедшю бо ѥму с воинъı Хорватьскыꙗ. и се Печенѣзи придоша. по ѡнои сторонѣ ѿ Сулы. Володимеръ же поиде противу имъ и срете и на Трубеши ни** (PA **на**) **бродѣ .... и ста Володимеръ на сеи сторонѣ. а Печенѣзи на ѡнои. и не смѧху си на ѡну страну. ни ѡни на сю страну.**» (Gründung von Perejaslavl', 992, 122.10—15, überwiegend ksl.); das ist in PVL L die einzige Variation BBAA, sie wird daher oft zitiert und als stilistische Variation bezeichnet. Die primäre Motivation ist jedoch meines Erachtens die situationsangemessene Darstellung, denn «**по ѡнои сторонѣ**« kann nur richtig vom Gesichtspunkt der sich «**на сеи сторонѣ**» Befindlichen interpretiert werden — und das sind die Russen. Durch Darstellung von Konkretem ist «**ста Володимеръ на сеи сторонѣ**» motiviert (tatsächlicher Standort); im Gegensatz dazu wird das Unterbleiben der Handlung — Überquerung zur anderen Uferseite — anschließend 2× durch **страна** ausgedrückt (dazu vgl. S. 130); die dadurch entstehende Variation ist also nur eine Begleiterscheinung.

Der folgende Beleg ist noch komplexer: «**Заложи Ꙗрославъ городъ** (PA **градъ**) **великъıи. оу негоже града суть Златаꙗ врата. заложи же и цр҃квь ст҃ыꙗ Соѳьꙗ. митрополью и посемь цр҃квь на Золотыхъ воротѣхъ. ст҃ое Бц҃е. Блгв҃щенье.**» (Lobpreisung Jaroslavs, 1037, 151.19—22, ganz überwiegend ksl., die genannten TOROT sind die einzigen in dieser TE); wird häufig als Beispiel für stilistische Variation angeführt. Es erfolgte hier aber keine freie Wahl von TRAT und TOROT aus ästhetischen Gründen, sondern es handelt sich um Namen bzw. um Verweise auf feststehende Bezeichnungen. «**Заложи Ꙗрославъ городъ**» bezieht sich auf die Gründung des Kiever Stadtteiles **Ꙗрославовъ городъ** (vgl. Lichačev 1950: II, 374 f.), daher Polnoglasie, wenn auch in PA **градъ**. Die berühmten Kiever Stadttore wurden allgemein als «**Златаꙗ врата**» bezeichnet, ebenso ist «**на Золотыхъ воротѣхъ**» entweder ein toponymischer Terminus (so Filin 1949: 105) oder meines Erachtens eine konkrete Ortsangabe, vgl. S. 134 f. Die sich daraus ergebende Variation $BAA_1A_2B_1B_2$ erfolgte also nicht aus stilistischen Gründen.

Nebenbei sei erwähnt, daß **страна** und **сторона** 2× in denselben Kontexten, aber in abweichenden Bedeutungen auftreten, daher kann man hier nicht von Variation sprechen (17.11—14, Beleg S. 120; 36.5—8, S. 109).

In den sprachlich gemischten und überwiegend ar. TE sowie in einer kurzen Mitteilung finden sich weiters insgesamt neun trat/torot-Alternationen; in 4—5 von diesen liegt wohl stilistische Variation vor, wobei aber meist die Kirchenslavismen als Stilmittel dienen und der Gebrauch der Russismen verschiedene Ursachen hat.

Stilistische Variationen in sprachlich gemischten TE

«и приꙗ власть Рюрикъ. и раздаꙗ мужемъ своимъ грады. ѡвому Полотескъ ѡвому Ростовъ другому Бѣлоѡзеро. и по тѣмъ городомъ суть находниⷰци Варѧзи ...» (Berufung der Varäger, 862, 20.12—15); möglicherweise wird грады verwendet, weil es sich um eine allgemeine Feststellung handelt und городомъ in bezug auf spezifische Städte; «и реⷱ҇ Володимеръ. се не добро еже малъ городъ ѡколо Киева. и нача ставити городы по Деснѣ. и по Востри ..... и поча нарубати мужѣ лучьшиѣ. ѿ Словень и ѿ Кривичь ..... и ѿ сихъ насели грады.» (Fürstentümer von Volodimers Söhnen, 988, 121.17—22); das erste городъ ist motiviert durch direkте Rede; als Stilmittel dient градъ, ebenso im folgenden: «Ст҃ополкъ же повелѣ рубити городъ на Вытечевѣ холму в свое имѧ. нарекъ Ст҃ополчь городъ. и повелѣ еп҃пуⷭ҇ Мрину (PA Мурину) съ Юргевци сѣсти ту ... и прочимъ ѿ инѣхъ градъ (fehlt in PA).» (Kämpfe mit den Polovcern, 1095, 229.7—10); das erste городъ ist phraseologisch gebunden, das zweite bildet Teil eines Namens; «Мстислав же ста преⷣ градоⷨ исполчивъ дружину. и не поступи ни Ѡлегъ на Мстислава. ни Мстиславъ на Ѡлга ..... и в пѧтоⷦ҇ приде Ѡлегъ исполчивъсѧ к городу.» (Kämpfe des Oleg Svjatoslavič, 1096, 239.11—18); передъ городомъ ist in PVL L nicht belegt, предъ гр. kommt noch 151.7 und 237.9 vor. In derselben TE findet sich noch eine Alternation, die meines Erachtens keineswegs als stilistische Variation zu werten ist: eingebettet in neun verschiedene TOROT, im engeren, inhaltlich zusammengehörigen Kontext (237.14—26) findet sich der abstrakte Ausdruck «по приꙗтьи града» 'nach Einnahme der Stadt', in dem eben nur der Kirchenslavismus angemessen erscheint, vgl.: «Прочии же вои побѣгоша. ѡви чересъ лѣсъ. друзии в городъ. Ѡлегъ же вниде в городъ. и приꙗша и горожане. Изѧслава же взеⷨше положиша и в манастыри ст҃го Сп҃са. и ѿтуда перенесоша и Новугороду. и положиша и у ст҃ыѣ Софьѣ на лѣвѣи сторонѣ. Ѡлегъ же по приꙗтьи града. изъима Ростовци ..... Ѡлегъ же ѡмиривъ городъ ..... и переꙗ всю землю Мѹроⷨскѹ ... и посажа посадникꙑ по городоⷨ.»

In der Erzählung über die Belgoroder Grütze, dem einzigen (und daher vielzitierten) Musterbeispiel für einen sprachlich gemischten Text in PVL L, finden sich naturgemäß Alternationen, die jedoch meines Erachtens keineswegs stilistische Variationen sind, vgl. nach dreimaligem Gebrauch von колодѧзь im Laufe der Erzählung (128.9, 11, 15) kommt nach längerem Abstand 2× unmotiviert кладѧзь vor (128.29, 129.3), dann wird auf den Russismus zurückgeschaltet (129.8). Ungewöhnlich ist der Gebrauch von градъ in dieser TE in direkter Rede, neben городъ in der Erzählung, vgl. ausführliche Analyse S. 210.

In den überwiegend ar. TE liegt eine, möglicherweise stilistische, Variation vor: «и въıсѣдъ на брегъ. ѿринѹша лодьѣ ѿ берега.» (Beginn der Regierung Jaroslavs, 1016, 142.11—12); Ustjugova 1975: 26 f. weist allerdings darauf hin, daß на брегъ phraseologisch ist; ѿ берега entspricht dem Sprachschlüssel.

In sämtlichen kurzen Mitteilungen findet sich eine einzige stilistische Variation, in der jedoch nur das letzte Glied градъ frei gewählt werden konnte, vgl.: «Володимеръ заложи градъ (fehlt in PA) Бѣлъгородъ. и нарѹби въ не ѿ инѣхъ городовъ. и много людии сведе во нь. бѣ бо любѧ градъ сь.» (991, 122.4—7); «градъ Бѣлъгородъ» ist aus euphonischen Gründen die Norm in PVL L (Paschen 1933: 59), zur Vermeidung des Gleichklanges; dem Ksl. unbekanntes нарѹбити verbindet sich nur mit городъ, auch wenn es hier 'ansiedeln' bedeutet, vgl. phraseologisch gebundenes «(на)рѹбити городъ».

Aus dieser vollständigen Anführung von Belegen geht eindeutig hervor, daß stilistische Variation in PVL L keine wirksame Motivation für den Gebrauch von torot-Lexemen war.

Die Rolle der Variation für die Förderung der Sprachmischung wurde in der neueren Fachliteratur bisher überschätzt, so auch von mir in einer früheren Arbeit (Hüttl-Folter 1980a). Der Terminus „Variation" wurde darin in einem weiteren Sinn angewendet, nämlich auch für Alternationen von nicht korrelierten trat- und torot-Lexemen und Vergleiche von deren Gebrauch in PVL L mit PVL Ip angestellt, die weiter Gültigkeit haben. Diese Gegenüberstellungen hatten den Zweck zu zeigen, daß den einzelnen trat/torot-Lexemen keine inhärente stilistische Valenz zukommt, sondern allenfalls den Alternationen selbst, da im engsten identischen Kontext TRAT in PVL L und TOROT in PVL Ip auftreten können und umgekehrt (Hüttl-Folter 1980a: bes. 39 f.). Hingegen zeigte es sich im Laufe der weiteren Untersuchung, daß die ursprünglich als wichtigste Opposition angesehene „Tendenz zur Wiederholung — Tendenz zur Variation“ durch „Festhalten am ksl. Sprachschlüssel — Kodewechsel zwecks aktualisierter Wiedergabe der historischen Realität“ ersetzt werden muß.

Einen besonderen Platz nimmt die Variation in zahlreichen Arbeiten von T. N. Kandaurova[3] und (ihr folgend) L. M. Ustjugova[4] über trat/torot-Lexeme im religiösen und weltlichen Schrifttum ein; die erstere behandelt insbesondere PVL L, die zweite PVL Ip und PVL L. Allerdings faßt Kandaurova „Variation“ in bedeutend weiterem Sinn als wir auf und bezeichnet diese mit «варьирование наименования», Variierung der Bezeichnung. Darunter wird der Wechsel von korrelierten synonymen TRAT/TOROT verstanden, jedoch nicht nur in engem Kontext und dadurch meist auf unmittelbare Aufeinanderfolge beschränkt, sondern auch innerhalb eines ganzen Textes, ungeachtet der Zahl anderer eingestreuter TRAT/TOROT zwischen den korrelierten. „Dasselbe auf verschiedene Weise zu sagen“ entspringt nach Kandaurova der gleichen Tendenz, die auch zur Entstehung zahlreicher Synonymketten im Schrifttum der ar. Periode führte. Sie ist als bewußtes Stilmittel zu werten. Es ist sicher richtig, diese Erscheinung nicht als undifferenzierte Verwendung, Zufälligkeit u. ä. abzutun, wie es häufig in der älteren Fachliteratur und jüngst wieder (Issatschenko 1980: 124) geschah. Auch räumt Kandaurova ein, daß manche dieser Alternationen besondere Gründe haben können (wie direkte Rede). Trotz allem erscheint mir der beschriebene Erklärungsversuch zu vage und schematisch. Auf diese Weise kann nämlich jeglicher Wechsel, etwa von besonders häufigem градъ / городъ auf mehrseitigem Abstand und ohne näheren inhaltlichen oder kontextuellen Zusammenhang gedeutet werden.

Kandaurova 1968c: 142f. zitiert insgesamt 17 Belege aus PVL L für варьирование наименования; von diesen kommen zwei dort nicht vor[5], den Rest sehen wir primär durch andere Motivationen bedingt an (s. o.).

Zur Rolle der Variation in PVL Ip vgl. 19. Kapitel.

---

[3] Besonders ausführlich Kandaurova 1968c: 140—153; wiederholt in den meisten ihrer Arbeiten, s. Literaturverzeichnis.

[4] Ustjugova 1974, Ustjugova 1975, Ustjugova 1976.

[5] «сорома не иметь» nach Kandaurova unter 1036, findet sich unter 971 ohne Alternation: «ибо срама не имамъ. аще ли побѣгнемъ срамъ имамъ.» (70.14, 15); Zitat von 1111 stammt nicht aus PVL L, sondern aus PVL Ip.

12. VEREINZELT AUFTRETENDE MOTIVATIONEN

Es ist selbstverständlich, daß in einem so vielschichtigen, nur in späten Abschriften erhaltenen Denkmal wie die Nestorchronik, auch Russismen vorkommen, deren Gebrauch sich nicht oder nur teilweise durch die bisher diskutierten Motivationen erklären läßt. Die Zahl solcher torot-Lexeme ist bemerkenswert gering. Ihr Auftreten ist durch ganz verschiedenartige Gründe verursacht oder mitbegünstigt, das jedoch in der Regel der Grundmotivation — „Bezug auf die Rus" — entspricht. Bei einer solchen Übereinstimmung liegt eine Überlagerung der Motivationen zugunsten der Russismen vor. In einigen Fällen ist es deshalb kaum möglich, objektiv zu entscheiden, welcher Faktor für ihren Gebrauch ausschlaggebend war. Wir geben im folgenden Hinweise, welcher Motivation wir solche torot-Lexeme zuordnen.

In PVL L liegt offensichtlich eine Tendenz vor, Polnoglasie mit pejorativer Konnotation — „Bezug auf Heiden (heidnische Unsitten)" — einzusetzen. Wie schon erwähnt, nimmt Kandaurova (1973 b: 74) dasselbe auch für rksl. religiöse Denkmäler an: нравъ und треба beziehen sich auf christliche Riten, норовъ und тереба auf heidnische. Diese Motivation kann auch die Grundmotivation, Bezug auf die Rus, außer Kraft setzen. Vier torot-Lexeme beziehen sich in PVL L auf Fremde: невѣголосъ auf Salomo (80.14, Beleg S. 206), норовъı auf jüdische Unsitten (91.15, Beleg S. 222), ganz aus der Reihe fallendes простороньство auf die Polovcer (233.13, Beleg S. 256) und изворогъı auf die Unsitten des Stammes Japhet (236.1, nach Methodios von Patara, Beleg S. 127).

Diese Motivation wirkt sich schwach aus, denn nur vier weitere, auf die Rus bezogene TOROT kommen in solchen Kontexten vor, während austauschbare trat-Lexeme die Regel sind. So wird z. B. bei der Aufstellung von Götzenbildern durch Volodimer (980, 79.12—18) Perun mit vier TRAT beschrieben, dann folgt тереба 'heidnisches Opfer', dem wir in dieser fast rein ksl. Stelle Signalfunktion zuschreiben (vgl. S. 157 f.) und folglich der situationsangemessenen Darstellung zuordnen. Dasselbe gilt für скоморохъ, S. 158. Auch невѣголосъ (83.10) sehen wir eher durch diese Motivation bedingt an — Bezug auf die Rus — weil in der Sage über die

Menschenopfer nur ein weiteres torot-Lexem vorkommt (983, 82.5 bis 83.25). Hingegen scheint die negative Konnotation bei нороvъı поганьскиıа bei Svjatoslavs Widerstand gegen die Taufe zu überwiegen (allerdings das einzige TOROT in dieser TE, 955, 63.27, vgl. Interpretation S. 67). Aber, wie schon gesagt, bei diesen vier Fällen mit Überlagerung der Motivationen ist eine Zuordnung schwer objektivierbar.

In der Fachliteratur wird oft behauptet, daß phraseologisch gebundene Ausdrücke den Gebrauch von Russismen bedingen. Nach unserer Auffassung trifft dies für torot-Lexeme in PVL L kaum zu. Soweit nämlich Redewendungen nicht austauschbare TOROT enthalten — wie пустити ся на воропъ — zählen wir sie zu den Bedarfsentlehnungen (s. S. 34), folglich stellt sich gar nicht die Frage nach einer Motivation durch idiomatische Gebundenheit. Andere ar. Redewendungen, so häufig zitiertes «рубити городъ», kommen in PVL L nicht in ksl. thematischen Einheiten vor, sondern nur in sprachlich gemischten und/oder überwiegend ar. Stellen (s. Analyse ab S. 75). Somit wird городъ nach unserer Auffassung nicht durch diesen Ausdruck gefördert, der ja nur in ksl. TE kontextuell markiert wäre. In den letzteren findet sich jedoch заложити oder ставити sowohl mit градъ, als auch mit городъ. Lediglich der Ausdruck «в головахъ» 'am Kopfende, zu Häupten' (64.29, vgl. S. 203) tritt in einer überwiegend ksl. TE auf; hier beruht die Verwendung von Polnoglasie auf phraseologischer Gebundenheit, denn «в головахъ» ist nicht austauschbar (jedoch das Lexem голова). Möglicherweise handelt es sich auch um einen stehenden Ausdruck bei antonymischem ,,alt – jung", das den Gебrauch von молодыи bewirkte: «Симонъ волхвъ еже (PA иже) творѧше волшьствомь. псомъ гл̃ати чл̃вчьскъıи. и са̑ премѣнѧшетсѧ. ѡво старъ. ово молодъ.» (Erzählung über Zauberer, 1071, 180.16, ganz überwiegend ksl.); м. ist nicht auf einen Russen bezogen. In Monomachs Belehrung, in der Russismen sporadisch und gezielt verwendet werden, tritt bei diesem Gegensatz ebenfalls Polnoglasie auf, allerdings in einer direkten Aufforderung: «Старыıа чти ıако ѡц̃а. а молодыıа ıако братью.» (246.2). Sreznevskij liefert keine weiteren Beispiele, daher ist das Gesagte nur eine Vermutung.

Sonst ließen sich in PVL L keine Fälle nachweisen, in denen Redewendungen den Gebrauch von Polnoglasie in ksl. TE verursachten oder mitbegünstigten.

TOROT AM ZEILENRAND. Kandaurova (1968a: 7—18) entdeckte, daß in rksl. Denkmälern religiösen Inhalts torot-Lexeme aus schreibtechnischen Gründen auftreten, weil sie die Abteilungsmöglichkeit am Zeilenende erhöhen, vgl. гра-дъ, aber го-ро-дъ. L. M. Ustjugova zog dies bei ihren Arbeiten über die Abschriften der Nestorchronik, vor allem über PVL Ip, in Betracht und kam zu dem Schluß, daß Russismen am Zeilenende aus dem genannten Grund nicht häufig auftreten (vgl. besonders Ustjugova 1975: 68 f.).

Zumindest für die spät erhaltenen Abschriften spielt diese Motivation meines Wissens praktisch keine Rolle, soweit eine Untersuchung der Faksimileausgabe von PVL L[1] und eine Einsichtnahme der handschriftlichen Originale (PVL L und PVL Ip) zeigten. Es wird nämlich nur der Zeilenbeginn genau eingehalten, die Zeilenenden schwanken jedoch stark, um drei bis vier Buchstaben. Der Kopist hatte also rein graphisch einen ziemlich großen Spielraum. Dazu kommt, daß er auch durch Superskription des konsonantischen Auslautes das Zeilenende leicht regulieren konnte, damit es „vorschriftsgemäß" in einen Vokal oder eine Liquida endet, vgl. z. B. влодиꙗ҇ (Faksimileausgabe 20.23).

Lediglich in zwei Fällen könnte die Stellung am Zeilenende die Verwendung von Polnoglasie verursacht oder mitbegünstigt haben (doch sehen wir für beide situationsangemessene Darstellung als Hauptmotivation an), vgl. in der Handschrift von PVL L Blatt 89, Rückseite (Faksimile[1] 178, erste Spalte, Zeile 1): «хотѧпереꙗтивасилковѹво / лость.» (in PA laut der gedruckten Ausgabe власть!) und Blatt 91 (Faksimile 178, 2.29): «иво / ротисѧдвдъ». Beide finden sich in der „Blendung Vasilkos", 1097, gedruckte Ausgabe 267.2, 270.31.

Abschließend soll erwähnt werden, daß andere graphische Eigenheiten — Abkürzungen und Superskription — nicht den Gebrauch von Russismen, sondern von Kirchenslavismen stellenweise in PVL L förderten, dazu ausführlich Hüttl-Folter 1980a: 52—57.

---

[1] Повѣсть временныхъ лѣтъ по Лаврентіевскому списку, СПб., 1872.

13. ZUR SPRACHE DER JAHRESEINTRAGUNGEN UND KURZEN MITTEILUNGEN

Außer den bisher behandelten 113 thematischen Einheiten enthält die Nestorchronik (PVL L) insgesamt etwas mehr als 28 Spalten Jahreseintragungen und kurze Mitteilungen, wie aus der Tabelle S. 49 ff. ersichtlich. In der sowjetischen Fachliteratur wird deren volkssprachlicher Charakter, der sich durch «документальность» auszeichne, sehr betont.

Jahreseintragungen sind minimale thematische Einheiten. Ihre Sprache hängt noch unmittelbarer mit dem Inhalt als bei ausführlichen Berichten und Erzählungen zusammen. Man vergleiche Spalte 129: in vier Jahreseintragungen (zwischen 1000—1011) wird der Tod russischer Fürsten und ihrer weiblichen Verwandten verzeichnet, was naturgemäß преставися nach sich zieht (5×). In einer weiteren wird die Überführung der Gebeine nicht genannter Heiliger mittels пренесени erwähnt. Die Jahreseintragungen sind wohl lakonisch, was aber offensichtlich nicht mit volkssprachlich gleichzusetzen ist, dazu ausführlich Hüttl-Worth (1973: 32 f.). Unter den ganz kurzen Eintragungen findet sich nur ein torot-Lexem: «Ярославъ поча ставити городы по Руси.» (1032, 150.9); und insgesamt acht trat-Lexeme.

Mit „kurzer Mitteilung“ bezeichneten wir auf der Tabelle ab S. 49 solche Stellen, die etwas ausführlicher als Jahreseintragungen sind, doch einen beschränkteren Umfang als thematische Einheiten haben (einige Zeilen bis ⅓ Spalte). Dadurch enthalten sie einerseits zu wenig distinktive Merkmale, um einen Sprachschlüssel zu bestimmen, andererseits können sie ebenso wie TE ganz verschiedene Sujets betreffen. Wenn auf der Tabelle „Kurze Mitteilungen“ im Plural angegeben ist, so bedeutet das, daß trotz Aufeinanderfolge inhaltlich zwischen diesen kein Zusammenhang besteht. In dieser ganzen Gruppe ist die Sprache der mannigfaltigeren Thematik entsprechend etwas gemischter als in den Jahreseintragungen. Ein Dutzend enthalten sowohl 33 TRAT als auch zwölf TOROT, doch sind von den letzteren vier nicht austauschbar, das Verhältnis ist also 33 : 8, 80% : 20%, vgl. die erste über Olgas Besitztümer: «..... и по Днѣпру перевѣсища и по Деснѣ. и есть село ее Ольжичи и доселе. и изрѧдивши възратисѧ къ с҃нꙋ своемꙋ Киевꙋ. и пребываше съ нимъ въ любъви.» (947, 60.14—16); перевѣсище ist unpaarig; weiters sind nicht austauschbar: паволока (1075, 198.24), В Заволочии (199.25, dazu vgl. S. 32 f.), болото (215.11, nebst vier TRAT). Dasselbe gilt für drei Wörter, die in Mitteilungen ohne TRAT erscheinen. Da die erste Stelle fast rein russisch ist, zitieren wir sie vollständig: «Иде Володимеръ на Болгары. съ Добрынею съ воемъ своимъ в лодьꙗ҃. а Торъки берегомъ приведе на кони҃. и победи Бол[г]ары ре҃ Добрына Володимерꙋ. съглѧдахъ колодникъ. ѡже сꙋть вси в сапозѣ. симъ дани намъ не даꙗти. поидемъ искатъ лапотниковъ. и створи миръ Володимеръ съ Болгары. и ротѣ заходиша межю собѣ. и рѣша Болгаре. толи не бꙋдеть межю нами мира. елико камень начнеть плавати а хмель почне тонꙋти. и приде Володимеръ Киевꙋ» (985, 84.6—16). Diese kleine Erzählung hat offensichtlich folkloristischen Ursprung, wie die volkstümliche direkte Rede mit unpaarigem колодникъ (einziger Beleg in PVL L) zeigt, ebenso der bildhafte Schluß. Weiters ist воротити 'zurückschicken' nicht austauschbar, im Gegensatz zu воротитисѧ (dazu S. 65 f.): «и победи Ꙗрославъ Брѧчислава. и Новгородцѣ вороти Новꙋгородꙋ.» (1021, 146.19) und ebenso королевичь (280.9).

Alle bisher genannten TOROT beziehen sich auf die Rus (ausgenommen королевичь), ebenso die folgenden 16 TOROT, die in Stellen mit oder ohne TRAT vorkommen und deren Gebrauch durchwegs motiviert ist: acht durch situationsangemessene Darstellung: «ѡдолѣ С҃тославъ Болгаромъ. и взѧ городъ ·п҃· по Дꙋнаеви.» (967, 65.16, ein russischer Fürst erobert fremde Städte); (Володимеръ) «Торъки берегомъ приведе на кони҃.» (985, 84.8, ein russischer Fürst führt fremdländische Verbündete, vgl. die oben zitierte Erzählung); «и раздѣлиста по Днѣпръ Рꙋськꙋю землю. Ꙗрославъ приꙗ сю сторонꙋ. а Мьстиславъ ѡнꙋ.» 1026, 149.16); (Всеволодъ) «переима власть Рꙋськꙋю всю.» (1078, 204.9); «пошедъ Д҃вдъ воротисѧ Смолиньскꙋ.» (1095, 229.16), dass. 284.5; «Ведена дщи Володарева за ц҃ревичь за Ѡлексиничь. Ц҃рюгородꙋ.» (1104, 280.7); «Воеваша Половци ѡколо Зарѣчьска. и посла по ни҃ С҃тополкъ. Ꙗнѧ. и Иванка Захарьича Козарина. и оугониша Половцѣ. и полонъ ѿѧша.» (1106, 281.7).

Durch realistische Darstellung von Konkretem sind vier TOROT motiviert: «и посла и Володимеръ передъ собою Волъчьꙗ Хвоста.» (984, 83.28, weiter zwei TRAT). Nach 1 ½ Spalten mit kurzen religiösen Mitteilungen, ausschließlich mit Kirchenslavismen, folgen konкrete Ortsangaben von Kirchen auf russisch: «заложи ц҃рквь на воротѣхъ городнъıхъ. во имѧ с҃таго м҃чнка Ѳеѡдора. и посемь ст҃а Андрѣꙗ. ꙋ ц҃ркве. ѿ воротъ.» (1089, 209.3—5). Durch direkte

Rede ist nur ein Wort motiviert: «и молвѧше всегда. Ꙗрополку Свѣналдъ. поиди на братъ свои. и прими волость єго.» (975, 74.19); hier ist auch russ. молвити zu beachten; allerdings wird diese Mitteilung durch einen Dat. abs. eingeleitet.

Motiviert durch einen Phraseologismus, der in ksl. thematischen Einheiten nicht vorkommт: «иде Ст҃ополкъ и сруби городъ Гюргевъ югоже бѣша пожгли Повци (РА половци).» (1103, 280.2).

Золотоверхъıи als Beiname einer russischen Kirche (dazu Näheres S. 32): «Заложена бъ҃ı церкъı ста҃ Михаила. Золотоверхаꙗ. Ст҃ополко҃ кнѧзе҃.» (1108, 283.6).

Überlagerung von Motivationen liegt in einer Mitteilung mit городъ (122.5) vor, s. Beleg S. 148.

Insgesamt enthalten Jahreseintragungen und kurze Mitteilungen 50 TRAT, 17 austauschbare und sieben nicht austauschbare TOROT. Somit ist auch der Sprachcharakter dieser Stellen überwiegend ksl. Dazu kommt, daß sie sich auch syntaktisch nicht sonderlich von längeren Texten abheben. So ist die Annahme, sie enthielten keine Dativus absolutus-Konstruktionen unrichtig, vgl. 879, 22.18, 903, 29.12, 967, 65.15, 975, 74.12 (verballhornt), 1021, 146.16.

14. ÜBERSICHTSTABELLE ÜBER DIE DISTRIBUTION DER TOROT-LEXEME IN PVL L[1]

Gesamtanzahl der torot-Lexeme	122
Gesamtfrequenz der torot-Lexeme	385
Gesamtanzahl der nicht austauschbaren torot-Lexeme	41
Gesamtfrequenz der nicht austauschbaren torot-Lexeme	77
Vorkommen in ar. Eigenbedeutungen (partielle Korrelatentlehnungen vgl. S. 61)	26
Gesamtanzahl der austauschbaren torot-Lexeme	81
Gesamtfrequenz der austauschbaren torot-Lexeme	282

Distribution der austauschbaren torot-Lexeme im Text:

1. In thematischen Einheiten in kirchenslavischen Sprachschlüsseln motiviert durch:	
Situationsangemessene Darstellung	75
Direkte Rede und ähnliche Ausdrucksweisen	59
Realistische Darstellung von Konkretem	49
Vereinzelt auftretende Motivationen	6
2. In sprachlich gemischten thematischen Einheiten	53
3. In überwiegend altrussischen thematischen Einheiten	23
4. In Jahreseintragungen und kurzen Mitteilungen	17

---

1 Die unechten trat- und torot-Lexeme sind hier mitgezählt.

15. HYPOTHETISCHER EXKURS ÜBER DEN SCHWUND UND DIE ENTSTEHUNG DER GRUNDMOTIVATION

(DURCH EINEN VERGLEICH MIT DEM NAČAL'NYJ SVOD)

Die bisherige Darlegung in den Kapiteln 7 bis 10 beruht auf dem Faktum, daß sich austauschbare torot-Lexeme in PVL L nahezu ausschließlich auf die Rus beziehen, das ist die Primärfunktion der situationsangemessenen Darstellung. Es handelt sich hier um eine objektive Tatsache — mag auch in einem oder anderen Grenzfall diese Interpretation bezweifelt oder abgelehnt werden — das kann meines Erachtens den entdeckten „gemeinsamen Nenner" nicht beeinträchtigen. Dies soll hier festgehalten werden, weil wir im folgenden über die objektiv nachprüfbaren Tatsachen hinausgehen werden, vor allem was die Entstehung der Grundmotivation anbelangt.

Eine genaue Untersuchung aller Kontexte mit austauschbaren, durch situationsangemessene Darstellung motivierten torot-Lexemen ergab, daß diese zwei sekundäre Funktionen haben können: Eine Unterscheidungsfunktion in Kontexten, die sowohl die Rus, als auch Fremde betreffen. Sie dominiert naturgemäß in den Verträgen mit den Griechen, in denen 21 TOROT diesem Zweck dienen (s. S. 108 ff.); im restlichen Text finden sich noch vier Fälle.

Die andere Sekundärfunktion hat meines Erachtens besondere Bedeutung für die weitere Entwicklung der Sprachmischung. 16 TOROT erscheinen nämlich als einzige oder sporadische Marker in ksl. thematischen Einheiten bzw. in engeren ksl. Kontexten, die meist in trat-Lexeme eingebettet sind. Dasselbe gilt für 18 TOROT, die durch realistische Darstellung von Konkretem motiviert sind und gelegentlich auch in direkter Rede. Wir meinen, daß diesen Russismen eine „Signalfunktion" zukommt, die desto stärker ausgeprägt ist, je reiner kirchenslavisch ihr Kontext ist. Manchmal sind sie die einzigen Signale in religiösen Passagen, die anzeigen, daß sich das Gesagte auf die Rus bezieht. Zwei Musterbeispiele wurden schon erörtert (s. Belege für полонени S. 105), vgl. weiter: «постави кумиры на холму. внѣ двора теремнаго. (nicht austauschbar). Перуна древяна. а главу его сребрену. а оусъ златъ ..... привожахꙋ с҃ны своꙗ и дъщери. и . . . ѡс[к]вернѧхꙋ землю теребами своими.» (980, Volodimers Vielweiberei, 79.12—18). Diese ksl. TE enthält 25 TRAT und noch ein austauschbares TOROT; тереба ‘heidnisches Opfer’ statt viel gebräuchlicherem треба unterstreicht hier den Bezug auf die Rus und hat außerdem eine pejorative Konnotation, weil es sich um einen heidnischen Brauch handelt. Die Signalfunktion ist nicht an ein spezifisches Wort gebunden, sondern kann von jedem in den Kontext passenden TOROT getragen werden, sofern es austauschbar ist, vgl. «глава емꙋ серебряна» — aber треба (PA *ibid.*). In der Predigt über die Strafen Gottes finden sich 29 trat-Lexeme und nur echt ostslavisches, aber austauschbares скоморохи, da slavonisiertes скомрахъ auch gebräuchlich war (so auch in PVL Ip 159.18): «се бо по дьꙗволю наоуѹенью кобь сию держать. дрꙋзии же и закъıханью вѣрꙋють. еже бъıваеть на [з]дравье главѣ. но сими дьꙗволъ лстить. и дрꙋгъıми нравъı всѧѹьскъıми. лестьми превабльꙗ нъı ѿ б҃а. трꙋбами и скоморохъı.» (170.12, gefolgt von оутолоѹена, nicht austauschbar).

Wie schon erwähnt, wird in zwei Nekrologen auf russische Fürsten ‘Marmorsarg’ mittels мороморѧнъ bezeichnet, den einzigen (unechten) TOROT in diesen Stellen (Belege S. 135 f.), sonst aber mit мраморѧнъ, wenn andere TOROT auftreten (S. 263 f.). Weitere Vorkommen in Signalfunktion sind bei den Belegen in den Kapiteln 8 und 10 ab S. 101 bzw. 130 vermerkt.

Unter den Wörtern, die in Signalfunktion auftreten, finden sich nur zwei Synsemantika, ѹересъ und передъ, in denen diese Funktion wohl schwächer ausgeprägt ist. In vereinzelten Fällen tragen Lexeme sowohl Signal- als auch Unterscheidungsfunktion, z. B.: «Д҃вдъ . . . . . иде в Половцѣ. и ꙋстрѣте и Бонѧкъ. и воротисѧ Д҃вдъ.» (270.31); hier gehen zahlreiche trat-Lexeme voran und außerdem unterstreicht Polnoglasie die Unterscheidung zwischen dem Polovcer und dem Russen; ähnlich verhält es sich mit золото (54.3, Beleg S. 104 f.) und голодъ (221.15, S. 103).

Beide Sekundärfunktionen ergeben sich aus der Grundmotivation, die wir mittels soziolinguistischen Begriffen — Fishman paraphrasierend (1975: 48 f.) — als eine Verbindung von situativem und metaphorischem Kode-Wechsel definierten. „Metaphorisch“ bedeutet hier, daß nicht gänzlich auf einen anderen Kode (Altrussisch) umgeschaltet wird, sondern nur fallweise, ohne Regelung, welche der austauschbaren trat/torot-Lexeme in der einen oder anderen Lautung erscheinen. Die Realisierung mit Polnoglasie geschieht zum Kontrast — dann handelt es sich um die

Unterscheidungsfunktion — oder zur Betonung. Hier knüpft meines Erachtens die Signalfunktion an, denn je sporadischer der Gebrauch der Russismen, desto mehr wirken sie wie Erkennungszeichen. Die Signalfunktion ist also nicht mehr als eine ausgeprägte Form der Primärfunktion, die der Grundmotivation innewohnt (den Bezug auf die Rus durch torot-Lexeme sprachlich zu aktualisieren und zu betonen).

Der metaphorische Wechsel — gleichgültig ob er zum Kontrast, zur Betonung oder als Signal auftritt — hat folgende weitreichende Konsequenz: Es ist nicht von wesentlicher Bedeutung, welche(s) austauschbare(n) Lexem(e) in ar. Lautung erscheint (-en), sondern lediglich die Tatsache, daß überhaupt beliebige, in den Kontext passende Polnoglasieformen innerhalb ksl. thematischer Einheiten angewendet werden. „Solch *metaphorischer Wechsel* wäre jedoch nicht möglich, gebe es keine allgemeine Norm" (Fishman 1975: 49), das heißt, in unserem Fall ist entscheidend, daß der Kode-Wechsel als eine Abweichung von der ksl. Norm empfunden wurde. Folglich können in dieser Rolle nur austauschbare Russismen auftreten (Bedarfsentlehnungen u. ä. verändern den Sprachschlüssel nicht, vgl. S. 34). Das gab dem Chronisten (Schreiber) eine beträchtliche Auswahl, da sich in PVL L 81 austauschbare torot-Lexeme finden, von denen naturgemäß immer nur ein Teil kontext-angemessen war. Zur Beschreibung stereotyper Situationen, an erster Stelle von Feldzügen, standen z. B. folgende zur Verfügung: **берегъ, сторона** 'Flußseite', **переити, перебродити(сѧ), городъ, горожане, переꙗти волость, заборолο, оборонити, передатисѧ, переступити, полонъ, полонити, сторожь** 'Wache', **воротитисѧ, умерети** u. a. Da die Berichte aber im Wesentlichen auf ksl. abgefaßt waren — besonders im ersten Teil der Chronik — so wurden nur einige, zum Teil verschiedene, der möglichen Polnoglasieformen realisiert, vgl. z. B. **сторона** 'Flußseite', **городъ, переꙗти** — aber **страна, възвратитисѧ** (992, Gründung von Perejaslavl'); **чересъ (рѣку), сторона, переити, голодъ** (in DR) — aber **градъ, преити, предъ** (räumlich), **пребрести, градъ** 6×, **предатисѧ, врагъ, възвратитисѧ** (1093, Polovcer belagern Torčesk); **оборонити, городъ** — aber **градъ** 6× (1096, Belagerung von Starodub); **сторона, переброditисѧ** — aber **градъ** 5×, **гражане, врагъ, възвратитисѧ, предъ враты** (1096, Neuerliche Polovcereinfälle); **городъ, горожане, переꙗти волость, воротитисѧ, головы блюсти** (in DR), **забороло** u. a. — aber **градъ, гражане, врагъ, врата, предатисѧ** (in DR), **възвратитисѧ** u. a. (aus der Blendung Vasilkos, 1097).

Diese Beispiele zeigen zur Genüge, daß die Substitution lediglich fallweise stattfand und nicht regelmäßig die gleichen Wörter betraf. Die sekundäre Rolle welches Lexem in der ar. Lautung erscheint, förderte meines Erachtens unzweifelhaft das Auswechseln von torot- durch trat-Lexeme (und umgekehrt) beim Kopieren. Wurde aus irgend einem Grund ein solcher Austausch durchgeführt, so konnte im näheren Kontext ein folgender Kirchenslavismus durch den entsprechenden Russismus ersetzt werden. Zur letzteren Annahme gelangte ebenfalls Ustjugova auf Grund eines umfassenden Vergleiches aller Lesarten in den Abschriften der Nestorchronik in ihrer leider unveröffentlichten Dissertation (1975: 190). Wir verglichen sämtliche trat/torot-Vorkommen in der II. und III. Redaktion (PVL L – PVL Ip) und konnten ebenfalls die Tendenz feststellen, daß ein solcher Wechsel oft einen weiteren innerhalb desselben Kontextes nach sich zieht, vgl. die Tabelle ab S. 282.

Der metaphorische Kode-Wechsel hatte jedoch meines Erachtens bedeutend weitere Implikationen. Die „inkonsequente", diffuse Verwendungsweise von Russismen bereitete meines Erachtens den Weg für deren unmotivierten Gebrauch vor. Anders gesagt, die Beschränkungen durch die Grundmotivation — „Bezug auf die Rus", aktualisiert durch fallweises Umschalten auf Russismen — waren nicht spezifisch genug, um sich zu halten. Das zeigt sich bereits in der III. Redaktion der Nestorchronik: die Motivationen „situationsangemessene Darstellung", „Darstellung von Konkretem" und Kandaurovas «свое и чужое» sind unwirksam, das heißt, torot-Lexeme sind in diesem Denkmal referentiell unmarkiert, nur in „direkter Rede" blieb die Grundmotivation erhalten (Näheres S. 274). In der ältesten erhaltenen Handschrift der ar. Chronikliteratur, der älteren Redaktion der Ersten Novgoroder Chronik, hat keine der erörterten Motivationen Gültigkeit, vgl. z. B. die ksl. Erzählung über die Einnahme von Konstantinopel durch die Kreuzfahrer (1204, 46—49). Hier kommen mehrere torot-Lexeme vor, die sich auf Griechen und «фряги» beziehen, darunter auch in direkter Rede.

Für die späteren Regionalchroniken erscheinen die für PVL L nachgewiesenen Motivationen irrelevant, denn sie enthalten kaum Situationen, in denen sich die Opposition „auf die Rus bezogen — auf Fremde bezogen" auswirken könnte. Beinhalten sie doch fast keine Erzählungen über fremde Länder wie die Nestorchronik, sondern berichten im allgemeinen über lokale Ereignisse, besonders über Fehden unter den russischen Fürsten. Und die früheren Feinde erscheinen in der Suzdaler und Kiever Chronik oft als Verbündete; auch in Bezug auf Polovcer, Türken, Ugren u. a. werden torot-Lexeme verwendet.

Im folgenden wird versucht, den Sprachcharakter von PVL L in einem größeren historischen Rahmen zu betrachten. Das ist ein äußerst schwieriges Unterfangen, wenn man sich nicht nur mit einem rein abstrakten Schema begnügen will. Denn es ist weder die Urfassung der Nestorchronik erhalten, noch ältere Abschriften als PVL L, abgesehen von Auszügen in der Ersten Novgoroder Chronik der älteren Redaktion (13. bis 14. Jahrhundert), die defekt überliefert ist ab der Jahreseintragung 1016 (Näheres Dietze 1971: 31). Um eine frühere sprachliche Entwicklungsetappe festzustellen, ist jedoch ein Vergleich mit ganz ähnlichen Texten älteren Datums unumgänglich. Dank A. A. Šachmatovs bis heute anerkannten Rekonstruktionen wird ein solcher Vergleich ermöglicht, und zwar mit dem von ihm als „Načal'nyj svod" (= Nač. Svod; vgl. Šachmatov 1947: 117—160) benannten älteren „Kievo-pečerskij svod" (Ende 11. Jahrhundert)[1], der die Hauptquelle der Nestorchronik bildet. Neuere textkritische Forschungen haben diese Rekonstruktion vollauf bestätigt (vgl. Tvorogov 1976: 3—25, Nasonov 1969: 13 f., Lichačev 1947: 33 f.). Der Großteil des Nač. Svod ist in Abschriften aus der Mitte des 15. Jahrhunderts in der Ersten Novgoroder Chronik der jüngeren Redaktion — insbesondere im Komissionnyj spisok[2] — erhalten. Im folgenden führen wir einen Vergleich von diesem mit jenen Teilen von PVL L durch, die in beiden Texten identisch oder sehr ähnlich sind.

Wie schon der Titel dieses Kapitels „Hypothetischer Exkurs" anzeigt, sind wir uns durchaus bewußt, daß einem solchen Vergleich naturgemäß nur eine beschränkte Beweiskraft zukommt. Denn zwischen der Entstehung des Načal'nyj svod und der im Komissionnyj spisok erhaltenen Kopie liegen an die 350 Jahre, zwischen der Urfassung der Nestorchronik und ihrer Abschrift in der Laurentiuschronik über 265, daher weichen zweifellos beide spät erhaltenen Texte von ihren Archetypen ab. Trotz diesem Vorbehalt meinen wir, daß ein solcher Vergleich Licht auf die sprachlichen Entwicklungsetappen werfen kann.

Es ist anzunehmen, daß torot-Lexeme, die sich in (fast) iden-

---

[1] Eine Übersicht über die Kompilationen, die dem Nač. Svod vorangingen, gibt Šachmatov 1938: 362.

[2] НПЛ S. 104—427; zur Genesis vgl. Dietze 1971: 39 f.

tischen Stellen in beiden Texten finden, vom Nač. Svod in die Nestorchronik übernommen wurden. In sonst gleichen oder ganz ähnlichen Kontexten, die im Nač. Svod TRAT, aber in PVL L TOROT enthalten, ist es am wahrscheinlichsten, daß der Austausch beim Verfassen der Nestorchronik vorgenommen wurde, also bereits in der I. Redaktion vorlag. Die Gründe für diese Annahme werden weiter unten erörtert, aber beweisen läßt sich dies naturgemäß nicht.

Wir verglichen die trat/torot-Vorkommen nur in den übereinstimmenden Passagen, die sich im Komissionnyj spisok — nebst zahlreichen abweichenden Stellen — ab S. 104 (Jahr 854) bis S. 201 (Jahr 1074) finden. Das Ergebnis ist folgendes: Das ältere Denkmal ist bedeutend homogener, also in reinerem Kirchenslavisch abgefaßt. Die religiösen Werke, wie die Rede des Philosophen oder die Ermordung der hl. Boris und Gleb stehen daher einander sprachlich am nächsten, Polnoglasie kommt gar nicht oder nur ganz vereinzelt vor. Der Načal'nyj svod enthält insgesamt nur 27 torot-Lexeme mit einer Gesamtfrequenz von 49 (s. u. Liste), von diesen sind außerdem mehr als die Hälfte nicht austauschbar (13 Wörter, ein Phraseologismus, Gesamtfrequenz 28). Weitere sieben Vorkommen sind darauf zurückzuführen, daß die Russismen konkretere Bedeutung haben und in den gegebenen Kontexten deshalb angemessener erscheinen. Somit hatte der Chronist lediglich in 13 Fällen eine vollkommen freie Wahl zwischen ksl. und ar. Synonymen, die im Text mit Polnoglasie realisiert sind. Das ist fürwahr eine erstaunlich geringe Anzahl, wenn man bedenkt, daß der Načal'nyj svod neben religiösen Werken auch zahlreiche weltliche Berichte über kriegerische Ereignisse u. ä. beinhaltet. Es soll hier festgehalten werden, daß sich diese „Urchronik" (so Trautmann 238) vom Jahre 1095 also lexikalisch nicht von der zeitgenössischen religiösen, besonders der hagiographischen Literatur, wie etwa der Vita des hl. Feodosij, unterschied. Wir kommen darauf noch zurück.

Folgende torot-Lexeme finden sich im Načal'nyj svod und erscheinen in denselben Stellen in PVL L (die Seitenangaben beziehen sich auf den ersteren):

1. Nicht austauschbare torot-Lexeme: паволока 7×, wie in PVL L злато и паволокы: 108.21, 109.2, 120.3, 122.17, 18, 23; wie in PVL L 61.23: злато и сребро и п. 114.18; паволоѹчитыи 2× (108.23, 25), порогы 6× (123.17, 124.1 2×, 124.5, 156.15, 17); колодникъ (132.3, in direkter Rede wie in PVL L); перевозитися (175.17, dafür PVL L перевезтисѧ 142.11, in überwiegend ar. TE); перегвехъ

(111.23, PVL L перегъвѣх 56.23); перевѣсище (113.12), теремъ 2× (111.3, 16), теремьскыи (111.16), теремныи 2× (127.10, 128.10), утолоучити (188.24), холопъ (142.8); ein ar. militärischer Terminus: сторожи 'Vorhut' (119.8); ein Phraseologismus: в головах 'zu Häupten' (117.14).

2. TOROT wegen konkreterer Bedeutung: колода 'Baumstamm' (173.24); оборотити 'umdrehen' (176.10); полонъ 'Beute' (123.17, 190.5; dieselbe Form kommt auch im Izbornik Svjatoslava und Nomokanon vor, vgl. Paschen 1933: 53, Fußnote 2); похоронити 'begraben' (120.10); хоромъ 'Haus' (175.11, in DR); чересла 'Lenden' (185.10), verdient besondere Beachtung, weil sich ч. auf Fremde bezieht, vgl. weiter S. 137.

3. Eine sonst nicht belegte Form in direkter Rede: исъсоромити (192.24), in PVL L ersetzt durch осоромити (176.1).

4. Frei austauschbare torot-Lexeme a). In direkter Rede: переими (109.19), город (Gen. Pl., 159.21); b). In der Erzählung: городъ (117.26 und 159.22 nach г. in direkter Rede); берегъ 4× (132.2, 142.12, 175.8, 18).

Es ist bemerkenswert, daß in fünf Fällen im Načal'nyj svod Polnoglasie erscheint, das in PVL L durch Metathese ersetzt ist: «Аще не придеши, ни оборонѣши (Т оборонишь) насъ» (119.17) – ѡбраниши (PVL L 67.13); dieser Austausch scheint unmotiviert in direkter Rede, insbesondere, da sie dem einfachen Volk in den Mund gelegt ist und оборонити dass. auch in PVL L in DR vorkommt (vgl. 230.2); «и бѣ гладъ великъ, по полугривнѣ голова коночья.» (124.3) – «ꙗко по полугрıвнѣ глава (Р голова) конꙗча.» (74.1), auch hier ist der Austausch unerwartet; «а вы чему перетеребуете (АТ перете ребу, Т требу) ..... И бяху во тогда человѣци невѣгласи.» (131.6) – претребуете ... невѣголоси (83.7, 10); dieses schwach belegte Verb (s. Sreznevskij III, 213 nur dieselbe Stelle nach PVL Ip) wurde wohl wegen der schwer auszusprechenden Aufeinanderfolge zweier ähnlicher Lautgruppen durch kürzeres ksl. претре- ersetzt, dafür folgt in PVL L das nächste austauschbare Lexem mit Polnoglasie; «повелѣ копатѣ (АТ копати) прекы трубамъ, и переняша воду;» (150.21) – преꙗша (109.22), im Nač. Svod TOROT aus euphonischen Gründen? (Um dritten Anlaut пр- тр- пр- zu vermeiden) oder unter Einfluß des vorangehenden «переими» in DR (109.19); «от племени Сифова суть Еврѣи ... и въсприяста свои жеребѣи (АТ жребии), свою землю.» (198.7) – жребии (183.12); жеребѣи in biblischem Kontext, bezieht sich also nicht auf die Rus und wurde vielleicht deshalb in PVL L ausgewechselt. Schließlich findet sich ein TOROT im Nač.

Svod, das in PVL L durch einen anderen Ausdruck ersetzt ist: «И възвратишася с полономъ» (190.5) – с побѣдою (172.11).

Damit ist die Aufzählung sämtlicher torot-Lexeme aus den im Načal'nyj svod und in PVL L übereinstimmenden Stellen beendet, die im Komissionnyj spisok vorliegen. Wie daraus hervorgeht, sind die für PVL L wirksamen Motivationen im Načal'nyj svod noch kaum nachzuweisen; dieser repräsentiert eine ältere Entwicklungsetappe, in der noch Bedarfsentlehnungen den größeren Teil ausmachen. Was die restlichen torot-Lexeme anbelangt, so zeigen sich rudimentäre Ansätze für motivierten Gebrauch durch konkrete Darstellung (vgl. Punkt 2 und 4× берегъ) und direkte Rede (7×, neben Dutzenden von DR mit TRAT). Lichačevs Feststellung, die Fülle direkter Reden sei ein Charakteristikum der ar. Chroniken (1947: 114 ff.), trifft wohl bereits für den Načal'nyj svod zu, doch hebt sich deren Sprache noch kaum vom narrativen Text ab. Anzeichen für die anderen Motivationen — situationsangemessene Darstellung, Kandaurovas «свое и чужое» und Variation als Stilmittel — fehlen gänzlich. Der Sprachcharakter des Načal'nyj svod im Komissionnyj spisok gleicht also jenem der religiösen Literatur der ar. Periode: austauschbare torot-Lexeme treten ganz sporadisch auf, aber dann fast ausschließlich zur Darstellung der ostslavischen Realität (zwei Ausnahmen, s. oben). Man kann also sagen, daß die Grundmotivation in Ansätzen vorhanden war, sich jedoch schwach auswirkte, was in der geistlichen Literatur schon vom Inhalt her bedingt war.

Ausgeprägte Motivationen für den Gebrauch einer beachtlichen Anzahl von Russismen sind also ein Novum, das mit der Entstehung der Nestorchronik verbunden ist. Umso größere Bedeutung kommt den Substitutionen von trat- durch torot-Lexeme zu, die wahrscheinlich bei der Übernahme des Načal'nyj svod in die Urfassung erfolgten. In sechs Fällen wurden auch andere Wörter durch solche mit Polnoglasie ersetzt und einmal ein trat-Lexem durch ein nicht korreliertes torot-Lexem; diese werden ebenfalls in der folgenden Liste aufgezählt. Insgesamt fanden 50 Substitutionen statt, wodurch sich die Anzahl dieser Russismen auf demselben Textumfang mehr als verdoppelt. Davon sind 46 durch die in dieser Studie erörterten Motivationen hervorgerufen, und zwar durch direkte Rede 16, Darstellung von Konkretem 14, situationsangemessene Darstellung zwölf, vereinzelte Motivationen vier; die restlichen vier Vorkommen liegen außerhalb des Wirkungsbereiches der genannten Motivationen.

1. Direkte Rede:

«мы ся доискахомъ оружьемъ одиноя страны, рекше саблями.» (105.26) – ѡдиною стороною (A страною, 17.11, die Chazaren sprechen über die Russen).

«князя поищемъ, иже бы владѣлъ нами ...» (106.21) – володѣлъ (T владѣлъ, 19.19, Berufung der Varäger, in PVL L Text erweitert, TE lexikalisch gemischt).

«да поидѣте к намъ княжить и владѣть нами.» (106.24) – володѣти (T владѣть, 20.3, *ibid.*).

«И рече цесарь .... 'упремудри мя Олга ...'» (114.16) – переклюкала (61.22).

«аще не поступите заутра къ граду ...» (118.19) – городу (66.16).

«хощю жити въ Переяславци ..., яко то есть среда земли моеи ...» (120.2) – середа (P средина, A среда, 67.23).

«и положиша пред нимъ злато и паволокы. И рече Святославъ ... возмѣте» (122.23, съхраните in Tolstoj- und Akademiehandschrift des Nač. svod, = T,A) – схороните (PA съхраніте, 71.3).

«поиди на братъ свои, и приимеши власть его.» (124.15) – волость (74.19).

«намъ их не превороти» (127.6) – перевороботи (77.27 sic! PA переворoти).

«не суть бо бози ..... суть дѣлани руками во дрѣвѣ ...» (130.24) – деревѣ (82.25).

«яко въ поганыя, рече, иду ...» (151.15) – «ꙗко в полонъ» (110.20).

«то отрѣваите и от брега ...» (156.15) – ѿ берега (117.8).

«зло есть, даваше бо намъ ясти древяными лжицами ...» (167.9) – «зло єсть нашиⷨ головамъ. да намъ ꙗсти деревѧнъıми л . . .» (126.14); головамъ wurde nicht gezählt, da Zusatz und nicht Substitution.

«... аще отець мои умре (kein TRAT) .....» (170.4) – вѣсть приде к нему ѡц҃ь ти оумерелъ» (PA умерлъ, 132.7).

«... аще ли хощеши, то пред тобою вымевѣ жито .....» (193.10) – пере (PA предъ) тобою (176.20).

«преиду по Болхову .....» (196.9) – переиду (180.28).

2. Realistische Darstellung von Konkretem:

(Text abweichend): «Игорь же и Олегъ ... потаистася въ лодьях ...» (107.9) – «и оувидѣ Ѡлегъ. ꙗко Ѡсколдъ. и Диръ. кнѧжита. похорони вои въ лодьꙗⷯ.» (23.6).

«на горѣ. град же бяше Киевъ ..... а княжь бяше дворъ во градѣ» (111.1) – в городѣ (55.22).

«Они же прежгоша извү» (112.7) – «пережьгоша истопкү» (57.7); dieses ar. Verb wurde für PVL L als nicht austauschbar angesehen, da прежещи für das Ksl. sonst nicht belegt ist.
«мостъ чресъ (чересъ AT) греблю» (124.21) – «чересъ гроблю» (74.27).
«погребоша его на мѣстѣ ү града, зовомаго Бручьяго.» (125.3) – оү города (75.11).
«и посла пред собою Володимиръ Волъчиа Хвоста.» (131.21) – передъ собою (83.28).
«И ста Володимиръ об онъ полъ града в лименѣ» (150.10) – города (109.4, im Kontext 9× градъ).
«и стояхү ..... младыя же от брега (берега A, 156.25) – ѿ берега (117.24).
«(квасъ) возити по градү.» (167.2) – городү (126.3).
«и вложиша его въ ракү мраморянү и скүташа тѣло его ...» (169.7) – «в корстү мороморянү. схраниша (PA и опрятавше) тѣло юго ...» (130.29).
«положиша его в рацѣ мраморянѣ» (182.18) – мороморянѣ (162.7).
«сего же дѣтища вывлекоша (выволокоша AT) рыболовы» (184.18) – въıволокоша (164.14).
«приихавши (приѣха AT) в лодьи чресъ Днепръ.» (186.22) – чересъ (167.9).
«на празѣ тоя храмины» (195.5) – на порозѣ (179.9).
Hierzu ist auch die schon genannte Substitution побѣда durch полонъ zu zählen (vgl. S. 164).

3. Situationsangemessene Darstellung:

«При семъ (цари) приидоша Русь на Царьград» (105.12, Jahr 854) – на Цр҃ьгородъ (A царьградъ, 17.28, Jahr 852).
«владѣют бо Козары князи рускыи (русьскии) и до днешьняго дни.» (106.7) – володѣють (17.23); die Russen beherrschen die Chazaren.
«и начаша владѣти сами собѣ» (106.18) – «и почаша сами в собѣ володѣти.» (19.16, Varägersage, in PVL L sprachlich gemischt und Text erweitert).
«Сеи же Игорь нача грады ставити» (107.19) – «се (PA сеи) же Ѡлегъ нача городы ставити.» (23.25).
«Иде Олга во Грекы и приидe Цесарюградү (къ царюградү AT, 113.21) – приде Цр҃югородү (PA ко царюградү, 60.26).
Wiedergabe einer vorangehenden direkten Rede: (Die griechischen Gesandten legten vor Svjatoslav) «злато и паволокы. И рече Святославъ, кромѣ зря, отрокомъ своимъ: «возмѣте (съхраните AT), комү что бүдет.» (Die griechischen Gesandten berichten darüber dem

Kaiser): «не позри на ны, нь толико отрокомъ повелѣ поимати (схраните Т, 122.23—123.1)». – «схороните (РА съхраніте, 71.3) ..... и повелѣ схоронити (РА сохранити, 71.6)»; die zweite Polnoglasieform dient hier zur Unterstreichung, daß die Kommunikation einen Russen betrifft, obwohl Sprecher und Hörer Griechen sind, oder es wird einfach die vorangehende DR wörtlich wiedergegeben.
«И вшед Ярополкъ въ градъ Олговъ, и прия власть его;» (124.25) – переꙗ (75.1).
«Ярополкъ ..... бѣ владѣя (А володѣя — torot-Substitution in der Akademiehandschrift des Načal'nyj svod, wie oben zitiertes чересъ 124.21, so auch in Tolstojhschr.) единъ в Руси.» (125.9) – володѣꙗ (75.19).
«(Володимеръ постави) Перуна древяна, а главу сребрену, а усъ златъ ..... привожаху сынови свои и дщери ... и оскверьняху землю требами своими.» (128.13) – теребами (РА требами 79.18).
«И бяху бо тогда человѣци невѣгласи и погани.» (131.8) – невѣголоси (83.10), bezieht sich auf die heidnischen Russen und drückt daher zugleich pejorative Konnotation aus, s. u.
(Die Russen) «приидоша Царюграду» (149.5) – Цр҃югороду (107.16).
«диаволъ льстить ..... пребавляя ны от бога, трубами, гусльми, русальями». (188.24) – трубами и скоморохы (170.12).

4. Substitution wegen vereinzelt auftretender Motivationen:

a) Pejorative Konnotation „Bezug auf Heiden, heidnische Unsitten": «(Святославъ) творяше нравы поганьскыя.» (116.17) – норовы поганьскиꙗ (63.27); da auf Russen bezogen und in Signalfunktion als einziges TOROT, so liegt Motivationsüberlagerung vor, н. könnte auch in die dritte Gruppe eingereiht werden; im folgenden dass. auf Fremde bezogen: «(Еврѣи) коиждо их своя нравы прияша; и по диаволю научению ови рощениемъ вѣроваша и кладяземъ ...» (137.7) – норовы (91.15), in der Rede des Philosophen, einziges austauschbares TOROT; zu den semantischen Beziehungen dieses Paares vgl. S. 67.
Schon genanntes невѣголосъ kann sich ebenfalls auf einen Nicht-Russen beziehen: (Соломонъ) «сеи же бѣ невѣглас» (129.5) – невѣголосъ (РА невѣигласъ, 80.14).
b) Möglicherweise ist die Substitution durch antonymisches „alt – jung" hervorgerufen: (при апостолехъ бо бысть Симонъ волхвъ) ..... премѣняшется, ово старъ, ово млад» (196.1) – «ѡво старъ. ово молодъ.» (180.16); Näheres S. 151.

5. Schließlich wird im Bericht über die sieben ökumenischen Konzile **Цесарьградъ** 4× unmotiviert durch **Цр҃ьгородъ** ersetzt (154.23, 155.4, 5, 7 — PVL L 115.7, 15, 16, 19), dazu vgl. S. 115 f.

Bei der Zählung der Substitutionen wurden Namen nicht berücksichtigt. Der Stammesname der Derevljanen ist im Načal'nyj svod durchwegs in der ksl. Form wiedergegeben, ab S. 110 **Древляне, Дрѣвляне**, auch **въ Древех**, das abgeleitete Adjektiv jedoch nur mit Vollaut: **Деревьская земля, имя князю нашемꙋ деревьскомꙋ Малъ.** In PVL L ist der Stammesname in denselben Stellen mit einer Ausnahme durch **Деревлѧне** (1× **Деревлене,** 1× **в Деревѣхъ**) ersetzt (**Древлѧне** 55.31). Die Substitution erfolgte, weil es sich um einen ostslavischen Stamm handelt und sicher auch wegen des Adjektivs mit Vollaut.

Im Načal'nyj svod kommt vereinzelt **Новъградъ** vor, das in PVL L nur durch **Новъгородъ** wiedergegeben wird; vgl. z. B. **(Володимиръ) «сѣде в Новѣградѣ** (AT **новѣгородѣ,** 125.15) – **в Новѣгородѣ** (75.27).

Am bemerkenswertesten hinsichtlich der Namen ist, daß im Načal'nyj svod zweimal in übereinstimmenden Passagen **Владимиръ** belegt ist, und zwar einmal statt des ar. Namens in PVL L sowie zusätzlich: **«бѣ бо Владимерь от Малꙋши, ключницѣ Олзинѣ.»** (121.12) – **Володимеръ** (69.14); **«Сеи же есть блаженыи князь Владимиръ новыи Костянтинъ великаго Рима»** (169.8) – **«схраниша тѣло ѥго с плачемь бл҃жнаго кнѧзѧ. се есть новꙑи Костѧнтинъ великого Рима.»** (1015, Volodimers Tod, 130.30); zur Geschichte dieses Namens vgl. Hüttl-Folter (1979: 30 f.).

Die Aufzählung der Substitutionen von trat-Lexemen im Načal'nyj svod — wie im Komissionnyj spisok überliefert — durch torot-Lexeme in der Nestorchronik (PVL L) zeigt meines Erachtens, daß es sich durchaus nicht um „Zufälle" handelt, sondern um eine motivierte Russifizierung. Die meisten sind frei austauschbare Wörter. Es ist bemerkenswert, daß z. B. **владѣти** — auf russische Fürsten und Varäger bezogen — konsequent durch **володѣти** ersetzt wurde (6×), ebenso **градъ** durch **городъ** (6×) und ein motivierter Wechsel **Цесарьградъ** → **Царьгородъ** in drei Fällen vorliegt. Im Načal'nyj svod kommt, wie zu erwarten, nur die ksl. Form vor, die in bestimmten Situationen in PVL L durch den Russismus ersetzt wurde, dazu S. 111 ff.

Wie der durchgeführte Vergleich zeigt, handelt es sich bei der beschriebenen Infiltration von Russismen nicht nur um eine quantitative Ausdehnung, sondern auch um eine qualitative, denn sie erfolgte hauptsächlich mittels frei austauschbarer Russismen. Ihre Verwendung veränderte nicht den Inhalt des Dargestellten, sondern „den Ton der Äußerung“.

Schematisch könnte man den Russifizierungsprozeß in folgenden Etappen darstellen: die erste — wie sie praktisch im Načal'nyj svod vorliegt — umfaßt ostslavische Namen aller Art (**Деревляне, Новъградъ** und **Владимиръ** sind seltene Ausnahmen), Bedarfsentlehnungen, durch Usus sanktionierte Russismen und einige, deren ksl. Entsprechungen für die ostslavischen Gegebenheiten weniger angemessen waren, aber kaum frei austauschbare trat/torot-Synonyme. Die erste Etappe ist also durch den Gebrauch von relativ wenigen und spezifischen Russismen gekennzeichnet. Die zweite schließt zusätzlich eine größere Anzahl Russismen mit ksl. Äquivalenten ein, wodurch sich komplexe lexikalische Korrelationen ergaben, insbesondere für TRAT/TOROT. In dieser Zwischenetappe — so wie sie PVL L repräsentiert — ist der Gebrauch der torot-Lexeme noch weitgehendst an bestimmte Voraussetzungen, nämlich an die erörterten Motivationen, geknüpft. In der III. Redaktion (PVL Ip) ist die Grundmotivation bereits verloren gegangen, ausgenommen in direkter Rede, dafür spielt stilistische Variation eine gewisse Rolle für den Gebrauch austauschbarer Russismen (vgl. S. 276 f.).

Sämtliche Motivationen erwiesen sich als nicht dauerhaft, sondern sie beschleunigten die weitere Sprachmischung, da sie nicht wie bei Etappe I relativ wenige, spezifische Lexeme erfaßten, sondern beliebige austauschbare TOROT (soweit sie in den Kontext paßten). Als Folge dieses diffusen Gebrauchs konnten Polnoglasieformen unmotiviert verwendet werden (= Etappe III). Der Beginn dieses Prozesses zeigt sich bereits in den wenigen, sprachlich tatsächlich gemischten Texteinheiten in PVL L.

Die Ursachen für die zunehmende Russifizierung wie sie in der Nestorchronik im Vergleich mit dem Načal'nyj svod vorliegt, beruhen meines Erachtens auf zwei miteinander verbundenen Tatsachen: 1. Der Hauptgrund ist im Ideologischen zu suchen. Die Schaffung einer Nationalchronik, der Geschichte des russischen Landes im großen Rahmen des Weltgeschehens seit der Sintflut, war von eminenter politischer Bedeutung. Wie viele Forscher bemerkten, ist das ganze Werk von großem Patriotismus durchdrungen. Obwohl der Verfasser, höchstwahrscheinlich Nestor, ebenso wie die Redaktoren und Kopisten Mönche waren, so nahmen sie doch am politischen Geschehen ihres Landes regen Anteil. Den kulturpolitischen Hintergrund resümiert Lichačev sehr treffend: «Патриотическая возвышенность рассказа, широта политического горизонта, живое чувство народа и единства Руси составляют исключительную особенность создания Нестора.» (1947: 169). Diese Geisteshaltung fand auch sprachlich ihren Ausdruck: die Primärfunktion der erörterten Motivationen — Bezug auf die Rus — kommt ja einer Darstellung „aus russischer Sicht" gleich. Wie schon gesagt, war es in der damaligen Sprachsituation undenkbar, die Chronik des russischen Landes in der Volkssprache abzufassen, aber eine leichte Russifizierung der Literatursprache war wohl eine selbstverständliche Begleiterscheinung. Aus diesem Grund nehmen wir an, daß die Russifizierung in der Urfassung erfolgte.

2. Die andere Ursache bildet indirekt die große Ausweitung des Stoffes, wie es die Schaffung einer mittelalterlichen Nationalchronik erforderte. Dazu wurden mannigfaltige Quellen herangezogen, wie die Chronik des Hamartolos und deren Fortsetzung, Heiligenlegenden — andererseits Sagen aus der Vorzeit der Ostslaven, die Verträge mit den Griechen und zahlreiche historische (Kriegs)berichte über die Rus, um nur die wichtigsten zu nennen[3]. Naturgemäß wurden lediglich jene Teile der PVL L, die die Rus betreffen, etwas oder auch ausgiebiger russifiziert wiedergegeben, und zwar nur weltliche historische Ereignisse und Dokumente sowie einige Sagen (wie über die Belgoroder Grütze). Vermutlich hat aber auch die Fülle des fremdländischen Stoffes insofern dazu beigetragen, als dadurch ganz allgemein die Tendenz gefördert wurde, Bodenständiges vom Fremden sprachlich etwas abzuheben.

Schließlich findet sich ein negativer Beweis für unsere Annahme, daß Russismen dem Chronisten zur Aktualisierung zeitnaher historischer Ereignisse dienten, in der Sprache der ältesten Sagen, wie Olgas Rachen[4] oder Olegs Tod. Diese Texte sind nämlich trotz ihres weltlichen Inhaltes und volkstümlichen Ursprunges überwiegend ksl. abgefaßt. Für längst Vergangenes war die Motivation „situationsangemessene Darstellung" eben irrelevant[5], daher deren sprachlich neutrale Wiedergabe.

---

[3] Vgl. ausführlich z. B. Šachmatov 1940, besonders Kapitel III und IV oder Lichačev 1950: II.

[4] Die ersten drei Rachen stammen aus dem Načal'nyj svod.

[5] Zu dem Schluß, daß der sprachliche Charakter der Sagen um Olga mit der Darstellung ferner Vergangenheit zusammenhänge, kam auch Filin 1949: 121; allerdings wird dies durch ein Zusammenfließen der eigenen Vergangenheit im

Es ist durchaus anzunehmen, daß keine der genannten Motivationen vom Chronisten bewußt eingesetzt wurde, sondern sie ergaben sich als natürliche Folge verschiedener Faktoren: durch den weltlichen, auf die Rus bezogenen Inhalt, durch das Bestreben, historische Ereignisse möglichst realistisch (aktualisiert durch TOROT) wiederzugeben und durch den subordinierten Bilinguismus des Chronisten als Voraussetzung. Denn eine bewußte Russifizierung als Stilmittel hätte in spezifischeren Formen resultiert.

Bewußtsein des Chronisten mit den Beschreibungen aus byzantinischen Quellen erklärt.

DRITTER TEIL

16. WORTNESTLISTE DER TRAT- UND TOROT-LEXEME IN DER NESTORCHRONIK (PVL L)

Der Zweck der unten folgenden Liste ist es, die untersuchten Lexeme in ihren sprachlichen Zusammenhängen möglichst anschaulich darzustellen, nämlich als Glieder von Wortnestern. Darüber hinaus soll verdeutlicht werden, daß die Struktur dieser Nester sowie die Frequenz einzelner Lexeme wichtige Faktoren für die weitere Entwicklung bilden; darauf gehen wir im letzten Kapitel näher ein. Aufgrund des Bestandes in PVL L ist z. B. bereits das Überleben der folgenden trat-Nester (fast) ohne torot-Entsprechungen in der späteren russischen Literatursprache voraussehbar: *blag-* mit über 20 ksl. Wörtern, *vlad-* mit fast einem Dutzend, *vrag-* wegen der hohen Frequenz von врагъ (30×), *prazdьn-*, *slad(ъk)-* u. a. Weiters trägt die Struktur des gesamten Wortnestes neben der hohen Frequenz einzelner Lexeme zur Erhaltung bei, vgl. z. B. възвратитися (45×), denn die restlichen Verben mit figurativer Bedeutung haben keine torot-Entsprechungen, wie обратити(ся), отвратити, развратити u. a. und stützen so die Verwendung des Kirchenslavismus.

In wenigen Fällen liegen ausschließlich torot-Lexeme vor, die jedoch ebenfalls bis heute nur in dieser Form überlebten, wie болото, король, королевичь, холопъ.

Wenn immer ausgedehntere Nester sowohl mit Metathese als auch mit Polnoglasie belegt sind, so blieben beide Reflexe erhalten, z. B. von **gord-* und **per²* (s. u. Liste), wobei bereits in PVL L Bedeutungsdifferenzierungen hervortreten können, vgl. besonders **storn-* (Kommentare ab S. 248).

Die Anordnung auf dieser und den folgenden Wortnestlisten erfolgt nach den urslavischen Ansätzen in der Mitte gemäß dem cyrillischen Alphabet. Ablautstufen derselben Wurzel wurden unmittelbar hintereinander gereiht, also **velk*, **volk* (aber **vort-*, **vert-*, da vom letzteren nur ein Reflex belegt ist, vom ersteren jedoch 14). Bei den urslavischen Ansätzen folgten wir dem Этимологический словарь славянских языков. М., 1974, Red. O. N. Trubačev (bis выпуск 8, 1981) sowie den Wörterbüchern von Vasmer, Berneker und Sadnik (s. Literaturverzeichnis). Bei den Stichwörtern wurden graphische Varianten durch ein Graphem ersetzt, und zwar **е** steht für **е** und **є**, **о** für **о** und **ѡ**, **и** für **и, і, ї**, **ѵ** für **ѵ, ꙋ, оѵ**. Alle Abkürzungen wurden aufgelöst und Superskriptionen in die Zeile gesetzt. Die Schreibung des Stichwortes erfolgt wie im Text bzw. gibt die häufigste Form wieder, bei gleicher Anzahl wurde die historisch ältere gewählt. Varianten werden in Klammer angeführt, z. B. **въз(в)ратитисѧ (вз-, възъ-, воз-, возъ-)**, das heißt, dieses Wort kommt in sechs variierenden Schreibweisen vor.

Nomina werden im Nom. Sing. zitiert, Verba im Infinitiv, außer Partizipia, wenn nach Sreznevskij kein Infinitiv belegt ist. Adjektive, die nur in Kurzform in einem Casus obliquus mit vokalischer Endung vorkommen, wie **благоразѵмна**, wurden im Nom. Sing. mask. normalisiert, wie **благоразѵмьнъ**. Wenn ein Adjektiv sowohl mit **-ньнъıи** als auch **-ннъıи** vorkommt, so wird die erstere Form angeführt; ist jedoch nur die zweite in PVL L belegt, so wird diese Schreibweise beibehalten. Adverbien, die formal mit den kurzen neutralen Adjektivformen identisch sind, werden nicht gesondert aufgezählt, sondern nur die Adjektive. Das Suffiv *-ije* wird in PVL L durch **-ьє, -ье**, seltener durch **-иє** wiedergegeben. Wir behalten die jeweilige Schreibung bei, bei den Schwankungen geben wir die häufigere Form an, bei gleicher Zahl **-иє**. In Klammer angeführtes **сѧ** bedeutet, daß dasselbe Verb auch ohne **сѧ** vorkommt. In den anschließenden Kommentaren werden die verschiedenen Formen besprochen, wenn sie in der Bedeutung abweichen.

Die Zahlen rechts oben neben den Stichwörtern geben die Frequenz an, wobei in Klammern gesetzte Varianten und Wortformen eingeschlossen sind. In Klammern gesetzte Namen wurden bei der Zählung der Gesamtfrequenz nicht berücksichtigt. Zur Beachtung: Wörter mit zwei distinktiven Merkmalen, wie **благопотребнъıи** oder **переворoти** wurden auf der Wortnestliste wohl doppelt angeführt, jedoch nur je einmal bei der Gesamtfrequenz der trat/torot-Lexeme gezählt. Verben, die in einigen Formen ein distinktives Merkmal aufweisen, in anderen nicht, wurden nur im ersten Fall gezählt, z. B. **ѵмрети**, aber nicht **ѵмроша** oder **ѵмре**.

Ein hochgestelltes Pluszeichen nach dem Stichwort bedeutet, daß dieses paarig ist, z. B. **вранити**$^{+}$, das heißt, daß in PVL L auch **боронити** vorkommt. Auf etwaige Bedeutungsunterschiede wird in den „Belegen und Kommentaren" eingegangen. Unterschiedliche Segmentierung wird durch einen Querstrich angezeigt, z. B. **преже ⁞ речены.**

Offensichtliche Schreibfehler wurden sinngemäß behandelt: **предаемо** statt **продаемо** (50.13) wurde nicht gezählt, jedoch **певредъ** (220.20, PA **пребредъ**); dazu vgl. auch die Fußnoten, besonders zu **крава**.

Der Übersichtlichkeit halber ist die große Gruppe der *per-Verba eigens angeordnet: zuerst werden paarige Formen mit **пре-** / **пере-** aufgezählt, dann folgen unpaarige mit **пре-** und anschließend mit **пере-**.

Die Anzahl der trat-Lexeme in PVL L beträgt nach unserer Zählung 272 (einschließlich der unechten 280) und der torot-Lexeme 115 (einschließlich der unechten 122). Die Gesamtfrequenz der ersteren ist 1692 bzw. 1723, der letzteren 369 bzw. 385.

брещи^{2}	***bergťi**	
брегъ$^{+7}$	***bergъ**	берегъ$^{+8}$
благо^{3} благъıи^{16} преблагии^{1} блаженъıи^{18} треблаженъıи^{1} благовестити^{1} 1) Благовѣщенье^{1} благовоньнъıи^{1} благовѣрнъıи^{8} благодать^{5} благодѣтельствовати^{1} благодѣтьнъ^{1} благоизволити^{1} благопотребнъıи^{1} благоразумьнъ^{1} благородьнъıи^{1} благословити(сѧ)^{27} благослов(л)енье^{13} благоуханье^{3} благочестье^{1} благочестивъıи^{1} благочестьнъ^{1}	***bolg-**	
	***bolnьje**	болонье^{1}
	***bolto**	болото^{1}
брада^{3}	***borda**	
забральнъıи^{1}	***bordlo**	заборолo^{1}
бранити$^{+2}$ брань^{16} възбранити(вз-)$^{+2}$ възбранѧти^{1} обранити$^{+1}$	***born-**	боронити$^{+1}$ боронение^{1} возборонитисѧ$^{+1}$ 2) оборонити$^{+1}$
	***borti**	бороти(сѧ)^{4} переборoти^{1}
брашно^{9}	***boršьno**	
влещи (влекомъıи)^{3} извлещи^{2} облещи(сѧ)^{8} привлещи^{2} совлещисѧ$^{+1}$	***velk-** }	волокъ^{1} Заволочие^{1} Заволочьскъıи^{1} въıволочи^{1} с(о)волочи(сѧ)$^{+2}$
влачити$^{+1}$ привлачити^{1} облакъ^{1} облаченъ^{2}	***volk-** }	волочити$^{+1}$ паволока^{15} паволочитъ^{2}
поврещи^{2} испроврещи^{1}	***verg-** }	
	***vorg-** }	изворогъ^{1}
вредъ^{2} вредити(сѧ)$^{+2}$ врежати(сѧ)^{2} невреженъ^{2}	***verd-**	вередити$^{+2}$
времѧ^{48} времѧньнъıи^{1}	***vertmen-**	
владати^{1} владѣти$^{+7}$ власть$^{+28}$ властель^{1} владъıка^{11} владъıчьнь^{2} владъıчица^{2} самовластець^{1} совладѣтельство^{1} обладати^{7} область^{3}	***vold-**	володѣти$^{+6}$ волость$^{+13}$
власъ^{1} власѧница^{4}	***vols-**	

1) благо- ist in den folgenden Komposita immer abgekürzt: бл҃го-.

2) Wohl Schreibfehler statt възворотитисѧ, vgl. Larin 1975: 41.

врабьи$^{+1}$	***vorbьjь**	воробьи$^{+6}$
врагъ$^{+30}$ вражии(-ьи)^{2} враждолюбьць^{1}	***vorg-**	ворогъ$^{+1}$ ворожбитъ^{1}
вранъ$^{+1}$	***vornъ**	воронъ$^{+1}$
	***vorpъ**	воропъ^{2}
вратитисѧ$^{+1}$ възъ(в)ратити(сѧ) (вз-, възъ-, воз-, возъ-)$^{+45}$	***vort-**	воротити(сѧ)$^{+8}$ възворотити$^{+1}$
възъ(в)ращатисѧ (вз-, возъ-)^{3} обратити(сѧ)$^{+14}$		оборотити$^{+1}$
обращатисѧ^{1}		
отвратити^{2} отвращение^{1} разъвратити (разъвращенъ)^{3}		
непревратьнъ^{1} несовратьнъ^{1}		
веретено^{1}	***vert-**	
врата$^{+12}$	***vorta**	ворота$^{+6}$
глава$^{+31}$ [3] главнъıи^{1}	***golv-**	голова (в головахъ)$^{+8}$ головнıа^{1}
глаголъ^{1} глаголати^{209} възглаголати^{1} проглаголати^{1}	***golgol-**	
гладъ$^{+17}$	***goldъ**	голодъ$^{+4}$
гласъ^{4} гласити^{1} исъгласити (statt изгласити)^{1} огласити^{1}	***gols-**	
велегласно^{1} единогласьнъ^{1}		
невѣгласъ (невѣигласъ)$^{+4}$		невѣголосъ$^{+2}$
градъ$^{+215}$ градокъ^{4} граднъıи$^{+2}$ градьскъıи^{4} гражанинъ$^{+4}$	***gord-**	городъ$^{+62}$ городище^{1} городнъıи$^{+1}$ горожанинъ$^{+3}$
возъградити^{1} заградити^{1} сгражати^{1}		огородити(сѧ)^{2}
виноградъ^{3}		
Царьградъ$^{+}$ (Цесарьградъ)$^{+17}$ [4]		Царьгородъ$^{+}$ (Цесарьгородъ)$^{+14}$
древо$^{+19}$ древѧнъıи$^{+}$ (древенъıи)^{5}	***derv-**	дерево$^{+1}$ деревѧнъıи$^{+1}$
(Древѧне$^{+7}$)		(Деревлѧне$^{+33}$)
драгъıи^{2}	***dorgъ**	
жребии (-ьи)^{8}	***žerbьjь**	
	***žerdlo**	жерело^{2}
	***zdorv-** siehe **sъ-dorv-**	
злато$^{+22}$ златъıи$^{+9}$ златникъ$^{+3}$	***zolt-**	золото$^{+5}$ золотъıи$^{+1}$ золотникъ$^{+2}$
златозарнъıи^{1}		Золотоверхъıи^{1}
зракъ^{4}	***zork-**	ѵзороѵье^{1}
клада$^{+2}$	***kold-**	колода$^{+1}$ колодникъ^{1}

[3] Siehe auch крава, Fußnote 5.

[4] Alle Varianten des Namens für Konstantinopel erscheinen immer in Abkürzung: **Цр̃-, Цр̂-**, Weiteres vgl. S. 212.

кладѧзь (кладезь)$^{+5}$	***koldęd'źь**	колодѧзь$^{+4}$
заклати^{1}	***kolti**	колоти^{1}
	vgl. ***koltiti**	сколота^{1}
крава^{1} [5]	***korva**	
	***korl'ь**	король^{1} королевичь^{1}
умрети$^{+7}$	***merti**	измерети^{1} померети^{2} умерети$^{+1}$
младыи$^{+4}$ младенець^{4}	***mold-**	молодыи (молотшии)$^{+4}$
мразъ^{2}	***morzъ**	заморозъ^{1}
омраченье^{1}	***mork-**	
нравъ$^{+6}$	***norvъ**	норовъ$^{+2}$
плѣнь (sic!)$^{+1}$ плѣнити$^{+2}$ плѣненье^{3} плѣньникъ (плѣн-никъ)$^{+2}$ пленовати^{1}	***peln-**	полонъ$^{+5}$ полонити$^{+4}$ полонѧникъ$^{+1}$
поплѣнити^{3}		отполонити^{1}
преблагии превеликъ^{4} предивьнъ^{1} предобрыи^{1} премилостивъ^{1} премудрыи^{1} премудрость^{5} престолъ^{5} преподобныи^{1} препѣтыи^{2} пресвѧтыи^{3} пречистыи^{3}	***per-** + Adjektiv (Substantiv)	
предати(сѧ)$^{+32}$ [6] преити$^{+5}$ пренести$^{+3}$ преступити$^{+13}$ [7] пресѣдѣти$^{+3}$ преимати$^{+1}$ преꙗти$^{+2}$	***per-** + Verb (Deverbativum)	передатисѧ$^{+3}$ переити$^{+4}$ перенести$^{+1}$ переступити$^{+1}$ пересѣдети$^{+1}$ переимати$^{+1}$ переꙗти$^{+13}$
пребрести^{1} [8] пребыти^{7} пребывати^{22} превѣгати^{1} преваблѧти^{1} превозвысситисѧ^{1} прегрѣшенье (-ие)^{4} преданье^{5} предаꙗти(сѧ)^{3} предержати^{1} предѣлъ^{4} презрѣти^{5} прекладати^{2} преклонитисѧ^{1} прекланѧти^{1} прекреститисѧ^{2} преложити^{6} [9] прел(ь)стити^{12} прельщение (-ье)^{3} прел(ь)щати^{5} прельсть (-лесть)^{5} прелестныи^{1} прелюбодѣꙗти^{1} прелюбодѣꙗнье^{2} прелюбодѣи^{1} прелюбодѣиць^{1} прелюбодѣица^{2} премѣнитисѧ^{2} премѣнѧти(сѧ)^{2} преобидѣти^{1} преобразитисѧ^{1} Преображенье^{2} препоꙗсати^{1} препоꙗсанье^{1} преслушати^{1} преставити(сѧ)^{34}		

5) Im Text главѣ (sic!) (97.23), aber PA коровѣ und PVL Ip кравѣ (84.24).
6) Der Übersichtlichkeit halber sind die paarigen Verben vom Typ пре-/пере-den anderen vorangestellt.
7) Im Text приступи statt преступи (270.4).
8) Im Text пебредъ (sic!) (220.20), PA пребредъ.
9) Im Text приложиста (27.7), TA преложиста, P преложиша.

представленье[1] престаꙗти[1] престоꙗти[1] престоꙗнье (PA предстоянье)[1] преступати[10] преступленье[2] законопре-ступникъ[1] законопреступнъıи[1] претерпѣти[1] претирати[1] преторгнути[1] претребовати[1] преходити[1] (приѣхати) 10)		переборoти 11) переброditися[1] перевезтися[3] перевозъ[3] перевозникъ[2] перевѣсище[1] перегъбъ[1] пережечи[2] пере-клюкати[1] перерѣзати[1] пересѣчи[1] переѣздити[1]
беспрестани[+1] непревратьнъ непреложьнъ[1] не престани[1]		вес ⁞перестани[+2]
предъ (пре, предо)[+69] 12) преди[+1] преднии[+2] пред(ъ)ити[5] предпоказати[1] пред(ъ)стоꙗти[2] предибудущаꙗ[1] пред(ъ)лежащии[3] предътекущии[1] (Предъславино) преже[37] прежнии[2] преже ⁞реченъıи[3]	*per-d-	передъ[+5] переди[+3] переднии[+1] напередъ[1] (Передъславинъ Передъслава)
преки[1] прекостьнъ[1]	*per-k-	
прѣщенье[1] запретити[2]	*per-t?	
прѣтися[1] запрети (запрени)[1] отпрѣтися[2] распрѣтися[1] упрѣти[1]	*perti	
пламень (пламѧнь)[4]	*polmen-	
платъкъ[1]	*polt-	
	*porgъ	порогъ (порози)[10]
праздникъ[11] празднъıи (Празднаꙗ недѣлꙗ)[1] празденьство[1] праздновати[6] непраздна[1]	*porzdьn-	
среда[+1] средѣ[2] посредѣ (-и)[10]	*serd-	середа[+1] середнии[1]
смрадъ[2]	*smordъ	
сладъкъ[2] сласть[1] насладитися[2] наслажати(сѧ)[3] усладитися[1]	*soldъ (-kъ)	
	*sorka	сорочка[3]
срамъ[+4] срамнии[1] срамлятися[1] посрамити[1] срамословье[1]	*sorm-	соромъ[+2] осоромити[1]

---

10) Im Text приѣхавъ (167.8), P приѣхалъ, A преихавъ, PVL Ip переѣха (156.16); nicht gezählt, da auch при- sinngemäß.

11) Im Text переборовoти (77.27), PA переборoти; hier ohne Frequenzangabe, da п. bereits bei dem Wortnest *borti gezählt wurde.

12) Im Text прид (91.24), PA предъ.

	***stergti**	стеречи^{1} устеречи^{1}
стражь$^{+2}$	***storžь**	сторожь (-а)$^{+11}$
страна$^{+79}$ странь^{1} страннъıи^{2} страньствующии^{1} пространьнъ^{1} упространитисѧ^{2} устранѧтисѧ^{1} страннолюбивъ^{1} иностраньнъ^{1}	***storn-**	сторона$^{+17}$ простороньство^{1}
простерети(сѧ)^{3}	***sterti**	
здравье (сдравие)^{2} не сдравити^{2}	***sъ-dorv-**	поздорову^{1}
	***telkti**	утолочити^{1}
требити^{1} истребити^{2} потребити (сѧ)^{5} требѣ быти^{1} требовати^{1} требованье^{2} потреба^{8} [13] потребьнъ^{1} благопотребнъıи претребовати	***terb-**	тереба^{1}
	***cholpъ**	холопъ^{2}
храбръıи^{6} храбрьство^{1}	***chorbr-**	
храмъ$^{+3}$ храмина$^{+4}$	***chorm-**	хоромъ$^{+2}$ хоромина$^{+1}$
хранити(сѧ)$^{+10}$ схранити(съ-)$^{+12}$ сохранение^{1}	***chorniti**	хоронити$^{+1}$ похоронити^{5} схоронити$^{+2}$
чрево$^{+2}$	***červo**	черево$^{+1}$
	***červьje**	черевье^{2} [14]
	***čerda**	череда^{1}
чресла$^{+1}$	***čerslo**	чересла$^{+1}$
чресъ$^{+5}$	***čersъ**	чересъ$^{+8}$

[13] Im Text потробу (125.26), PA потребу.

[14] Dazu auch череви (123.4).

бракъ^{4} брачныи^{1} браченье^{1}	***bork-** oder ***bьrak-**	
крамола^{1}	entlehnt aus abair. karmala	
мраморѧнъ (мрамарѧнъ, мраморенъ)$^{+5}$	entlehnt aus lat. marmor, griech. μάρμαρος	**мороморѧнъ$^{+2}$**
	***mъlni**	**молоньꙗ^{3}**
	ostslav. skom-or-ochъ[15]	**скоморохъ^{1}**
	entlehnt aus griech. σκορπίος	**скоропии (-ие)^{4}**
сребро^{13} сребренъ (сребрѧныи)^{5}	***sьrebro**	
	aus griech. τέρεμνον oder urverwandt ***term-** oder zu kuman. tärmä (s. Vasmer)	**теремъ^{2} теремныи^{3} теремьскии^{1}**
притраныи^{1}	***pri-tornъ**[16]	

15) Vgl. L'vov 1974: 109 f.

16) Unsicherer Ansatz, vgl. Vasmer II, 435.

17. BELEGE UND KOMMENTARE ZU DEN TRAT- UND TOROT-LEXEMEN IN PVL L

Zur Struktur der Wortnester

Die obige Wortnestliste enthält 75 urslavische Ansätze, das sind Wurzeln (vier mit Ablaut) und Ableitungen sowie neun zweifelhafte oder nicht auf *tort zurückgehende Ansätze. Von den ersteren sind 22 in PVL L mit nur je einem trat- oder torot-Lexem vertreten, von den letzteren fünf. 13 weitere Ansätze haben nur unpaarige Reflexe. Außerdem liegen in elf Fällen lediglich eine rksl. und ar. Parallelbildung vor. Die Struktur der stärker repräsentierten Wortnester mit beiderlei Reflexen ist von Fall zu Fall verschieden. Es zeichnen sich fünf Arten von Korrelationen ab, jedoch mit fließenden Übergängen. 1) Ausgewogene Distribution, das heißt, größtenteils gleiche trat- und torot-Ableitungen mit identischer oder sehr ähnlicher Semantik, z. B. **zolt-*. 2) Die ksl. und ar. Bildungen weichen zum Teil ab und haben verschiedene Bedeutungen, z. B. **velk-* / **volk-*. Komposita finden sich nur unter den ersteren. 3) Die trat-Lexeme mit abstrakter und/oder religiöser Bedeutung überwiegen, während die Russismen nur (meist) konkrete Bedeutung besitzen, z. B. **vold-*. 4) Das Wortnest besteht nur aus Kirchenslavismen, mit Ausnahme von einer oder vereinzelten ar. Parallelbildungen, vgl. **gols-*. 5) Von derselben *tort-Wurzel liegen vereinzelte formal und semantisch ganz abweichende ksl. und ar. Lexeme vor, deren etymologischer Zusammenhang nur dem Philologen bewußt ist, vgl. **zork-*.

Die Anordnung der Belege und Kommentare erfolgt nach den urslavischen Ansätzen auf der Wortnestliste. Auf die Motivationen für den Gebrauch von Russismen wird hier oft nur verwiesen, weil alle Belege mit Zitaten in den entsprechenden Kapiteln angeführt sind. Im folgenden werden deshalb die ksl. Lexeme ausführlicher behandelt.

***bergt'i: брещи** 1. 'sich kümmern': **«и рѣша болꙗре. лютъ се** (P **съ** A **сеи**) **мужь хоче быти. ꙗко имѣныꙗ не брежеть. а ѡружье емлеть.»** (Svjatoslavs Feldzüge gegen die Griechen, 971, 71.13); 2. (mit Verneinung) 'vernachlässigen': **«и не брежаше в цр҃квь ходити.»**

(Erzählung über die Mönche des Höhlenklosters, 1074, 194.18); vgl. береҹи in N, S, K[1].

***bergъ**: брегъ / берегъ 'Ufer': «Михаилъ цр҃ь изиде с вои брегомъ. и моремъ на Болгары.» (Jahreseintragung 858, 19.2), бр. weiters 30.3, 96.2, 137.9, 142.11, 154.11,24; der Gebrauch von берегъ ist in allen Fällen motiviert, vgl. (der Apostel Andreas) «поиде по Днѣпру горѣ. ... и ста под горами на березѣ» (8.5), hier durch konkrete Darstellung, ebenso 21.25, 84.8, 117.24; durch direkte Rede 40.11 (Ausnahme, nicht auf Rus bezogen, s. S. 126) und 117.8; auch in überwiegend ar. Kontext durch konkrete Darstellung bedingt, vgl. 142.1 und 142.12 (gekoppelt mit Variation), s. S. 84.

***bolg**- bildet mit 22 Lexemen das umfangreichste, rein ksl. Wortnest, was sich durch die religiöse Bedeutung dieser Wörter erklärt; neben Ableitungen ist благ- vor allem als erstes Glied in dem Griechischen nachgebildeten Komposita belegt. (Vgl. deren außerordentlich hohe Frequenz Srezn. I, 90—109 und die dort angeführten griechischen Entsprechungen zu diesen 22 Lexemen). Im Aksl. sind 18 von diesen belegt[2], die restlichen im späteren Ksl. (dies ist bei den Belegen vermerkt). Zur Bildung dieser Komposita und den religiösen Zusammenhängen vgl. Paschen 1933: 21—24). Die Schreibweise ist fast durchlaufend traditionsgemäß mit Buchstabenauslassung: бл҃г-.

благо 1. 'das Gute': «Бъ҃ бо не хощеть зла чл҃вкмъ но бл҃га.» (Predigt über die Strafen Gottes, 1068, 167.25); 2. Pl. 'Güter': «радуися оукрѣпльсѧ надежею вѣчнъıхъ бл҃гъ приимъ.» (Überführung der Gebeine des hl. Feodosij, 1091, 213.20), ebenso 243.12.

благъıи(-о) 'gut, trefflich, gnädig': «... презвутеръ. именемь Ларионъ мужь бл҃гъ.» (Gründung des Höhlenklosters, 1051, 156.3); «благо тобѣ ꙗко слышю ѡ тобѣ кротость.» (Vsevolods Ende, 1093, 216.12); auch substantiviert: «ꙗко то есть середа в земли моеи. ꙗко ту вс҃ бл҃гаꙗ сходѧтсѧ.» (Olgas Tod, 969, 67.24, Gräzismus); «бъıвають аг҃гли на бл҃гое посъıлаеми.» (Ermordung der hl. Boris und Gleb, 1015, 135.6); weitere Belege: 80.27, 119.25, 135.7, 165.27, 182.6, 207.12 (2×), 224.9, 11, 255.16, 281.12, 284.21.

преблагъıи 'sehr gütig': «... пребл҃гии Бъ҃ не хотѧ смр҃ти грѣшникомъ.» (Volodimers Vielweiberei, 980, 79.19).

[1] Wir verwenden in den Kommentaren dieselben Abkürzungen für die Chroniken wie auf den Tabellen.

[2] Hinsichtlich der Definition von „Altkirchenslavisch" folgen wir der chronologisch-regionalen Abgrenzung durch Cejtlin 1977: 12—14; mit „Kirchenslavisch" werden allgemein die späteren Redaktionen bezeichnet.

блаженъıи 'selig, fromm, heilig': «такоже и си блажнаꙗ Ѡльга искаше доброѣ мдрти Бжьи.» (Olgas Taufe, 955, 62.12), 62.19, 68.7, 69.6, 125.16, 22, 130.30, 133.5, 134.21, 138.11, 188.17, 189.13, 206.19, 207.3, 212.27, 246.39, 252.26, 255.26.

треблаженъıи 'dreimal selig': «Андрѣа ѹтнъıи отѹе треблажнъıи пастѹше Критьскъıи.» (Monomachs Gebet, 1096, 255.25).

благовестити 'verkünden': «воспоите Гви блгвте имѧ юго. блгте (PA благовестите) днь ѿ дне съпасеньꙗ юго.» (Glaubensbekenntnis Volodimers, 988, 119.29).

Благовѣщенье '(Fest Maria) Verkündigung': «. . . црквь на Золотъıхъ воротѣхъ. стое Бце Блгвѣщенье.» (Lobpreisung Jaroslavs, 1037, 151.23).

благовоньнъıи 'wohlriechend': «приносѧ кадило молитвеное. темьꙗнъ блговоньнъıи.» (Überführung der Gebeine des hl. Feodosij, 1091, 214.4).

благовѣрнъıи 'rechtgläubig, gottesfürchtig': «и Гь в вѣкъı пребъıваеть. хвалимъ ѿ Рѹсьскъı сновъ. пѣваем въ Трци. а дѣмони проклинаеми ѿ блговѣрнъı мужь. (Zweites Glaubensbekenntnis Volodimers, 988, 121.1); auch als Epitheton von russischen Fürsten und Geistlichen, z. B. «изиде противу юму блговѣрнъıи кнѧзь Всеволодъ. с своима снъма.» (Begräbnis Jaropolks, 1086, 206.17); weiters 62.21, 211.18, 216.5, 233.17, 270.11, 276.19.

благодать 'Gnade': «нъıнѣ приближисѧ нам спсньe. нощь оусп ѣ а днь приближисѧ. имже приведенье ѡбрѣтохом вѣрою. въ блгть сию.» (Zweites Glaubensbekenntnis Volodimers, 988, 120.20); «Мефодии ..... преложи всѧ книги исполнь ...... ѡконьѹавъ же достоино хвалу и славу Бу въздасть. дающему таку блгдать еппу Мефодью.» (Skazanie o gramote, 898, 28.10); dasselbe: 8.8, 131.5, 201.21.

благодѣтельствовати 'Wohltaten wirken': «но именемъ Гнимъ и пррѹтвовавше нѣции ..... и бѣси пакн изгнаша ..... оуво и не на достоиных блгодѣтельствѹет.» (Erzählung über Zauberer, 912, 41.14), offensichtlich Schreibfehler, statt благодать дѣтельствуеть, da übersetzt aus Hamartolos ἡ χάρις ἐνεργεῖ, vgl. Anm.³; ksl., s. Srezn. und Miklosich.

благодѣтьнъ '? gnädig, wohltätig' in unklarer Stelle, die an die vorhergehende anschließt: «ибо Валам. ѡбоих бѣ щюже (A щюжь) житьа изѧщна и вѣры. но ѡбао совладѣтельство в нем. блгодѣтне инѣх ради смотрениа.» (41.17), vgl. Anm.¹ mit Šachmatovs Interpretation: «нъ обаѹе съдѣтельствова въ немъ благодать инѣхъ ради съмотрѣния.»; vgl. andere Lesarten in Šachmatov 1916: PVL I, 45.

благоизволити 'Wohlgefallen haben': «гла гласъ. се есть Снъ мои възлюбленныи. ѡ немже блгоизволи.» (Rede des Philosophen, 986, 103.14).

благопотребныи 'nützlich': «ре Соломанъ ... ѡ добрыхъ жена ре. драгъши есть каменьıа многоцѣньна. радуетсѧ ѡ неи мьжь (PA мужь) еıа ..... ѡбрѣтши же лну веснъı (PA волну и ленъ) творить. блгопотребнаıа рука[ма] ...» (980, 80.28); ksl., vgl. Srezn. und Slovník.

благоразумьнъ 'vernünftig': «ıакоже рече Соломанъ ... не вънимаи злѣ женѣ ..... блуднаıа же теченьıа еıа неблгоразумна.» (Volodimers Vielweiberei, 980, 80.23); in der Faksimileausgabe steht не am Zeilenrand, auch bei Šachmatov 1916: PVL I, 97 getrennt geschrieben; ksl., vgl. Srezn., Miklosich und Слов. р. яз. XI—XVII вв.

благородьнъıи 'wohlgeboren': «при блгородьнѣмь кнѧзи. Всеволодѣ. державному Русьскъıа землѧ.» (1089, 208.3).

благословити 'segnen, preisen', die Bedeutungen sind manchmal schwer zu trennen, vgl. «и поучи ю патреархъ ѡ вѣрѣ. ре еи блгна тъı в (женаX aus PA) Руски. ıако возлюби свѣтъ. а тьму ѡстави. блгвти тѧ хотѧть снве Рустии.» (Olgas Taufe, 955, 61.6, 7); im zweiten Fall wäre auch 'preisen' denkbar, doch übersetzt Trautmann 40 beide mit 'segnen'; dieselbe Bedeutung liegt eindeutig vor: 8.10, 61.17, 62.6, 81.23, 92.20, 99.22, 101.13, 104.11, 138.29, 156.23, 187.11, 193.9, 240.25, 242.13; 'Gott preisen': 119.13, 28, 29, 120.27, 158.24, 223.27, 242.7, 31, 35, 244.12, 36.

благослов(л)енье 'Segen': (Olga) «приде къ патреарху блгвньıа просѧщи на домъ.» (Olgas Taufe, 955, 61.26), 99.7, 116.12, 156.21, 157.1, 11, 16, 24, 27, 159.10, 186.15, 212.4, 245.34.

благоуханье 'Wohlgeruch': «... Торчинъ. вънезъ ножь зарѣза Глѣба. акъı агнѧ непорочно. принесесѧ на жертву Бви в воню блгоуханьıа.» (Ermordung der hl. Boris und Gleb, 1015, 136.23), 182.5, 214.3; ksl., vgl. Slovník und Srezn.

благочестье 'Frömmigkeit': «Врахманеи ѡстровьници. юже ѿ прадѣдъ показаньемь. и (aus PA) блгчтьемь (P благочистіемъ) мѧс не ıадуще ни вина пьюще.» (Aus Hamartolos, 15.2).

благочестивъıи 'fromm': «но Бъ вѣсть избавлѧти блгочтвъıа своıа ѿ льсти.» (Kämpfe des Oleg Svjatoslavič, 1096, 239.6); diese TE ist sprachlich gemischt, doch erscheint бл. in engerem religiösen Kontext.

благочестьнъ 'fromm': «наоучисѧ вѣрнъıи члвче бъıти. блгочтно дѣлатель.» (Monomachs Belehrung, 1096, 243.16), vgl. Anm.[6]: Обыкн. благочестию.

***bolnьje:** болонье 'grasbewachsene Flußniederung': «и мало в градъ и въѣхаша Половци. и зажгоша болонье ѡколо града.» (Neuerliche Polovcereinfälle, 1096, 232.13); б. ist unpaarig; nach Paschen 1933: 38 Eigenname eines Kiever Vorstadtgeländes.

***bolto:** болото 'Sumpf': «в се лѣто ведро бѧше ꙗко изгараше землѧ и мнози борове възгарахусѧ сами. и болота.» (1092, 215.11); болото ist in diesem Kontext als nicht austauschbar anzusehen (vgl. S. 59), da aksl. блато im Rksl. nach Sreznevskij nur im religiösen Schrifttum belegt ist, болото hingegen auch in PVL Ip, N, S, K, G.

***borda:** брада 'Bart': «егда придеть Бъ҃ судитъ земли. и погубѧть всѧ творѧщаꙗ безаконьꙗ. и скверны дѣющиꙗ. си бо ѡмывають ѡходы своꙗ в ротъ вливають. и по брдⷶѣ мажютсѧ поминають Бохмита.» (Überprüfung der Religionen, 986, 86.19); «Ꙗнь же повелѣ бити ꙗ. и потергати брадѣ ею. сима же тепенома и брадѣ ею поторганѣ проскѣпомъ. реⷱ҇ има Ꙗнь что ваⷨ бз҃и молвѧть.» (Erzählung über Zauberer, 1071, 177.25). Beide TE sind ksl. abgefaßt, weil vom mittelalterlichen Standpunkt auch religiöse Unsitten und Erzählungen über Zauberer zur religiösen Thematik gehören, daher auch in PVL Ip брада in denselben Stellen, sonst борода in S, K, G, V; бр. ist aksl.

***bordlo:** забороло 'Stadtmauer': «Мстиславу же хотѧщю стрѣлити. внезапу ударенъ бъⷭ҇ подъ пазуху стрѣлою. на заборолѣхъ сквозѣ дску скважнею.» (Blendung Vasilkos, 1097, 272.3); auch in PVL Ip, N, K, G, V; забрало dass. in der Fortsetzung von PVL nach Ip. (1115, 281.5); die adjektivische Ableitung wird in PVL L in religiösem Kontext gebraucht: «... блж҃наꙗ Ѡльга искаше доброѣ мдⷭ҇рти Бж҃ьи. ..... прⷭ҇мдротⷭ на исходищихъ поетсѧ. на путехъ же деръзновенье водить. на краихъ же забральнꙑхъ прⷪповѣдаеть.» (Olgas Taufe, 955, 62.16).

***born-:** брань 'Kampf': «съвѣщаша Русь изидоша върушившесѧ (PA въоружившесѧ) на Греки. и брани межю ими бывши зьли (PA злѣ).» (Igors erster Feldzug gegen die Griechen, 941, 44.23). Dieses im Aksl. und Rksl. gebräuchliche Wort besitzt praktisch keine ostslavische Entsprechung und kommt in den untersuchten Chroniken 90× vor. In PVL L ist die Verwendung von брань eng mit dem Sprachschlüssel verknüpft; von 16 Belegen finden sich 14 in ksl. TE, davon sechs in engerem religiösen Kontext, vgl.: «крⷭ҇тмъ бо кнѧзеⷨ в бранеⷯ пособить. въ бранеⷯ крⷭ҇тмъ соⷢ҇ражаюми вѣрнии людье.» (Sieg über die Polovcer, 1068, 172.25); «побѣжаⷯ всѧ брани.» (Monomachs Gebet, 1096, 255.31); «и мнози чл҃вци блгⷪ҇вѣрнии видѣша крⷭ҇тъ над Василковы вои. възвышьсѧ велми. брани же велицѣ бывши ..... и видѣвъ С҃тополкъ ꙗко люта брань». (Blendung Vasilkos, 1079, 270.13, 15), ebenso 198.1; stereotypes «бꙑ брань люта (крѣпка)» findet sich 2× auch in einer sprachlich gemischten TE (Kämpfe des Oleg Svjatoslavič, 1096, 237.11, 240.3), dass. 220.14, 230.19; weitere Belege für брань: 44.23, 65.9, 77.13, 17, 221.25, 264.6.

Die Verben sind aksl. Ursprungs und kommen in PVL L seltener als брань, sowohl in religiösen als auch weltlichen Kontexten vor, haben jedoch abstraktere Bedeutung als die ar. Entsprechungen.

бранити 'hindern, verwehren': «но аще кто хотѧше кр҃титисѧ не бранѧху но ругахусѧ тому невѣрнымъ» (Svjatoslavs Widerstand gegen die Taufe, 955, 63.8); «любѧше дружину по велику. имѣньꙗ не щадѧше ни питьꙗ. ни ѣденьꙗ бранѧше.» (1036, 150.23).

възбранити / възбранѧти 'verbieten, abwehren': «ты дажь ми слово ѡ҃че. се бо ѹстнама моима не възбрани впити (= въпити) ти мл҃тве помилуи падшаго.» (Monomachs Gebet, 1096, 255.13); «Ѡлгови не възбранѧщю. бѣ бо самъ повелѣлъ имъ воевати.» (Kämpfe um Černigov, 1094, 226.13); «да приходѧщаꙗ таковыꙗ мысли. възбранѧти знаменьѥмъ кр҃тнымъ ...» (Feodosijs Tod, 1074, 184.3); die Bedeutung 'abwehren' wird von Sreznevskij nicht angeführt, sie ist aber im Aksl. belegt.

обранити 'verteidigen': «малы бо насъ не взѧша Печенѣзи. мт҃рь твою и дѣти твои. аще не поидеши ни ѡбраниши насъ.» (Pečenegenfeldzug gegen Kiev, 968, 67.13); о. ist ksl.

Die Polnoglasieformen treten massiert in einer Stelle im Vertrag unter 912 auf, deshalb zitieren wir sie zusammen: воронение 'Hindernis', воронити 'hindern', während возворонити wohl ein Schreibfehler für возворотитисѧ ist (so Larin 1975: 41)[3]: «аще ли таковаꙗ лодьа. ли ѿ ѹбрѧ [или] воронениа земнаго воронима. не можеть воз'воронитисѧ въ своа си мѣста.» (912, 35.20).

оборонити dass. wie обранити, ist einmal in direkter Rede belegt: «да быхомъ ѡборонили Руськую землю ѿ поганыхъ.» (Belagerung von Starodub, 1096, 230.2).

***borti**: бороти(сѧ): der Infinitiv kommt 3×, das Supinum einmal vor, und zwar bezeichnenderweise in direkter Rede (dazu vgl. S. 122 f.). Da der Präsensstamm nicht auf *tort zurückgeht, wurden diese Formen nicht berücksichtigt. 1. 'ringen': «и рече ему Володимеръ. можеши сѧ с ни[мъ] бороти.» (Gründung von Perejaslavl', 933, 123.14, folkloristische ostslavische Erzählung, vgl. Lichačev 1950:

---

[3] Vgl. auch die Kommentare з und и in PVL L 35.

II, 347); «и реⷱ҇ Редедѧ къ Мьстиславу. что ради губивѣ дружину межи собою. но сы. идевѣ сѧ сама боротъ ..... не ѡружьемь сѧ бьевѣ. но борьбою. и ꙗста сѧ бороти крѣпко.» (Zweikampf Rededja – Mstislav, 1022, 147.1, 6.) 2. 'kämpfen': «и рѣша Новгородци. аще кнѧже браⷮꙗ наша исѣчена суть. можемъ по тобѣ бороти.» (Beginn der Regierung Jaroslavs, 1016, 141.10, überwiegend ar.); in den gegebenen Kontexten ist der Russismus ganz am Platz, aber es sprechen auch lautliche Gründe für seine Verwendung, denn nach dem Fall der Halbvokale wurden бьрати > брати 'nehmen' und ksl. брати 'kämpfen' zu Homonymen, was sicher zur Verdrängung des letzteren beitrug (Srezn. führt wohl брати als Stichwort an, doch enthalten die Zitate nur finite Formen; nicht homonymes братисѧ kommt im Inf., aber fast nur in religiösen Quellen vor); wir sehen daher бороти(сѧ) als nicht austauschbar an, vgl. S. 59.

переборoти 'besiegen': «и реⷱ҇ Блудъ Ꙗрополку. видиши колько воин у браⷮ твⷪего. нама ихъ не переборобoти (PA переборoти).» (Ermordung Jaropolks, 980, 77.27); nur in direkter Rede in sonst ksl. Kontext mit gleichfalls markiert ar. Präfix; переборoти wird von Sreznevskij nicht angeführt und ist unpaarig.

***boršьno**: брашно 'Speise, Nahrung (Lebensmittelvorräte)': «И вынесоша емоу брашно и вино и не приа еⷮ. бѣ бо оустроено со ѡтравою.» (Olegs Feldzug gegen die Griechen, 907, 30.17); «и ста зимовати в Бѣлобережьи. и не бѣ оу ниⷯ брашна оуже. и бѣ гладъ великъ.» (Svjatoslav bei den Dnjeprschnellen, 971, 73.31); Jakubinskij nimmt fälschlich Bedeutungsdifferenzierung von борошно 'Roggenmehl' schon für die ar. Periode an (1953: 274), doch waren sie Synonyme, vgl. Srezn. und Эт. слов. слав. яз. II, 212; bereits im Aksl. gut belegtes брашно war aber viel gebräuchlicher und ist in den untersuchten Chroniken unpaarig — Frequenz 24. Weitere Belege in PVL L: 31.16, 49.15, 81.3, 184.6, 221.16, 246.21, 279.24 (in den letzten beiden in direkter Rede).

Von ***velk-**/***volk-** liegen ausgedehnte ksl. und ar. Wortnester vor, und zwar hauptsächlich Verbalableitungen, die sich semantisch zum Teil entsprechen; die Nominalableitungen sind hingegen unpaarig und weichen formal und semantisch stark ab. Das Simplex влещи sowie sämtliche ksl. präfigierte Verben — die bereits im Aksl. gut belegt sind — kommen in PVL L meist in konkreter Bedeutung vor, 'ziehen', 'anziehen' usw., doch treten sie nur in ksl. TE mit religiösem Inhalt auf.

влещи 'ziehen': «Перуна же повелѣ привѧзати. коневи къ хвосту. и влещи с горы ..... влекому же юму по Ручаю къ Нⷣѣпру. плакахусѧ юго невѣрнии людье.» (Sturz der Götzen, 988, 116.23, 117.3); «аще тверда е҇ искрь пребывающи Гви н'нѣ (PVL Ip и не) влекома врагоᴹ.» (Erzählung über Zauberer, 912, 41.8).

извлещи '(Waffe) herausziehen': «единъ ею извлекъ мечь проньзе и къ срцю.» (Ermordung der hl. Boris und Gleb, 1015, 134.20) und 241.37.

облещи(сѧ) '(sich) in etwas kleiden': «еппъ же веземъ кртъ и ѡблекъсѧ в ризы ста ре҃.» (Erzählung über Zauberer, 1071, 181.3), auch 192.2, 4, 195.9; in abstrakt-religiöser Bedeutung aus der christlichen Phraseologie: «елико во Ха҇ кртихомсѧ и во Ха ѡблекохомсѧ.» (Aus Hamartolos, 16.20), auch 61.29, 81.20 und zusammen mit совлещисѧ 'ablegen': «и совлечесѧ грѣховною ѡдежевъ ветхагᴼ чл҃вка Ꙗдама. и въ новъıи Ꙗдамъ ѡблечесѧ еже есть Хъ҇.» (Lobpreisung Olgas, 969, 68.13, 14); als Stichwort in Srezn. облѣчисѧ, doch auch облещисѧ in den Zitaten; in PVL L kommt der Infinitiv nicht vor.

Statt облещисѧ findet sich in der Fortsetzung von PVL Ip einmal оболочисѧ dass., das insofern aus der Reihe fällt, weil es in einem religiösen Bericht auftritt (Überführung der Gebeine der hl. Boris und Gleb), in dem geistliche Würdenträger ihre Gewänder anlegen; im selben Kontext kommt weiters поволочи 'ziehen' vor (Srezn. nur поволочисѧ 'покрыться'), zur Wiedergabe von konkreter Bewegung: «митрополитъ еппи игумени. оболокошасѧ оу ст҃льскъıꙗ ризъı . . . . . взѧша раку Борисову и въставиша и на возила. и поволокоша оужи.» (1115, 280.23, 27).

привлещи 'hinziehen': (Perun) «привлекше вринуша и въ Днѣпръ.» (Sturz der Götzen, 988, 117.6); «и не брежаше в цр҃квь ходити. нужею прïвлечахуть и к цр҃кви.» (Erzählung über die Mönche des Höhlenklosters, 1074, 194.18).

влачити 'ziehen, schleppen': «и посла Ꙗрополкъ искатъ брата. и влачиша трупье изъ гробли». (Jaropolks Sieg, 976, 75.5); Iterativum mit Ablautstufe, tritt als einziges von den genannten ksl. Verben in weltlichem Kontext auf.

привлачити 'zu sich ziehen': «а Гь҇ нашь владѣꙗ. и животомъ и смр҃тью . . . . . ꙗко ѡць҃ чадо свое любѧ. бьꙗ и пакъı. привлачить е к собѣ.» (Monomachs Belehrung, 1096, 243.37).

Die ar. Verben von ***velk-/*volk-** kommen nur vereinzelt und in konkreter Bedeutung vor, und zwar in engem sprachlich gemischten Kontext (ausgenommen выволочи), doch in ksl. TE.

выволочи 'herausziehen' fehlt in Srezn., entspricht извлещи und findet sich einmal in einer ganz überwiegend ksl. Stelle über sagenhafte Begebenheiten nach einer Sonnenfinsternis; выволочи wird wegen seiner konkreten Bedeutung bevorzugt (eine Mißgeburt wird aus dem Wasser gezogen): «ѥго же дѣтища въıволокоша рыболове въ неводѣ.» (1065, 164.14).

соволочи 'aus-, herunterziehen', совлочися 'sich ausziehen': «и сволокоша с него сорочку кровавꙋ сущю.» (Blendung Vasilkos, 1097, 261.13); «видѣхъ бани древены. и пережьгуть є рамяно. совлокуться и будуть назу.» (Legende über den Apostel Andreas, 8.21); s. o. совлещися.

волочити 'ziehen, schleppen' < *volk: «и аще что можеть продати ѿ лоⷣа. волочиⷨ (Ip. вowолочимъ) мы Роуⷭ҇ да егⷣа ходиⷨ в Грекы.» (Vertrag unter 912, 35.28); vgl. влачити.

Die Nominalableitungen aus dem Aksl. облакъ 'Wolke' und облаченъ haben keine ar. Entsprechungen und kommen in religiösen Stellen in fast rein ksl. TE vor: «и буду подобенъ Бу҃. и поставлю прⷭ҇тлъ свои на ѡблацⷯѣ. сѣверьскихъ.» (Rede des Philosophen, 986, 88.2); «и предъидяше предъ ними нощью столпъ ѡгненъ. а въ дн҃ь ѡблаченъ.» (ebenda, 95.22) und 284.27; weiters облакъ in der Fortsetzung von PVL nach Ip. 262.9, 279.28 und облаченъ Ip. 261.22.

Ebenso ist волокъ 'Schleifstelle für Boote zwischen zwei Wasserwegen, insbesondere die Verbindung zwischen dem Oberlauf des Dnjepr und der Lovot'' (so Trautmann 298) unpaarig: «Полянomъ же живши мъ ѡсобѣ по горамъ симъ. бѣ путь изъ Варягъ въ Греки. и изъ Грекъ по Днѣпру. и верхъ Днѣпра волокъ до Ловоти.» (Weg von den Varägern zu den Griechen, 7.3.); dazu Заволочие: 'Landschaft jenseits des Volok' (dazu vgl. S. 32 f.): «В се же лѣто. оубьѥнъ бъⷭ҇і Глѣбъ. сн҃ъ С҃тославль. В Заволочии.» (1078, 199.25) und заволочьскъıи: «Заволочьскаꙗ Чюдь.» (Einleitung 4.4).

паволока 'kostbares Gewebe' ist sehr gebräuchlich und in dieser Bedeutung unpaarig (doch vgl. Srezn. повлака); п. tritt fast immer im Plural auf, in der Regel in Verbindung mit злато (nie mit золото, dazu vgl. Paschen 1933: 40), z. B. «и приⷣе Ѻлегъ к' Киевꙋ. неся злато и паволоки. и ѡвощи. и вина. и всякоє оузорочье.» (907, 32.15); «златоⷨ. и паволоками.» (912, 38.1), dass. 38.4, 45.28, 46.9, 67.25, 70.27, 28, 71.2; erweitert durch серебро: «не бившеся имати злато и сребро. и паволоки.» (944, 46.3), dass. 61.23, 198.24; nur im Vertrag unter 945 tritt паволока, das Handelsmonopol in Byzanz war, nicht in diesen Ausdrücken auf: «не имѣють волости купити. паволокъ лише по ·н҃· золотникъ и ѿ тѣхъ паволокъ аще кто крьнеть. да показываеть цр҃ву мужю ..... ꙗкоже оуставлено єсть преже. ·в҃· паволоцѣ за чалядинъ.» (49.11, 12, 26); das letzte Vorkommen ist eine Dualform.

паволоꙋитъ ‘aus kostbaren Stoffen’: **«И реⷱ Ѡлегъ. ищите пароуⷭ паволоꙋиты Роуⷭ. а Словеноⷨъ кропиньныꙗ.»** (Nach Olegs Feldzug gegen die Griechen, 907, 32.8 und 32.12).

***verg-/*vorg-** hat zwei aus dem Aksl. stammende Reflexe — die Verben **испровреши** und **провреши**, die nur im Infinitiv Metathese aufweisen, daher werden die anderen Formen hier nicht berücksichtigt.

испровреши ‘umstürzen’: **«ꙗко приде повелѣ кумиры испровреши. ѡвы ѡсѣꙋи. а другиꙗ ѡгневи предати.»** (Sturz der Götzen, 988, 116.21). Die ostslavische Entsprechung **выверечи** kommt in PVL Ip vor.

повреши ‘umwerfen’: **«ꙗста Василка. и хотѧща и повреши. и борѧшетсѧ с нима крѣпко. и не можаста юго повреши.»** (1097, 260.22, 23).

Die Ablautstufe ist durch **изворогъ** ‘Auswurf, Fehlgeburt’ in einer Fabelgeschichte nach Methodios von Patara vertreten: **«и мертвець не погрѣбаху. но ꙗдѧху и женьскыꙗ изворогы. и скоты всѧ неꙋⷭтыꙗ.»** (1096, 236.1); in Srezn. findet sich nur dieser Beleg; dafür in PVL Ip **изъврагы** (226.1), das häufiger vorkommt (vgl. Srezn. auch **извьргъ**) und eine aksl. Lehnübersetzung von griech. ἔκτρωμα ist. Aus diesem Grund und wegen des Präfixes **из-** ist die Polnoglasieform als Umbildung des Kirchenslavismus anzusehen (so auch L’vov 1975: 22).

Von ***verd-** sind folgende trat-Lexeme abgeleitet: **вредъ** ‘Schaden’, **вредити** ‘schaden’, **вредитисѧ** ‘verletzt werden’, **врежати(сѧ)** ‘schaden’ und **невреженъ** ‘unversehrt’, die alle im Aksl. belegt sind sowie ar. **вередити** ‘verletzen’. Ihr Auftreten konzentriert sich auf einen Bericht über Zauberer (nach Hamartolos unter 912) und auf Monomachs ar. Autobiographie: **«ѿгнавъ мноⷤство змии. и скоропии изⷯ граⷣ. ꙗко [не] врежатⷭи ꙋлвкоⷨ ѿ ниⷯ ..... птица могꙋщи вредити ꙋлвка ..... на тлѣнье. и вреⷣ ꙋлкомъ.»** (912, 39.24, 40.15, 18); **«Бъ и стъіи Борисъ не да имъ мене в користь. невреженi доидохоⷨ Переꙗславлю ..... и Бъ невреженa мѧ съблюде ..... и руцѣ и нозѣ свои вередиⷯ. въ оуности своеи вередиⷯ не блюда живота своюго ..... то никтоже ваⷭ не можеть вредитисѧ. и оубити. понеже не будеⷮ ѿ Ба повелѣно.»** (1096, 249.26, 251.18, 20, 21, 252.8); weiters: **«мужа оубихъ въ вредъ мнѣ.»** (1019, 146.2); **«... помыслы. и тѣми врежаюми бываюⷮ имъ млтвы.»** (1074, 184.1).

***vertmen-**: **времѧ, времѧньныи** sind in PVL L unpaarig (während **веремѧ** die Normalform in der Kiever Chronik ist); **времѧ** ist 48× belegt, allein in biblischen Formeln **въ се (же) времѧ, въ си (же) времена, въ то времѧ** über 30×. Paschen 1933: 30 läßt die

Frage noch offen, ob **верема** bodenständig oder eine Analogiebildung ist; Filin, der ausführlich zeitliche und räumliche Begriffe der PVL behandelte (1949: 106—122), kam bereits zu dem Schluß, daß **времѧ** als neuer allgemeiner abstrakter Begriff aus dem Aksl. entlehnt sei und griech. χρόνος entspreche. So erklärt sich die rasche Einbürgerung des Wortes und die spätere Verdrängung von **веремѧ**. M. F. Mur'janov beschrieb kürzlich Begriff und Wort „Zeit" in einem kulturhistorisch bedeutsamen Artikel (1978; gewidmet dem 600. Jahrestag der Laurentiuschronik), in dem er vom idg., klassischen und mittelalterlich-christlichem Denken ausgeht; nach ihm ist der semantische Gehalt von **времѧ** das Erbe der biblisch-semitischen und klassischen Gedankenwelt. In diesem Zusammenhang gibt Mur'janov **времѧньнꙑи** zum ersten Mal, wie mir scheint, die richtige Deutung: «Повесть вре́менных лет ..... повесть лет земной преходящей жизни, лет времени, а не вечности.» (1978: 60). Beispiele: **«Бо мнозѣхъ же времѧнѣ^{х}. сѣли суть Словѣни по Дунаеви.»** (Einleitung, 5.23); **«торжьство. и велико праздѣньство времѧ** (PA **веремя**!) **тѣ мьнѧть.»** (aus Hamartolos 16.7); **«вси во времѧ же хотѧщихъ родити.»** (16.9); **«в се же времѧ поча цр҃ьствовати Костѧнтинъ.»** (913, 42.4); **«Б си^{ж} времена прииде Семиѡнъ пленѧа Фракию.»** (915, 42.14); **«в то же времѧ бѧше пришелъ Славѧта.»** (1095, 227.7).

Das Adjektiv kommt nur im Titel der Chronik vor: **«Се повѣсти времѧньнꙑ^{х} лѣ^{т}. ѿкуду есть пошла Рускаꙗ земѧ. кто въ киевѣ нача первѣе кнѧжи^{т} и ѿкуду рускаꙗ землѧ стала есть.»** Die oben genannte Bedeutung ist aksl., vgl. Slovník **врѣменьнъ**.

***vold**- bildet ein ausgedehntes ksl. Wortnest, dem ein wenig entwickeltes ar. gegenübersteht. Unpaarige trat-Lexeme vorwiegend mit religiöser Semantik (im Aksl. belegt, zwei Ausnahmen):

владꙑка 1. '(Herr)gott' 10× : **«мл҃твми твоими вл҃дко. да схранена буду ѿ сѣти неприꙗзн^{ь}нꙑ.»** (Taufe Olgas, 955, 61.14); **«. . . оу Бъладꙑкꙑ Бсец҃рѧ. пребꙑвающа в радости бесконечнѣи. ..... еста заступника Русьстѣи земли ... молѧщасѧ воину къ Бл҃цѣ.»** (Ermordung der hl. Boris und Gleb, 1015, 137.12, 21), weiters 139.9, 144.14, 223.28, 224.9, 11, 284.20, 255.12; **в.** kommt nur in unmittelbar religiösen Kontexten in ksl. TE vor. 2. 'Herrscher': **«Равно другога свѣщаньꙗ. бꙑвшаго при цр҃и Раманѣ и К^{о}стѧнтинѣ и Стефанѣ. хр҃олюбивꙑхъ вл҃къ.»** (Vertrag 945, 46.20); im Aksl. scheint dies die ursprüngliche Bedeutung gewesen zu sein, vgl. Sadnik, Slovník, Miklosich und Paschen 1933: 20.

владꙑчьнь 'des Herrgotts, des Herrn' (nur religiös): **«помолїсѧ гл҃ѧ**

зрѧ на иконꙋ на ѡбразъ Блчнь глѧ сице. Гн Іс Хс . . .» (Ermordung der hl. Boris und Gleb, 1015, 133.21) und 225.22.

владъıчица 'Herrin (= nur Gottesmutter)': «ѡ Блчце Бце. ѿими ѿ оубогаго срца моıего. гордость.» (Monomachs Belehrung, 1096, 243.13) und 232.25.

властель 'Herrscher': «поставлѧеть еи црѧ или кнѧзѧ праведна. любѧща судъ. и правдꙋ. и властелѧ оустраıаеть.» (Svjatopolks Missetaten, 1015, 139.25); auch 2× in PVL Ip 1111, 271.21.

самовластець 'Herrscher': «посемь же переıа власть ıего всю Ꙗрославъ. и бъı самовластець (PA самодержець) Русьстѣи земли.» (Mstislavs Tod, 1036, 150.24); aksl. Lehnübersetzung aus αὐτοκράτωρ; weiter vgl. L'vov 1975: 182 f.

совладѣтельство: in unklarer Stelle: «ибо Валам. ѡбоих бѣ щюже житьа изѧщна и вѣры. но ѡба совладѣтельство в нем. блгодѣтне инѣх ради смотрениа.» (Erzählung über Zauberer, 912, 41.17, aus Hamartolos); Šachmatov rekonstruierte nach der griechischen und ksl. Vorlage: «нъ обаче съдѣтельствова въ немъ благодать инѣхъ ради съмотрения», vgl. Anm.[1] und Šachmatov 1916: PVL I, 45 andere Lesarten; совладѣтельство ist in den Wörterbüchern nicht belegt, aber vgl. Srezn. съвладѣти, Слов. цсл. и р. яз. III, 355: совладычество.

Von den paarigen Lexemen dieses Wortnestes ist власть – волость am gebräuchlichsten; sie weichen zum Teil semantisch ab, wobei das erste die auf das Griechische zurückgehende Bedeutungsskala von aksl. власть wiedergibt (vgl. Slovník), was eine Abgrenzung erschwert.

власть 1. 'Rechtsanspruch' 3×, nur im Vertrag unter 945: «да не имѣють власти зимовати оу сто Мамы.» (49.18), 51.12, 20. 2. 'Herrschaft, (Staats)macht, Macht' 20× : «елико хеıанъ ѿ власти нашеıа. плѣнена приведуть Русь тꙋ.» (Vertrag 945, 50.16 und 51.19); «ни сбираю вои . . . ни иного приведꙋ на странꙋ вашю. и елико есть подъ властью Гречьскою. ('Herrschaft') ни на власть Корсуньскꙋю.» (aber 'Gebiet', Vertrag 971, 73.4, 5) und 102.9; приıати власть 'die Macht ergreifen': «и приıа власть Рюрикъ. и раздаıа мужемъ своимъ градъı.» (Berufung der Varäger, 862, 20.12, einziger Beleg von вл. in sprachlich gemischter TE), weiters 75.12, 96.25, 157.12, 216.15; auch переıати власть dass.: «и въшедъ Ꙗрополкъ въ градъ Ѡльговъ. переıа власть его.» (Jaropolks Sieg, 977, 75.1); 'Macht haben, wollen, geben' u. ä.: «желаıа болшее власти.» (Vertreibung Izjaslavs, 1073, 182.28) und 76.3, 82.17, 100.11, 139.20, 216.26, 243.10, 246.27.

In zwei Fällen ist die von Paschen 1933: 52 f. ausgesonderte

Bedeutung '(konkret) Herrschaftsgebiet, Reich', die nach ihm 11× vorkommt (nur zwei Seitenangaben), meines Erachtens zweifelhaft, vgl.: «и нача помышляти яко избью всю братью. и приму власть Руськую единъ.» (Svjatopolks Missetaten, 1015, 139.18) und: «Всеволодъ же сѣде Кыевѣ. на столѣ ѡц҃а своего. и брата своего. переима власть Руськую всю.» (1078, 204.9); wir interpretieren 'die Herrschaft in der Rus ergreifen', ebenso wie in den obigen Belegen. In diesem Sinn übersetzen auch Trautmann 100, 147 und Lichačev 1950: I, 294, 336. Michajlovskaja 1980: 136 f. zitiert dieselben Beispiele und läßt die Frage offen, ob 'страна, государство' oder 'господство, власть над страной' vorliegt (ebenso in einem Beispiel aus der Hamartolosübersetzung).

Im folgenden Beleg mit demselben Ausdruck ist allerdings nicht 'Machtübernahme', sondern das Territorium gemeint, wobei sowohl die Interpretation 'Herrschaftsgebiet', als auch 'Wolost'' möglich ist: «Мьстиславъ ..... оумре ..... посемь же перея власть его всю Ярославъ. и бы҇ самовла҇стець Руськѣи земли.» (Mstislavs Tod, 1036, 150.23), vgl. Trautmann 108: „Danach übernahm Jaroslav dessen ganzes Gebiet ..." und Lichačev 1950: I, 301: «После этого Ярослав завладел всей его волостью ...». Die Verwendung derselben Phrase wie in den vorhergehenden Beispielen zeigt, daß die diskutierten Bedeutungen nicht fest abgegrenzt waren. Für 3. 'Herrschaftsgebiet' findet sich noch ein gesicherter Beleg: «ни иного приведу на страну вашю ..... ни на власть Корсуньскую.» (Vertrag 971, 73.5).

4. 'Wolost', Herrschaftsgebiet eines Fürsten': «но сему имя (РА ми) дивно. дает ми городъ свои. а мои Тре҇бовль. моя власть и нынѣ и пождавше яко҇ж и бы҇. вскорѣ бо прия власть свою.» (Blendung Vasilkos, 1097, 265.26, 27); «поими брата своего Василка к собѣ. и буди ва҇м едина власть Перемышль.» (Tod von David Igorevič, 1100, 274.19).

Aus dem Gesagten geht hervor, daß власть unvergleichlich häufiger in abstrakter als in konkreter Bedeutung vorkommt, nämlich 23 : 5×. Dies führte in der Folge zu einer Bedeutungspolarisation des ksl. und ar. Substantivs, sowie zu einer Dublettenbeseitigung bei den Verben владѣти / володѣти.

волость 1. 'Rechtsanspruch' kommt ebenso wie власть dass. nur im Vertrag unter 945 vor: «да не имѣють волости купити. паволокъ лише по ·н҃· золотникъ ...» (49.11); «да не имать волости кнѧзь Рускии. да воюеть на тѣхъ странахъ.» (50.28). 2. 'Wolost', Herrschaftsgebiet eines Fürsten' 10× : «и молвѧше всегда. Ярополку Свѣналдъ. поиди на братъ свои. и прими волость его. хотѧ ѿмьстити сн҃у своему.»

(975, 74.19); das ist der erste frühe Beleg in dieser Bedeutung; «иди в волость ѡц҃а своѥго Ростову. а то ѥ̑ волость ѡц҃а моѥго ..... иди ис Суждалѧ Мурому а в чюжеи волости не сѣди.» (Kämpfe des Oleg Svjatoslavič, 1096, 237.1 2×, 237.29, sprachlich gemischte TE), weiters 241.18, 254.18, 258.17, 263.7, 267.2, 269.32, insgesamt 7× in direkter Rede; 3. 'Anteil des Herrschaftsgebietes': «занеже положи главу свою за брата своѥго. не желаꙗ болшее волости ни имѣньꙗ хотѧ болша.» (Nekrolog für Izjaslav, 1078, 203.11).

Wie man sieht, hatte волость eine bedeutend engere und konkretere Bedeutung als власть; im Sinne von 'Macht, Herrschaft' ist es in PVL L überhaupt nicht belegt.

владѣти '(be)herrschen': «владѣють же жены мужи своими.» (Aus Hamartolos, 15.19); nur das ksl. Wort kommt auf Gott bezogen vor: «а Гь̑ нашь владѣꙗ. и животомъ и смр҃тью.» (Monomachs Belehrung, 243.34) und 253.11; weiters 9.8 (s. u.), 17.21, 22, 21.5. владѣти ist ksl., vgl. Quellen bei Miklosich und im Slovník.

володѣти dass.: «Полем же жившемъ ѡсобѣ и володѣющемъ. и роды своими ..... владѣюще кождо родомъ своимъ на своихъ мѣстѣх.» (Poljanenbrüder 9.5); der Russismus ist hier meines Erachtens durch situationsangemessene Darstellung motiviert, vgl. S. 102 f. und nicht durch stilistische Variation; weiters 17.23 und 75.19; die restlichen Vorkommen finden sich in einer sprachlich gemischten TE, 2× in direkter Rede: «Изъгнаша Варѧги за море ..... и почаша сами в собѣ володѣти ..... поищемъ собѣ кнѧзѧ. иже бы володѣлъ нами.» (Berufung der Varäger, 862, 19.16, 19 und 20.3).

владати dass. kommt einmal in einer unklaren Stelle vor: «ѡ добрыхъ жена̑ ..... ѡбрѣтши же лну весны (PA волну и ленъ) творить. бл҃гопотребнаꙗ рука да (PA рукама statt рука да) своима вл҃аеть (PA выть).» (Nach Buch der Sprüche XXXI, unter 980, 81.1); ksl., vgl. Slovník; Srezn. ein Beleg.

область 1. 'Land': «се хочеть смиритии ѡбласть Єюпетьскую.» (Tributeinnahme durch die Chazaren, 851, 17.19); 2. 'Gebiet, Umgebung': «в Ростовьстѣи ѡбласти. встаста два волъхва.» (Erzählung über die Zauberer, 1071, 175.6); «и тако ꙋꙗзвлѧху люди Плотьскыꙗ (PA полоцкиа) и ѥго (PA ихъ) ѡбласть.» (Spuk in Polock, 1092, 215.5); im Aksl. gut belegtes область ist in PVL L unpaarig, doch vgl. Srezn. оболость (zwei Belege); die Bedeutung von область ist nicht leicht abgrenzbar; земля, страна und волость stehen sich semantisch nahe, dazu vgl. Michajlovskaja 1980: bes. S. 139, doch ist ihre Interpretation des zweiten Belegs als 'территория, находящаяся в чьем-л. владении' nicht überzeugend.

обладати '(be)herrschen' ist ein Synonym von **владѣти / володѣти**, kommt aber hauptsächlich in religiösen Kontexten vor: «**и покори Б҃ъ Адаму звѣри и скоты. и ѡбладаше всѣми.**» (984, 88.25), auch 102.6, 7, 140.12, 241.30; in weltlichem: «**и тѣми всѣми ѡбладаше Рюрикъ.**» (Berufung der Varäger, 862, 20.19, sprachlich gemischt) und 24.17. **о.** ist unpaarig, wohl weil es das gebräuchliche Wort für 'herrschen' im Aksl. war, während **владѣти** eine spätere ksl. Bildung ist (s. d.).

Von ***vold-** sind weiters mehrere ar. Personen- und Ortsnamen abgeleitet, wie **Володимеръ** und **Володимерь** mit hoher Frequenz, vgl. S. 32.

***vols-**: **власъ** 'Haar': «**лежащь мощьми. но ссстави не распалисѧ бѣша. и власи главнии притѧскли бѧху.**» (Überführung der Gebeine des hl. Feodosij, 1091, 211.11); aksl. und rksl. **власъ** ist in diesem Kontext das einzig angemessene Wort, doch war es in der älteren Periode überhaupt viel gebräuchlicher als **волосъ**, vgl. Srezn.; auch in N und K kommt nur **власъ** vor.

власѧница 'härenes Gewand': «**се же Исакии всприꙗтъ житье крѣпко. ѡблеѵе бо сѧ во власѧницю. и повелѣ купити собѣ козелъ. и ѡдра мѣхомъ козелъ. и ѡблеѵе на власѧницю.**» (Erzählung über die Mönche des Höhlenklosters, 1074, 192.3, 5); dass. 195.9, 10; diese Ableitung ist offensichtlich ein rksl. Neologismus, um aksl.-rksl. **врѣтище** 1. 'Sack', 2. 'grobes (härenes) Gewand' zu ersetzen (vgl. Srezn. I, 275); Slovník I, 201 führt einen einzigen Beleg aus einer rksl. Abschrift der Vacláv-Legende (16. Jahrhundert) an; Miklosich 67 vermerkt russ. **власꙗница**. L'vov 1975: 67 f. hält **в.** fälschlich für einen Pseudoslavonismus und erschließt ein nicht belegtes ar. *волосяница aufgrund heutiger ostslavischer Wörter vom Stamm **волос-** 'Wolle, Gewebe, Kleidungsstücke'. Dagegen sprechen auch semantische Gründe — härenes Gewand der Mönche.

***vorbьjь**: **врабьи** 'Spatz': «**голуби же и воробьеве полетѣша въ гнѣзда своꙗ. ѡви въ голубники. врабьѣве жи** (PA **же**) **подъ стрѣхи . . .**» (Olgas vierte Rache, 946, 59.21); nach sechsmaligem Gebrauch von **воробьи** kommt in PVL L ohne ersichtlichen Grund **вр.** vor, jedoch nicht in PA und in PVL Ip.

воробьи 'Spatz': «**даите ми ѿ двора по ·г҃· голуби да ·г҃· воробьи. . . . . . Вольга же раздаꙗ воемъ по голуби комуждо. а другимъ по воробьеви.**» (Olgas vierte Rache, 946, 59.2, 15) auch 59.7, 16, 19, 20; der Gebrauch dieses Russismus ist durch konkrete Darstellung motiviert, da es sich um eine heimische Vogelart handelt.

***vorg-**: **врагъ** 1. 'Feind', 2. 'Teufel'; die Semantik erklärt sich durch die Übersetzung von griech. ἐχθρός 'Feind' — schlechthin =

'Teufel' im christlichen Sinn — in das Aksl. (Paschen 1933: 49 f.); sowohl 'Feind' 24×, als auch 'Teufel' 6× erscheinen ausschließlich in ksl. TE mit vorwiegend religiösem Inhalt (21×), und zwar 'Feind' im Pl. (zwei Ausnahmen) und 'Teufel' im Sing. vgl. zu 1.: «первое Д҃вдъ г҃лѧ р͑е Г҃ь Г҃ви моему. сѧди ѡдеснүю мене дондеже положю враги твои. подъножью ногама моима (PA твоима).» (Rede des Philosophen 986, 100.5); dass. 41.10, 101.17, 119.26, 222.22,23, 242.20, 24, 243.38, 268.26, 269.1, 279.4, 22 (2×), 282.18; in weltlichen Kontexten: «Придоша Половци первое на Русьскүю землю воеватъ ..... се бъ͑ı первоѥ зло ѿ поганъ͑ı и безбожнъıхъ врагъ.» (1061, 163.15) und 206.11, 221.27, 232.3,6, 262.17, 268.2,7, 279.9 (darunter 2× in direkter Rede).

2. 'Teufel': «и мнѣ помози Г͑и на сүпротивнаго врага.» (Taufe der Bevölkerung, 988, 118.17) und 41.8, 83.23, 133.14, 153.17, 214.12.

вражии 1. 'feindlich, des Feindes': «приклони оүхо твое ѵ͑тайа. и сп҃си нъı в скорбе͑ погрүжающасѧ при͑. и сблюди ѿ всѧко плѣненьıа вражьıа твои гра͑ Б҃це.» (Monomachs Gebet, 1096, 256.7); 2. 'des Teufels': «Г͑и Б҃е мои приими молитвү мою ..... да омъıю грѣхъı всѧ своѥю кровью. избүдү сүѥтнаго сего свѣта. и мѧтежа. сѣти вражии.» (Begräbnis Jaropolks, 1086, 207.11).

враждолюбьць 'Zwietracht Liebender': «... ѡбновити ветъхии миръ. ненавидѧщаго добра и враждолюбьца дьıавола. разорити ѿ многъ лѣтъ.» (Vertrag unter 945, 47.14); Epitheton des Teufels, eine Lehnübersetzung von griech. φίλεχθρος (so Paschen 1933: 50) mit Umstellung der Komponenten; в. ist im Aksl. nicht belegt, also handelt es sich um eine rksl. Neubildung in substantivischer Form (im Griechischen Adj.). Sreznevskij führt nur diesen Beleg ohne Übersetzung an, Слов. р. яз. XI—XVII вв. 'Тот, кто любит зло, вызывает ссоры' mit noch einem Beleg (16. Jahrhundert).

Der Gebrauch der Polnoglasieformen ist auf je einmal ворогъ — in direkter Rede in sprachlich gemischter TE und ворожбитъ beschränkt:

ворогъ 'Feind': «а се оү тобе есть Итларевичь. любо ѹбии любо и даи нама. то есть ворогъ (нама и aus PA) Русьстѣи земли.» (Kämpfe mit den Polovcern, 1095, 228.27). Die Vermutung von L'vov 1975: 305, daß ostslavisch ворогъ ursprünglich nicht 'Feind' bedeutete und deshalb in PVL fehle, ist abzulehnen, da diese Bedeutung eindeutig aus dem obigen Zitat hervorgeht. Der Russismus ist im selben Sinn in sämtlichen anderen untersuchten Chroniken belegt und hat überdies in der ersten Novgoroder Chronik keine ksl. Entsprechung. Die fast ausschließliche Verwendung von **врагъ** in PVL L ist auf den sprachlichen Gesamtcharakter zurückzuführen.

ворожвитъ ‘Feind’: **«тои волость възмешь с добромъ. и наю с҃рце ѡбратиши к собѣ. и лѣпше вꙋдемъ. ꙗко и прѣ҃ж нѣсмъ ти ворожвитъ.»** (Monomachs Brief an Oleg, 1096, 254.20); **в.** ist unpaarig und kommt in PVL L ein einziges Mal in dieser sprachlich gemischten TE vor, wenn Monomach sich direkt an Oleg wendet.

***vornъ: вранъ / воронъ** ‘Rabe’: **(поваръ) «ре҃ посмихаꙗсѧ Ісакию. ѡно ти сѣдить вранъ** (PA **воронъ**) **чернъıи. иди ими и. ѡн же поклонивъ-сѧ юмꙋ до землѣ. шедъ ꙗ ворона и принесе юмꙋ предо всѣми поварꙑ.»** (Erzählung über die Mönche des Höhlenklosters, 1074, 195.22, 24). Es liegt hier nicht primär stilistische Variation vor, sondern ‘Rabe’ gehört zum russischen Alltag, daher ist ворон durch konkrete Darstellung motiviert, gestützt durch Bewegung; dass. wäre auch in direkter Rede zu erwarten, wie es in PA vorliegt. Die Verwendung von auch im Aksl. belegtem **вранъ** entspricht dem ganz überwiegend ksl. Sprachschlüssel dieser TE.

***vorpъ: воропъ** ‘Angriff’ in der Wendung **«пꙋстити на воропъ»: «а дрꙋзии поидоша Къıювꙋ. пꙋстиша на воропъ межи Киевъ. и Въıше-городъ.»** (Polovcer belagern Torčesk, 1093, 221.22); **«и пꙋсти на воропъ Ѧлтꙋнапꙋ въ ·н҃· чади. а Д҃вда постави подъ стѧг҃о.»** (Blendung Vasilkos, 1097, 271.7); **в.** ist nicht austauschbar, da **врапъ** ‘насилие, сила’ bedeutet, so Srezn., ein Beleg (Izb. 1073).

Ein ausgedehntes Wortnest liegt von ***vort-** vor; es handelt sich fast ausschließlich um Verbalableitungen, ganz überwiegend in ksl. Lautung. Das Simplex ist so wie im Aksl. nur in der reflexiven Form gebräuchlich (aber vgl. Srezn. Dopolnenija **вратити** ‘отвратить, обратить’ und Slovník).

вратитисѧ ‘zurückkehren’: **«вѣсть епархъ посла к немꙋ. ꙗко Рꙋсь на Ц҃рьгородъ идеть. и вратисѧ ц҃рь си** (PA **они**) **же внꙋтрь Сꙋдꙋ вшед-ше.»** (Askold und Dir, 866, 21.15, einziger Beleg).

възвратити ‘zurückgeben, ausliefern’, im Vertrag unter 912 3×: **«проданъ в ѡнꙋ странꙋ аще ѡбрѧщет҃ь. ли Рꙋсинъ. ли Греченинъ да искꙋпѧ**^{ть} **и възратѧ**^{т} **искꙋпное лице въ свою сторонꙋ.»** (36.7); **«да възрати**^{т} **имѣнїе ..... и въз’враще҃н боуде**^{т} **не хотѧ в Роусь.»** (37.3, 10). Das aksl. Reflexivum **възвратитисѧ** (in PVL L auch **возвратитисѧ**, in früheren Jahreseintragungen oft **възратитисѧ**) ‘zurückkehren’ ist durchlaufend gebräuchlich, kommt über 40× vor, meist im Aorist, aber auch 3× im Imperf. und 2× im Futur und wird ohne Präposition oder mit **въ** und **къ** gebraucht und tritt auch in ksl. Redewendungen **возвратитисѧ въспѧть** (7×), **в. въ своꙗси** (5×) auf.

In abstrakter Bedeutung wird в. in Anschlußformeln, wie «мы же на преднее възратимсѧ.» (980, 79.22) im Präsens/Futur verwendet (5×). Beispiele: «аще злодѣи възратить в Роу҇ да жалѹють Роу҇.» (912, 37.8), «възратисѧ единъ къ воеводѣ Прѣтичю.» (968, 66.26); «Володимеръ же възвратисѧ въ Кыевъ. с побѣдою и съ славою великою.» (993, 124.3); «и не възвратѧшетсѧ (PA не възращашеся) в цр҇квь до ѡпѣтья.» (1074, 190.21); «идѣте съ данью домови. а я возъвращюсѧ похожю и еще.» (945, 54.25); «ѡканьнии же възвратишасѧ въспѧть.» (1015, 136.29); «и не оуспѣша ничтоже. и възвратишасѧ опѧть.» (PA въ своясы, 1104, 280.18); «миръ створивше съ Рамономъ. возъвратишасѧ въ своя си.» (943, 45.15); «Мы же на предълежащее възвратимсѧ.» (1068, 170.21), ähnlich 18.22, 236.16, 264.23; weitere Belege: 22.2, 27.25, 29.9, 36.11, 43.20, 44.25, 45.1, 46.9, 71.19, 102.5, 104.14, 125.10, 132.6, 137.1, 148.5, 154.22, 162.17, 164.2, 172.11, 173.10, 174.8, 204.15, 221.1, 222.1, 225.1, 232.13, 240.18, 271.15, 282.14.

Hinsichtlich der Gründe, warum meines Erachtens возвратитисѧ in PVL L die absolute Norm darstellt, s. Zusammenfassung am Ende dieses Wortnestes (vgl. weiter Hüttl-Worth 1975: 88—92).

Das sekundäre Imperfektivum възвращатисѧ (возвр.) ist kaum gebräuchlich (drei Belege), da es keine abgeschlossene Handlung bezeichnet, also nur im Präsens vorkommt; mit modaler Bedeutung: «и ѿходѧщеи Руси ѿсюда. въсимають ѿ насъ. еже надобѣ брашно на путь. . . . якоже уставлено есть преже. и да возъвращаютсѧ съ спсниемъ въ странү свою.» (Vertrag unter 945, 49.17); gewohnheitsmäßige Handlung: «но мы на злое възвращаемсѧ. акы свинья в калѣ грѣховнѣмь присно калѧющесѧ.» (1068, 168.7), im Konditionalsatz: «аще бо кто ѹсрѧщеть черноризца. то възвращаетсѧ.» (1068, 170.6).

Sämtliche folgende Verben dieser Gruppe haben abstrakte Bedeutung[4] und kommen in ksl. TE in unmittelbarem religiösem Kontext vor; alle sind im Aksl. belegt.

обратити 'bekehren, (sich zu)wenden, verwandeln': «и рѣста еи братья. еда како ѡбратить Бъ҇ тобою рускую землю в покаянье.» (988, 110.22); «новыя люди си. имже ѡбратилъ еси срдце в разу҇. познати тебе Ба҇ истинного.» (996, 124.12); «и наю срдце ѡбратиши к собѣ.» (1096, 254.19); «дабы Бъ҇ ѡбратилъ знаменья си на добро.» (1102, 276.20), auch 120.10. Das Reflexivum обратитисѧ 'sich wenden (an), bekehren, verwandeln' 8× : «да възложить имъ и (PA на) срдце ѡбратити къ Бу҇.» (955, 64.9); «глеть бо пркмъ намъ. ѡбратитесѧ ко мнѣ всѣмъ срдцмь

[4] Nur обратити wird einmal konkret gebraucht, s. u.

вашимъ.» (1068, 168.4, auch 168.14, 20); «изволивъ ѡбратисѧ Х҃е в чл҃чьство.» (1096, 256.11) und 100.20, 169.1 2× ; обратитисѧ kommt außerdem einmal in konkreter Bedeutung ‘sich umdrehen’ in der Erzählung über den Mönch Isakij vor: «бѣ бо раслабленъ тѣломь. ꙗко не мощи юмѹ обратитисѧ на дрѹгѹю странѹ.» (1074, 194.4).

обращатисѧ ‘sich wenden’, sekundäres Imperfektivum: «ѡ неиздреченьномѹ чл҃колюбью. ꙗко видѣ ны волею к немѹ ѡбращающасѧ.» (1098, 224.22).

отвратити ‘abwenden’: «и лица своего не ѿврати ѿ стыдѣныꙗ и заплѣваньꙗ.» (986, 101.6); «. . . г҃ть Г҃ь. и азъ ѿверзѹ вамъ хлѧбї нб҃ныꙗ. и ѿвращю ѿ васъ гнѣвъ мои.» (1068, 169.3).

ѿвращение ‘Abwenden, Verjagen’ findet sich einmal: «ѿва (А ова) на ѿвращение животенъ четверногъ. птица могȣщи вредити чл҃вка.» (Bericht über Zauberer nach Hamartolos, 912, 40.14). Dieses Deverbativum ist im Aksl. nicht belegt; vgl. Srezn. und Slovník.

развратити 1. ‘verschieden sein’: «ѿ Рима поѹчитъ васъ к вѣрѣ своеи. ихъже вѣра малом̑ь с нами разъвращена.» (Rede des Philosophen, 986, 86.26); 2. ‘verderben’ (ebenfalls über den Glauben): «Не преимаи же оучеиꙗ ѿ Латынъ. ихъже оученье разъвращено.» (Glaubensbekenntnis Volodimers, 988, 114.15) und 115.26.

Nominalableitungen von dieser Wurzel:

непревратьнъ ‘unveränderlich’: «исповедание^{м} и написание^{м} со клѧтвою. извещаемȣю любовь непревратноѹ.» (Vertrag unter 912, 33.29), einziger Beleg, ebenso in Srezn.; ksl., vgl. Miklosich непрѣвратьнъ ‘immutabilis’ und Slovník прѣвратьнъ.

несовратьнъ ‘unerschütterlich’ (Glaube): «призри на новыꙗ люди сиꙗ. и дажь имъ Г҃и. оѹвѣдѣти тобе истиньнаго Б҃а . . . . оѹтверди и вѣрѹ в ни праву и несовратьнѹ.» (Taufe der Bevölkerung, 988, 118.16); ksl. ? rksl., vgl. Srezn. und Miklosich.

Polnoglasieformen von *vort-:

воротити ‘zurückschicken’: «и побѣди Ꙗрославъ Брѧчислава. и Новгородцѣ вороти Новѹгородѹ.» (Jahreseintragung 1021, 146.19); der folgende Beleg findet sich in einer sprachlich gemischten TE in direkter Rede: «а дрѹжинѹ юже юси заꙗлъ вороти.» (Kämpfe des Oleg Svjatoslavič, 1096, 238.27); в. ist nicht durch вратити austauschbar, da dieses figurativ ‘abwenden, sich wenden’ bedeutet, s. o.; воротитисѧ ‘um-, zurückkehren’ 6×, kommt erst ab 1095 vor, und zwar einmal in einer sprachlich gemischten TE: «пошедъ Д҃вдъ воротисѧ Смолиньскѹ. и сѣде Смолиньскѣ.» (Kämpfe mit den Polovcern, 1095, 229.16) und 2× in direkter Rede: «да бы послалъ мѹжь свои к Володимерѹ воротитьсѧ . . . . . ѡже хощеши послати мѹжь свои. и воротитсѧ Володимеръ.» (Blendung Vasilkos, 1097, 265.14, 18), weiters in ganz überwiegend ksl. TE mit weltlichem Inhalt: «а Лазарь и Василь воротистасѧ Туриску.» (1097, 268.15, auch 270.31) und 284.5, motiviert durch situationsangemessene Darstellung.

възворотити 'zurückgeben': «аще ли ключитсѧ оукрасти Русину ѿ Грекъ что. или Грьчину ѿ Руси. достоино есть да възворотити [e] не точью едино.» (Vertrag unter 945, 50.11).

оборотити 'umdrehen': «Ѩнь же ѡборотѧ топоръ оудари и тыльемь.» (Bericht über Zauberer, 1071, 176.10); diese ar. Entsprechung zu обратити wird einmal zur Ausführung einer konkreten Handlung benützt.

Die ksl. Ableitungen dieses Wortnestes sind also bedeutend zahlreicher und häufiger als die ar. Lexeme, besonders возвратитисѧ 'zurückkehren', ohne religiöse Konnotation, das seine durchlaufende Verwendung drei Faktoren verdankt: 1) seiner stärkeren phraseologischen Verankerung, vgl. die genannten ksl. Wendungen, 2) der Möglichkeit, в. figurativ zu gebrauchen, die der entsprechenden Polnoglasieform fehlt und 3) den anderen ksl. Verbalableitungen dieses Wortnestes, alle mit abstrakter Bedeutung und daher ohne ar. Äquivalente.

Von der Ablautstufe *vert liegt nur вретено 'Spindel' einmal vor: (добра жена) «локъти своıа оустремлѧет на вретено.» (Salomo, Sprüche, unter 980, 81.10).

***vorta**: врата 'Stadttor': (Ѡлегъ) «и повѣси щи^т свои въ врате^х. показоуа побѣдꙋ. и поиде ѿ Цр҃ѧгра^д.» (Ende des Feldzuges, 907, 32.10) und 236.7; sonst in Bezug auf russische Städte: «побѣгшю же Ѡльгу с вои ... въ градъ рекомыи Вручии. бѧше чересъ гроблю мостъ ко врато||томъ (sic!) граднымъ.» (Jaropolks Sieg, 977, 74.28) und 201.9, 10, 268.11; in religiösen Kontexten: «прм҃дрот^ь на исходищихъ поетсѧ ..... на краихъ же забральныхъ пр^оповѣдаеть. во вра^тѣхъ же градныхъ. дерзающи гл҃ть.» (Olgas Taufe, 955, 62.16) und 81.16, 25, 232.19, 22; weiters alterniert в. einmal mit ворота (151.20), bedingt durch mehrfache Motivation vgl. S. 134; врата ist aksl.

ворота '(Stadt)tor': der Gebrauch von в. ist durchwegs motiviert, und zwar durch Darstellung von Konkretem (Ortsangaben): «заложи црк҃вь на воротѣхъ городныхъ. во имѧ ст҃аго мч҃нка Ѳеѡдора. и посемь ст҃а Андрѣıа. ꙋ црк҃ве. ѿ воротъ.» (1089, 209.3, 5) und Bewegung (obwohl es sich um eine Vision handelt!): (der Starec) «видѣ се ıако толпа поиде ѿ воротъ. възведъ ѡчи свои видѣ. ıединого сѣдѧща на свиньи.» (Erzählung über die Mönche des Höhlenklosters, 1074, 191.2, hier 'Klostertor'); zwei weitere Vorkommen sind motiviert durch situationsangemessene Darstellung, s. Analyse der Verträge S. 108 f., Belege 31.27, 49.4; zur Alternation mit врата s. o.

***golv-**: Die Parallelbildungen глава – голова sind beide in PVL gebräuchlich, doch überwiegt bei weitem die Frequenz der Form aus dem Aksl. (32 : 8). Глава tritt durchwegs in ksl. TE auf, sowohl in religiösen Erzählungen und solchen unmittelbaren Kontexten, als auch in weltlichen Berichten aller Art. Wie sehr глава die Norm war, deutet meines Erachtens an, daß гл. auch in direkter Rede angewendet wird, sogar wenn das ,,einfache Volk“ spricht (wie die Novgoroder, 1100, 276.4). Глава drückte mehrere Bedeutungen aus, doch ganz primär ‘Kopf’, und zwar als neutrales Wort sowohl a. ‘Haupt (auch eines heidnischen) Gottes, eines Heiligen’ 2×, b. ‘Menschenkopf’ 23×, als auch c. ‘Tierkopf’[5] 3×; Beispiele zu a: «ѡна же поклонивши главу стоꙗше. аки губа напаꙗѥма. внимающи оученьꙗ.» (Olgas Taufe, 955, 61.11); «и постави кумиры на холму ..... Перуна древѧна. а главу его сребрену. а оусъ златъ.» (980, 79.13); b.: «и стрѣлѧху въ нѧ. изимахуть ѡпаки руцѣ съвѧзываху. гвозди желѣзнъıи посреди главы въбиваху ихъ.» (Igors erster Feldzug gegen die Griechen, 941, 44.14); in direkter Rede, trotz Wiederholung ohne Variation: «азъ же предъ вами поиду. аще моꙗ глава лѧжеть то промыслите собою. и рѣша вои идеже глава твоꙗ. ту и свои главы сложимъ.» (Svjatoslavs Feldzüge gegen die Griechen, 971, 70.17, 18, 19); weitere Belege für b.: 70.2, 74.6, 77.7, 94.16, 97.23, (fälschlich für крава, nicht mitgezählt), 132.24, 134.11, 140.2, 155.11, 165.16, 170.10, 201.1, 202.14, 203.3, 10, 243.35, 253.29, 276.4, 279.18. Manchmal ist die Verwendung von гл. emotional-religiös gefärbt: «то чему ты не казаше снвъ своихъ. и роду своѥго не преступати роты. но проливаше кровь хьꙗньску. да се буди кровь твоꙗ на главѣ твоѥи.» (Siegreicher Feldzug gegen die Polovcer, 1103, 279.18); weiters wiederholt sich die Phrase ,,seinen Kopf (Haupt, Leben) für jemanden hingeben“ meist in direkter Rede: «ре же Путьша с Вышегородьци. можемъ главы своꙗ сложити за тѧ.» (Ermordung der hl. Boris und Gleb, 1115, 132.24); «ты ми ѥси братъ. а ꙗ тобѣ. и положю главу свою за тѧ.» (1078, 203.3 und 10), auch 70.17, 18, 19 (s. o.), 201.1, 202.14; dasselbe findet sich nur einmal mit голова: «да любо налѣзу собѣ славу. а любо голову свою сложю за Русскую землю.» (Blendung Vasilkos, 1097, 266.23).

---

[5] Vgl. dazu ein allgemeines Schema über die Verteilung von глава / голова (Kandaurova 1974: 40).

Belege für г. 'Tierkopf': «и бѣ гладъ великъ. ıако по полугрівнѣ глава конѧча.» (971, 74.1); «... дасть имъ зако͡н на горѣ Синаистѣи Моисѣеви. въшедшю н͡а гору къ Бу͡. ѡни же сольıавше телчю главу. поклонишасѧ аки Бу͡.» (Rede des Philosophen, 984, 96.15); «ıако Гь͡ избавилъ ны е ѿ врагъ наши͡х ... и скруши главы змиевъııа.» (1103, 279.23).

In der Bedeutung 'Führer, Haupt', die sich bis heute erhalten hat, kommt глава nur einmal vor: (wenn die Fürsten) «зли и лукави бываютъ. то болше зло (PA зла) наводить Бъ͡ на землю. понеже то глава есть земли.» (1015, 140.1); auch bei Srezn. nur ein Beleg.

Im Vertrag unter 912 findet sich 3× главы Pl. 'Kapitel, Vertragsbestimmungen', eine aksl. Bedeutungsentlehnung aus griech. κεφάλαιον (Schumann 1958: 34): «ѡ Бж͡ьи вѣре. и ѡ любви. главы таковыа ..... а о глава͡х иже͡с ключи͡т проказа. оурѧдими (A урядимъ) сице.» (33.21, 34.5, auch 37.23); dafür einmal in PVL Ip голова (24.29).

главнъıи 'Kopf-': (und wir sahen ihn) «лежащь мощьми. но сстави (PA состави) не распалисѧ бѣша. и власи главнии притѧскли бѧху.» (Überführung der Gebeine des hl. Feodosij, 1091, 211.11).

голова 1. 'Kopf' 6×, ausschließlich in direkter Rede in der Blendung Vasilkos und Ich-Erzählung: «и рѣше (PA рекоша) болѧре и людье. товѣ кнѧ[же aus PA] достоить блюсти головы своее.» (1097, 260.2, dieselbe Phrase 263.11), weiters 257.21, 266.23; «голову си розби͡х дважды. и руцѣ и нозѣ свои вереди͡х. въ оуности своеи вереди͡х не блюда живота своıего. ни щадѧ головы своеıа.» (Monomachs Autobiographie, 1096, 251.19, 21, ar. TE). 2. наши головы '? unsereiner': «... начьнѧхуть роптати на кнѧзь гл͡юще. зло есть наши͡м головамъ. да намъ ıасти деревѧныими лъжицами. а не сребрѧными. се слышавъ Володимеръ повелѣ исковати лжицѣ сребрены ıасти дружинѣ.» (Die Wohltaten Volodimers, 996, 126.13); in der volkstümlichen Rede der Družina wird г. in einer Bedeutung verwendet, die keiner der von Sreznevskij angeführten ganz entspricht.

в головахъ 'am Kopfende, zu Häupten': «ни шатра имѧше. но подъкладъ пославъ (PA постилаше). и сѣдло в головахъ.» (Sagenhafte Charakterisierung Svjatoslavs, 964, 64.29); голова ist in diesem Ausdruck nicht austauschbar.

Wie man sieht, ist der Gebrauch von голова begrenzt auf direkte Rede und Ich-Erzählung, während глава durchlaufend die Norm darstellt. Das Gegenteil ist in der ersten Novgoroder Chronik der Fall, die eine Korrelation von голова 27 : глава 4 aufweist (Dietze 1977: 35).

головнꙗ ‘Brandstätte’: «тое же зимы. тои (Anm. таи?) посласта Берестию брата на головнѣ. иде бѧху пожгли.» (Monomachs Autobiographie, 1096, 247.20); головнꙗ hat eine vom Grundwort stark abweichende Bedeutung, die von Sreznevskij nicht genannt wird, doch hält Vasmer I, 286 die Deutung ‘Kopfstück des brennenden Scheites’ für am wahrscheinlichsten.

***golgol-**: глаголати (209 ×) ist nach рещи das gebräuchlichste Verbum dicendum, ebenso wie im Aksl., während ar. говорити und молвити nur ganz vereinzelt vorkommen. Die Norm in PVL ist also глаголати / рещи, zu deren Frequenz meines Erachtens die Tatsache beitrug, daß beide in Abkürzungen (dieselben wie im Aksl.) verwendet werden, глаголати durch Buchstabenauslassung praktisch in allen Formen in 34 verschiedenen Kürzeln. Beide Verben werden formelhaft gebraucht; Bedeutungsunterschiede zwischen ihnen sind verwischt, daher sind sie zum Teil austauschbar und können zur stilistischen Variation dienen[6]. Глаголати wird durchlaufend gebraucht, in weltlichen, wie religiösen Kontexten, auch in sprachlich gemischten und überwiegend ar. TE; es war also vollkommen eingebürgert und kann in keiner sprachlichen Umgebung als markiert angesehen werden. Beispiele: «тѣмь гл҃ху на перевозъ на Киевъ« (10.2); «посла к Игорю лучиѣ болѧре. молѧ и гл҃ѧ. не ходи но возьми дань . . .» (944, 45.26); «да аще сице гл҃ть цр҃ь. то что хоче^мъ^ боле того» (944, 46.2); «Игорь же гл҃а с ними ѡ мирѣ.» (945, 46.13).

възъглаголати ‘preisen’ in einem Psalmzitat: «вси възъгл҃ють ꙗзыки величьꙗ Бж҃ьꙗ.» (Skazanie o gramote, 898, 27.16); aksl. в. ‘zu reden anfangen’, Srezn. dass. und ‘высказать, обвинить’.

проглаголати ‘einen Laut von sich geben, zu sprechen anfangen’: «Прогл҃а и слъıша. и на ногъı нача вставати. акъı младенець.» (Erzählung über die Mönche des Höhlenklosters, 1074, 194.16).

глаголъ ‘Wort’: «ѡ аплⷯѣ бо рⷱе. во всю землю изидоша вѣщаньꙗ иⷯ. и в конець вселенъıꙗ гл҃и ихъ.» (Sage über Menschenopfer, 983, 83.20); einmal ist гл. aus PA hinzugefügt (216.19, bei der Zählung nicht berücksichtigt).

***goldъ**: гладъ 17 × / голодъ 4 × ‘Hunger’ sind Synonyme; гладъ aus dem Aksl. stellt in PVL L die Norm dar, weil Hunger als Strafe Gottes aufgefaßt wurde (vgl. das letzte angeführte Zitat).

гладъ: «не бѣ льзѣ изъ града вылѣсти . . . . изнемогаху же людье гладомъ и водою.» (Pečenegenfeldzug gegen Kiev, 968, 65.27), weiters in

---

[6] Näheres darüber vgl. Hüttl-Folter 1980a: 53—57; auch рещи ist ksl., weil nur diese Infinitivform belegt ist (entgegen Filin 1949: 200 und L’vov 1975: 327).

ksl. TE weltlichen Inhaltes: 58.21, 73.31, 77.24, 148.3, 225.2, 272.9, 11; in der sprachlich gemischten Erzählung über die Belgoroder Grütze kommt ausschließlich гл. vor: «и бѣ гладъ великъ. и створиша вѣче в городѣ. и рѣша се оуже хочемъ померети ѿ глада.» (997, 127.18, 20), weiters 127.15 und wieder in direkter Rede 127.23, 128.2; in religiösen Kontexten: «Бж҃ьимь гнѣвомь гоними. ωви ѿ зимы. друзии же гладомь.» (1060, 163.7) und 165.29, 167.29, 223.12.

голодъ: kommt einmal in derselben Wendung wie гладъ vor: «и изнемагати начаша людье в градѣ водною жажею и голодомъ.» (Die Polovcer belagern Torčesk, 1093, 221.15); dieser und der Beleg 147.27 sind meines Erachtens durch situationsangemessene Darstellung motiviert, vgl. S. 103; weiters kommt г. in Monomachs Belehrung in einer Aufforderung, also ähnlich wie in direkter Rede vor, vgl. S. 85 und schließlich in dessen ar. Autobiographie: «и многы бѣды приıахо̑ ѿ рати и ѿ голода.» (1096, 249.29).

Das Wortnest von *gols- besteht nur aus ksl. Lexemen, mit Ausnahme einer ar. Parallelbildung; гласъ 'Stimme' 4× (in der Fortsetzung von PVL nach Ip anschließend noch 2×), ist in PVL L gemäß dem aksl. Usus immer abgekürzt: «и Дх҃ъ сходѧщь зракм̊ъ голубинъıмъ на нь. и гла̑ гл҃ѧ. се есть Сн҃ъ м̊и възлюбленъıи.» (Rede des Philosophen, 986, 103.13), «... Ӕрополкъ. вытоpгну изъ себе саблю. и возпи великъ̑і гл̑мь ωхъ тот мѧ враже оулови.» (1086, 206.11), auch 165.23, 259.15.

гласити 'ertönen': «аще и тѣло̑ ап̑ли не суть не были. но оученьıа ихъ. аки трубы гласѧть по вселе̑ни в цр҃квхъ.» (Sage über Menschenopfer, 983, 83.21, dort auch невѣголосъ s. u.).

исъгласити (statt изъгласити) 'verkünden': «На Евтуха и Диωскора еюже проклѧша ст҃ии ωц҃и. исъгласивше [свершена Бг҃а. и aus PA] свершена чл҃вка [Гаˇ PA] нашего Іс҃а Хаˇ.» (Über ökumenische Konzile, 988, 114.5); изъгласити ist eine ksl. Lehnübersetzung, vgl. Srezn.

огласити 'als Katechumenen unterweisen', in dieser Bedeutung in Sreznevskij reich belegt, ist eine Lehnübersetzung von griech. κατ-ηχεῖν 'zur Annahme des Christentums vorbereiten' (Paschen 1933: 26): «еп̑пъ же Корсуньскiи. с попы црц҃ны. ωгласивъ к̑рти Болодимира. ıако възложи руку на нь. абье прозрѣ.» (Korsuner Legende, 988, 111.13).

велегласно 'mit lauter Stimme' < griech. 'μεγαλόφωνως': «рцѣмъ велегл̑но праведенъ юси Гӥ. и прави суди твои.» (Psalm unter 1093, 223.23); в. ist aksl. (Supr., Schumann 1958: 60).

единогласьнъ 'eine Sprache sprechend' griech. 'ὁμοφώνως': «изълѣзе Нои и сн҃ве его. и жена его. ѿ сихъ расплоди̑ землѧ. и быша чл҃вци мнози единогл҃ни.» (Rede des Philosophen, 986, 91.2); Sreznevskij führt nur dass. Zitat ohne Übersetzung an, doch vgl. *ibid.* единогласьно συμφώνως 'einstimmig' und aksl. *jedьnoglasie* συμφονία 'Einverständnis' (Supr., Schumann 1958: 37).

Zur selben Wurzel gehören die Parallelbildungen невѣгласъ / невѣголосъ 'Unwissender, Heide'; die erstere ist in Sreznevskij gut belegt und kommt 4× vor, mit Polnoglasie 2×; невѣгласъ entspricht griech. ἀγνώμων, ist aber im Aksl. nur 1× belegt (Supr.) und wird deshalb von L'vov 1975: 337 f. für einen mündlich ins Ostslavische gedrungenen Moravismus gehalten. Zitate: «и прозваша Ѡлга вѣщїи. бѧх во люде погани и невѣїгласи (P невѣисласи, A невѣголоси).» (907, 32.18); «а дьꙗволъ стенѧ гл҃ше ..... и се оуже побѣженъ юсмь ѿ невѣгла҃. а не ѿ ап҃лъ ни ѿ мч҃нкъ.» (Taufe der Bevölkerung, 988, 118.7), auch 164.20, 174.28.

невѣголосъ: (Salomo) «се же бѣ невѣголосъ (PA невѣигласъ). а наконець ѡврѣте сп҃нье.» (980, 80.14); «бѧху бо тогда чл҃вци невѣголоси и погани (PA невѣигласи)» (Sage über Menschenopfer, 983, 83.10); zur Motivation für den Gebrauch dieses Russismus vgl. Kapitel 12.

Dem Wortnest von ***gord**- kommt insofern größte Bedeutung zu, weil diesem das Lexempaar градъ / городъ (< *gordъ) angehört, das die absolute Höchstfrequenz in den untersuchten Chroniken besitzt. Gesamtfrequenz in PVL L градъ: 215, городъ: 62. Die Bedeutungen dieser beiden Wörter decken sich, von einer Ausnahme abgesehen. Wir gehen von der gemeinsamen Grundbedeutung 'Stadt, befestigter Ort' aus (entgegen Sreznevskij, der für градъ nur 'urbs' annimmt, aber mit Paschen 1933: 58; vgl. auch Slovník 1. 'befestigte Stätte, Stadt'). Eine Unterscheidung von 'Stadt' und 'befestigter Ort' stößt auf große Schwierigkeiten, da die mittelalterlichen Städte durchwegs befestigt waren; vgl. Hinweise darauf in PVL L, wie «приде Итларь в градъ Переꙗславль. а Кытанъ ста межи валома с вои.» (Itlars Ermordung, 1095, 227.3). Daß beide Wörter für 'Wehrsiedlung' gebraucht werden konnten, geht meines Erachtens eindeutig aus folgender Stelle hervor: «и ре҃ Володимеръ. се не добро еже малъ городъ ѡколо Киева. и нача ставити городы по Деснѣ. и по Востри ..... и поча нарубати мужѣ лучьшиѣ. ѿ Словень и ѿ Кривичь ..... и ѿ сихъ насели грады. бѣ бо рать ѿ Печенѣгъ. и бѣ воюꙗсѧ с ними.» (988, 121.16—22). In der Bedeutung 'Stadt, befestigter Ort' kommen градъ und городъ 268× von insgesamt 277× vor. Somit sind die anderen Bedeutungen ganz peripher: градъ 2. 'πόλις' für Царьградъ, eine Lehnbedeutung aus dem Griechischen: «и поиде Ст҃ославъ ко граду воюꙗ. и грады разбиваꙗ.» (Svjatoslavs

Feldzüge gegen Bulgaren und Griechen, 971, 70.21, dazu vgl. Lichačev 1950: II, 317); dieselbe Bedeutung kommt wohl noch 2× im selben Bericht vor: «и посла цр҃ь гл҃ѧ сице. не ходи къ градꙋ возми дань еже хощеши. за маломъ бо бѣ не дошелъ Цр҃ѧграⷣ.» (71.14—16), (Svjatoslav dachte) «а ꙋвѣсть цр҃ь ꙗко мало насъ есть. пришедше ѡстꙋпѧть ны въ градѣ. а Рꙋска землѧ далеча.» (72.1—3).

Wenn man diese Lehnbedeutung für градъ annimmt, so scheint man fast gezwungen, für городъ dasselbe zu tun, denn in PVL Ip kommt in allen drei Zitaten die Polnoglasieform vor, vgl.: «и поиде С҃тославъ воюꙗ къ городꙋ (aber П градꙋ). и дрꙋгиꙗ городы (П грады) разбиваꙗ.» (58.17), «цр҃ь гл҃ѧ сїце. не ходи къ городꙋ ... за маломъ бо бѣ не шелъ Цр҃юграⷣ ... пришедше ѡстꙋпⷧ҇ ны в городѣ .....» (59.11 bis 29). Aber es ist auch möglich, daß in diesen Fällen in Ip. 'Stadt' und nicht 'Konstantinopel' gemeint war.

Sreznevskij zitiert unter городъ die Ausdrücke für 'innere Stadt', дънѣшьнии г. und für 'äußere Stadt' окольнии г.; es finden sich jedoch beide mit градъ je einmal in PVL L im selben Kontext: «и ѡтвориша градъ ѡколнии. и пожгоша и. людемъ же вбѣгшиⷨ въ дънѣшнии градъ.» (1081, 201.10, 11); in Ip. tritt Variation auf: «ї взѧша градъ. ѡколнии. ї пожгоша ѡгнемь. людемъ вꙑвѣгшимъ во дн҃ешнии гороⷣ.» (1078, 192.12, X und П град).

Sowohl градъ als auch городъ können mit der erweiterten Bedeutung 3. 'Stadtbewohner' gebraucht werden: «гл҃ть бо людемъ творѧсѧ акы Б҃ъ. многы прельсти мало не всего града.» (Erzählung über Zauberer, 1071, 180.27); «изиде противꙋ юмꙋ весь городъ Кыевъ ... плака бо сѧ по немь весь граⷣ Киевъ.» (Nekrolog für Izjaslav, 1078, 202.5, 9).

Schließlich scheint der Kontext in einem Fall auf die von Sreznevskij an erster Stelle genannte '(Stadt)mauer' zu deuten: «и горожане скочиша з града. и почаша сѣчи. воѣ Дв҃довы.» (Blendung Vasilkos, 1097, 272.21); городъ wurde in den untersuchten Chroniken nicht in dieser Bedeutung gefunden, noch zitiert sie Sreznevskij, doch nennt sie Слов. р. яз. XI—XVII вв. mit Belegen ab dem 16. Jahrhundert[7].

Folgende der genannten Bedeutungen sind bereits für aksl. градъ belegt: 'befestigte Stätte, Stadt; civitas, populus; Stadtmauer'; weiters waren auch nach griechischem Vorbild Stadtbezeichnungen, bestehend aus dem Possessivpronomen des Eigen-

---

[7] Zur Beachtung: die dort angeführten Daten beziehen sich auf das Jahr unter dem die Stichwörter eingetragen sind; Daten der exzerpierten Kopien werden nicht angeführt.

namens + градъ üblich, wie константинь градъ. Es wäre einer näheren Untersuchung wert, ob градъ für ‘Konstantinopel’ nicht auch bereits im Aksl. existierte. Bei den selten vorkommenden, mit dem Aksl. identischen Bedeutungen für городъ ist wohl Entlehnung anzunehmen.

Die Synonymie sowie die hohe Frequenz von градъ / городъ hatten zur Folge, daß diese Wörter auch häufig alternieren, vgl. S. 140 ff.

Die um ein Vielfaches höhere Frequenz von градъ erklärt sich weitgehendst aus dem sprachlichen Gesamtcharakter der Chronik: градъ tritt 192× (von insgesamt 215) in ksl. TE auf, davon in 184 Fällen ohne jegliche stilistische oder emotionale Färbung, als neutrales Wort für ‘Stadt, befestigter Ort’ sowie in selten vorkommenden Bedeutungen.

Naturgemäß kann градъ unter anderem auch stilistisch markiert gebraucht werden, und zwar unabhängig vom Sprachschlüssel sowohl in religiösen als auch weltlichen Kontexten. Die stilistisch-expressive Funktion ist jedoch entgegen früheren Meinungen (vgl. Paschen 1933: 56, Vinokur 1943: bes. 52) unzweifelhaft peripher, da sie meines Erachtens nur in acht von 215 Fällen nachzuweisen ist, davon drei in religiösen Kontexten: «видите ли горы сиꙗ. ꙗко на сихъ горⷯ восиꙗеть блгдть Бжьꙗ. имать градъ великъ быти. и цр҃кви многи Бъ въздвигнути имать.» (Legende über den Apostel Andreas, 8.8); «грⷣ свои схрани. Дв҃це Мт҃и Ч҃таꙗ ..... и сблюди ѿ всѧко плѣненьꙗ вражьꙗ твои грⷣ Бц҃е.» (Monomachs Gebete, 1096, 255.29, 256.7); in weltlichen Kontexten: «сѣде Ѡлегъ кнѧжа въ Киевѣ. и реⷱ Ѡлегъ се буди мт҃и градомъ рускими. (TPA русьскимъ)» (Ermordung von Askold und Dir, 882, 23.23, hier in direkter Rede und alternierend mit городы Zeile 25); «оувы тобѣ ѡкан’ныи граде.» (Erzählung über Zauberer nach Hamartolos, 912, 40.9, einzige Verwendung von Vok.); «посемь рѣша Варѧзи Володимеру. се града (sic!) нашь. и мы приꙗхомъ е.» (Ermordung Jaropolks, 980, 78.27); «и посла Володимеръ ко цр҃ві Василью и Костѧнтину гл҃ѧ сице. се грⷣ ваю славнꙑи взⷯ.» (Korsuner Legende, 988, 109.26); «и придѣта Киеву на столъ ѡц҃ь нашⷯ и дѣдъ нашⷯ. ꙗко то есть старѣишеи грⷣ въ земли во всеи Кыевъ.» (Belagerung von Starodub, 1096, 230.25).

In den zitierten Beispielen ist градъ stilistisch gehoben und zugleich kontextuell neutral, da die Stellen (ganz) überwiegend ksl. abgefaßt sind. Dazu kommt noch eine interessante Tatsache, die meines Wissens unbemerkt blieb: nicht nur das ksl. Lexem kann Träger von stilistisch gehobenen und expressiven Merkmalen sein, sondern dasselbe trifft auch für городъ in der Hypatiuschronik zu. Von den acht oben zitierten Belegen fehlen drei in Ip., aber in den fünf restlichen Stellen erscheint 3× городъ in sonst mit Lavr. identischem Kontext, vgl.: «ꙗко на сихъ горахъ въсиꙗеть блⷣгть Б҃жиꙗ. имать и городъ великъ быти.» (6.31); «се буди м҃ти городо҇ⷨ Рꙋ҇ⷭскымъ.» (17.5); «оувы тебе ѡканьныи городе.» (Х граде, 30.15).

Im folgenden werden einige spezifische Gründe für die Verwendung von градъ bzw. городъ mit Richtigstellungen zu bestehenden Ansichten angeführt. 1. Als Apposition zu Städtenamen. Es gilt zumindest seit Paschen 1933: 59 gesichert, daß ausschließlich die ksl. Form als Apposition zu nichtrussischen Städtenamen in der Nestorchronik auftritt. Dies ist für Lavr. durchlaufend gültig, und zwar kommt градъ in solchen Konstruktionen in Prae- und Postposition vor, ebenfalls in Kongruenz mit dem Namen in der Form eines Possessivadjektivs. Sämtliche Belege finden sich in fast reinen oder ganz überwiegend ksl. TE, z. B.: «на Корсунь гра҇ⷣ Гречьскии, въ Корсунѣ градѣ» (988, Korsuner Legende, 109.2, 111.19), «въ градѣ Єрм҇ⷭѣ» (Rede des Philosophen, 986, 104.11); mit Possessivadjektiv: «граⷣ Ѡндрѣнь, Ꙗрестовъ граⷣ ...», «мы же зовеⷨ Ѡндрѣѧнемъ граⷣⷪмъ.» (915, 42.21, 22, 43.2); ? в Костѧнтинѣ гра҇ⷣ (Glaubensbekenntnis Volodimers, 988, 113.26); in der Ausgabe von Lichačev ein Wort, von Šachmatov въ Костꙗнтини градѣ rekonstruiert, das im Aksl. belegt ist (Supr.). Diese Regel trifft jedoch nicht für PVL Ip zu, vgl. Ѡрестовъ городъ (32.15).

Bereits Paschen 1933 : 59 bemerkte, daß aus ästhetischen Gründen zur Vermeidung des Gleichklangs ausschließlich градъ als Apposition zu russischen Städtenamen auf -городъ hinzugefügt wird. Dies trifft für Lavr. zu, vgl. Вышегородъ градъ Вользинъ (915, 60.3), градъ Бѣлъгородъ (991, 122.5) und kann auch die Ursache sein, wenn Name und ‘Stadt’ in unmittelbarem Kontext vorkommen, wie: «ѿтуду поиде Новугороду в свои гра҇ⷣ.» (Kämpfe des Oleg Svjatoslavič, 1096, 240.20, ganz überwiegend ar.); «и на ту ночь ведоша и Бѣлугороду. иже гра҇ⷣ малъ оу Кыева.» (Blendung Vasilkos, 1097, 260.13). Im letzteren Fall weicht Ip. wieder ab, vgl. «и ѿтуду приїде Новугороду в городъ свои.» (230.21); «. . . ведоша и Звенигороду. иже есть городъ малъ оу Киева.» (234.15).

Von den russischen Städtenamen ohne Polnoglasie kommt Киевъ am häufigsten sowohl mit der Apposition градъ, als auch городъ vor (je 3×), wobei градъ Киевъ dem ksl. Sprachschlüssel entspricht (10.12, 65.23, 202.9). Городъ in Apposition zu Киевъ ist durch situationsangemessene Darstellung bedingt (31.25, 49.2,

Belege S. 104) und einmal liegt mehrfache Motivation vor (202.5—9, s. S. 134).

Градъ mit anderen Städtenamen findet sich sonst nur in (ganz) überwiegend ksl. TE, und zwar **градъ Юрьевъ** (149.27), **г. Любча** (156.12), **Торциискъıи г.** (218.14), **г. Переıаславль** (227.3). Etwas häufiger kommt **городъ** in Apposition vor, und zwar wieder übereinstimmend mit dem Sprachschlüssel in gemischten und überwiegend ar. TE: **С҃тополчь г.** (229.8), **Суждаль г.** (238.20), **Торческъıи г.** (249.4), **к Прилуку г.** (248.31). In zwei Fällen ist die Verwendung der ar. Form durch direkte Rede in überwiegend ksl. TE motiviert: **«ѡни же рекоша юму. въ Звиждени городѣ ..... не в Д҃вдовѣ городѣ ıатъ ни слѣпленъ. но в твоемь градѣ . . .»** (Blendung Vasilkos, 1097, 261.18, 263.15), weiters durch konкrete Ortsangabe: **«оу города Бручога»** (75.11); in einer kurzen Mitteilung kommt schließlich **«сруби г. Гюргевъ»** (280.2) vor.

2. **Градъ** in direkter Rede. Es wird immer wieder behauptet, daß in DR ar. Elemente weitgehend dominieren, deshalb wird hier auf die Verwendung von **градъ** näher eingegangen. In überwiegend ar. TE kommt **градъ** in DR nicht vor und in sprachlich gemischten nur selten. Um so bemerkenswerter ist folgende DR in der folkloristischen Erzählung von der Belgoroder Grütze (ganz gemischt): **«а въı поидѣте до ·і҃· мужь. в градъ да видите что сѧ дѣеть в градѣ нашем҃.»** (997, 128.18), gefolgt von 3× **городъ** und einmal **градъ** im Bericht. Hier treffen die sonst angeführten Beweggründe für Kirchenslavismen in DR nicht zu, denn es handelt sich weder um Religiöses, noch spricht eine hochstehende Person, sondern das einfache Volk. Die ganze Erzählung ist mit trat- und torot-Formen gesättigt. Vielleicht handelt es sich bei dieser DR um einen relativ seltenen Fall von Kode-Wechsel ins Kirchenslavische, weil ar. Formen vorangehen und folgen.

Градъ kommt über 15× in DR in (ganz) überwiegend ksl. TE sowohl religiösen als auch weltlichen Inhalts vor. In den ersteren erscheint die ksl. Form als einzig angemessene, z. B.: **«рекъ сице даю ц҃ркви сеи с҃тѣи Б҃ци. ѿ имѣньıа моюго и ѿ градъ моихъ десѧтую часть.»** (Volodimers Wohltaten, 996, 124.19), weiters 8.8, 140.4, 256.7. Die Verwendung von **градъ** in weltlichen TE trotz DR ist zweifach motiviert, 1) entspricht sie dem Sprachschlüssel und 2) sprechen Fürsten bzw. werden diese angesprochen, z. B. **«посемь рѣша Варѧзи Володимеру. се града нашь. и мъı приıахомъ е.»** (980, 78.27), dass. 110.1, 173.20, 278.10; dazu tritt noch eine emotionelle Färbung: **«и придѣта Киеву на столъ ѡц҃ь наших҃ и дѣдъ наших҃. ıако то есть ста-**

рѣкишеи граⷣ в земли во всеи Кыевѣ.» (1096, 230.25). In der Blendung Vasilkos allein findet sich градъ 7× in DR (neben городъ in DR und Erzählung), z. B.: «да оузришь аще ти не заиметь граⷣ твоихъ. Турова и Пиньска. и прочиⷯ граⷣ твоиⷯ.» (1097, 258.18).

Градъ kommt in PVL L ohne Präposition im Sing. in allen Kasus mit Ausnahme des Lokativs vor, wobei der Nom. und Akk. bei weitem am häufigsten sind; im Plural ist der Instr. nicht belegt (naturgemäß kein Vok.) und der Gebrauch des Akk. (11×) steht an der Spitze. Dieses Lexem erscheint mit 14 Präpositionen (von drei Belegen abgesehen, immer im Sing.), und zwar mit: въ (в), внѣ, за, изъ, къ (к, ко), на, надъ, ѡколо, ѿ, по, посреди, предъ, с (з), оу.

Городъ (ohne Präposition im Sing. nur im Nom., Akk., Gen. belegt, im Plural auch im Dat.) wird nur mit sechs Präpositionen verwendet: в, из, къ, ѿ, по, оу. Vielleicht ist es kein Zufall, daß sich die längeren Präpositionen nur mit kürzerem градъ verbinden; vor allem bei ѡколо könnten auch euphonische Faktoren eine Rolle gespielt haben.

Die von Filin 1949: 98—102 durchgeführte umfassende Untersuchung über den Gebrauch verschiedener Präpositionen mit градъ / городъ in allen Abschriften der Nestorchronik werden von meinen hier im Wesentlichen auf PVL L beschränkten Beobachtungen nicht ganz bestätigt. Die Konstruktion по городу verlangt nach Filin vermutlich wegen ihrer konkreten räumlichen Bedeutung die Polnoglasieform; vgl. PVL L: по городу 3× – по граду 2×, по городомъ 2× – по градомъ 4×; ѿ града wird als buchsprachliche phraseologische Einheit aufgefaßt; diese ist tatsächlich in PVL L gebräuchlicher (8×, ѿ города 3×); въ градѣ, градѣхъ wird als eine Art adverbialisierter Ausdruck mit allgemein-räumlicher Bedeutung angesehen, hingegen в городѣ entweder auf spezielle Bedeutung ('befestigter Ort', nicht 'Stadt') oder auf Gebrauch in DR zurückgeführt. Die Frequenz in Lavr. ist folgende: в(ъ) градѣ 31×, градѣхъ 2×, в городѣ 6×, городѣхъ 1× (davon drei Fälle nicht in DR).

Möglicherweise ist die Distribution von градъ / городъ dadurch beeinflußt, daß vorwiegend die ksl. Form in Superskription auftritt. Diese Schreibung ist nicht für den gesamten Text charakteristisch, sondern nur für einzelne TE, so besonders für die ,,Blendung Vasilkos" (1097, 256.24—273.6)[8], vgl.: градъ wird insgesamt 29× ver-

---

[8] Zu allen Abkürzungen in dieser Erzählung vgl. Hüttl-Folter 1980a: 52 ff.

wendet, davon 11 × im Nom.-Akk. Sing. ausnahmslos in der Schreibung гра҇, in allen anderen Kasus ist das Wort ausgeschrieben; городъ erscheint ein einziges Mal und городѣ 6 ×. Meines Erachtens förderte hier die Superskription als Raumsparungsmittel die höhere Frequenz des Kirchenslavismus, der nur halb so lang wie der Russismus ist: гра҇ – городъ. Dafür scheint auch zu sprechen, daß der Nom.-Akk. Sing. in PVL Ip 6 × durch voll ausgeschriebenes городъ ersetzt ist (in den Kasus obl. allerdings auch 7 ×). Insgesamt ist гра҇ in PVL L 33 × belegt, darunter 2 × im Gen. Pl., 14 × mit Präpositionen (andere Superskriptionen, wie пре҇ граду҇ nicht eingerechnet, die 6 × vorkommen). Voll ausgeschrieben erscheint градъ 19 ×.

Städtenamen mit -город- (-градъ). Von dem Derivat Городьць (4 ×) abgesehen, erscheint -городъ in fünf ar. Städtenamen: Вышегородъ 9 ×, Звенигородъ 1 ×, Бѣлъгородъ 6 ×, Новъгородъ 54 × und Новыи Городъ 1 × (heutiges Novgorod Seversk an der Desna, vgl. Trautmann 275). Die adjektivische Komponente der letzteren drei Namen wird regelmäßig dekliniert, und zwar bei Бѣлъгородъ und Новъгородъ in der Nominalform, z. B. «Володимеру же шедшю Новугороду ... Печенѣзи ... сташа юколо Бѣлагорода.» (997, 127.10, 14). Der letztere Name kommt einmal im Instrumental in der Pronominalform vor: «за Новымъ Городо҇м разгнахомъ силны вои.» (Monomachs Autobiographie 1096, 248.16).

Wie bekannt, sind Eigennamen aller Art in den Handschriften der Chroniken nicht wie in den gedruckten Ausgaben durch Großbuchstaben gekennzeichnet. Außerdem sind die Texte durchlaufend zusammengeschrieben, daher läßt sich nicht feststellen, ob diese Namen graphisch eine Einheit bildeten. Sie sind auch nicht durch einen Bindevokal als Komposita gekennzeichnet, aber es handelt sich in allen Fällen um Städtebezeichnungen und nicht etwa bei «новъгородъ» um die Bedeutung 'eine neue Stadt'. Die Flexion beider Glieder dieser Namen wird konsequent durchgeführt, doch ist dies bei von ihnen motivierten Ableitungen nicht der Fall. Der Name der Novgoroder lautet am Beginn der Chronik: Ноугородьци (11.6), Нооугородьци (20.9, 69.18, 20), Новугородьци (20.9), dann regelmäßig Новгородци (140.19 ff.). Bei der adjektivischen Ableitung von Бѣлъгородъ liegt sogar ein Bindevokal vor: «Іѡаномь митрополитомъ. і Лукою Бѣлогородьскымь еппомь.» (208.2). Der einzige Stadtname in PVL L mit variierendem -городъ / -градъ ist die Bezeichnung für Konstantinopel, eine aus dem Aksl. übernommene Lehnübersetzung von griech. βασιλὶς πόλις, wörtlich 'Kaiserstadt' (ursprünglich sowohl für Rom, als auch für Konstantinopel gebraucht, vgl. Schumann 1958: 30), die in folgenden Formen immer mit Kürzung auftritt: Цр҃ьградъ 14×, Цр҃ьградъ 3×, Цр҃ьгородъ 13×, Цр҃ьгородъ 1×. Die erste Komponente wird regelmäßig dekliniert. Die Polnoglasieformen sind in den späteren Abschriften (Radziwill- und Akademische-Chronik, beide 15. Jahrhundert) meist durch -градъ ersetzt.

Sämtliche Belege von Царьградъ / -городъ aus PVL L wurden bereits zitiert und die Motivation für deren Gebrauch ausführlich erörtert, vgl. S. 111—116; daran wird anschließend ein Überblick über die Vorkommen in den anderen untersuchten Chroniken gegeben.

Das restliche Wortnest von **gord-*. 1. Ableitungen. Am Beginn der PVL L wird 4× das Deminutivum градокъ verwendet statt zu erwartendem городокъ bzw. градьць, das auch in den anderen Abschriften erscheint, vgl.: (Kij) «приде къ Дунаеви. възлюби мѣсто и сруби градокъ (TPA городокъ) малъ [и] хотяше сѣсти с родомъ ᶜвоимъ . . .» (Der Fährmann Kij, 10.9); гр. wird noch dazu in der russischen Phrase срубити городъ, sonst regelmäßig mit Polnoglasie, verwendet, ist also sicherlich sekundär. Weiters findet sich гр. in der Sage über die Berufung der Varäger: «и поидоста по Днѣпру. и идуче мимо и оузрѣста на горѣ градоᴷ (PA городокъ) и оупрашаста. рѣста чии се градокъ (T есть градъ PA городъ). ѡни же рѣша была суть ·г҃· братья. Кии. Щекъ. Хоривъ. иже сдѣлаша градоко-сь (T городокось PA градъ сеи).» (862, 20.23, 24, 21.2). Hier ist bemerkenswert, daß гр. sogar in direkter Rede auftritt. In sämtlichen Stellen ist градокъ in PVL Ip durch городокъ bzw. городъ ersetzt, vgl. S. 283.

Adjektivische Ableitungen: градньıи, градьскии / городньıи 'Stadt-': «на краихъ же забральньıхъ проповѣдаеть. во враᵀѣхъ же градньıхъ. дерзающи гл҃ть.» (Olgas Taufe, 955, 62.17); «ко врато||томъ (sic!) градньıмъ.» (977, 74.28); градьскии kommt auch in Wortverbindungen wie 'Stadtälteste' vor: «Созва Володимеръ боляры своя и старци градьскиѣ.» (Zweite Glaubensprüfung. 987, 106.16); «старѣишиньı градьскыя» (127.28); «людми градьскыми (A градецкыми)» (230.1) und «стѣну градьскую» (109.12).

городньıи: «заложи цр҃квь на воротѣхъ городньıхъ. во имя ст҃аго мч҃нка Θеѡдора.» (Kurze Mitteilung unter 1089, 209.3, sonst ksl.); der Russismus ist hier wohl durch genaue Ortsangabe motiviert.

гражане 4× / горожане 3× 'Stadtbewohner', deren Distribution durch die ksl. Sprachschlüssel der TE bestimmt ist (eine Ausnahme): «веля ему пристряпати къ граду бранью. а самъ мыслят оубити Ярополка. граженьı (P гражаньı) же не бѣ льзѣ оубити его.»

(Ermordung Jaropolks, 980, 77.14), weiters 109.8, 231.17, 268.7; «и горожане же рѣша шедше к Печенѣгомъ.» (Belgoroder Grütze, 997, 128.16, sprachlich gemischt); «Ѡлег же вниде в городъ. и прияша и горожане.» (Kämpfe des Oleg Svjatoslavič, 1096, 237.15, gemischt). Nur in der überwiegend ksl. abgefaßten Erzählung über die Blendung Vasilkos findet sich auch motiviert горожане — in Signalfunktion und als Agens einer konкретen Bewegung (vgl. S. 104) — und nicht etwa in Variation mit darauffolgendem градъ, das hier 'Stadtmauer' bedeutet und daher nicht austauschbar ist, vgl.: «Двдовъı воемъ ѡблежащимъ градъ ... и нападоша на нь. и почаша сѣчи. и горожане (so auch PA) скочиша з града. и почаша сѣчи воѣ Двдовъı. (272.21).

городище 'Stätte, wo sich einst eine Siedlung befand': «възлюби мѣсто и сруби градокъ малъ [и] хотяше сѣсти с родомъ своимъ и не даша ему ту близь живущии. еже и донынѣ наречють Дуници (TPA дунаици) городище Киевець.» (Der Fährmann Kij, 10.11). Als konkrete lokale Bezeichnung ist г. gut belegt und nicht austauschbar, da rksl. градище für 'castrum' registriert ist (Srezn.).

возградити 'erbauen': «и по немъ прѣстоловова снъ его Соломанъ. иже возъгради црквь Бу.» (Rede des Philosophen, 986, 97.17), aus dem Aksl., in rksl. Denkmälern gut belegt, vgl. Srezn.

заградити '(Ausgang) verschütten, versperren': «и посла в манастырь по Ѳеѡдосья и по братью. и ѿкопаше кде бѣ загражено устье.» (Erzählung über die Mönche des Höhlenklosters, 1074, 193.12); aksl., vgl. загородити Слов. р. яз. XI—XVII вв.

сограждати figurativ 'stärken' (vgl. deutsch figurativ 'erbauen'): «въ бранехъ кртомъ сограждаеми вѣрнии людье.» (Polovcereinfall, 1068, 172.26); с. ist ksl., vgl. Miklosich.

огородити 1. '(mit einer Umzäunung) umgeben': «заложиша црквь велику. и манастырь ѡгородиша. а съ столпьемь (PA огородиша столпеемь) кельѣ поставиша многы.» (Gründung des Höhlenklosters, 1051, 159.4, in PVL Ip dafür ѡградиша 147.17); 2. 'umgeben sein': «Бысть знаменье в солнци. ѡгородилося бяше слнце. в три дугы. и быша другыя (P други) дугъ (A дугы) хребты к собѣ. и сия видяще знаменья блговѣрнии черньци.» (Himmelszeichen, 1102, 276.16), in PVL Ip dass. (251.31). Beide TOROT sind durch konkret dargestellte Handlung motiviert; Sreznevskij nimmt für огородитися hier nicht entsprechendes 'закрыться, спрятаться ?' an, dessen Verwendung wohl dadurch gefördert wurde, daß rksl. оградитися nur in religiösen Kontexten in figurativer Bedeutung belegt ist, vgl. Srezn.

Das aus dem Aksl. stammende Kompositum виноградъ 'Weinberg' (seinerseits eine Entlehnung oder Lehnübersetzung aus dem Germanischen, vgl. Sadnik S. 331, Nr. 1082) kommt 3× in religiösen Stellen in übertragener Bedeutung vor: «Гⷭ҇и Бе҃ призри с нбсе҃. и вижь. и посѣти винограда своѥго.» (Die Wohltaten Volodimers, 996, 124.10), auch 168.15, 169.5.

***derv(o)** ist hauptsächlich durch rksl. древо (19×, vgl. aksl. дрѣво) vertreten, weil es nur in religiösen Bedeutungen und/oder solchen Kontexten vorkommt: 1. 'Kreuz': «Бъ҃ же на дрⷷ҇вѣ стрⷭ҇а приꙗ. да древомь дьꙗволъ побѣженъ будеть. и ѿ древа животьнаго приимуть првⷣ҇нⷭ҇и.» (Rede des Philosophen, 986, 104.29—30), ebenso 104.20, 27, 28, 113.21; 2. 'Baum des Paradieses': «и насади Бъ҃ раи . . . въведе ту чл҃вка егоже созда. и заповѣда ему ѿ древа всѧкого ꙗсти. ѿ древа же единого не ꙗсти. еже есть разумѣти добру и злу.» (*ibid.*, 986, 88.14, 15), ebenso 88.28, 89.3, 10, 185.2; 3. 'Baum' in biblischen u. a. religiösen Kontexten, dazu vgl. auch Zitat unter 1., weiters: «и возлюби Бъ҃ Изрл҃ѧ и идоша ѿ морѧ ·г҃· дн҃и по пустыни . . . бѣ ту вода горка. и възъропташа людье на Ба҃. и показа имъ Гь҃ древо. и вложи Моисѣи въ воду. и оусладишасѧ воды.» (*ibid.*, 96.7), auch 254.2; 4. 'Holz': «. . . паде жребии на сн҃ъ твои изволиша бо и бз҃и собѣ. да створимъ потребу бм҃ъ. и реⷱ҇ Варѧгъ не суть бо бз҃и на (РА но) древо. днⷭ҇ь есть. а оутро изъгнееть . . . . . но суть дѣлани руками в деревѣ.» (Sage über Menschenopfer, 983, 82.23), einziges Vorkommen von дерево in PVL L, in direkter Rede wohl als konkreter Hinweis und nicht zur Variation; dies. Bedeutung hat древо 85.14, 101.7, 116.25.

Adjektivische Ableitungen; zu deren Bildung vgl. Эт. слов. слав. яз. 4, 210 und 213; diese treten ebenfalls meist in ksl. Form auf, bedingt durch religiösen Kontext, z. B.: «Посемь же дьꙗволъ в болшее прельщенье вверже чл҃вки. и начаша кумиры творити. ѡви древѧнⷨ҇ы. ѡви мѣдѧны.» (Rede des Philosophen, 91.21), auch 79.13, 92.8, 181.29; in der Legende über den Apostel Andreas findet sich древенъ neben einer Polnoglasieform in der Ich-Erzählung: «видѣхъ бани древены. и пережьгуть е (Р их) рамѧно. [и] совлокутьсѧ и будуть нази.» (8.20). Der Gebrauch des Polnoglasie ist durch direkte Rede und weltlichen Kontext motiviert: «. . . начьнѧхуть роптати на кнѧзь гл҃юще. зло есть нашиⷨ҇ головамъ. да намъ ꙗсти деревѧными лъжицами. а не сребрѧными.» (Die Wohltaten Volodimers, 996, 126.14, ganz überwiegend ksl.).

Der einzige Stammesname, der in PVL L mit Vollaut und Metathese variiert, sind die von *derv(ěnъ) abgeleiteten Bezeichnungen Деревлѧне 32×, Деревлене 1×, Дерева 3× / Древлѧне 6×, Древлѧнѧ 1×, aber nur деревьскии 5×. Die Distribution der Dubletten ist zum Teil durch den Sprachschlüssel bestimmt, d. h. die ksl. Form tritt fünf von sechs Malen in rein bzw. ganz überwiegend ksl. TE am Anfang der Chronik auf (6.13, 12.16, 17, 13.15, 16.22), z. B.: «... нарекошасѧ Полѧне. а друзии Древлѧне (P деревляне) зане сѣдоша в лѣсѣх.» (6.13). In Olgas erster Rache (945, 55.10—56.29) findet sich neben 4× Деревлѧне je einmal Деревлене und в Деревѣхъ sowie die ksl. Dublette: «рѣша же Древлѧне. посла ны Деръвьска (P деревляньскаа A деревяньскаа) землѧ.» (55.31). In den Sagen von Olgas dritter und vierter Rache wird konsequent Деревлѧне verwendet, obwohl diese überwiegend ksl. abgefaßt sind, und zwar 13× (57.10—59.11). Im folgenden Text kommt nur mehr einmal Деревлѧнинъ vor (977, 75.3).

***dorgъ**: драгъіи 'wertvoll, teuer': «и полаты златыа. и в них сущаа богатество. злата много. и паволокы. и камьнье драгов.» (912, 38.5); «се же рече Соломанъ ... ѡ добрыхъ женах рече драгъши (A дражаиши) есть каменья многоцѣньна.» (980, 80.25); zu der Bedeutungsveränderung 'lieb, teuer' → 'wertvoll' (beide Bedeutungen liegen im Aksl. und auch für ar. дорогъ vor) vgl. Эт. слов. слав. яз. 5, 77.

***žerbьjь**: жребии 1. 'Los': «Сим(ъ же aus TPA) и Хамъ. и Афетъ раздѣливше землю жребьи метавше. не преступати никомуже. въ жребии братень.» (Einleitung 4.18, 5.1); im zweiten Fall liegt die eng damit verknüpfte Bedeutung 2. '(durch das Los gewonnener) Anteil' vor, die ebenfalls im Aksl. belegt ist. In der Bibel gebräuchliches «метати жребии» findet sich nochmals: «и рѣша старци и болѧре мечемъ жребии. мечемъ жребии на ѡтрока и дѣвицю. на него же падеть. того зарѣжемъ богомъ.» (Sage über Menschenopfer, 983, 82.9), weiters 'Los' 82.16, 21 und 'Anteil' 7.18, 183.12. Die alleinige Verwendung von жребии in PVL L erklärt sich durch die religiösen Konnotationen des Wortes und sein Auftreten in ebensolchen Kontexten in ksl. abgefaßten TE, doch ist жеребии sonst gut belegt, vgl. Srezn.

***žerdlo**: жерело 'Mündung': «ис того же лѣса потече Волга на въстокъ. и вътечеть семьюдесѧть жерелъ в море Хвалисьское.» (Der Weg von den Varägern zu den Griechen, 7.16) und 7.22; ж. ist nicht austauschbar durch жрѣло, nur 'Stimme', s. Näheres S. 59.

Das Wortnest von ***zolt-** ist symmetrisch, mit je drei rksl. (= aksl.) und ar. Ableitungen mit denselben Suffixen sowie je einem Kompositum. Das Substantiv злато 'Gold, Goldschmuck' hat die höchste Frequenz (22×) und unterscheidet sich stark in seinem Gebrauch von der Polnoglasieform und zum Teil auch in der Bedeutung. **Зл.** ist phraseologisch weitgehend gebunden und tritt fast immer in (ganz) überwiegend ksl. TE auf, vgl. 1. «злато и паволоки» (9×), das letztere ist unpaarig, s. S. 59; «Цр҃ь же Леѡнъ поꙋти послы Роуⷭкые. дарми. златоⷨ и паволоками. и фофоудьами ..... и полаты златыа. и в ниⷯ соущаа богатество. злата много. и паволокы.» (912, 38.1, 4), auch 32.15, 45.28, 46.3, 9, 67.24, 70.27, 28, 71.1); 2. «злато и сребро (и паволоки)» wird 10× verwendet, wobei сребро vorangestellt werден kann, vgl. Volodimers bekannten Ausspruch: «ꙗко сребромь и златоⷨ не имаⷨ налѣсти дружинъı. а дружиною налѣзу сребро и злато. ꙗкоже дѣдъ мои и ѡц҃ь мои доискасѧ (PA доискался) дружиною злата и сребра.» (Die Wohltaten Volodimers, 996, 126.17 bis 20), mit Variation in der Wortfolge am Ende; vgl. dieselbe Phrase 46.3, 61.23, 153.7, 159.19, 171.25, 198.24, 279.11.

Ab 1096 kommt злато 3× nicht phraseologisch gebunden ebenfalls in überwiegend ksl. TE vor, und zwar für ‘(wie) Gold’: «ꙗко Б҃ъ кажеть (PA казнить) рабы своꙗ. напастми ратнъıми. да ꙗвѧтсѧ ꙗко злато искушено в горну (PA в горниле).» (Neuerliche Polovcereinfälle, 1096, 233.10); ‘Gold(münze), Geld’: «и взѧша оу него злата ·н҃· гриⷡ.» (Blendung Vasilkos, 1097, 269.8) und dass. ohne Spezifizierung: «и солгаша юму емлюще злато ѹ Дв҃да.» (269.23).

Die letztere Bedeutung besitzen auch золото sowie die Ableitungen златникъ und золотникъ, die beide ausschließlich in den Verträgen mit den Griechen in PVL belegt sind. Der Gebrauch der ar. Wörter ist durch situationsangemessene Darstellung motiviert, vgl.: «... ѡ хрⷭтьанеⷯ ѡ полоненыⷯ ѿ коеа любо страны приходѧщиⷨ в Роуⷭ. се продаеми бывають по ·к҃· золота и да придоуⷮ в Грекы.» (Vertrag 912, 36.21), Mittelteil lexikalisch gemischt, betrifft Verkauf auf russischem Territorium, daher золото; «входѧще же Русь в [г]радъ. да не имѣють волости (PA власти) купити. паволокъ лише по ·н҃· золотникъ ...» (Vertrag 945, 49.12), Mittelteil lexikalisch gemischt; betrifft die Russen (Varäger), daher золотникъ; «оускоꙋить ꙋелѧдинъ нашь къ вамъ. и принесеть ꙋто. да въспѧтѧть и ѡпѧть. а еже ꙋто принеслъ будеть все цѣⷧо. и да возьметь ѿ него золотника два.» (50.3), betrifft einen in die Rus entlaufenen Griechen. Wenn sich die Vertragsbedingungen auf die Griechen beziehen, dann wird златникъ verwendet: «елико хеⷭꙗнъ ѿ власти нашеꙗ. плѣнена приведуть Русь ту. аще будеть оуноша или дѣвица добра. да вдадѧть златникъ ·і҃· и поимуть и. ... аще ли будетъ старъ или дѣтещь. да вдⷣсть златникъ ·е҃· аще ли ѡбрѧщются Русь работающе оу Грекъ. аще ли суть плѣньници. да ископають (PA искупають) е Русь. по ·і҃· златникъ». (50.18—24).

Zwei weitere Vorkommen von золото sind durch situationsangemessene Darstellung bedingt: 54.3, vgl. S. 104 und 73.15, vgl. S. 110 sowie die folgenden durch den überwiegend ar. Sprachschlüssel der TE: «и вдахъ ѡц҃ю ·т҃· гри҇в золота.» (Monomachs Autobiographie, 1096, 247.39); «и бѣ Ꙗкунъ слѣпъ. луда бѣ оу него золотомь истъкана.» (Über Jakun, 1024, 148.8).

So wie злато ist auch златъıи 'golden, aus Gold' 8×, auf TE in (ganz) überwiegend ksl. Sprachschlüssel beschränkt — von einer Ausnahme abgesehen — doch wird das Adjektiv nicht idiomatisch verwendet. Seine Postposition unterstreicht den buchsprachlichen Charakter. Beispiele: «ношахѹ сли печати злати (PA золотые). а гостье сребрени.» (Vertrag 945, 48.8); (Volodimer) «постави кѹмиръı на холмѹ . . . Перѹна древѧна. а главѹ его сребренѹ (PA глава емѹ серебряна). а оусъ златъ.» (980, 79.14), weiter 38.3, 91.22, 97.23, 134.7, 148.26, 164.26. Die berühmten Kiever Tore hießen Златаꙗ врата; im gleichen Kontext erscheint auch derselbe Ausdruck mit Polnoglasie, meines Erachtens jedoch nicht zur Variation, sondern weil es sich um eine konkrete Ortsangabe handelt, vgl.: «Заложи Ꙗрославъ городъ (PA градъ) великъıи. оу негоже града суть Златаꙗ врата. заложи же и цр҃квь ст҃ъıꙗ Соѳьꙗ. митрополью. и посемь цр҃квь на Золотъıхъ воротѣхъ. ст҃ое Бц҃е Блг҃вѣщенье.» (Lobpreisung Jaroslavs, 1037, 151.20—22), ganz überwiegend ksl.; einziger Beleg für золотъıи. Filin hält «на Золотъıхъ воротѣхъ» für einen konkreten toponymischen Terminus (1949: 105), doch vgl. dazu die ausführliche Interpretation dieser schwierigen Stelle S. 134.

Komposita mit злато- / золото-: златозарнъıи 'goldstrahlend': «радѹитасѧ врата вкупѣ. в мѣстѣхъ златозарнъıхъ (PA светозарныхъ). в селѣхъ нбн҃ъıхъ.» (Ermordung der hl. Boris und Gleb, 1015, 138.12); auch sonst im religiösen Schrifttum belegte Lehnübersetzung aus griech. χρυσαυγής (vgl. Srezn.).

золотоверхъıи 'goldkuppelig': «Заложена бъ҇с церкъı ст҇г Михаила. Золотоверхаꙗ. Ст҃ополк҇м кнѧз҇м.» (1108, 283.6); dazu vgl. S. 33 und златовьрхъıи (Srezn.).

***zork-**: ist in allen untersuchten Chroniken nur mit je einem ksl. und ar. Reflex vertreten, die beide unpaarig sind und sowohl formal, als auch semantisch stark voneinander abweichen:

зракъ 1. 'Gestalt' : «и се ѿверзошасѧ нбс҃а. и Дх҃ъ сходѧщь зрак҇мъ голѹбинъıмъ на нь.» (Rede des Philosophen, 986, 103.12); «изиде Бъ҃ воплощенъ . . . . . приимъ рабии зракъ.» (Glaubensbekenntnis Volodimers, 988, 113.7) und 192.20, ebenfalls in religiösem Kontext; 2. 'Augenlicht': «и Василко възвъıси к҇ртъ гл҃ѧ. ꙗко сего ѥси цѣловалъ.

се перьвѣе взѧлъ еси зракъ ѡчью моею.» (Blendung Vasilkos, 1097, 270.8); beide Bedeutungen sind im Aksl. belegt.

узороуье 'Kostbarkeiten': «и приде Ѡлегъ к' Киеву. несѧ злато и паволоки. и ѡвощи. и вина. и всѧкое оузороучье.» (Ende des Feldzuges, 907, 32.16); узрачие ist erst ab 15.—16. Jahrhundert belegt und weicht in der Bedeutung ab (vgl. Srezn.), daher ist узороуье als nicht austauschbar anzusehen.

***kold-**: клада 'Scheiterhaufen': «аще кто оумрѧше творѧху трызно (A тризну P трызну) надъ нимъ. и по семь творѧху кладу (PA краду) велику и възложаху ть и на кладу мртвца. сожьжаху.» (Gebräuche der slavischen Stämme, 14.8, 9, ganz überwiegend ksl.); кл. hat hier Eigenbedeutung (vgl. S. 65 f.), für die Srezn. nur denselben Beleg anführt; aksl. кл. bedeutet lediglich 'Holzblock' (Marterwerkzeug).

колода 'Baumstamm' ist einer der zwei Russismen, die in der rksl. Legende über die Ermordung der hl. Boris und Gleb vorkommen: «Глѣбу же оубьену бывшю. и повержену на брезѣ. межи двѣма колодама.» (1015, 137.9); zur Motivation vgl. S. 134.

Die nur mit Polnoglasie belegte Ableitung колодникъ 'Gefangener' im Block (vgl. auch плѣньникъ / полоньникъ) findet sich einmal in direkter Rede: «рече Добрына Володимеру. съглѧдахъ колодникъ. ѡже суть вси в сапозѣх. симъ дани намъ не даıати. поидемъ искатъ лапотниковъ.» (In kurzem Kriegsbericht unter 985, 84.10).

***koldęd'źь**: кладѧзь / колодѧзь 'Brunnen': «и кождо своıа норовы приıаша по дьıаволю оученью ѡви рощенье. кладеземъ и рѣкамъ жрах.» (Rede des Philosophen, 986, 91.16); «. . . Корсунѧнинъ . . Настасъ. напсавъ сице на стрѣлѣ. кладѧзи ıаже суть за тобою ѿ въстока. ис того вода идеть по трубѣ. копавъ переими.» (Korsuner Legende, 988, 109.17), ganz überwiegend ksl.; trotz direkter Rede wird кл. verwendet, allerdings gefolgt von einem markierten Russismus. Weiters kommen beide Dubletten in der sprachlich gemischten Erzählung über die Belgoroder Grütze vor, jedoch nicht zur Variation, sondern zuerst aufeinanderfolgend der Russismus, dann ohne ersichtliche Motivation кл., vgl.: «и повелѣ ископати колодѧзь. и постави[ти] тамо кадь . . . . и повелѣ другыи колодѧзь ископати.» (997, 128.9, 11, 15 auch 129.8), «и приведоша ıа къ кладѧзю идѣже цѣжь.» (128.29, auch 129.3). Nur кл. findet sich einmal in religiösem Kontext: «радуитасѧ Борисе и Глѣбе. богомудраıа. ıако потока точита ѿ кладѧзѧ. воды живоносныıа.» (1015, 138.3); кл. ist im Aksl. gut belegt.

Von ***kolti** liegt je ein ksl. und ar. Verbum vor, die nur soweit berücksichtigt wurden, als ihre Formen TRAT oder TOROT aufweisen.

заклати ‘abschlachten’: «напрѧже лукъ свои. истрѣлѧти нища и оубога. заклати правъıꙗ ср҃цмь.» (Monomachs Belehrung, 1096, 242.1).

колоти ‘durchstechen’: «да имѣемъ клѧтву ѿ Ба҃. въ его же вѣруемъ в Перуна и въ Болоса скотьꙗ Ба҃. и да будемъ колоти ꙗко золото.» (Vertrag 971, 73.15); vgl. die Deutung dieser dunklen Stelle durch Larin 1975: 28, S. 110.

***koltiti** gehört nach Vasmer zur selben Wurzel (s. u. колотить), von dem wohl сколота ‘Wirrnis, Zwietracht’ abgeleitet ist, vgl.: «ꙗко се Дв҃два сколота. то иди тъı Ст҃ополче на Дв҃да. любо ими любо прожени и.» (Blendung Vasilkos, 1097, 265.1), einziger Beleg, ders. auch in Srezn. Dieser in direkter Rede verwendete Russismus ist unpaarig; er kommt in den anderen untersuchten Chroniken nicht vor, mit Ausnahme von PVL Ip in derselben Stelle, wo er allerdings ausgestrichen und сольстилъ darübergeschrieben ist (vgl. 239.1 und Anm. a).

***korva**: statt крава findet sich in PVL L irrtümlich глава, vgl.: «холопъ Соломань. иже створи двѣ главѣ (PA коровѣ) златѣ. постави едину въ Бефилѣ на холмѣ. а другую въ Єньданѣ. рекъ се ба҃ твоꙗ Изр҃лю ...» (Rede des Philosophen, 986, 97.23), in PVL Ip кравѣ (84.24).

***korl'ь** gemeinslavisches Lehnwort aus dem Namen Karls des Großen, vgl. Bernecker 572 und Vasmer II 631; король ist in den Chroniken als nicht austauschbar anzusehen, da ksl. краль nur im religiösen Schrifttum vorkommt (dort übrigens auch король, vgl. Srezn. und Slovník). Es ist bemerkenswert, daß sich eine Polnoglasieform ausschließlich auf nicht-russische Herrscher bezieht. In PVL L kommt к. nur einmal vor, doch beträgt die Gesamtfrequenz in den untersuchten Chroniken 246 (!).

король ‘König’: «Ꙗрославъ же сн҃ъ Ст҃ополчь приде съ Оугръı. и король Колманъ. и ·в҃· пп҃а. и сташа ѡколо Перемъıшлѧ по Багру.» (Blendung Vasilkos, 1097, 270.26).

королевичь ‘Königssohn, Prinz’: «.. ведена Передъслава дщи Ст҃ополча. в Ѹгръı. за королевичь.» (Kurze Mitteilung unter 1104, 280.9); к. ist unpaarig und hat in den untersuchten Chroniken eine Gesamtfrequenz von 32; in diesen kommt королева nicht vor, jedoch королевъıи (29×).

Von ***merti** finden sich in PVL L eine aksl.-rksl. und drei ar. Verbalableitungen in der Bedeutung ‘sterben’, doch ist lediglich умрети gebräuchlich (über 40×), wir zählen aber nur die Form mit Metathese, also den Infinitiv (7×), z. B.: «кн҃же конь е҇же любиши и ѣздиши на не^м^. ѡ то^г^ ти оумрети.» (Olegs Tod, 912, 38.21), weiters 38.27, 53.14, 106.27, 110.21, 136.5, 178.24.

умерети 1× : «вѣсть приде к нему ѡц̃ь ти оумерелъ (PA умерлъ).» (Ermordung der hl. Boris und Gleb, 1015, 132.7, fast rein ksl., im folgenden «ѡц̃ь ми оумре», 132.14). Mit Polnoglasie wird 1× изъмерети und 2× померети verwendet, beide sind durch direkte Rede motiviert (an das Volk und das Volk untereinander): «а вы хочете изъмерети гладомъ. не имучеся по дань.» (Olgas vierte Rache 946, 58.21); «и рѣша се оуже хочемъ померети ѡ глада. а ѡ князя помочи нѣту. да луче ли ны померети.» (Erzählung über die Belgoroder Grütze, 997, 127.20, 21).

Zu ***mold-** zählen in PVL aksl.-rksl. младъıи / ar. молодъıи sowie die aksl. Ableitung младьньць (младенець), alle je 4× belegt; младъıи 1. 'jung' kommt in (ganz) überwiegend ksl. TE vor: «и возмуть на ся прутье младое. [и] бьють ся сами.» (Legende über den Apostel Andreas, 8.23); auch 140.5; 2. 'kleines Kind': «влѣзоша в воду и стаıаху ѡвы до шие. а друзии до персии. младии (PA младенци) же [по перси] ѡ берега. друзии же млади (PA младенца) держаще.» (Taufe der Bevölkerung, 988, 117.23, 24).

младенець 'Knäblein' wird nur in TE religiösen Inhalts in fast reinem ksl. Sprachschlüssel verwendet: «ту абье повелѣ ц̃рь ражающаıася дѣти Жидовьскиıа въметати в рѣку. м̃ти же Моисѣева оубоıавши^с^ сего. губленьıа. вземши младенець. вложи и в карабьицю.» (Rede des Philosophen, 986, 94.7); weiters 102.22, 23, 194.17.

Der Gebrauch von молодъ 'jung', erscheint mir motiviert, und zwar wird м. ebenfalls in ganz überwiegend ksl. TE gebraucht, wenn der Gegensatz ,,alt – jung" ausgedrückt wird, vgl. «Симонъ волхвъ еже творяше волшьствомь. псомъ гл̃ати чл̃вчьскъıи (PA человѣчьски). и са^м^ премѣняшется. ѡво старъ. ово молодъ.» (Erzählung über die Zauberer, 1071, 180.16); «Старъııа чти ıако ѡц̃а. а молодъııа ıако братью.» (Monomachs Belehrung, 1096, 246.2); einmal ist м. durch einen inneren Monolog in Form einer direkten Rede motiviert: «реку брату своıему Володареви и Д̃вдви. даита ми дружину свою молотшюю.» (Blendung Vasilkos, 1097, 266.16); und schließlich entspricht м. dem ar. Sprachschlüssel: «а самъı князи Б̃ъ живъı в руцѣ дава ..... Таревьскъıи князь Азгулуи. инѣхъ кметии молодъ^ı^ ·е̃і·.» (Monomachs Autobiographie, 1096, 250.38).

***morzъ**: aksl.-rksl. мразъ 'Reif, Frost': «ѡво ли мразомь (PA сланою) плоды оузнабляıа. и землю зноемь томя наши^с^ ради злобъ.» (Predigt über die Strafen Gottes, 1068, 169.14), dass. 195.14; мр. findet sich auch in PVL Ip, N, S und ar. морозъ in PVL Ip, N, V.

заморозъ ‘Zeit, wenn die Flüsse zufrieren’: «бѣ бо оуже в заморозъ. С҃тополкъ стоꙗше межи двѣма ѡзерома.» (Beginn der Regierung Jaroslavs, 1016, 142.7), überwiegend ar. TE; з. ist unpaarig.

***mork-**: омраченье ‘Verblendung, ?Verführungskunst’: «Б҃ъ ѥдинъ ⷭвѣсть помышленьꙗ чл҃вчькаꙗ (P человѣческыя). бѣси же не свѣдають ничтоже. суть бо немощни и худи взоромь. ꙗко и се скажемъ ѡ взорѣ ихъ. и ѡ ѡмраченьи ихъ.» (Erzählung über die Zauberer, 1071, 179.4); zur Bedeutung vgl. die Übersetzung Lichačevs: «о заблуждениях их» (I, 320) und Trautmanns: „Verführungskunst“ (128); Srezn. ‘затемнение, помрачение’ mit Belegen ausschließlich aus religiöser Literatur, in konkreter und figurativer Bedeutung; о. ist ksl., vgl. Miklosich.

Das Wortnest von ***norvъ** ist durch die Parallelbildungen нравъ / норовъ vertreten, deren semantische Korrelationen schwierig zu interpretieren sind, dazu vgl. S. 67; jedenfalls hat aksl. нравъ, besonders im Rksl., ein größeres Bedeutungsspektrum (vgl. Sadnik, Slovník, Srezn.); vgl. in PVL L:

нравъ 1. ‘Brauch, Sitte’: «Имѧху бо обычаи свои и законъ ѡць свой҃. и преданьꙗ кождо свои нравъ.» (Gebräuche der slavischen Stämme, 13.8); aus dem Kontext geht hervor, daß нр. ‘Unsitte(n)’ bedeutet: «ибо Жидовьскии роⷣ в мори ѡчистишаⷭ ѿ Єюпетьскаго злаго нрава.» (Rede des Philosophen, 986, 105.8); 2. ‘Handlungsweise’: «друзии же и закыханью (PA зачиханию) вѣрують. еже бываеть на [з]дравье главѣ. но сими дьꙗволъ льстить. и дрⷹгыми нравы всѧчьскыми.» (Predigt über die Strafen Gottes, 1068, 170.11); «ѿц҃емь наслѣдникъ бывъ. послѣдовавъ оученью ихъ. и нраву ихъ .. и правило ихъ правѧ. паче же ревноваше великому Ѳеѡдосью. нравомь и житьѥмь подобѧсѧ житью ѥго.» (Überführung der Gebeine des hl. Feodosij, 1091, 213.26, 28); 3. ‘Charakter’: «бѣ же Изѧславъ мужь взоромъ красенъ ... незлобивъ нравомъ. криваго ненавидѣ.» (Nekrolog, 1078, 202.18). Es wurden sämtliche Belege angeführt, um zu zeigen, daß нр. in PVL L sowohl mit positiven als auch mit negativen Konnotationen auftritt.

норовы nur Pl. ‘heidnische Gebräuche’: «ѡнже не послуша м҃тре. творѧше норовы поганьскиꙗ ...» (Svjatoslavs Widerstand gegen die Taufe, 955, 63.27); (auf die Juden bezogen): «разидошасѧ по странамъ. и кождо своꙗ норовы приꙗша по дьꙗволю оученью ѡви рощенье (PA рощениемъ). кладеземъ и рѣкамъ жрⷯ.» (Rede des Philosophen, 986, 91.15); meines Erachtens unterstreicht der Russismus die negative Bedeutungsnuance und wurde deshalb statt нравы verwendet, (das jedoch diese ebenfalls ausdrücken kann, s. unter 2. den ersten Beleg); Näheres über diese Motivation s. S. 150.

Von ***peln-** liegen sowohl ksl. als auch ar. Substantive und Verben weitgehend mit gleicher Bildung und Bedeutung vor. Der Gebrauch der ksl. Lexeme (Gesamtfrequenz elf) ist durch die ksl. Sprachschlüssel, weiters zum Teil durch die Quellen und Thematik bedingt, von zwei Ausnahmen abgesehen. Wir behandeln daher diese Wörter gemeinsам und anschließend die entsprechenden Russismen:

плѣнь (sic!) 'Gefangenschaft': **«Жидомъ . . . . . законы преступающимъ предасть ꙗ** (PA **а богъ**) **в расхищенье. и въ плѣнь ведени быша во Ѡсурию** (PA **асурию**) **грѣхъ ихъ ра҃.»** (Rede des Philosophen, 986, 102.3), fast rein ksl.; aksl. **плѣнъ** dass.

плѣнити 1. 'Gebiet einnehmen, unterjochen': **«Е си҃ж времена приде Семнωнъ пленѧа Фракию.»** (Erster Pečenegeneinfall, 915, 42.15, fast rein ksl., nach Fortsetzung der Hamartoloschronik); 2. 'gefangennehmen': **«елико х҃еіанъ ѿ власти нашеꙗ. плѣнена приведуть Русь ту.»** (Vertrag 945, 50.16). Zur Motivation von **пл.** vgl. S. 110; die erste Bedeutung scheint im Aksl. nicht belegt zu sein, vgl. Sadnik. Im Slovník wird aus späteren Quellen auch 'verheeren, plündern, vernichten' erschlossen.

плѣненье 'Unterjochung': **«а ѿ Дв҃да и ѿ начала ц҃ртва Соломонѧ. до плѣненьꙗ Ιрлм҃лѧ. лѣ ·ѕ҃·м҃·и· а ѿ пл^ѣненьꙗ до Ѡлександра лѣ^т ·т҃·н҃і·»** (Erster Angriff der Rus auf Konstantinopel, 852, 18.6, 7); in religiösem Kontext: **«и сблюди ѿ всѧко плѣненьꙗ вражьꙗ твои гра҃ Бже.»** (Monomachs Gebet, 1096, 256.7); vgl. aksl. **плѣнѥниѥ** 'Gefangenschaft', ksl. auch 'Plündern, Beute' (Slovník).

плѣньникъ 'Gefangener': **«пожгоша ц҃ркви. а ихже имахоу плѣнники. ωвѣхъ посекахꙋ дроугиа же м^ꙋчахоу . . . . . и ина многа [зла] творѧхоу Роусь Грекомъ.»** (Olegs Feldzug gegen die Griechen, 907, 30.6, ganz überwiegend ksl.); **«аще ли ωбрѧщютсѧ Русь работающе оу Грекъ. аще ли суть плѣньници. да ископають** (PA **искупають**) **е Русь.»** (Vertrag 945, 50.23); **пл.** ist aksl.

пленовати 'Gebiet einnehmen, unterjochen': **«Оугре же наше^дше всю землю Болгарьскоу. пленовахоу** (T **поплѣниша**)**.»** (Jahreseintragung 902, 29.8, aus Fortsetzung der Hamartoloschronik); **пл.** ist ksl., vgl. Miklosich.

поплѣнити dass.: **«и начаша воевати Оугри на Греки. и поплѣниша землю Фрачьску и Макидоньску . . .»** (Skazanie o gramote, 898, 25.22, fast rein ksl.), auch 43.18, 44.10; vgl. aksl. **поплѣнити** 'plündern, verwüsten' (Sadnik und Slovník).

Die genannten ksl. Lexeme finden sich im ersten Teil der Chronik (Spalte 10 bis 50), von einem Beleg abgesehen. Die Polnoglasieformen treten durchlaufend auf (Gesamtfrequenz zehn), und zwar in allen Sprachschlüsseln, doch ist ihr Gebrauch in ksl. TE durch direkte Rede und situationsangemessene Darstellung motiviert.

полонъ 1. 'Gefangene': «и послаш^д^ Переꙗславци къ Печенѣгомъ глще. се идеть вы Стославъ в Русь. веземъ имѣнье много оу Грекъ. и полонъ бещисл^е^нъ съ малыми дружины.» (971, Svjatoslav bei den Dnjeprschnellen 73.26); Paschen 1933: 53 und Trautmann 50 nehmen hier 'Beute' an, doch geht meines Erachtens die zitierte Bedeutung aus dem Kontext hervor (so auch Lichačev 1950: I, 250), die in anderen Chroniken gut belegt ist, vgl. Srezn.; 2. 'Gefangenschaft': «и по^сла^ста къ Володимеру глща. кртися и тогда послевѣ сестру свою к тбѣ ..... ѡна же не хотяше ити. ꙗко в полонъ (PA въ поганыа) ре иду.» (Korsuner Legende, 988, 110.20, ganz überwiegend ksl., motiviert durch direkte Rede); 3. 'Beute': (die Russen) «взяша бо тогда скоты и ѡвцѣ и конѣ. и вельблуды ..... и придоша в Русь с полоно великы и с славою.» (Siegreicher Feldzug gegen die Polovcer, 1103, 279.27, ganz überwiegend ksl.); «и на заоутреѣ за Новымъ Городо разгнахомъ силны вои. Белкатгина а се мечи. и полонъ весь ѡтяхо.» (Monomachs Autobiographie, 1096, 248.17, überwiegend ar.) und 281.7.

полонени 'Gefangene', prädikativ: 'gefangen' (pass. Prät. Part. von полонити 'gefangennehmen'): «и еще и ѡ хртьане^х^ ѡ полонены^х^ ѿ коеа любо страны приходящи^м^ в Роу. се продаеми бывають по ·к· золота и да приидоу^т^ в Грекы.» (Vertrag 912, 36.20, Mittelteil lexikalisch gemischt, dort auch полоняникъ, ѿполонити, s. u.; zur Motivation vgl. S. 109), «сего ради гнѣвъ простреся. сего ради земля мучена бы. ѡви ведуться полонени. друзии посѣкаюми бывають ....» (Polovcer belagern Torčesk, 1093, 223.9, ganz überwiegend ksl.); die Polnoglasieform fällt aus der Reihe, da in religiösem Kontext, vgl. zu ihrer Motivation S. 105, ebenso wie zum folgenden Beleg: «се оуже третьее наведе поганыꙗ на землю Руськую югоже грѣха дабы и Бъ простилъ. занеже много хьꙗнъ изгублено бы. а друзии полонени.» (Kämpfe um Černigov, 1094, 226.17).

полонити 'erbeuten': «полониша скоты и конѣ. вельблуды и челядь.» (Kämpfe mit den Polovcern, 1095, 228.19, lexikalisch gemischt); diese Bedeutung wird von Sreznevskij nicht angegeben.

полоняникъ 'Gefangener': «ѿ тѣ^х^ аще полоняникъ ѡбою страну держи^м^ е. или ѿ Руси или ѿ Грекъ. проданъ в ѡну страну аще обрящеть.» (Vertrag 912, 36.4); п. bezieht sich sowohl auf einen gefangenen Russen als auch Griechen. Im selben Kontext findet sich noch:

отполонити 'freilassen': «егда те на воиноу ити. и сии хотѧⷮ поути (А поутіти) цⷭ҇рѧ вашеⷢ҇..... и хотѧⷮ ѡстати оу цⷭ҇рѧ вашеⷢ҇. своєю волею да бꙋдоуⷮ ѿ Роуси ѿполонени.» (36.17); отп. ist unpaarig.

***per-**: verstärkendes Präfix пре + Adjektiv (Substantiv); im Aksl. прѣ-, in PVL L durchwegs пре- (manchmal abgekürzt пр-); neun von elf in PVL L belegten Bildungen sind aksl., предивьнъ und препѣтъıи sind ksl., vgl. Slovník; elatives пре- besitzt keine ostslavische Entsprechung, zum Unterschied von пре + Verb (Deverbativum) s. u. Die folgenden Lexeme kommen nur in ksl. TE — meist mit religiösem Inhalt — vor, mit Ausnahme von преподобнъıи (in gemischter TE).

преблагии 'allgütig': «но прбл҃гии Б҃ъ не хотѧ смⷬ҇ти грѣшникомъ.» (980, 79.19); превеликъ 'riesig': «въıпустиша Печенѣзи мужь свои. бѣ бо превеликъ зѣло. и страшенъ.» (123.19), auch 164.7, 214.20, 215.9; предивьнъ 'sehr seltsam': «Предивно бъⷭ҇ı (чюдо aus PVL Ip) Полотьскѣ.» (1092, 214.25); предобръıи 'vortrefflich': (über die hl. Boris und Gleb) «свѣтилника предобраꙗ. заступника теплаꙗ суща съ Бм҃ь.» (1015, 138.16); премилостивъ 'äußerst barmherzig': «Поистинѣ дѣти моꙗ разумѣите. како ти єсть чл҃вколюбець Б҃ъ. милостивъ и премлⷭ҇твъ.» (Monomachs Belehrung, 1096, 243.31); премудръıи 'sehr weise': «При старъⷯ҇ı молчати. прмд҃рꙑхъ слушати.» (*ibid.*, 243.3); премудрость 'Weisheit': «мдⷭ҇рть бо велика есть. ꙗкоже и Симонъ (sic! PA Соломонъ) хвалѧ е гл҃ше. азъ прмдⷭ҇рть велиⷯ҇. свѣтъ разумъ и мъıсль.» (Sprüche Salomos VIII, 12, 1037, 152.21), weiters 62.10, 14, 63.17, 255.10; премудрость ist eine der seltenen substantivischen Ableitungen, die zu den ältesten aksl. Lexemen zählt, vgl. Cejtlin 1977: 165; преподобнъıи 'ehrwürdig': «Мстисавъ ..... поиде Новугороду в свои граⷣ҇. мл҃твами прпбнаго епⷭ҇па Никъıтъı.» (1096, 240.20); препѣтъıи 'Hochgepriesener' (Beiname der Muttergottes und Heiliger, vgl. Srezn.): «не презри мене бл҃гаꙗ. тебе бо имуще помощницю в печали и в болѣзни ..... тебе славлю препѣтаꙗ.» (Monomachs Gebet, 1096, 255.18, dass. 255.32); пресвѧтъıи 'hochheilig': «Дх҃ъ есть прт҃ъıи. Оц҃ю и Сн҃у подобносвершено. и прⷭ҇носущно.» (112.19), weiters 121.26, 256.1; пречистъıи 'allrein' (in PVL L immer Beiname der Muttergottes): «и реⷱ҇ Мьстиславъ. ѡ прⷭ҇чтаꙗ Бц҃е помози ми. аще бо ꙋдолѣю сему сзижю цр҃квь во имѧ твое.» (1022, 147.9) und 113.1, 124.17.

Auch in dem Substantiv престолъ 1. 'Thron (Gottes)' liegt verstärkende Bedeutung zu столъ als 'Sitz' vor (vgl. Vasmer II, 430 und Cejtlin 1977: 165): «старѣишина чину анг҃лку. помъıсли въ себе рекъ ..... буду подобенъ Бу҃. и поставлю прⷭ҇тлъ свои на ѡблацѣⷯ҇.» (Rede des Philosophen, 986, 88.1), weiters 177.10; 2. 'Bischofssitz': «Петръ

Гѹгнивꙑи со инѣми шедъ в Римъ. и прⷭ҇тлъ въсхвативъ. и разъврⷶти вѣрѹ. ѿвергъсѧ ѿ прⷭ҇тла Ѥрлⷭ҇мика.» (Bericht über die sieben ökumenischen Konzile, anschließend an Glaubensbekenntnis Volodimers, 988, 115.26, 116.1), auch 115.4; die zweite Bedeutung ist im Aksl. nicht belegt.

***per-** als Verbalpräfix und bei Deverbativa liegt mit beiden Reflexen vor: rksl. **пре-** und ar. **пере-**, meist mit der Bedeutung eines Überganges, Überquerung bzw. Bewegung, auch figurativ. In PVL L überwiegen bei weitem **пре**-Verben (40) — von diesen sind 32 im Aksl. belegt[9] — mit einer Gesamtfrequenz von 191. Ihr Gebrauch ist ganz auf TE in ksl. Sprachschlüsseln beschränkt, von zwei Vorkommen in einer sprachlich gemischten TE abgesehen (**предатисѧ** und **престоꙗти** 128.20, 25). Dem stehen 15 ar. Verben mit einer Gesamtfrequenz von 35 gegenüber. Weiters sind 17 Deverbativa u. a. mit **пре-** gebildete Substantive und Adjektive belegt, sowie vier mit **пере-** (und ebensoviele ar. Städtenamen). I. S. Uluchanov beschrieb bereits umfassend die Verben dieses Typs für den Zeitraum vom 11.—17. Jahrhundert[10]. Wir verweisen im folgenden laufend auf seine Untersuchungen.

1. Folgende sieben Verben kommen in PVL L mit beiden Präfixen vor:

предати 1. 'übergeben, ausliefern' (Besitz und Menschen) 13×, z. B.: **«Оумершю Рюрикови предасть кнѧ[же]нье свое Ѡлгови»** (Jahreseintragung 879, 22.18); **«и проча ꙗ люди ѡвꙑхъ изби. а другиꙗ работѣ предасть мужемъ своимъ.»** (Olgas vierte Rache, 946, 59.29), auch 48.16, 77.19, 86.2, 97.2, 102.3, 160.13, 187.10, 'dem Feuer übergeben' 2× : **«много же ст҃ыхъ црⷦ҇квии ѡгнемъ предаша.»** (Igors erster Feldzug gegen die Griechen, 941, 44.16), 116.22; 2. 'verraten': **«ти мꙑслѧть ѡ главѣ кнѧзѧ своего. на пагубленье. горьше суть бѣсовъ таковии ꙗкоже Блудъ преда кнѧзѧ своего.»** (Ermordung Jaropolks, 980, 77.8); die von Uluchanov (1966b: bes. 89) beschriebene Bedeutungseinengung durch Gebrauch in gleichen, typischen Situationen — wie Verrat durch Judas — liegt in PVL noch nicht vor; 3. 'festsetzen': **«служать бо ѡпрѣсноки рекше ѡплатки. ихъже Б҃ъ не преда. но пове[лѣ] хлѣбомъ служити.»** (Überprüfung der Religionen, 986, 86.27, 28); 4. 'lehren, überliefern', 4× : **«сего бо апⷭ҇ли не предаша. предали бо сⷮу апⷭ҇ли. крⷭ҇тъ поставленъ цѣловаⷮ и иконꙑ пре-**

---

[9] Mit **прѣ-**; im folgenden wird nur vermerkt, wenn keine aksl. Entsprechung nachzuweisen ist oder die Bedeutungen abweichen.

[10] Uluchanov 1968: 19—71 und Uluchanov 1969: 106—186.

дш҃ѧ.» (Glaubensbekenntnis Volodimers, 988, 114.20 2×, 114.21), 111.27; 5. 'Geist, Seele aufgeben' 3×: «Ꙗрославу же приспѣ конець житья и предасть дш҃ю свою [Бу҃].» (Tod Jaroslavs, 1054, 162.2), 188.7, 189.26; предати statt продати (50.13) wurde nicht gezählt. Sämtliche genannten Bedeutungen und Redewendungen sind im Aksl. und Rksl. belegt.

предати сѧ 1. 'sich ergeben' (dem Feind) 9×: (Деревлѧне) «вѣдѣху бо ꙗко сами оубили кнѧзѧ. и на что сѧ предати.» (Olgas vierte Rache, 946, 58.16), weiters 58.19, 66.3, 66.16 (in direkter Rede), 109.23, 221.17, 225.2, 272.10; in sprachlich gemischter TE: «Печенѣзи же ради бывше. мнѧще ꙗко предатисѧ хотѧ҇т.» (Belgoroder Grütze, 997, 128.20, dort auch die einzigen Belege für передати сѧ s. u.); 2. 'sich übergeben': «он же погыбе тѣломь и дш҃ею предавъсѧ дьꙗволу.» (Erzählung über Zauberer, 1071, 181.16); 3. 'sich unterwerfen': «сего ради вселенаꙗ предастьсѧ. сего ради гнѣвъ простресѧ.» (Polovcer belagern Torčesk, 1093, 223.7).

передати сѧ 'sich ergeben' 3× in der Erzählung über die Belgoroder Grütze, sprachlich gemischt, 2× in direkter Rede: «слъышахъ ꙗко хочете сѧ передати Печенѣгомъ.....не передаитесѧ за ·г҃· дн҃и.» (997, 128.1, 3, auch 127.27).

Obwohl die Verben der Bewegung in den Chroniken häufiger in der ar. Form vorkommen (vgl. die Tabellen bei Uluchanov 1968: 38 ff.), was auf ihre konkret-räumliche Bedeutung zurückzuführen ist, so finden sich in PVL L auch пребрести (s. S. 229), преити und пренести.

преити 4× in primärer Bedeutung 'hinübergehen, überqueren': dieser Gebrauch ist ausschließlich auf den ksl. Gesamtcharakter der TE zurückzuführen, tritt doch преити sogar in direkter Rede eines einfachen Mannes auf: «... аще кто не приступить с утра. предатисѧ имамъ Печенѣгомъ. и рече единъ ѡтрокъ азъ преиду.» (Petschenegenfeldzug gegen Kiev[11], 968, 66.5, ganz überwiegend ksl.); 'überqueren': «възлюбиша съвѣто (РА свѣтъ) сь и преидоша Стугну рѣку. бѣ бо наводниласѧ велми тогда.» (Polovcer belagern Torčesk, 1093, 219.26, ganz überwiegend ksl.); преити dass. in religiösen Kontexten 96.1 und 224.5. In zeitlicher Bedeutung прешедъ 'vergangen': «и минувшю велику дн҃и. прешедши Празднѣки недѣли.» (218.1); einmal прешедъше statt пришедъше 84.4.

[11] Zur Sprache dieser Erzählung vgl. Jakubinskij 1953: 304 und Uluchanov 1968: 49, dessen Angabe, dies sei das einzige Vorkommen von преити in direkter Rede, nicht ganz korrekt ist, vgl. «преидемъ полѧ идеже пасоми бѣша стада конь.» (224.5, allerdings in religiösem Kontext).

перєити 'hinübergehen, überqueren' kommt erst ab 1071 vor, und zwar 3× in ksl. TE, motiviert durch direkte Rede: «**и хулѧ вѣру хⷭ҇ьꙗнскую гл҃шеть бо. ꙗко перєиду по Болхову** (aber PA **преиду волховъ**) **предъ всѣми.**» (Erzählung über die Zauberer, 1071, 180.28) und konkreten Hinweis: «**и перешедъ на ѡну сторону** (PA **страну**) **Днѣпра.**» (Polovcer belagern Torčesk, 1093, 220.22) sowie 261.11; **п.** in sprachlich gemischter TE: 240.1.

пренести '(Gebeine) überführen (wörtlich hinübertragen)': «**Пренесени ст҃ии в ст҃ую Бц҃ю.**» (Jahreseintragung 1007, 129.26;) «**и азъ в то чинъ прокопаⷯ҇. на мощѣ Ѳеѡдосьєвы ..... ѡ се чинь же сѣдѧста ·в҃· брата в манастъıри. ѥда игуменъ оутаивъсѧ нѣ с къıими пренесеть ѥго ѡтаи к печерѣ зрѧща.**» (Überführung der Gebeine des hl. Feodosij, 1091, 210.17, auch 210.27).

перенести '(einen Toten) überführen': «**и оубиша Изѧслава сн҃а Болодимерѧ ..... положиша и в манастъıри ст҃го Сп҃са. и ѿтуда перенесоша и Новугороду.**» (Kämpfe des Oleg Svjatoslavič, 1096, 237.17, sprachlich gemischt).

Der einzig gebräuchliche Ausdruck für '(Vertrag, Gesetz u. ä.) übertreten, Schwur brechen' ist **преступити**, 13×, dem einmal **переступити** gegenüber steht; beide kommen nur in ksl. TE vor, insbesondere in den Verträgen, vgl.: «**и предлежащемъ чⷭ҇нмъ крⷭ҇томъ и харатьєю сею. хранити все. єже єсть написано на неи. не преступити ѿ него ничтоже. а иже преступить се ѿ страны нашеꙗ ...**» (Vertrag 945, 52.29, 53.1); dass. 37.21, 38.13, 53.12, 16, 167.11, 172.21, 182.26, 183.6, 8, 13; **приступи** statt **преступи** 270.4.

переступити dass., durch direkte Rede motiviert: «**и рѣхъ аще въı сѧ и гнѣва[є]те не могу въı ꙗ ити. ни крⷭ҇та переступити.**» (Monomachs Belehrung, 1096, 241.21).

пресѣдѣти 1. 'angesiedelt sein, leben' (statt **присѣдѣти**, so also Srezn.): «**Лѧхове же и Пруси Чюдь пресѣдѧть** (PA **приседять**) **к морю Барѧжьскому ...**» (Einleitung, 4.7); 2. 'sitzend verweilen': «**и пресѣдѧщи бра҇ѣ нощь ту оу него.**» (Erzählung über die Mönche des Höhlenklosters, 1074, 188.5); «**пришедшю Болодимеру. видѣвъ и велми болна суща и плⷶкавъсѧ. пресѣдѧщю** (PA **председящу**) **Болодимеру и Ростиславу.**» (Vsevolods Ende, 1093, 217.10).

пересѣдети 'sich aufhalten': «**Ꙗрополкъ же сѣде Болодимери. и пересѣдев мало дн҃и. иде Звенигороду.**» (Jaropolks Begräbnis, 1086, 206.4); zu den semantischen Beziehungen dieses Verbpaares vgl. S. 68.

Bei den bisher genannten Verbpaaren trat das rksl. Glied häufiger und in mehr Bedeutungen als das ar. auf; bei dem folgenden verhält es sich umgekehrt:

перєıати / преıати: das erstere kommt 13 × in mindestens drei Bedeutungen vor, während преıати 2 ×, seinen Gebrauch dem religiösen Inhalt bzw. dem ksl. Sprachschlüssel der TE verdankt, vgl. 1. ‘(sich) bemächtigen’ (sonst in PVL L переıати): «... первыи ѿ аг҃глъ ..... рекъ. сниду на землю и преиму (РА прїиму) землю.» (Rede des Philosophen, 986, 87.31); 2. ‘jemandem etwas abschneiden, auffangen’: (Володимеръ) «повелѣ копати преки трубамъ. и преıаша воду. людье изнемогоша водною жажею и предаша.» (Korsuner Legende, 988, 109.22); in dieser speziellen Bedeutung ist пр. im Aksl. nicht belegt, doch besitzt sie auch переıати (s. u., ebenso Srezn.).

переıати 1. ‘(Macht u. ä.) übernehmen, erobern’ 9 ×: «и въшедъ Ȣрополкъ въ градъ Ѡльговъ. переıа вл^д^сть его.» (Jaropolks Sieg, 977, 75.1), derselbe Ausdruck 150.23; ‘erobern’: (Ѡлегъ) «переıа всю землю Муромску и Ростовьску ..... и дани поча брати.» (Kämpfe des Oleg Svjatoslavič, 1096, 237.25, sprachlich gemischt), weiters 238.5, 266.20, 267.2, 272.31, 273.1, 273.5; 2. ‘(Ruhm) erwerben’: «зане переıа славу ѡтроко тъ. Володимеръ же великимь мужемъ створи того.» (Gründung von Perejaslavl’, 992, 124.1); 3. ‘annehmen’: «ѿ того же манастъıрѧ переıаша (Р прияша, А прияше) вси манастъıреве оуставъ.» (Gründung des Höhlenklosters, 1051, 160.14); statt приıати? Doch vgl. Srezn. перѧти auch ‘получить’; reflexiv 3. ‘auf sich nehmen’: «но на сѧ переıа печаль братню. показаıа любовь велику.» (Nekrolog für Izjaslav, 1078, 203.6, ganz überwiegend ksl.); 4. (Wasser u. ä.) ‘abschneiden’: «(Настасъ) напсавъ сице на стрѣлѣ. кладѧзи ıаже суть за тобою ѿ въстока. ис того вод идеть по трубѣ. копавъ переими.» (Korsuner Legende, 988, 109.19), hier durch direkte Anrede bedingt; die anderen Vorkommen in ksl. TE sind durch situationsangemessene Darstellung motiviert.

Die entsprechenden imperfektiven Verben kommen nur vereinzelt vor: преимати ‘übernehmen, annehmen’: «Не преимаи (Р не примати) же оученьıа ѿ Латъıнъ.» (Rede des Philosophen, 986, 114.14).

переимати ‘(Herrschaft) übernehmen’: «(Всеволодъ) переима (РА приимъ) власть Руськую всю.» (1078, 204.9).

2. Пре- ohne пере-Entsprechungen. In PVL L kommen 33 rksl. Verben mit пре- sowie 14 davon abgeleitete Deverbativa u. a. Bildungen ohne ar. Entsprechungen vor; die meisten sind unpaarig; nur пребрести bezeichnet eine konkrete Bewegung.

пребрести ‘durchwaten’, allerdings пебредъ statt пребредъ: «Володимеръ же пебредъ (РА пребредъ) рѣку с малою дружиною мнози бо падоша ѿ полка ıего и болѧре ıего ту падоша. и перешедъ на ѡну сторону Днѣпра.» (Polovcer belagern Torčesk, 1093, 220.20); im Aksl. nicht belegt, jedoch im Rksl. und Ar. (s. Srezn. und Miklosich), vgl. unten переводити сѧ.

пребыти 1. 'verbringen, bleiben' 7×, nur Aorist und Part. Prät. belegt: «и пребы (А пребысть) нѣколко лѣт не видѣ е̃. дондеже на Грекы иде. и пришедшȣ емȣ Кыевȣ и пребывьшю. д̃ лѣт.» (Olegs Tod, 912, 38.24, 26), dass. 60.8, 164.9, 208.18, einmal in religiösem Kontext: «и наоучите вся страны. крщньѭ во имѧ Ѻца и Сна и Стго Дха. пребы с ними ·м̃· днии.» (Rede des Philosophen, 986, 104.8); 2. '(Besitz) zukommen', statt прибыти? Vgl.: «по законȣ да возмет ближнии ... толицем же пребоудть по законȣ.» (Vertrag 912, 34.18).

Das sekundäre Imperfektivum пребывати ist viel gebräuchlicher (22×) und steht — was den Gebrauch der Tempora und Formen anbelangt — in komplementärer Distribution zu пребыти; belegt sind Infin., Präs., Präs. Part., Imperfekt, Imperat., einmal Aorist (Dual). Weiters tritt nur das Imperfektivum phraseologisch gebunden auf (s. u.), und zwar vorwiegend in religiösen Kontexten (16×).

пребывати 'bleiben, verweilen, ausharren': «и рече Бъ но имать дхъ мои пребывати в члвцхъ.» (Rede des Philosophen, 986, 90.17), 34.28, 37.24, 40.21, 41.7, 108.21, 112.11, 120.30, 137.13, 139.10, 157.6, 161.12, 168.9, 185.24, 203.17 2×, 224.16; пребывати въ любви 'in Liebe bleiben, (zusammen)leben' < bibl. Joh. 15.10, z. B.: «въ любви пребывающе. меншии покарѧющесѧ старѣишимъ.» (Erzählung über die Mönche im Höhlenkloster, 1074, 188.23), dass. 60.16, 161.23, 203.16, 212.8; пребывати hat bedeutend höhere Frequenz im Aksl. und Rksl. als пребыти, vgl. Uluchanov 1968: 27.

пребѣгати '?vermeiden': «к женам нелѣпымъ не бесѣдовати. долу ѡчи имѣти. а дшю горѣ. пребѣгати не стрѣкати оучить.» (Monomachs Belehrung, 1096, 243.9), unklare Stelle, sonst weder im Aksl. noch im Rksl. belegt, vgl. Uluchanov 1968: 39 f.

превавлѧти 'verlocken': «но сими дьяволъ лстить. и другыми нравы всячьскыми. лестьми превабляя (РА превавля) ны ѿ Ба. трубами и скоморохы.» (Predigt über die Strafen Gottes, 1068, 170.11); п. ist im Aksl. nicht belegt und wird von Uluchanov 1968: 53 als Umbildung von ar. перевабити angesehen (belegt in Jos. Flavius, История иудейской войны), das auch in russischen Dialekten vorkommt (Dal').

превозвысити сѧ 'sich erheben': «пощеньемь превозвышьсѧ (РА превъзвысися). плотьскых стртии.» (Überführung der Gebeine des hl. Feodosij, 1091, 213.14); ksl., vgl. Miklosich; im Rksl. selten, s. Uluchanov 1968: 36, Tabelle.

прегрѣшенье 'Sünde': «слезами ѡмывающе всѧ прегрѣшеньꙗ.» (Predigt über die Strafen Gottes, 1068, 170.2) ist im Aksl. gut belegt und tritt nur in religiösen Kontexten auf (188.28, 252.19, 256.8).

преданьꙗ 'Überlieferung, mündlich weitergegebene Regeln' (so Sreznevskij), immer im Pl., mit Ausnahme des ersten Belegs in Wortverbindungen, die Religiöses bezeichnen, vgl.: «Имѧху бо обычаи свои и законъ ѡць своих҃ и преданьꙗ кождо свои нравъ.» (Gebräuche der slavischen Stämme, 13.8); «приемлю цр҃квнаꙗ преданьꙗ. и кланѧюсѧ чтн҃мъ иконамъ.» (Glaubensbekenntnis Volodimers, 988, 113.20), weiters 114.8, 184.12, 187.14.

предаꙗти 'übergeben': «чадо се предаю ти манастырь.» (Erzählung über die Mönche des Höhlenklosters, 1074, 187.12), *ibid.* 187.21.
предаꙗти сѧ 'sich ergeben': «кликнуша людье на Дв҃да. и рекоша выдаи кого ти хот҃ѧ. аще ли то предаемъсѧ (PA предамыся).» (Blendung Vasilkos, 1097, 268.18).

предержати 'leiten': «Стеѳану же предержащю манастырь. и блж҃ное стадо. ѥже бѣ совокупилъ Феѡдосии.» (Erzählung über die Mönche des Höhlenklosters, 1074, 188.16).

предѣлъ 'Gebiet': «и тако раздѣли имъ грады. заповѣдавъ имъ не преступати предѣла братнѧ. (Tod Jaroslavs, 1054, 161.20), 4.9, 168.12, 183.15; das motivierende Verb прѣдѣлити 'teilen' kommt in PVL nicht vor und scheint im Aksl. und Rksl. bedeutend weniger als предѣлъ verbreitet gewesen zu sein.

презрѣти 'übersehen, verachten', einmal in weltlichem und 4× in religiösen Kontexten: «и поидоша полкове аки борове. и не бѣ презрѣти ихъ.» (Siegreicher Feldzug gegen die Polovcer, 1103, 278.22); «вѣмы бо ꙗко Бъ҃ труда твоѥго не презрить.» (Erzählung über die Mönche des Höhlenklosters, 1074, 188.4), 225.23, 255.16, 256.9.

прекладати 1. 'übersetzen': «и собра писцѣ (PA писци) многы. и прекладаше ѿ Грекъ н҃ Словѣньскоѥ писмо.» (Lobpreisung Jaroslavs, 1037, 152.2); 2. 'umwandeln': «и напаꙗше акы мт҃и дѣти своꙗ. аще кого видѧше ли шюмна. ли в коѥ҃ зазорѣ не осудѧше но всѧ на любовь прекладаше.» (Blendung Vasilkos, 1097, 264.22); dieses Verb ist im Aksl. nicht belegt; Uluchanov zitiert es nicht und Sreznevskij gibt nur die erste Bedeutung an; s. u. преложити.

преклонити сѧ 'sich zuneigen, Gehör schenken': «Володимеръ .. ре҃. поистинѣ ѡц҃и наши и дѣди наши зблюли землю Руськую. а мы хоче҃ погубити. и преклонисѧ на молбу кнѧгин҃ну. чтѧшеть ю акы мт҃рь.» (Blendung Vasilkos, 1097, 264.9).

прекланѧти 'beugen': «к тебѣ вопьющи҃ моли҃ ти сѧ раби твои.

и преклан҄ѧх҇ си колѣни ср҃цѧ нашего.» (Monomachs Gebete, 1096, 256.4).

прекрестити сѧ 'sich bekreuzigen': «ѡн же не разумѣ бѣсовьскаго дѣиства. ни памѧти прекр҃титисѧ.» (Erzählung über die Mönche des Höhlenklosters, 1074, 192.25) und 259.3.

преложити 1. 'übertragen, überführen': «Пронесошасѧ (P пренесоша, A принесоша) ст҃аıа стр҃пцѧ Бориса и Глѣба ..... преложиша ıа в новую цр҃квь.» (Überführung der Gebeine der hl. Boris und Gleb, 1072, 181.27); 2. 'verwandeln': «сего ради пр҃ркъ гл҃ше. преложю праздникы ваша в плачь.» (Polovcer belagern Torčesk, 1093, 222.18); 3. 'übersetzen': «симъ бо первое преложены книги Маравѣ. ıаже презвасѧ грамота Словѣньскаıа.» (Skazanie o gramote, 898, 26.1) und 27.5, 28.6; irrtümlich «приложиста Псл҃трь» (27.7, TA преложиста).

прельстити 'überlisten, betrügen, verführen' kommt 12× in PVL L vor, 5× in direkter Rede, oft in bezug auf den Teufel u. ä., z. B.: «ре҃ има Ин҃ь. поистинѣ прельстилъ ва҃ есть бѣсъ. коıему Бу҃ вѣруıета. ѡна же рекоста антихр҃.» (Erzählung über Zauberer, 1071, 177.6), 71.21, 104.22, 112.1, 174.22, 180.9, 12, 182.28, 195.6, 196.21, 257.28, 275.18.

прельщати, das sekundäre Imperfektivum kommt in ähnlichen Kontexten 5× vor: 1. 'verleiten, verlocken': «ѡц҃ь мои прельщаеть чл҃вки. и ре҃ Аврамъ искушю ба҃ и ц҃рѧ своего. и ре҃ ѡч҃е что прельщаеши чл҃вки. творѧ кумиры древѧны.» (Rede des Philosophen, 986, 92.6, 8) und 180.3; 2. 'täuschen': «ıакоже бы҃ Симонъ волхвъ и Мендръ ни таковых рад. поистѣнѣ ре҃ не чюдесы прелщати.» (Erzählung über Zauberer, 912, 42.2 und 116.26).

прельсть 'Betrug, Täuschung': «знаменаıють иноıю кознью. на прелесть чл҃комъ. не разоумѣвающих добраго.» (*ibid.*, 41.24); «и мы избавлени быхо҃. ѿ прельсти дьıаволѧ.» (Zweites Glaubensbekenntnis Volodimers, 988, 120.29), 80.17, 131.10, 180.26.

прельщение dass.: «Посемь же дьıаволъ в болшее прельщенье вверже чл҃вки. и начаша кумиры творити.» (Rede des Philosophen, 986, 91.20), 40.22, 25.

прелестныи 'trügerisch': «луче бо ми было с тобою жити. неже (PA нежели) въ свѣтѣ семь прелестнѣмь.» (Ermordung der hl. Boris und Gleb, 1015, 136.14).

прелюбодѣıати 'Ehebruch begehen': «законъ имуть ѿ своих ѡбычаи. не любодѣıати и прелюбодѣıати.» (Aus Hamartolos, 14.20); dieses Verb fehlt in Sreznevskij, doch vgl. прѣлюбовати, прѣлюбодѣиствовати dass.

прелюбодѣıанье 'Ehebruch': «се же Ст҃ополкъ новыи Авимелехъ.

иже сѧ бѣ родилъ ѿ прелюбодѣıаньıа.» (Svjatopolks Tod, 1019, 146.6) und 253.28.

прелюбодѣи 'Ehebrecher': «понеже бѣ бъıла мт҃и его черницею. а второе Володимеръ залеже ю. не по браку прелюбодѣи бъ҃ı оубо.» (Ermordung Jaropolks, 980, 78.23).

прелюбодѣиць dass.: «сего ради буду свѣдѣтель скоръ на противьнъııа. и на прелюбодѣица.» (1068, 168.24).

прелюбодѣица 'Ehebrecherin': «ѡбѣмъ бъıвшимъ црмъ. другомъ храбрмъ и волъхвомъ и женамъ прлбдицамъ (Р прелюбодѣицамъ).» (Rede des Philosophen, 986, 91.29); dass. 80.24; пр. ist ksl., vgl. Slovník.

премѣнити сѧ 'sich ändern': «сего ради того ıазыкъ не премѣсѧ (РА пременися).» (Rede des Philosophen, 986, 91.13) und 164.19.

премѣнѧти(сѧ) '(sich) verwandeln': «Симонъ волхвъ еже творѧше волшьствомь. псомъ гл҃ати чл҃вчьскъıи. и са премѣнѧшетсѧ. ѡво старъ. ово молодъ. ово ли ı иного премѣнѧше во иного обра.» (Erzählung über Zauberer, 1071, 180.16, 17).

преобидѣти 'Schaden zufügen': «аще ѡбрѧщють Русь кубару Гречьскую. въверженү на коемъ любо мѣстѣ. да не преѡбидѧть еıа.» (Vertrag 945, 51.6); diese Bedeutung nennt Sreznevskij nicht, doch führt sie Slovník an (Supr.).

преобразити statt прообразити 'Vorbild geben': «Дх҃ъ Бж҃ии ношашесѧ верху водъı. еже бо и нъıнѣ кртьсѧ водою и Дх҃мь. прѡбрж҃нье (РА преображение) бъ҃ı первое водою. ıакоже Гедивонъ преѡбрази посемь ..... ре къ Бу҃. вложивъ руно на гумнѣ. рекъ аще будеть по всеи земли роса. а на рунѣ суша и бъ҃ı тако. се же преѡрбрази. ıако инострањни бѣша преже суша а Жидове руно.» (Rede des Philosophen, 986, 105.11, 16) nach AT, Buch der Richter, Gideons Berufung; als прообразити übersetzt von Lichačev 1950: I, 272 und Trautmann 74; «пощенью бо исперва преѡбражено (А проображено) бъ҃ı.» (Tod des hl. Feodosij, 1074, 185.1); vgl. aksl. прообразити 'vorbilden, zeigen'. Beide Belege wurden nicht gezählt.

преобразитисѧ 'sich verwandeln': (дьıаволъ) «възавидѣвъ ему преѡбразисѧ въ змию.» (Rede des Philosophen, 986, 88.27).

Преображенье 'Verklärung Christi': «и тогда ѡбѣщасѧ Володимеръ поставити црковь Василевѣ. ста Преѡбраженьıа. бѣ бо въ тъ дн҃ь Преѡбраженье Гн҃е.» (Volodimers Wohltaten, 996, 125.3, 4).

препоıасати 'umgürten': «препоıасавши крѣпко чресла своıа.» (980, 81.5).

препоıасанье 'Umgürtung': «и съшиста листвиемь смоковьнъıмь препоıасанье.» (Rede des Philosophen, 986, 89.7); ksl., vgl. Miklosich und Slovník.

преслушати 'nicht erhören': «тѣмже и послуша еꙗ акы мтре. и митрополита такоже утѧше санъ стльскъıи. [и] не преслуша молбъı его.» (Blendung Vasilkos, 1097, 264.15); diese Bedeutung ist rksl., vgl. Slovník; Sreznevskij führt nur 'ослушаться' an, ebenso im Aksl.

преставити 'vernichten': «Первое же нача прорчтвовати Ѡсѣи глѧ. преставлю цртво дому Излва. съкрушю лукъ Излвъ.» (Rede des Philosophen, 986, 98.10).

преставити сѧ 'hinscheiden' 33×; Gräzismus, vgl. Schumann 1958: 51 *prěstavlenie*; nach умрети (s. d.) das gebräuchlichste Wort für 'sterben', erst ab Jahr 1000 belegt, vorwiegend in Jahreseintragungen (22×), wird nur für hochgestellte Personen (Fürsten, deren weiblichen Verwandte, Metropoliten, Äbte) verwendet, meist im Ao. 3. Pers. Sing., mehrmals Part. prät. in Dativus absolutus-Konstruktionen, einmal im Perf. Beispiele: «В лѣт 1000. Престависѧ Малъфрѣдь. в се же лѣто престависѧ и Рогънѣдь мти Ꙗрославлѧ.» (129.15, 16); «и ре Антонии се оуже преставилсѧ есть.» (193.10); «Ѳеѡдосью же преставльшюсѧ.» (195.4).

преставленье 'Hinscheiden': «да аще быхом имѣли потщанье и мольбъı приносили Бу за нь в днь преставленьꙗ его.» (Volodimers Tod, 1015, 131.12); s. o.

престаꙗти 'aufhören': «Андрѣа чтнъıи отче треблжнъıи пастуше Критьскъıи. не престаи молѧсѧ за нъı чтущаꙗ тѧ.» (Monomachs Gebete, 1096, 255.26).

престоꙗти 'siegen, zur Übergabe zwingen', so Sreznevskij mit demselben Beleg: «почто губите себе. коли можете престоꙗти (РА перестояти) нас. аще стоите за ·і· лѣт.» (Belgoroder Grütze, 997, 128.25); vgl. aksl. прѣстоꙗти 'vor jemandem, vor etwas stehen, anwesend sein'.

престоꙗнье statt предстоꙗнье 'Ministrieren': «показающе красоту црквную. пѣньꙗ и службъı архиерѣиски престоꙗнье (РА предстоянье) дьꙗконъ. сказающе имъ служенье Ба своего.» (Zweite Glaubensprüfung, 987, 107.29).

преступати (vgl. oben преступити) 1. 'Gebiet übertreten' 3×: «заповѣдавъ имъ не преступати предѣла братнѧ.» (Tod Jaroslavs, 1054, 161.20) und 4.18, 183.14; 2. 'Platz wechseln': «Днѣпру потещи вспѧть. и землѧмъ преступати на ина мѣста.» (Erzählung über Zauberer, 1071, 174.25); 3. '(Gesetz) übertreten' 2×: «велии бо есть грѣх преступающе заповѣдь ѡца своего.» (Tod des hl. Feodosij, 1074, 183.7), 102.2; 4. 'Eid brechen' 2×: «да не преступають чтнаго крта цѣловавше его.» (1068, 172.20), 279.16; 5. '(metaphysisch) in etwas übergehen': «Стму му же Дху исхоженье и Ѡць бо въ Снъ. ли въ

Дх҃ъ преступаю. ни Сн҃ъ во Оц҃а и в Дх҃а . . . неподвижена бо своиствиꙗ не трее Бз҃и единъ Бъ҃.» (Glaubensbekenntnis Volodimers, 988, 112.22); 6. ‘etwas übergehen, übersehen’: «другии прр҃къ ре҃. кто ꙗко Бъ҃ ѿемьлѧ грѣхы. и преступаꙗ неправды. ꙗко хотѧ и мл҃твъ юсть.» (Zweites Glaubensbekenntnis Volodimers, 988, 120.9); vgl. aksl. прѣстѫпати nur ‘überschreiten, übertreten (figurativ)’; so wie das folgende aksl. Wort Lehnübersetzung aus dem Griechischen, vgl. Schumann 1958: 51.

преступленье ‘Sündenfall’: «Тако Бу҃ возлюбившю новыꙗ лю҃. рекъ имъ снити к нимъ самъ. ꙗвити҃ чл҃вкмъ плотью. и пострадати за Адамово преступленье.» (Rede des Philosophen, 986, 100.2), 224.13; aksl. прѣстѫплюнию ‘Übertretung’.

законопреступникъ ‘Übeltäter (Übertreter des Gesetzes)’: «суть же имена симъ законопреступнико҃. Путьша. и Талець.» (Ermordung der hl. Boris und Gleb, 1015, 135.2).

законопреступныи ‘frevelhaft’: «Навходновсоръ законопрестоупныи . . .» (Erzählung über Zauberer, 912, 41.20).

претерпѣти ‘erleiden’: «са҃ претерпѣ хуленье и оплеванье.» (Monomachs Brief an Oleg, 1096, 253.10).

претирати ‘foltern’: «ѡни же пррки избиваху. другиꙗ претираху.» (Überprüfung der Religionen, 986, 87.10); Srezn. dass. und nur dieses Zitat; aksl. прѣтирати ‘(zer)sägen’, vgl. Slovník.

преторгнути ‘zerreißen’: «разгнѣвавъсѧ на мѧ преторже (А проторже) череви рукама.» (Gründung von Perejaslavl’, 992, 123.3); преторже wird in direkter Rede eines einfachen Mannes verwendet, weil keine torot-Entsprechung existierte.

претребовати ‘fordern’: «ѡнъ же ре҃ аще сут҃ бз҃и. то единого собе послють бг҃ да имуть сн҃ъ мои. а вы чему претребуете.» (Sage über Menschenopfer, 983, 83.7); im Aksl. nicht belegt, rksl. Bildung, vgl. Srezn. und Miklosich; im Načal’nyj svod перетеребовати, vgl. S. 163, das in Srezn. fehlt.

преходити figurativ ‘übergehen (von . . . zu)’: «послѣдьствуꙗ ѡбычаю юго. и преходѧ ѿ дѣла в дѣло ѹньшею.» (Überführung der Gebeine des hl. Feodosij, 1091, 214.1); vgl. oben преити / переити.

Unpaarige Verben, Deverbativa und andere Bildungen mit пере- kommen selten in PVL vor; von diesen sind drei Verben der Bewegung.

переборoти ‘besiegen’: «и ре҃ Блудъ Ꙗрополку. видиши колько воин у брат твоего. нама ихъ не переборобoти (РА переборoти).» (Ermordung Jaropolks, 980, 77.27); motiviert durch direkte Rede; fehlt in Srezn., vgl. auch бороти.

переврoдитиcѧ 'Furt durchwaten': «Ст҃ополкъ же и Володимеръ поидоста на нь по сеи сторонѣ Днѣпра. и придоста къ Заругу (РА и ту) перебродистасѧ.» (Neuerliche Polovcereinfälle, 1096, 231.14, ganz überwiegend ksl.); eine (a)ksl. Entsprechung ist nicht belegt, doch vgl. oben превpести.

перевезтисѧ 'hinüberfahren, übersetzen': «... Новгородци рѣша Ꙗрославу. ꙗко заоутра перевеземъсѧ на не (РА ня) ..... противу свѣту перевезесѧ. и высѣдъ на брегъ.» (Beginn der Regierung Jaroslavs, 1016, 142.5, 11 überwiegend ar.); auch 258.5. Zur rksl. Neubildung превезтисѧ vgl. S. 59.

перевозь 'Überfahrt': «оу Кїева бо бѧше перевозъ тогда с оноꙗ стороны Днѣпр^д^. тѣмь гл҃ху на перевозъ на Киевъ.» (Der Fährmann Kij, 9.23, 10.2) und 249.25; п. ist als nicht austauschbar anzusehen, vgl. S. 60.

перевозникъ 'Fährmann': «Ини же не свѣдуще рекоша. ꙗко Кии есть перевозникъ былъ.» (9.23, auch 10.3); ist ebenfalls als nicht austauschbar anzusehen, vgl. S. 60.

перевѣсище 'Vogelfangplatz': «и по Днѣпру перевѣсища и по Деснѣ.» (60.14); Sreznevskij verweist auf прѣвѣсьище, das jedoch als Stichwort fehlt.

в перегъбѣх 'stolz die Arme in die Seite stemmend': «... понесоша ꙗ в лодьи. ѡни же сѣдѧху в перегъбѣх. въ великихъ сустугахъ гордѧщесѧ. (Olgas erste Rache, 945, 56.23); keine ksl. Entsprechung belegt.

пережечи 'stark einheizen': «видѣхъ бани древены. и пережьгуть е рамѧно.» (Legende über den Apostel Andreas, 8.20) und 57.7; eine ksl. Entsprechung ist in den Wörterbüchern nicht registriert, doch kommt прежещи im Načal'nyj svod vor (НПЛ 112.7).

переклюкати 'überlisten': «и ре ц҃рь переклюкала мѧ еси Ѡльга. и дасть еи дары многи злато и сребро.» (Olgas Taufe, 955, 61.22, fast rein ksl.); п. ist motiviert durch direkte Rede; vgl. rksl. преклюкати (Srezn.).

перерѣзати 'zerschneiden': «ѡвчюхъ Ст҃ополчь держа ножь. и хотѧ оударити в око. и грѣшисѧ ѡка и перерѣза юму лице.» (Blendung Vasilkos, 1097, 261.5).

пересѣчи 'alle erschlagen': «а Болгаре со Грекы стоупиша. и пересѣчени быша Грекы.» (Erster Pečenegeneinfall, 915, 42.20, fast rein ksl.), п. einziger Russismus, weil die aksl.-rksl. Entsprechung andere Bedeutung hatte: 'etwas durchhauen', vgl. Slovník und Sreznevskij.

перѣѣздити '(einen bestimmten Zeitabschnitt) durchfahren': «а

и-Щерьнигова до Кыєва. нестишь ѣздй ко ѡц҃ю. днемъ єсмъ переѣздилъ до вечерни.» (Monomachs Autobiographie, 1096, 250.28); keine ksl. Entsprechung belegt.

Mit dem Präfix **пере-** sind folgende ar. Städtenamen belegt: **Переволока** 215.14, **Перемиль** 265.20, **Перемъішль** 206.12, 257.5, 273.12, 274.19; **Перемъішль Червенъ** 81.27; **Переꙗславль** 31.7, 26, 122.14 usw., 29×, sowie die Ableitungen **Переꙗславьци** immer im Pl. 65.18, 20, 67.22, 73.24, 231.11; **переꙗславьскъіи** 181.25, 204.14, 211.14; **Переꙗславець** 69.22, 23, 71.19.

Adjektive und Adverbien mit **пре-** (**пере-**) und Negation:

бес⁝престани ‘unaufhörlich’: **«а Гй помилуи зовѣте бес престани втаинѣ.»** (Monomachs Belehrung, 1096, 245.18).

бес перестани dass.: **«бѣ бо рать велика бес перестани.»** (Belgoroder Grütze, 997, 127.12), sprachlich gemischt; **«да ѡни всегда к тобѣ ходяче ротѣ губять землю Русьскую. и кровь хьꙗнску проливають беспереcтани.»** (Ermordung Itlars, 1095, 227.17), Polnoglasie motiviert durch direkte Rede, sonst überwiegend ksl.

Im einleitenden Teil des Vertrages unter 912 (rein ksl.) findet sich je einmal **непревратьнъ** ‘unwandelbar’ und **непреложьнъ** ‘unveränderlich’: **«извещаемѹю любовь непревратноу ... любовь ..... несоблазнѹю непреложнѹ.»** (33.29, 34.4); beide sind ksl., vgl. Miklosich und Slovník.

непрестаи ‘unaufhörlich’: **«Ѧндрѣа чтнъіи отче треблжнъіи пастуше Критьскъіи. не престаи** (in Faksimileausgabe S. 168 ein Wort) **моляся за нъі чтущаꙗ тя.»** (Monomachs Gebete, 1096, 255.26).

Mit *-d* erweitertes ***per-dъ** ist in der ksl. Form **предъ** reich belegt (69×), und zwar ganz überwiegend in räumlicher Bedeutung (47×), temporal wird **пр.** 13× verwendet sowie in buchsprachlichen Verbalkonstruktionen 8× (wie „sich vor jemandem rechtfertigen“), die aber mit der räumlichen Bedeutung verknüpft sind; in diesen entspricht **предъ** etwa ‘in Gegenwart von, angesichts’. Fast sämtliche Vorkommen sind auf TE in ksl. Sprachschlüsseln beschränkt (drei Ausnahmen s. u.). Der Gebrauch von **предъ** in räumlicher Bedeutung verteilt sich gleichmäßig auf religiöse und unmittelbare weltliche Kontexte, in temporaler Bedeutung überwiegen die ersteren. Ar. **передъ** ist 5× belegt, und zwar — von einer Ausnahme abgesehen (s. u.) — nur in räumlicher Bedeutung. Aus dem Aksl. stammendes **предъ** ist also in PVL L unzweifelhaft die Norm.

Uluchanov (1964: 125—160) beschrieb umfassend und mit vielen Beispielen den Gebrauch von **предъ** / **передъ** in der rksl. und ar. Literatur, darunter auch in den Chroniken (bes. S. 130—145); er führt das starke Überwiegen von предъ in weltlichen Erzählungen auf spezifisch buchsprachliche Wortverbindungen und syntaktische Konstruktionen zurück, die sich in der religiösen Literatur und in den Chroniken weitestgehend decken (vgl. S. 133 f.).

предъ in räumlicher Bedeutung in unmittelbar religiösem Kontext, z. B.: «... отъ Бжⷬѧ повелѣньꙗ. ꙗко при Фаравонѣ цⷭ҇ри Єюпетьстѣмь еда приведоша Моисѣꙗ предъ Фаравона ...» (17.17); typische Wortverbindungen: «а станутъ си преⷣ Бм҃ь.» (Monomachs Brief, 1096, 252.33), auch 260.5, 261.22; «всклонисѧ [д]ш҃е моꙗ. и дѣла своꙗ помꙑсли ꙗже здѣꙗ преⷣ очи свои принеси.» (Monomachs Gebete, 1096, 255.23); идти предъ 'voranschreiten': «то се не столпъ водѧше ихъ но анг҃лъ идѧше преⷣ ними в нощи и въ дн҃е.» (Zeichen über dem Höhlenkloster, 1110, 285.1); 41.23, 95.21, 99.25, 101.10, 178.2, 188.24, 193.14, 194.22, 24, 211.13, 222.22, 23, 232.18, 233.21, 252.16, 253.26, 285.6.

предъ in räumlicher Bedeutung in unmittelbarem weltlichen Kontext: «ꙗдуще все нечисто [и] срамословье в ниⷯ предъ ѡтьци. и предъ снохами.» (Gebräuche der slavischen Stämme, 14.1); in direkter Rede: (Володимеръ) «.....реⷱ скажите преⷣ дружиноⷬ ѡни же рѣша ꙗко ходихом въ Болгары.» (Zweite Glaubensprüfung, 987, 108.8); «оуже мнѣ мужа своего не крѣсити. но хочю вы почтити наутриꙗ предъ людьми своими.» (Olgas erste Rache, 945, 56.9), auch 221.25, 26; 2× in sprachlich gemischter TE: «Изѧслав же исполчисѧ преⷣ градоⷨ на поли.» (Kämpfe des Oleg Svjatoslavič, 1096, 237.9) und 239.11; weiters 57.21, 71.1, 77.21, 79.6, 151.7, 177.23, 27, 220.5, 17, 195.25, 253.19, 271.12, 278.16, 279.2; irrtümlich прид statt предъ (91.24).

предъ in temporaler Bedeutung in religiösen Kontexten, z. B.: «сеи похорони блж҃ную Ѡльгу. си бⷭ҇ предътекущиꙗ крт҃ьꙗньстѣи земли. аки деньница предъ сл҃нцмь.» (Lobpreisung Olgas, 969, 68.8); acht Belege finden sich in „der Rede des Philosophen": «и самъ съгорѣ ту Аронъ. и оумре преⷣ ѡц҃емъ. предъ симъ бо не бѣ оумиралъ сн҃ъ. предъ ѡц҃емь. но ѡц҃ь предъ сн҃мъ. ѿ сего начаша оумирати сн҃ве предъ ѡц҃мь ...» usw. (986, 92.13—16), weiters 68.9, 133.11, 164.18, 190.28.

предъ поити 'vorangehen': «и реⷱ Ст҃ославъ ..... аще ли побѣгнемъ срамъ имамъ. и неⷷ имамъ оубѣжати но станемъ крѣпко. азъ же предъ вами поиду.» (Svjatoslavs Feldzüge gegen Bulgaren und Griechen, 971, 70.17); hat sowohl temporale als auch räumliche Bedeutung.

Abstrakte Ausdrücke mit Verb + предъ + Substantiv (Lebewesen) oder Personalpronomen im Instr.: 'sich vor jemandem rechtfertigen': «... Гⷭ҇и оуслꙑши мл҃тву мою. и не вниди в судъ с рабомъ своимъ. ꙗко не ѡправдитсѧ предъ тобою всѧкъ живꙑи.» (Ermordung der hl. Boris und Gleb, 1015, 133.13); 'jemandem wohlgefällig sein': «аще бо каıа земля оуправитсѧ прѣ Бмь. поставлѧеть ей црѧ или кнѧзѧ праведна.» (Svjatopolks Missetaten, 1015, 139.23); 'eine Vereinbarung in Gegenwart von jemandem treffen': «Стополкъ и Володїмеръ посла къ Олгови гл҃ща сице. поиду Кыѥву да порѧдъ положимъ ѡ Русьстѣи земли. прѣ еппы и пре игумены. и прѣ мужи ѡць нашихъ. и пре людми градьскыми.» (Belagerung von Starodub, 1096, 229.27 bis 230.1); 'sich vor jemandem verantworten': «аще ли неправо (P неправду) гла Двдъ. да приметь [месть PA] ѿ Ба и ѿвѣчаѥ прѣ Бмь.» (Blendung Vasilkos, 1097, 260.5); 'anklagen vor jemandem': «чему ѥси слѣпилъ бра свои. аще ти бы вина каıа была на нь ѡбличилъ бы и прѣ нами.» (*ibid.* 263.2). Uluchanov 1964: 128 erwähnt nur den vorletzten Ausdruck.

передъ 1. räumlich 'vor, voraus': «азъ же somewhat взем рогалью нача копати рамено. и другу моѥму ѡпочивающю передъ пещерою.» (Überführung der Gebeine des hl. Feodosij, 1091, 210.10); diese Stelle ist aus folgenden Gründen bemerkenswert: передъ mehr motiviert durch Ich-Erzählung, als durch konkrete Ortsanagabe, ist die einzige Polnoglasieform in der ganzen Legende (209.10—214.22), außerdem folgt пещера (obwohl ar. печера in dieser TE 6× und пещера nur 2× vorkommt) und schließlich tritt der Russismus in einem Dat. absolutus auf. Послати передъ 'vorausschicken': «и посла и Володимеръ передъ собою Волъчья Хвоста.» (Mitteilung unter 984, 83.28, sprachlich gemischt) und 238.9 (sprachlich gemischt); 'vor sich nehmen': «и Ӕрополка вземше ѡтроци на конь передъ сѧ.» (Jaropolks Begräbnis, 1086, 206.14, ganz überwiegend ksl.), motiviert durch konkrete Bewegung; 2. 'vor, zur Bezeichnung des Vorranges': «и на весну посади мѧ ѡць в Переıаславли. передъ братьѥю. и ходихо за Сулои.» (Monomachs Autobiographie, 1096, 248.30, überwiegend ar.); zu dieser Bedeutung vgl. Lichačev 1950: II, 445 und Srezn. II, 904.

преди 'vorher': «. . . . . оуслышать глусиı словеса книжнаıа. и ıаснъ будеть ıазыкъ гугнивы. си бо не бѣша преди слышали словесе книжного.» (Glaubensbekenntnis Volodimers, 988, 119.8).

переди + Verb 'zuvor(kommen), voraus(schicken, -gehen)': «сими бо словесы вари тѧ переди ѥгоже почаıахъ ѿ тебе смѣреньѥ и покаıаньѥ.» (Monomachs Brief an Oleg, 1096, 253.5, sprachlich gemischt), «но да сими словесы пославше бѧше переди.» (*ibid.*, 253.17); «и ре Василко не могу ѡстати брте. оуже ѥсмъ повелѣлъ товаровамъ (PA товаромъ) поити переди (PA напередъ).» (Blendung Vasilkos, 1097, 259.10, überwiegend ksl.), hier durch direkte Rede motiviert.

In Phrasen, die im Text zur Anknüpfung dienen, werden sowohl прєднєв, прєднѧꙗ, als auch пєрєднѧꙗ ‘das Vorhergehende, vorher Gesagte’ verwendet: «на т°мъ холмѣ нынѣ цр҃кви стоить. ст҃го Василья ес^ть^. ꙗкоже послѣди скажемъ. мы же на преднее възратимсѧ.» (980, 79.22); «Но мы на преднѧꙗ взвратимсѧ. ꙗко бѧхо прє гл҃али.» (1096, 236.16); «и потомь собра словца си любаꙗ. и складохъ по рѧду и написа. аще вы послѣднѧꙗ не люба. а переднѧꙗ приимаите.» (Monomachs Belehrung, 1096, 241.26, überwiegend ksl.); die Polnoglasieform ist hier durch die persönliche Aufforderung des Autors an die Leser motiviert, vgl. S. 128.

напередъ ‘voraus’: «и хотѣхо с ними ради битисѧ. но ѡружье бѧхомъ оуслали напередъ на повозѣхъ.» (Monomachs Autobiographie, 1096, 248.33, überwiegend ar.); Sreznevskij führt nur напрѣдъ an.

Предъ- (преди-) als Verbalpräfixe: sämtliche Verben — einschließlich die nur als Partizipien auftretenden — kommen in fast rein ksl. und ganz überwiegend ksl. TE vor und sind im Aksl. belegt (eine Ausnahme s. u.). Zu diesen Bildungen vgl. Uluchanov (1969: 174 f.) und Cejtlin (1977: 326).

предъити ‘vorangehen’: «. . . и ведѧше ꙗ Гдь путемъ по пустыни къ Черьмному морю. и предъидѧше предъ ними нощью столпъ ѡгненъ.» (Rede des Philosophen, 986, 95.20), *ibid.* 106.6; im Dat. absolutus: «Изѧславу же в шатеръ предъидущю. и тако ꙗша Всеслава . . . и преступивше кртъ.» (Vseslavs Niederlage, 1067, 167.9), ebenso 182.1, 285.6.

предпоказати ‘vorauszeigen’: «но и тому боудущаа пре^д^показа.» (Erzählung über die Zauberer, 912, 41.19).

предъстоꙗти предъ ‘dienen’: «и проводоша Бориса и слугу юго . . . . . югоже люблѧше повелику Борисъ. бѣ бо възложилъ на нь гривну злату велику. в неиже предъстоꙗше пре нимь.» (Ermordung der hl. Boris und Gleb, 1015, 134.8) und 177.11.

Nur in Partizipialform auftretende Lexeme:

предибудущаꙗ ‘künftige Dinge’, wörtlich ,,im voraus Seiende“: «сему бѣ даръ дарованъ ѿ Ба. проповѣдаше предибудущаꙗ.» (Erzählung über die Mönche des Höhlenklosters, 1074, 190.1); wird von Srezn. nur mit demselben Beleg angeführt.

предлежащии 1. ‘angesichts’: «меже вами хртьаны и Роуcю бывшии миръ сотворихо^м^. Ивановы^м^ написание^м^ на двою харатью црѧ вашего. и своею роукою. предлежащим чнтным кртмъ.» (Vertrag 912, 37.16, Schlußteil rein ksl.; dass. 52.27); 2. in Anknüpfungsformel ‘Vorhergehendes’: «Мы же на предълежащее възвратимсѧ.» (1068, 170.21).

предътекущии 'vorangehend': «сеи похорони блжну҄ю Ѡльгу. си бѣ предътекущиꙗ кртьꙗньстѣи земли. аки деньица предъ слнцмь.» (Lobpreisung Olgas, 969, 68.7).

Ableitungen von Namen mit пере- / пред-:

Ein Possessivadjektiv von dem Vornamen der Fürstin Передъслава: «мы ѿ рода Рускаго. съли и гостье. Иворъ солъ Игоревъ. великаго кнѧзѧ Рускаго. и ѡбъчии сли ..... Каницаръ Передъславинъ.» (Vertrag 945, 46.25); Предъславино ist von dem Possessivadjektiv der ksl. Entsprechung gebildet (ebenfalls Name einer Fürstin, vgl. Lichačev 1950: II, 325): «Рогънѣдь юже посади на Лыбеди. идеже нынѣ стоить сельце Предъславино.» (980, 80.1).

преже 'früher, vorher' nur temporal 37×, kommt vorwiegend in religiösen TE vor (22×), und zwar meist in fast reinem ksl. Sprachschlüssel, z. B.: «ꙗко же преже свыстьсѧ все. егда Бъ воплотисѧ. ꙗкоже бо преже рекохъ Жидомъ прорки избивающимъ ...» (Rede des Philosophen, 986, 101.28, 102.1); «и ѿтолѣ почаша (A почася, P поча) Печерскыи манастырь. имьже бѣша жили черньци преже в печерѣ.» (Gründung des Höhlenklosters, 1051, 159.7), auch 97.10, 99.20, 105.16, 110.10, 112.14, 113.6, 115.2, 131.2, 158.1, 159.7, 194.25, 195.13, 196.5, 206.25, 208.11, 15, 23, 210.6, 212.18, 217.20, 226.25; in weltlichen TE ist преже 6× belegt (davon vier in direkter Rede), ebenfalls in ksl. TE, ausgenommen den ersten Beleg: «Ноугородьци ѿ рода Варѧжьска. преже бо бѣша Словѣни.» (Berufung der Varäger, 862, 20.10, sprachlich gemischt); «Се же хощю сказати ꙗже слышах преж сих ·д· лѣт.» (Gurjatas Bericht, 1096, 234.23); schließlich kommt преже in folgenden Redewendungen vor: «ꙗкоже уставлено есть преже.» (Vertrag 945, 49.17, 26); anknüpfend: «ѡ немже преже сказахомъ.» (Ermordung Jaropolks, 980, 78.5); «ꙗкож бѧхом преж гл҃али.» (236.18); vielleicht war auch folgendes idiomatisch: «сего же не бы преже в Руси.» (209.6, unmittelbar gemischter Kontext), ähnlich 208.13. Преже ist in PVL L die ausnahmslose Norm, während ar. переже in den anderen untersuchten Chroniken 30× vorkommt (преже insgesamt 146×), vgl. aksl. прѣжде.

прежнии 'vorhergehend': «Приде Володимеръ и Двдъ. и Ѡлегъ. на Стополка. и сташа у Городца и створиша миръ ꙗкож и в прежнее лѣт сказахъ.» (1098, 273.9) und wieder als Teil einer Anknüpfungsformel: «но мы на преженье (A прежнее) возъвратимсѧ. [A и] скажемъ што сѧ оудѣꙗло ...» (852, 18.21).

преже:реч(н)ыи 'oben-, vorhergenannt' (aksl. Lehnübersetzung aus griech. προρρηθείς Schumann 1958: 51): «аще лучитсѧ кому ѿ лодьи оубеену быти. ѿ нас Руси. или что взѧто любо да повинни бѹдѹть то створшии. преже||реченꙿною епитемьею.» (Vertrag 912, 36.3, am Seitenende); es ist unsicher, ob п. eine Wortverbindung oder bereits ein Kompositum war, wie es für das Aksl. im Slovník als Stichwort angeführt wird (ebenso Cejtlin 1977: 258), jedoch in den dort zitierten Beispielen meist getrennt. Für das erstere scheint zu sprechen, daß die Dublette, aksl. прѣжденареченъ, in PVL noch mit Nachstellung von преже vorkommt: «В се лѣто иде Ꙗнъка [в Грекы дщи РА] Всеволожа. наре̑наꙗ пре̑.» (1089, 208.15), weiters die Schreibung mit zwei Superskriptionen im folgenden Beleg: «Василкови же сущю Володимери. на пре̑ ре̑нѣмь мѣстѣ.» (Blendung Vasilkos, 1097, 265.5); getrennt in der gedruckten Ausgabe: «да схранимъ праваꙗ съвѣщаньꙗ. аще ли ѡ (РА отъ) тѣхъ самѣхъ преже речеными (не РА) съхранимъ азъ же и со мною и подо мною да имѣемъ клятву ѿ Ба̃.» (Vertrag 971, 73.11); die Schreibung der zitierten Belege in der Faksimileausgabe läßt bekanntlich wegen der *Scriptura ligata* keine Schlüsse zu.

Zwei Erweiterungen derselben Wurzel, ***per-k-**, liegen vor in:

преки 'quer, durch': (Володимеръ) «и ту абье повелѣ копати преки трубамъ.» (Korsuner Legende, 988, 109.22) vgl. weiter Srezn. прѣкы, in S, K, V поперекъ, aksl. въпрѣкы.

прекостьнъ 'feindlich': «ꙗко мнози прекостни имѹще. оумъ пред ѡбразомъ Хвсвымъ. знаменають иною козньо. на прелесть чл̃комъ.» (Erzählung über Zauberer, 912, 41.22, aus Hamartolos, vgl. Anm. und Srezn., einziges Zitat); ksl., vgl. Miklosich.

An Wurzelverwandtschaft denkt man auch bei den folgenden im Aksl. belegten Wörtern s. Vasmer претить und Sadnik *per-t (S. 289 Nr. 710, nach Mladenov):

прѣщенье 'Drohung': «друзии гладомъ оумарѧѥми и водною жажею. едино прѣщенье. ѥдина казнь.» (Polovcer belagern Torčesk, 1093, 223.13).

запретити 'verbieten': «аще приидоуть Роус бес кѹпли. да не взимают мѣсѧчины да запретить кн̃зь словомъ своим. приходѧщимъ Роус здѣ.» (Vertrag 907, 31.20), auch Vertrag 945, 48.23.

Von ***perti, pьrǫ** liegen fünf ksl. Verben vor (vgl. Vasmer II, 341 переть II und 431 преть II):

прѣтисѧ 'streiten': «Изѧславу же сѣдѧщю на сѣнехъ с дружиною своею. начаша прѣтисѧ со кнѧземъ стоꙗше долѣ.» (Aufstand in Kiev, 1068, 171.10); vgl. aksl. пьрѣти сѧ dass., Srezn. пьрѣтисѧ = прѣтисѧ.

запрети 'einsperren': «приѣдите (Р приедете) ко мнѣ. и ре̑ Итларь тако буди. ꙗко влѣзоша въ истобку. тако запрени быша.» (Ermordung Itlars, 1095, 228.7); vgl. Srezn. запрѣти dass., noch ein Beleg und запрѣтисꙗ ‘отказаться’, das bedeutungsmäßig besser zum vorhergehenden paßt, doch auch für ‘concludi’ vorkommt.

отпрѣтисѧ ‘sich weigern’: «... придоша людье Нооугородьстии. просѧще кнѧзѧ собѣ. аще не поидете к намъ тоналѣземъ кн҇ѧзѧ собѣ. и ре҇ к нимъ С҇тославъ. а бы нoшелъ (А нашель Р пошелъ) кто к вамъ и ѿпрѣсѧ.» (Die Novgoroder suchen einen Fürsten, 970, 69.13) und 258.11; vgl. Srezn. dass. und ksl. отъпьрѣти ‘leugnen, abwenden’ (Slovník).

распрѣтисѧ ‘sich zerstreiten’: «и распрѣсѧ сотона с Б҇мь. комѹ в немь створити ч҇лвка. и створи дьꙗволъ ч҇лвка.» (Erzählung über Zauberer, 1071, 177.2); vgl. Srezn. распьрѣтисѧ = распрѣтисѧ und роспьрѣтисѧ, aksl. raspьrěti sę ‘zweifeln, (be)streiten’ (Sadnik).

оупрѣти ‘beweisen’: «чемѹ юси слѣпилъ бра҇т свои. аще ти бы вина каꙗ была на нь ѡбличилъ бы и пре҇д нами. и оупрѣвы и и створилъ юмѹ.» (Blendung Vasilkos, 1097, 263.3), in PVL Ip 237.2 оупрѣвъ (XП оупрѣлъ); ist im Aksl. nicht belegt; wohl rksl., vgl. Miklosich 1061.

***polmen:** пламень ‘Flamme’: «и нача палати пламень оутлизнами. ѡномѹ же нѣчимъ заложити. вступль ногама босыма. ста на пламени.» (Erzählung über die Mönche des Höhlenklosters, 1074, 196.13, 15) und 284.17; «и бы҇с видѣти страшно чюдо. Русь же видѧщи пламѧнь.» (Igors erster Feldzug gegen die Griechen, 941, 44.30); vgl. Srezn. пламы = пламѧ = пламень = пламѧнь; aksl. пламы und пламенъ (Slovník).

***polt-:** платъкъ ‘Lappen, Stück Tuch’: «Ѻльга же раздаꙗ воемъ по голѹби комѹждо. а дрѹгимъ по воробьеви. и повелѣ ... къ воробьеви привѧзывати цѣрь. ѡвертывающе въ платки малы.» (Olgas vierte Rache, 946, 59.17); vgl. aksl.-rksl. ‘Stück, Gewebe’; L’vov 1975: 80 vermutet, daß die Wörter mit плат- auf mündlichem Weg aus dem Westslavischen ins AR eingedrungen seien.

***porgъ:** порогъ 1. ‘Schwelle’: «Новгородцю же сѣдѧщѹ на порозѣ тоꙗже храмины.» (Erzählung über Zauberer, 1071, 179.9, ganz überwiegend ksl., п. motiviert durch konkrete Darstellung); 2. nur Pl. порози ‘Stromschnellen des Dnjepr’: «Створив же мирь С҇тославъ съ Греки. поиде в лодьꙗ҇х къ порогомъ. и ре҇ч емѹ воевода ѡтень Свѣнделъ (РА свѣналдъ). поиди кнѧже на конихъ ѡколо. стоꙗть бо Печенѣзи в порозѣ.» (Svjatoslav bei den Dnjeprschnellen, 73.21, 23, ebenso 73.28, 29 2×) und 74.4., 117.8, 11, 277.28; in der zweiten Bedeutung nicht austauschbar.

Von ***porzdьn-** liegen in PVL L nur Wörter aus dem Aksl. vor; dies ergibt sich größtenteils durch die Semantik, denn in PVL L geschilderte Feste und Feierlichkeiten sind eng mit dem religiösen Leben verbunden:

праздникъ 'kirchliches Fest, Feiertag, Heiligenfest': (царь) «... посла къ патреарху гл҃ѧ. сице придоша Русь пытающе вѣры нашеꙗ. да пристрои црк҃вь и крило҇. и самъ причинисѧ в ст҃льскиꙗ ризы ..... по ѡбычаю створиша прз҃дникъ.» (Zweite Glaubensprüfung, 987, 107.25); «... праздникъ Бориса и Глѣба. еже есть праздникъ новыи Руськыꙗ землѧ.» (1093, 222.17, 19), auch 124.23, 125.11, 181.26, 209.16, 222.13, 16; 'jüdische Feiertage': «прз҃дники» (99.2, Zitat aus AT); einmal 'Festschmaus anläßlich einer Kirchengründung' (125.6). Vgl. weiter in PVL L vorkommendes веселье, пиръ und игрище (Srezn. und L'vov 1975: 56 f.). Das heidnische Frühlingsfest der Slaven русалиꙗ und die damit verbundenen Riten werden einmal, naturgemäß in negativem Kontext, erwähnt: «.. дьꙗволъ лстить ..... лестьми превабльꙗ ны ѿ Ба҃. трубами и скоморохы. гусльми и русальи.» (Predigt über die Strafen Gottes, 1068, 170.13).

праздныи, im Ausdruck Празднаꙗ недѣлꙗ für 'Osterwoche': «и минувшю велику дн҃и. прешедши Празднѣи недѣли •: |__ В дн҃ь антипаскы ...» (kurze Mitteilung unter J. 1093, 218.1); dass. auch in der Suzdaler Chronik 1231, 456.19 und ebenda eine ar. Parallele: «Престависѧ Новѣгородѣ. порозднoѣ недѣ҇. кнѧзь Мстиславъ Ростиславичь.» (1179, 387.9); der Ausdruck ist rksl., vgl. aksl. свѣтлаꙗ недѣлꙗ, Lehnübersetzung aus dem Griechischen (Schumann 1958: 55).

Aksl. праздьнъ 'leer, müßig' ist in PVL L nicht belegt, doch vgl. PVL Ip 1111, 269.25; непраздна 'schwanger': «Володимеръ же залеже жену братьню. Грекиню. и бѣ непраздна.» (Ermordung Jaropolks, 980, 78.20); auch diese Bedeutung ist aksl.

празденьство 'Fest': «Амазоне же мужа не имуть .... по единою лѣтомъ ..... сочтаютсѧ съ ѡкр҃нхъ. и въ мужи ꙗко нѣвторое (PA нѣкоторое) имъ торжьство. и велико празденьство ...» (Aus Hamartolos, 16.7); Sreznevskij führt nur Belege mit religiösen Kontexten an.

праздновати 'ein (religiöses) Fest begehen, feiern': (Володимеръ) «постави црк҃вь. и створи праздни҇ великъ. варѧ •т҃• Проваръ меду ..... Праздновавъ кнѧзь дн҃ии •и҃•» (Die Wohltaten Volodimers, 996, 125.9); «и вси игумени и створше праздникъ празднoваша свѣтло.» (Überführung der Gebeine der hl. Boris und Gleb, 1072, 181.26); auch alle weiteren Belege mit religiösem Kontext, meist «праздновати свѣтло»: 184.27, 186.3, 5, 211.24.

***serd-**: sämtliche Lexeme dieses Wortnestes kommen in PVL L in ksl. TE vor; среда / середа treten in verschiedenen Bedeutungen auf, obwohl jedes beide Bedeutungen besaß, vgl. Srezn.

среда 'Mittwoch': «Преставися Всеславъ Половьцьскъіи кнѧзь. м҃ца. априлѧ. въ ·д҃і· дн҃ь· въ ·ѳ҃: ча҃· дн҃е· въ середу.» (Jahreseintragung 1101, 274.29); aus aksl. срѣда.

середа 'Mitte': «хочю жити с Переяславци в (РА на) Дунаи. яко то есть середа (Р средина, А среда) в земли моеи.» (Tod Olgas, 969, 67.23); motiviert durch direkte Rede.

средѣ Präpos. 'inmitten': «постави же црк҃вь в Корсунѣнѣ (РА корсуни) на горѣ. иже (РА идѣже) съсъıпаша средѣ града.» (Sturz der Götzen, 988, 116.14); «людье же въıсѣкоша Всеслава ис поруба .... и прославиша и средѣ двора кънѧжа.» (Polovcereinfall, 1068, 171.23); ср. hat keine ar. Entsprechung (vgl. Srezn.) und ist aksl.

посредѣ / посреди dass.: «и стрѣлѧху въ нѧ. изимахуть ѡпаки руцѣ съвѧзъıваху ть. гвозди желѣзнъıи посреди главъı въбиваху ть ихъ (РА имъ).» (Igors erster Feldzug gegen die Griechen, 941, 44.14); «и приде къ Євзѣ. и р҃е еи почто не яста ѿ др҃ва сущаго посредѣ рая.» (Rede des Philosophen, 986, 88.29), weiters 87.25, 109.14, 111.20, 151.5, 215.9, 220.3, 280.21, 22; п. hat keine ar. Entsprechung; посрѣдѣ ist aksl., посрѣди ksl., vgl. Slovník.

середнии 'mittelgroß': «и въıступи мужь Володимерь. и оузрѣ и Печенѣзинъ и посмѣяся. бѣ бо середнии тѣломь.» (Gründung von Perejaslavl', 992, 123.21); motiviert durch situationsangemessene Darstellung, in Unterscheidungsfunktion, vgl. S. 101.

***smordъ:** смрадъ 'Gestank': «. . . яко ходихом въ Болгаръı. смотрихомъ како сѧ покланѧють въ храмѣ рекше в ропати ..... и нѣ веселья в н҃и. но печаль и смра҃дъ великъ.» (Zweite Glaubensprüfung, 987, 108.13; «есть же могъıла юго в пустъıни и до сего дне. исходить же ѿ нея смрадъ золъ.» (Svjatopolks Tod, 1019, 145.20); см. ist aksl.

***soldъ(-kъ):** bekanntlich sind in der ar. Periode nur ksl. Formen belegt, obwohl ukr. солодкий und weißruss. салодкі erhalten blieben (vgl. altukr. солодкии 1448, Словник староукраїнської мови XIV—XV ст., Київ, 1978). Das erklärt sich dadurch, daß die trat-Lexeme auch figurative Bedeutungen hatten (dazu Paschen 1933: 32—34) und ausschließlich in religiösen Kontexten auftreten. Sie sind im Aksl. und Rksl. gut belegt (vgl. Sadnik und Srezn.), nur усладитися nicht im ersteren.

сладъкъ 'süß' (Geschmack): «Б҃ъ с чл҃вки пребъıваеть. и есть служба и҃ паче всѣхъ странъ. мъı оубо не можемъ забъıти красотъı тоя. всѧкъ бо чл҃вкъ аще оукус҃и сладка. послѣди горести не приимаеть.» (Zweite Glaubensprüfung, 987, 108.24); сладко 'gerne': (Володимеръ) «послушаше сладко.» (Überprüfung der Religionen, 986, 85.4).

сласть 'Süße' figurativ: «пощеньемь превозвъıшься. плотьск҃ъı стрⷭ҇тии. и сласти възненавидѣвъ.» (Überführung der Gebeine des hl. Feodosij, 1091, 213.15).

насладитисѧ 'sich ergötzen': «и еще мало и не бꙋдеть грѣшника. взищеть мѣста своѥго. и не ѡбрѧщеть. кротции же наслѣдѧть землю. насладѧтьсѧ на множьствѣ мира.» (Monomachs Belehrung, 1096, 241.33); «аще ли кто васъ можеть инѣмъ оуслѣти ѿ Ба҃ мьздъı да ѹаѥть. и вѣѹнꙑⷯ бл҃гъ насладитсѧ.» (*ibid.* 243.12).

наслажати(сѧ) '(sich) ergötzen': «ꙗкоже реѹе Соломанъ покаꙗвсѧ ѡ женаⷯ. не вънимаи злѣ женѣ ..... женъı любодѣици во времѧ наслажаєть твои гортань.» (Volodimers Vielweiberei, 980, 80.19); «вѣрнии людье наслажаютсѧ. оуѹеньꙗ бжⷭ҇твенаго.» (Lobpreisung Jaroslavs, 1037, 152.4), weiters 62.22.

ꙋсладитисѧ 'süß werden' (vom Wasser): «бѣ тꙋ вода горка. и возъропташа людье на Ба҃. и показа имъ Гⷭ҇ древо. и вложи Моисѣи въ водꙋ. и оусладишасѧ (PA осладишася) водъı.» (Rede des Philosophen, 986, 96.7); оусладити(сѧ) водъı ist ksl., vgl. Miklosich; aksl. оуслаждати nur 'erfreuen, ergötzen' (Supr., vgl. Sadnik).

***sork-**: сороѹка 'Hemd': «и своловоша с него сороѹкꙋ кровавꙋ сꙋщю ..... и пощюпа сороѹкъı и реⷱ҇ ѹемꙋ есте снѧли с мене. да бꙋⷣ в тои сороѹкѣ (P соротце. A сороѹицѣ) кровавѣ смрⷮть приꙗлъ ...» (Blendung Vasilkos, 1097, 261.13, 20, 21); с. ist als nicht austauschbarer Russismus anzusehen, der ein typisch ostslavisches Kleidungsstück bezeichnet, zum Unterschied von aksl. сраѹица 'Untergewand, Mantel' (Sadnik), auch für griech. χιτών 'Hemd', s. Zitate L'vov 1975: 67, der auch auf die weite Verbreitung von сороѹка in den ostslavischen Dialekten und Sprachen hinweist. In PVL Ip findet sich dass. (235.18, 26) und aus сраѹица umgeformtes сороѹица (235.27, 28); vgl. weiter Paschen 1933: 39.

Das Wortnest von ***sorm-** ist in PVL L durch aksl.-rksl. und ar. Nomina und Verben vertreten; sämtliche Lexeme kommen nur in ksl. TE vor.

срамъ 1. 'Schande': «реⷱ҇ Стосл҃авъ оуже намъ нѣкамо сѧ дѣти. волею и неволею стати противꙋ. да не посрамимъ землѣ Рꙋскиѣ. но лѧжемъ костьми (тꙋ PA) мертвъı. ибо срама не имамъ. аще ли побѣгнемъ срамъ имамъ.» (Svjatoslavs Feldzüge gegen die Griechen, 971, 70.14, 15); 2. 'Scham', in der Wendung срама ради 'aus Scham': «нѣ льзѣ псати. срама раⷣ.» (Überprüfung der Religionen, 986, 85.2), «иного нелзѣ казати срама ради.» (Sagenhafte Folgen von Himmelszeichen, 1064, 164.18).

срамнии оудове 'männliche Geschlechtsteile': «. . дѣтища въıволокоша ръıболове въ неводѣ..... на лици ѥмꙋ срамнии оудове.» (*ibid.* 164.17).

срамлятися 'sich schämen': «не ѡбило смѣꙗтися. срамлятися старѣиший. к женаⷨ нелѣпъıмъ не бесѣдовати.» (Monomachs Belehrung, 1096, 243.7);

посрамити 'Schande machen' (70.13), s. erstes Zitat unter срамъ.

срамословье 'unzüchtige Reden': «ꙗдуще все нечисто (и PA) срамословье в ниⷯ предъ ѡтьци.» (Gebräuche der slavischen Stämme, 13.22); ksl. Lehnübersetzung aus griech. αἰσχρολογία, vgl. Miklosich.

Die Russismen kommen nur in direkter Rede bzw. Anrede vor:

соромъ 'Schande', also dass. wie срамъ 1.: «а часто прочитаите. и мнѣ будеть бе-сорома. и вамъ будеть добро.» (Monomachs Belehrung, 246.30); «ни мене в соромъ ни в печаль ввести.» (Monomachs Gebete, 1096, 254.13).

осоромити 'schänden, entehren', dass. wie посрамити: «и рѣша ѥму ѡтроци ѥго не ходи безъ ѡружьꙗ ѡсоромять тя.» (Erzählung über Zauberer, 1071, 176.1).

***stergti:** стеречи 'bewachen': «и посадиша и въ дворѣ Вакѣевѣ. и приставиша ·л҃· мужь стеречи и.» (Blendung Vasilkos, 1097, 262.4); in PVL Ip dafür стрѣщи 236.6; beide Formen sind gut belegt, vgl. Srezn.; стеречи ist motiviert durch konkrete Darstellung.

устеречи 'auflauern': «такоже Русскиѣ князи послаша сторожѣ своѣ. и оустерегоша Рускиѣ сторожеве Ѡлтунопу.» (1103, 278.18; in Ip.: въстерегоша, ХП оустерегоша 254.10); vgl. устрѣщи (Pskover Chronik, Srezn.); устеречи ist durch situationsangemessene Darstellung in Unterscheidungsfunktion motiviert, vgl. S. 107.

***storžь** (*storža): ar. сторожь bzw. сторожа kommt bedeutend häufiger als aksl.-rksl. стражь vor (11 : 2); die ersteren Formen lassen sich schwer trennen, weil sich ihre Bedeutungen größtenteils decken und einige Pluralendungen — wie Akk. сторожѣ — identisch sind; mit solchen führt Sreznevskij je zwei Zitate aus PVL L unter сторожа (238.6, 278.16) und сторожь (246.8, 259.23) an; Paschen 1933: 50 nennt nur das letztere, L'vov 1975: 313 lediglich сторожи, Sorokoletov сторожь und сторожа (1970: 123, 125).

сторожь 1. 'Wache' 3 × : (Ѡлегъ) «близь бо бѣ пришелъ без вѣсти. Мстислав же ему имъ вѣру не постави сторожовъ (A сторожеи).» (Kämpfe des Oleg Svjatoslavič, 1096, 239.5, sprachlich gemischt); «не лагодите ни спанью. и сторожѣ. сами наряживаите.» (Monomachs Belehrung, 1096, 246.8, überwiegend ksl.) und 259.23.

сторожи (Pl. von beiden Formen) 'Vorhut', militärischer ar. Terminus, 8 × : «поидоша Половци. и послаша преⷣ собою (в Р) сторожѣ. Алтунопу. иже словяше в ниⷯ мужствоⷨ. такоже Русскиѣ князи послаша сторожѣ своѣ. и оустерегоша Рускиѣ сторожеве (Р сторожы) Ѡлтунопу.» (Siegreicher Feldzug gegen die Polovcer, 1103, 278.16—19, ganz überwiegend ksl.), auch 238.14; in Redewendungen: въ сторожѣ(-хъ) 'mit der Vorhut, als Vortrupp, auf Vorposten': «и посла Ѡлегъ Ꙗрослава брата своѥго в сторожѣ а са̑ стоꙗше на поли оу Ростова. Мьстислав же сдумавъ с Новъгородци. и послаша Добрꙑню Рагуиловича. передъ собою въ сторожѣ (А въ сторожю) ..... Ꙗрослав же стоꙗше на Медвѣдици. в сторожи̑. (РА въ сторожи).» (Kämpfe des Oleg Svjatoslavič, 1096, 238.6—12, sprachlich gemischt); «пришелъ ѥсмь въ сторожѣ.» (Pečenegenfeldzug gegen Kiev, 968, 66.30, ganz überwiegend ksl.). Die hohe Frequenz verdankt сторожи seiner terminologischen Bedeutung, in der ст. nicht austauschbar ist.

стражь 'Hüter, Wache': «и ре̑ Бъ̃ Каину кде ѥсть братъ тв̑и. ѡн же ре̑ ѥда стражь ѥсмь брату своѥму.» (Rede des Philosophen, 986, 89.26); (Jesus) «сънемше и со крта (РА креста). положиша и въ гробѣ ..... люди Жидовьстии стр̑жи поставиша.» (*ibid.* 104.3); стражь ist also in PVL L auf Biblisches beschränkt und konnte sich für 'Wache' in weltlichen Kontexten nicht durchsetzen (dazu Paschen 1933: 50).

Dem Wortnest von ***storn-** kommt insofern große Bedeutung zu, als ksl. страна hohe Frequenz besitzt (78×) und sowohl страна, als auch сторона in mehreren Bedeutungen auftreten, die sich nur zum Teil decken.

страна, gebräuchlichste Bedeutung 1. 'Land' 50×, und zwar a) 'Land, Gebiet, Staat' im allgemeinen und b) aus dem Aksl. entlehnt 'fremdes Land, Gebiet, Staat', während das „russische Land" in PVL — von vereinzelten, zum Teil zweifelhaften Fällen abgesehen (s. u.) — bekanntlich «русская земля» heißt; dazu und zu den verschiedenen Bedeutungen von страна sowie anderen Synonymen vgl. Paschen 1933: 47, Filin 1949: 117—122, Kandaurova 1967a: bes. 428, Kandaurova 1967b: bes. 386, Kandaurova 1973b: 73 f., L'vov 1975: 179—182 und Michajlovskaja 1973: bes. 95 f., Michajlovskaja 1980: 23 f., 140 f. Страна kommt in den Bedeutungen 1a und b nur in thematischen Einheiten in (ganz) überwiegend ksl. Sprachschlüsseln vor sowie in den lexikalisch gemischten Mittelteilen der Verträge zwischen Russen und Griechen (dazu s. u.). Beispiele zu 1a: «[Ꙗ]фету же ꙗша̑ полуношнꙑꙗ страны ...» (Einleitung 3.1), dass. 3.16, 229.23, 235.4, 23, 236.4; «ѿ коѥа любо страны. пришедшим в Роу̑.» (Vertrag 912, 36.18); «бѣ мꙗтежь великъ. и голодъ по всеи тои странѣ.» (1024, 147.27), weiters 1.10, 3.13, 5.18, 19, 20, 15.7, 118.8, 15.

Die allgemeine Bedeutung und 'fremdes Land, Gebiet' sind oft schwer zu trennen, so könnte man auch die ersten zwei Zitate unter 1b reihen; nur das dritte läßt keine andere Interpretation zu — da es sich um das Gebiet von Suzdal' handelt — und stellt in PVL einen Einzelfall dar. 1b страна wird in Wortverbindungen zur Bezeichnung bestimmter Länder und Гebiete verwendet: «и почаша воевати Вифаньскиꙗ страны ..... и всю страну Никодимиискую.» (Igors erster Feldzug gegen die Griechen, 941, 44.8, 10); «а ѡ Корсуньстѣи странѣ. елико же есть городовъ на тои части.» (PA коликоже есть городъ на тои сторонѣ, Vertrag 945, 50.27), auch 51.16, страну Болгарьску 73.6; wesentlich öfter geht aus dem Kontext hervor, daß es sich um ein „anderes", fremdes Land, meist Pl., handelt: «си имуть имати дань на насъ. и на инѣхъ странах.» (Tributeinnahme durch die Chazaren, 17.14); «и живяше Ѡлегъ миръ имѣа ко всѣм странамъ.» (Olegs Tod, 912, 38.15); «и възложи сему Бъ в срдце въ страну ити. ѡнъ же оустремися в Стую Гору.» (Gründung des Höhlenklosters, 1051, 156.13), das einzige Beispiel, das Sreznevskij für diese Bedeutung zitiert; weiters 11.13, 15.13, 51.1 2×, 52.15, 54.14, 65.2, 83.14, 86.1, 87.16 2×, 91.14, 101.19 225.9.

Im Zusammenhang mit страна verdient der Text der Verträge mit den Griechen besondere Beachtung. Wir wollen untersuchen, ob der ausschließliche Gebrauch der ksl. Form (eine Ausnahme) mit der Darstellungsweise zu tun hat. Während die situationsangemessene Darstellung bei den ebenfalls in den Verträgen vorkommenden златникъ / золотникъ, плѣнити, пленьникъ / полонени, отполонити (s. d.) die Verwendung der Polnoglasieformen förderte, so verhält es sich bei страна ganz anders: Das von Russen Gesagte bezieht sich nicht auf ihr eigenes Land (Gebiet[e], Staat), sondern auf das des Vertragspartners. Die Griechen hingegen benützen страна sowohl für ihr Land, als auch für die Rus. Die Darstellung in den Verträgen vollzieht sich also aus „griechischer Sicht", was die Verwendung der ksl. Form zur Folge hat. Man könnte einwenden, daß die Übersetzung der Verträge ksl. abgefaßt wurde und страна daher einen integralen Bestandteil bildet. Nun sind aber die tatsächlich erhaltenen Texte in PVL L in ihren Mittelteilen (Jahr 912, 35.20—36.22, Jahr 945, 49.2—50.28) lexikalisch gemischt, das heißt, sie enthalten eine Reihe von Polnoglasieformen, die sich auf die Russen beziehen. Es hätte also auch страна durch сторона (bzw. землꙗ) ausgewechselt werden können; das erstere ist übrigens in PVL Ip mehrmals der Fall.

Die zweite, nur in den Verträgen vorkommende Bedeutung

'Vertragspartner' 4×, also übertragen 'Seite' (von russischer Seite, auch beiderseits) wird in PVL L durchlaufend durch **страна** ausgedrückt, gleichgültig, ob es sich auf Russen, Griechen oder beide bezieht. Das führt zu der Annahme, daß diese Bedeutung ursprünglich **сторона** fremd war. Sreznevskij nennt **страна** 'Vertragspartner' nicht, obwohl das von ihm angeführte Zitat unter 'противник на войне' sowie das letzte unter 'не иметь права' sich so deuten läßt. Hingegen ist **сторона** 'каждый из двух противников (в тяжбе, в войне)' ab dem 13. Jahrhundert gut belegt und verdrängte **стр.** in derselben Bedeutung, dazu vgl. Filin 1949: 120, der **страна** 'Vertragspartner' für einen Archaismus hält; diese Bedeutung entspricht griech. μέρη und lat. *partes* und ist im Rksl. gut belegt, vgl. **ѡбѣ странѣ** (Устюжская кормчая, 13. Jahrhundert, Slovník). Da sich **страна** 'Vertragspartei' nicht immer klar von 'Land' trennen läßt bzw. dieses Lexem in manchen Stellen verschieden gedeutet wird, führen wir für beide Bedeutungen sämtliche (auch bereits zitierte) Belege aus den Verträgen von 907, 912 und 945 an sowie den einzigen Beleg für **сторона**, 'eigenes (Heimat)land' (912, 36.8), interessanterweise sowohl auf Russen als auch auf Griechen bezogen.

Vertrag unter 907: «**аще приидоуть Роуⷭ҇ бес кꙋпли. да не взимаюⷮ мѣсѧчины да запретить кнѧзь словомъ своиⷨ. приходѧщимъ Роуⷭ҇ здѣ. да не творѧть пакости в селѣⷯ. в странѣ нашеи.**» (auf griechisches Land bezogen, 31.22); Vertrag unter 912: «**ѿ тѣⷯ аще полонѧникъ ѡбою странꙋ** (beider Vertragspartner, figurativ beiderseits) **держиⷨ є. или ѿ Рꙋси или ѿ Грекъ. проданъ в ѡнꙋ странꙋ** (in ein anderes, also fremdes Land) **аще ѡбрѧщетьⷭ҇. ли Рꙋсинъ. ли Гречининъ да (искупѧть и) възратѧⷮ искꙋпное лице въ свою сторонꙋ.**» (auf Russen und Griechen bezogen: 'in sein Heimatland') «**..... также аще ѿ рати ꙗтъ бꙋдеⷮ. ѿ тѣⷯ Грекъ такоⷤ да възратистѧ (А возратится) въ свою странꙋ.** (russisches Land, doch von griechischer Sicht aus gesagt) **..... ѿ коєа любо страны. пришеⷣшиⷨ в Роуⷭ҇.**» (Bedeutung 1b, 2×, 36.5—20, alle Belege im lexikalisch gemischten Mittelteil des Vertrages). In der ksl. Schlußformel: «**мꙑ же клѧхоⷨсѧ ко црⷭ҇ю вашемꙋ. иже ѿ Ба҃ соуща. ꙗко Бжьа (А суще яко божие) здание по законꙋ. и по законꙋ ꙗзыка нашеⷭ҇. не преступити наⷨ ни и ѡнꙋ (А ни иному) ѿ страны нашеꙗ.**» (37.22, von unserer Seite — als Vertragspartner, entgegen Trautmann 23: „unserem Volk" und Lichačev 1950: I, 225: «из страны нашей»).

Vertrag unter 945 im einleitenden ksl. Teil: «**и иже помыслить ѿ страны Рускиꙗ. разрушити таку любовь.**» (47.23). Diese aus der Reihe fallende Wortverbindung bedeutet 'russischerseits', von

Seiten der Rus als Vertragspartner, ebenso Trautmann 30, Filin 1949: 119 und nicht 'aus dem russischen Land'. Im lexikalisch gemischten Mittelteil: «и приходѧщимъ Руси сде да нь (PA не) творѧть. вещиньꙗ в селѣхъ ни въ странѣ нашеи.» (auf griechisches Territorium bezogen, 48.25); «и ѿходѧщеи Руси ѿсюда. въсимаюϯь ѿ насъ. еже надобѣ брашно ..... и да возъвращаютсѧ съ сп҇ниемъ въ страну свою. (aus griechischer Sicht: Russen sollen in ihr Land zurückkehren) ..... аще оускочить челѧдинъ ѿ Руси. по не (sic!) же придуть въ страну ц҇ртвиꙗ ваш^{е}го.» (цѣсарьствиѥ ist Lehnübersetzung von βασιλεία, auf Byzanz und nie auf die Rus bezogen; 49.18—20); «а ѡ Корсуньстѣи странѣ. (vgl. 1b) елико же есть городовъ на то^{и} част^{и}. да не имать волости кнѧзь Рускии. да воюеть на тѣхъ странахъ. (griechische Gebiete) и та страна не покарѧетсѧ вам^{ъ}. (griechisches Land) ..... то приходѧть Чернии Болгаре. (и) воюють въ странѣ Корсуньстѣи. (vgl. 1b) и велимъ кнѧзю Рускому да ихъ не поуаеть в пакость странѣ его.» (griechisches Gebiet) 51.1—18; «и ѿтоле оувѣдѧть инъı (PA иныя) странъı (andere Länder, vgl. 1b) каку любовь имѣют^{ь}. Грьци съ Русью.» (52.15); im ksl. Schlußteil: «клѧхомъсѧ ..... харатьею сею. хранити все. еже есть написано на неи. не преступити ѿ него (PA отъ того) ничтоже. а иже преступить се ѿ странъı нашеꙗ. (unsererseits, von der Vertragsseite der Russen) ли кнѧзь ли инъ кто ...» (53.1). Zuletzt wird nochmals der Ausdruck ѿ странъı Рускиꙗ wiederholt, also dieselbe Konstruktion wie 47.23, doch hier bleibt es meines Erachtens zweifelhaft, ob darunter 'russischerseits' wie in den vorhergehenden Fällen gemeint ist, oder 'des russischen Landes' aus griechischer Sicht. Der Kontext spricht eher für das letztere, weil nicht nur die vertragsschließenden Partner, Fürst und Bojaren, sondern auch das Volk genannt wird, vgl.: «да кл^{е}нутсѧ ѡ всемь ꙗже су҇ть написана на харатьи сеи. хранити ѿ И^{го}рѧ и ѿ всѣхъ болѧръ. и ѿ вс҇ѣ людии. ѿ странъı Рускиꙗ.» (53.10). Filin 1949 : 119 und auch Kandaurova ist dieser Beleg entgangen; denselben Ausdruck (47.23) deuten sie wie oben angeführt als 'договаривающаяся сторона'. Sowohl Trautmann 34, wie Lichačev 1950: I, 236 interpretieren die letzte Stelle mit 'des russischen Landes'.

Der Vertrag von 971 bringt nur eine Wiederholung von schon Gesagtem, daher erübrigen sich weitere Zitate; er enthält 3× страна auf griechisches Land bezogen (73.2, 3, 7) und страна Болгарьска (73.6).

страна 3. 'Seite', die ursprüngliche Bedeutung kommt nur 5× vor, und zwar in den Legenden über das Höhlenkloster in ganz überwiegend ksl. Sprachschlüssel, einmal alternierend mit сторона

(s. Interpretation S. 131): **«бѣ бо расслабленъ тѣломь. ꙗко не мощи ѥму обратитисѧ на другую страну. ни встати ни сѣдѣти. но лежаше на единои сторонѣ.»** (Erzählung über die Mönche, 1074, 194.4). Die ‘rechte, linke Seite’ wird durch ksl. **деснаꙗ, шюꙗꙗ стр.** wiedergegeben: **«и взѧша мощѣ Ѳеѡдосьевы ..... и принесше положиша и в цр҃кви своеи ѥму. в притворѣ на деснѣи странѣ.»** (Überführung der Gebeine des hl. Feodosij, 1091, 211.21); **«противу гробу Ѳеѡдосьеву. на шюеи** (PA **лѣвои**) **странѣ.»** (*ibid.*, 212.23), auch 210.8; **«ѡбою страну»** (44.17).

страна 4. ‘Flußseite, Ufer’ 9×, mit dem Demonstrativpronomen **онъ** zur Bezeichnung der gegenüberliegenden Flußseite und einmal mit **сь**; der Gebrauch von **стр.** in dieser Bedeutung ist nicht nur durch den ksl. Sprachschlüssel der TE bedingt, sondern unterstreicht auch den Nicht-Vollzug der Handlung, d. h. die Flußüberquerung unterbleibt (dazu vgl. S. 130 f.), im Gegensatz zu **сторона: «собрашесѧ людье. ѡноꙗ страны Днѣпра в лодьꙗхъ. ѡб ону страну стоꙗху. и не бѣ льзѣ внити в Киевъ ..... въстужиша людье въ градѣ. и рѣша не ли кого иже бы моглъ на ѡну страну доити.»** (Pečenegenfeldzug gegen Kiev, 968, 65.28, 29, 66.2); weiters 66.13, 19, 28, 122.15 2×, 215.15.

страна 5. ‘eine der beiden Seiten des Chores in der Kirche’: **«позрѣ по братьи. иже стоꙗть поюще по ѡбѣма странама.** (PA **на крилосѣ**)», Erzählung über die Mönche des Höhlenklosters, 1074, 190.13; diese Bedeutung zitiert Sreznevskij lediglich für **сторона**, doch führt sie Kandaurova 1967 b: 386 auch für **стр.** an; vgl. rumunisch **странъ** ‘Chorus’ (Miklosich unter **страна**).

страны 6. ‘Völker’, aus dem Aksl. entlehnte Bedeutung (vgl. Sadnik τὰ ἔθνη ‘Völker, Heiden’), daher — von einer Ausnahme abgesehen — nur in der fast rein ksl. ,,Rede des Philosophen“ belegt (9×): **«(Бъ҃) нача посылати пр҃ркы гл҃ѧ имъ. прорицаите ѡ ѿверженьи Жидовьстѣ. и ѡ призваньи странъ.»** (98.8), **«Сим же пр҃ркмъ повелѣ Бъ҃ прр҃чьствовати. ѡ призваньи инѣх странъ ..... и судъ мои свѣтъ странамъ ..... и на мышцю мою страны оуповають.»** (99.11—15), weiters 101.15, 104.7, 105.17, 18; im folgenden Beleg könnte es sich auch um die Bedeutung ‘Länder’ handeln: **«и придохо[мъ] же въ Греки и ведодша ны идеже служать Бу҃ своему. и не свѣмы на нб҃ѣ ли есмы были ..... и есть служба их паче всѣхъ странъ.»** (108.22), Trautmann 77 übersetzt ,,Völker“, Lichačev 1950: I, 274 ,,Länder“; einziger Beleg in weltlichem Bericht: **«Ростиславу сущю Тмуторокани. и емлющю дань оу Касогъ. и оу инѣхъ странах.»** (Tod Rostislavs, 1066, 166.3, fast rein ksl.).

Während ksl. **страна** in den sechs genannten Bedeutungen 79×

belegt ist, kommt ar. сторона in vier, zum Teil identischen Bedeutungen insgesamt 17× in allen Sprachschlüsseln vor, und zwar in der Grundbedeutung 1. ‘Seite’, 3× : «ѡни же показаша мечь (А и) рѣша старци Козарьстии. не добра дань кнѧже. мы сѧ доискахомъ ѡружьемь ѡдиною стороною (А страною). рекоша (А рекше) саблѧми. а сихъ ѡружье ѡбоиду (А обоюду) ѡстро рекше мечь. си имуть имати дань на насъ. и на инѣхъ странах.» (Tributeinnahme durch die Chazaren, 17.11, überwiegend ksl.); сторона ist durch direkte Rede motiviert; es liegt keine Variation mit страна vor, das hier ‘Land’ bedeutet; zu страна / сторона ‘Seite’ (194.4—6) vgl. Zitat und Interpretation S. 131. Einmal ist сторона durch überwiegend ar. Sprachschlüssel bedingt: «и потомь на Стославъ гонихом по Половцих ..... и пакы на тои же сторонѣ оу Красна Половци побѣдихом.» (Monomachs Autobiographie, 1096, 249.6).

Die gebräuchlichste Bedeutung von сторона ist 2. ‘Flußseite, Ufer’ (wieder durch онъ und сь, einmal durch лѣвыи präzisiert) und davon erweitert ‘Gebiete auf der rechten (linken) Dnjeprseite’; insgesamt 10× in weltlichen Berichten, davon sieben Belege in ksl. TE mit durchgehend motiviertem Gebrauch, und zwar durch konkrete Darstellung 10.1, 122.13, 220.23, 231.13, situationsangemessene Darstellung 122.10, 231.19 und direkte Rede 219.25, vgl. Zitate und Interpretationen in den entsprechenden Kapiteln, hier ein Beispiel für eine realistisch wiedergegebene Flußüberquerung, wie auch das ar. Verb der Бewegung anzeigt: «Володимеръ же пебредъ (РА пребредъ) рѣку с малою дружиною мнози бо падоша ѿ полка юго ..... и перешедъ на ѡну сторону Днѣпра.» (Polovcer belagern Torčesk, 1093, 220.23, ganz überwiegend ksl.); in sprachlich gemischter TE trotz unmittelbarem religiösen Kontext: «Изѧслава же взѣмше положиша и в манастыри стго Спса. и ѿтуда перенесоша и Новугороду. и положиша и у стыѣ Софьѣ на лѣвѣи сторонѣ.» (Kämpfe des Oleg Svjatoslavič, 1096, 237.18). ‘Ufergebiete, Land auf der rechten, linken Dnjeprseite’ in überwiegend ar. TE und darauffolgender Jahreseintragung: «и посла Мьстиславъ по Ярославѣ глѧ. сѧди в своемь Кыевѣ ты еси старѣишеи братъ. а мнѣ буди си сторона.» (Über Jakun, 1024, 149.5); «и раздѣлиста по Днѣпръ Русьскую землю. Ярославъ прия сю сторону.» (1026, 149.16).

сторона ‘Heeresflügel’, ar. militärischer Terminus, 3× : «Ярославъ выступи из града. и исполчи дружину. постави Варѧги посредѣ. а на правѣи сторонѣ Кыяне. а на лѣвѣмь крилѣ Новгородци.» (Mstislavs Tod, 1036, 151.6, ganz überwiegend ksl.); «Стополкъ же и Володимеръ. и Ростиславъ. исполчивше дружину поидоша. и идѧше на деснѣи сторонѣ (PA на деснои странѣ) Ст҃ополкъ. на шюеви Володимеръ. посредѣ же вѣ Ростиславъ.» (Polovcer belagern Torčesk, 1093, 220.2, ganz überwiegend ksl.); vermutlich wurde bei der Lesart in PA страна nicht als ‘Flanke’, sondern in der Grundbedeutung ‘Seite’ aufgefaßt, was noch durch ksl. десныи – шюии gefördert wurde. «и пѹсти на воропъ Алтѹнапѹ въ ·н҃· чади. а Д҃вда постави подъ стѧгⷨо. а самъ раздѣлисѧ на ·в҃· части по ·н҃· на сторонѣ.» (Blendung Vasilkos, 1097, 271.9, überwiegend ksl.); diese spezifische Bedeutung, die aus den Belegen eindeutig hervorgeht, wird von Sreznevskij, Filin 1949 und Kandaurova nicht genannt, jedoch von Paschen 1933: 47 und Sorokoletov 1970: 120 (unter dem Synonym крило ‘Flanke’); als ar. Terminus ist ст. nicht austauschbar.

сторона ‘eigenes Land’, einmal 36.8, s. o. Beleg unter Vertrag 912.

ZUSAMMENFASSUNG. Bedeutungen von страна: 1. ‘Land’, a) ‘Land, Gebiet, Staat’ im allgemeinen, b) ‘fremdes Land, Gebiet, Staat’, 2. ‘Vertragspartner’, 3. ‘Seite’, 4. ‘Flußseite, Ufer’, 5. ‘eine der beiden Seiten des Chores in der Kirche’, 6. страны ‘Völker’. Diese Reihung hat sich einerseits durch die Frequenz, andererseits durch das gemeinsame Auftreten in denselben Stellen (Bedeutungen 1 und 2) ergeben; die zugrundeliegende Bedeutung, aus der die anderen abzuleiten sind, ist ‘Seite’ (ausgenommen 6. ‘Völker’, in das Aksl. aus dem Griechischen entlehnt). Bedeutungen von сторона: 1. ‘Seite’, 2. ‘Flußseite, Ufer(gebiete)’, 3. ‘Heeresflügel’, 4. ‘eigenes Land’. Die Bedeutung ‘Land’ ist schwach entwickelt und besitzt entgegengesetzte Nuancen von страна 1b, mit Betonung auf dem Eigenen statt Fremden bzw. an das Dnjeprufer anschließende Gebiete statt entlegene. Volle Synonymie von страна / сторона liegt in PVL L nur bei ‘Seite’ und ‘Flußseite’ vor, daher tritt lediglich in diesen Bedeutungen Variation auf, allerdings nur als sekundäre Motivation, vgl. S. 144 ff. In den divergierenden Bedeutungen sind beide Lexeme nicht austauschbar, also страна 1b ‘fremdes Land’, 2. ‘Vertragspartner’, 5. ‘Seite des Kirchenchores’, 6. ‘Völker’ und сторона ‘Heeresflügel’. Страна zeichnet sich also durch größere semantische Kapazität aus, und die beginnende Bedeutungspolarisierung страна ‘Land’ und сторона ‘Seite’ ist deutlich erkennbar, wie schon Paschen 1933: 47 feststellte.

Für die Struktur des restlichen Wortnestes von **storn-* ist sowohl die hohe Frequenz von страна, als auch die räumliche Bedeutung sowie die Nunace ‘fremd’ maßgeblich. Den folgenden neun trat-Lexemen steht in PVL L eine Polnoglasieform gegenüber. Sie sind auf ksl. TE (meist in religiösen Kontexten) beschränkt.

странь 'gegenüber': «**поплѣнивше и Судъ весь пожьгоша. иⷯже емше ѡвѣхъ растинаху. другиꙗ аки странь поставлꙗюще. и стрѣлѧху въ нѧ.**» (Igors erster Feldzug gegen die Griechen, 941, 44.12, ganz überwiegend ksl.); **стр.** ist ksl., vgl. Miklosich und Slovník; Srezn. zitiert auch **сторонь** 'подле'.

страннъıи 1. 'fremd': «**тако да накажемъсѧ. тако вѣру имеⷨ. кажеми ѥсмъı подобаше наⷨ.** (aus Ip.: **преданымъ быти**) **в рукъı ꙗзъıку странну. и безаконьнѣишю всеꙗ землѧ.**» (Polovcer belagern Torčesk, 1093, 223.22, ganz überwiegend ksl.); 2. 'Fremder, Pilger': «**Глѣбу же оубьену бъıвшю ..... положиша и оу брата своѥго Бориса ... и съвкуплена тѣломь. паче же дш҃ама ..... подающа и цѣлебнъıꙗ дары Русьстѣи земли. и инѣмъ приходѧщиⷨ страннъⷨı с вѣрою даета ицѣленье.**» (Ermordung der hl. Boris und Gleb, 1015, 137.16); beide Bedeutungen sind aksl. (Slovník); auch Sreznevskij führt zahlreiche Zitate an, während **стороньнии** 'боковой, посторонный, чужой' erst in späteren, hauptsächlich weltlichen Denkmälern belegt ist.

страньствующии 'Reisender': «**чл҃вкъ** (PA **человѣкы**) **ꙗдуще и страньствующихъ оубиваху.**» (Aus Hamartolos, 15.8); vgl. ksl. **страньствовати** (Miklosich).

пространьнъ 'geräumig': «**и иде с ними в цркⷡ҇. и поставиша ꙗ на пространьнѣ мѣстѣ.**» (Zweite Glaubensprüfung, 987, 107.27); **п.** ist aksl.; vgl. Srezn. **просторонъıи** dass., ein Beleg.

упространитисѧ 'sich ausbreiten': «**ꙗко на хⷭ҇ꙗньстѣ родѣ страхъ и колѣбанье.** [**и**] **бѣда оупространисѧ.**» (Polovcer belagern Torčesk, 1093, 223.19); «**. . плачь по всѣмъ улицаⷨ оупространисѧ.**» (*ibid.*, 224.29); **у.** ist ksl., vgl. Miklosich und Slovník.

устранѧтисѧ 'sich entfernen': «**епⷭ҇пъı и попъı. и игуменъı. с любовью взимаите ѿ ниⷯ блⷭ҇вланье. и не оустранѧитесѧ ѿ ниⷯ.**» (Monomachs Belehrung, 1096, 245.34); **у.** ist ksl., vgl. Miklosich.

страннолюбивъ 'gastfreundlich': «**бѣ бо Глѣбъ млⷭ҇тивъ оубогъıмъ. и страннолюбивъ.**» (1078, 199.26); **с.** scheint rksl. zu sein, vgl. Miklosich und Srezn.; Ableitung von aksl. **страньнолюбиѥ** < griech. φιλοξενία.

иностраньнъ: 'fremd, heidnisch': «**рекъ аще будеть по всеи земли роса. а на рунѣ суша и бъⷭ҇ı тако. се же преѡбрази. ꙗко иностраньни бѣша преже суша а Жидове руно.**» (Anm. statt **роса**, Rede des Philosophen, 986, 105.16), **и.** ist aksl.

простретисѧ '(sich) ausbreiten': «**и реⷱ҇ Гⷭ҇ь Б҃ъ** [**егда** aus PA] **како простреста руку и возмета ѿ древа животьнаго. и живета въ вѣки.**» (*ibid.*,

986, 89.9); «сего ради гнѣвъ простресѧ.» (Polovcer belagern Torčesk, 1093, 223.8), ebenfalls 81.11; п. ist aksl.

Ganz aus der Reihe fällt die einzige abgeleitete Polnoglasieform in PVL L, простороньство hier ‘Wohlleben’, eine Umbildung aus aksl.-rksl. пространьство ‘Weite, Geräumigkeit, Annehmlichkeit’, die sonst nicht belegt ist, vgl.: «Бъ҃ кажеть (PA казнить) рабы своıа ..... а симъ поганы҃. и ругателе҃ на семь свѣтѣ приимшı҃ веселье и простороньство (A пространьство P пространество).» (Neuerliche Polovcereinfälle, 1096, 233.13, ganz überwiegend ksl.). Wohl motiviert durch den Bezug auf die Heiden, vgl. S. 150.

***sъ-dorv-**: сдравие (здравье) ‘Gesundheit’: «молѧщасѧ къ Блцѣ Бу҃ нашему. мирно пребывати в совокуплении и въ сдравии. избавѧща ѿ усобныıа рати.» (Ermordung der hl. Boris und Gleb, 1015, 139.11); «се бо по дьıаволю наоученью кобь держать. друзии же и закыханью (PA зачиханию) вѣрують. еже бываеть на [з]дравье главѣ.» (Predigt über die Strafen Gottes, 1068, 170.10).

не сдравити ‘krank sein’: «с лестью посла къ Глѣбу гл҃ѧ сице. поди вборзѣ ѡць тѧ зоветь. не сдравить бо велми.» (Ermordung der hl. Boris und Gleb, 1015, 135.21); weiters 277.22; vgl. Srezn. съдравити, Miklosich съдравовати.

поздорову ‘unversehrt’: «мы Ру҃. допроводим с куплею их поздорову.» (Vertrag 912, 35.23), motiviert durch situationsangemessene Darstellung, gestützt durch Wiedergabe in der 1. Pers. Pl.

***telkti**: утолочити ‘feststampfen’: «види҃ бо игрища утолочена. и людіи много множьство.» (Predigt über die Strafen Gottes, 1068, 170.13, fast rein ksl.); у. ist als nicht austauschbar anzusehen, vgl. S. 59.

***terb-**: der etymologische Zusammenhang zwischen den folgenden Lexemen ist nicht gesichert, dazu vgl. Vasmer III, 134 unter требовать und Sadnik S. 320 Nr. 988, 989 und 990. In den Monographien von Paschen 1933, Filin 1949 und L’vov 1975 werden sie nicht behandelt. Sieben ksl. Bildungen steht in PVL L eine Polnoglasieform gegenüber:

требити ‘säubern’: «и ре҃ Володимеръ. требите путь (PA теребите пути) и мостите мостъ.» (Mitteilung, 1014, 130.9); т. ist ksl., vgl. Miklosich.

истребити ‘ausrotten, töten’: «Иеремиıа же ре҃. придѣте вложимъ древо въ хлѣбъ его. истребимъ ѿ землѧ животъ его.» (Rede des Philosophen, 986, 101.8); «да аще истребивѣ сихъ будеть гобино.» (Erzählung über die Zauberer, 1071, 176.19); vgl. aksl. истрѣбити ‘reinigen, hinwegfegen’ (Sadnik, Slovník).

потребити(сѧ) 'vernichten' (auch passiv): «и Бъ потреби ꙗ. помроша вси.» (Sitze der slavischen Stämme, 12.8); «... дьꙗволъ власть имы надо всѣми. и се бѧшеть ему аки тернъ въ сⷬци. [и] тьщашесѧ потребити ѡканьнъıи.» (Sage über Menschenopfer, 983, (82.19); «ꙗко блгословѧщии ѥго наслѣдѧⷮ землю. кленущии же ѥго потребѧтсѧ ѿ Гⷭа.» (Monomachs Belehrung, 1096, 242.8 und *ibid.* 241.30), dass. 90.18; потрѣбити ist aksl.

Für die folgenden sechs Lexeme sind keine entsprechenden Polnoglasieformen belegt:

требѣ бъıти 'notwendig sein': «да дамъ ему елико ему будеть требѣ.» (Vertrag 945, 51.4); vgl. aksl. трѣбѣ, meist mit бъıти (Sadnik).

требовати 'bedürftig sein': «и помъıсли бъıти мнихъ. и раздаꙗ имѣнье своѥ требующⷨи. и манастъıремъ.» (Erzählung über die Mönche des Höhlenklosters, 1074, 191.25); aksl. трѣбовати.

требованьѥ 'das Notwendige, dessen man bedarf': «излиха же любѧше черноризци. подаꙗше требованьѥ имъ. (Vsevolods Ende, 1093, 216.9); «Русскиѣ же кнѧзи и вои вси молѧхуть Ба и ѡбѣтъı вздаꙗху Бу ..... ѡвъ же млтнею оубогⷨъı. инии же манастъıрⷨе требованьꙗ.» (Siegreicher Feldzug gegen die Polovcer, 1103, 278.14); aksl. трѣбованиѥ.

потреба 1. 'Bedarf': «аще ли по моеи смрти ѡскудѣвати начне манастъıрь. черноризци. и потребами манастъıрьсками. то вѣдуще буди (ИХ будете) ꙗко не оугодилъ ѥсмъ Бу.» (Erzählung über die Mönche des Höhlenklosters, 1074, 188.1); 2. на потребу 'nach Bedarf, dessen man bedarf': «... въпрашающⷨи. кде болнии и нищь (Р нищии и) не могъı ходити. тѣмъ раздавⷶху на потребу.» (Volodimers Wohltaten, 992, 126.5); weiters 125.25 (потробу statt потребу) und 157.9. 3. 'heidnisches Opfer': «(Володимеръ) иде Киеву. и твордше потребу кумирⷪⷨъ. ..... ꙗко паде жребии на снъ твои изволиша бо и бзи собѣ. да створимъ потребу бмъ.» (Sage über Menschenopfer, 983, 82.7, 22), dass. 95.6, 118.22; потрѣба in Bedeutung 1 und 2 ist aksl., in Bedeutung 3 ksl., vgl. Miklosich.

потребьнъ 'nützlich': «но хвалю Ба и прославьлѧю млть ѥго. иже мѧ грѣшнаго и худаго селико лⷮѣ сблⷣю ѿ тѣхъ часъ смртнъıхъ. и не лѣнива мѧ бъıлъ створилъ худаго на всѧ дѣла члвчкаꙗ потребна.» (Monomachs Autobiographie, 1096, 252.2, überwiegend ar.); aksl. потрѣбьнъ dass., vgl. Slovník.

благопотребнъıи s. S. 185.

претребовати wurde bereits unter den пре-Verben behandelt, vgl. S. 235.

тереба ‘heidnisches Opfer’: «И нача кнѧжити Володимеръ въ Киевѣ единъ. и постави кумиры на холму ..... привожаху сн҃ы своꙗ и дъщери. и жрѧху бѣсомъ. ѡсⷦвернѧху землю теребами (PA требами) своими.» (Volodimers Vielweiberei, 980, 79.18); statt viel gebräuchlicherem aksl.-rksl. трѣба (треба), vgl. Srezn.; zur Motivation von тереба s. S. 157 f.

***cholpъ:** холопъ 1. ‘Diener’: «в Самарии же цр҃ьствова Иеровамъ. холопъ Соломань.» (Rede des Philosophen, 986, 97.22); 2. ‘Sklave’: «... пусти Василкⷶ сѣмо. да юго кормиⷨ сдѣ. а холопы наша выдаита. и смерды.» (Tod von David Igorevič, 1100, 274.22); die zweite Bedeutung ist im Ar. und Rksl. viel häufiger, vgl. Srezn.; х. ist als nicht austauschbar anzusehen, vgl. S. 59.

***chorbr-:** храбръ 1. ‘Kämpfer, Recke, Held’: «Ѡльга съ сыномъ своимъ С҃тославомъ. собра вои много и храбры.» (Svjatoslavs Feldzug gegen die Derevljanen, 946, 58.1); (Свѧтославъ) «нача вои совкуплѧти. многи и храбры ...» (Sagenhafte Charakterisierung Svjatoslavs, 964, 64.24); «... Серукъ. творѧш[ет]ь бо кумиры. во имѧна мр҃твхъ чл҃вкъ. ѡвѣмъ бывшимъ цр҃мъ. другомъ храбⷭмъ (P другымъ храбромъ, A другимь храбромъ) и волъхвомъ ...» (Rede des Philosophen, 986, 91.28); es wurden alle Belege zitiert, um die substantivische Bedeutung von хр. zu zeigen, die Paschen 1933: 34 und L’vov 1975: 311 nicht erkannten; auch Lichačev 1950: I übersetzt alle Stellen mit храбрый (Trautmann richtig ‘Recken’). Hingegen weist Filin 1949: 94 darauf hin und vermutet prähistorische Zusammenhänge mit dem Südslavischen, da serb. храбар heute noch verschiedene substantivische Bedeutungen habe. Obwohl aksl. храбъръ(-ьръ) nur als Adj. belegt ist (Sadnik, Suprasliensis), so ist Entlehnung aus dem Griechischen wahrscheinlich, da folgende Entsprechungen für ksl. хр. ausschließlich ‘Krieger’ bedeuten: μαχητής, πολεμιστής (Miklosich); хр. ‘храбрый воин, воитель’ ist im (R)ksl. bestens belegt, vgl. Srezn. 2. ‘tapfer’: «храбрыꙗ жены ловити звѣрь крѣпко.» (Aus Hamartolos, 15.18), auch 140.9; Nominalform mit Einschubvokal: «бѣ же Мьстиславъ ..... храборъ на рати.» (Mstislavs Tod, 1036, 150.21); хоробрыи kommt insgesamt 8× in PVL Ip, S, G, V vor, weiter s. Srezn.; zu seiner Verbreitung in russischen Dialekten in verschiedenen Bedeutungen vgl. L’vov 1975: 312.

храбрьство ‘Tapferkeit’: «аще бо възмете рать межю собою. погании имуть радоватисѧ. и возмуть землю нашю иже бѣша стѧжали ѡц҃и ваши. и дѣди ваши. трудоⷨ великиⷨ. и храбрьствомь (PA храборьствомъ).» (Blendung Vasilkos, 1097, 263.27); хр. ist ksl., vgl. Miklosich;

хороборьство findet sich nur in PVL Ip *ibid.* (237.28) und fehlt in Srezn.

Die vier Substantive des Wortnestes ***chorm-*** zeigen keine klare semantische Differenzierung zwischen den Wurzelwörtern und ihren Derivaten; die ar. Formen haben naturgemäß nur weltliche Bedeutung; sie kommen auch in TE in überwiegend ksl. Sprachschlüssel vor, während der Gebrauch der ksl. Formen in gleicher Bedeutung mit den Sprachschlüsseln übereinstimmt.

храмъ 1. ‘Haus’: **«инъ же законъ Гилиωмь женъı в нѝ ωрють. зижють храми мужьскаꙗ дѣла творѧть.»** (Nach Hamartolos, 15.15, fast rein ksl.); meines Erachtens unrichtig von Lichačev 1950: I, 212 mit «созидают храмы» übersetzt; die Verwendung von хр. ist durch die Quelle und dem sich daraus ergebenden Sprachschlüssel bedingt; auch im Aksl. liegt die Primärbedeutung ‘Haus’ vor (vgl. Sadnik nur so, ebenso Berneker), die hier klar aus dem Kontext hervorgeht; 2. ‘Tempel, Kirche (Andersgläubiger)’: **«... ходихом въ Болгаръı. смотрихомъ како сѧ покланѧють въ храмѣ рекше в ропати.»** (Zweite Glaubensprüfung, 987, 108.10, fast rein ksl.); **«... придохомъ в Нѣмци. и видѣхомъ въ храмѣ. многи службъı творѧща а красотъı не видѣхомъ никоеꙗже.»** (*ibid.*, 108.15) Beide Bedeutungen sind im Rksl. (Ar.) gut belegt, vgl. Srezn.

храмина 1. ‘Haus’ 3× in derselben TE: **«ωн же по ωбъıчаю своюему нача призъıвати бѣсъı. в храмину свою. Новгородцю же сѣдѧщу на порозѣ тоꙗже храминъı.»** (Erzählung über Zauberer, 1071, 179.8, 9, ganz überwiegend ksl.) und 179.14; Sadnik führt für aksl. хр. nur diese Bedeutung an. 2. ‘Tempel’: **«приимъ Аврамъ ωгнь зажьже идолъı въ храминѣ.»** (Rede des Philosophen, 986, 92.10); für diese Bedeutung nur ein Beleg in Srezn.

хоромъ, хоромина ‘Haus’: **«ω** (PA **а**) **въı плотници суще а** (PA **да**) **приставимъ въı хоромомъ** (A **хоромовъ**) **рубити нашимъ** (PA **нашихъ**)**.»** (Beginn der Regierung Jaroslavs, 1016, 142.3, überwiegend ar.); im folgenden Zitat variiert х. mit хоромина, ебенso ein ar. Verb der Bewegung mit dem ksl.: **«Предивно бъı** (чюдо aus Ip.) **Полотьскѣ ..... ꙗко чл҃вци рищюще бѣси. аще кто въıлѣзѧше ис хороминъı. хотѧ видѣти. абье оуꙗзвенъ будѧше** (PA **будеть**) **невидимо ѿ бѣсовъ ..... и не смѧху излазити** (PA **исходити**) **ис хоромъ.»** (Spuk in Polock, 1092, 214.28, 215.2).

Das Wortnest von ***chorniti*** besteht aus einem ksl. Deverbativum, zwei ksl. und drei ar. Verben; die Bedeutungen der ersteren zeichnen sich durch größere Abstraktheit und höhere Frequenz aus (23 : 8), die ihre Erhaltung sicherten, Näheres vgl. Paschen

1933: 51 f. Die semantischen Nuancen von хранити und схранити decken sich größtenteils, sie können von der Grundbedeutung ‘bewahren’ abgeleitet werden (vielleicht mit Ausnahme von ‘bestatten’), daher handelt es sich wohl um ein Aspektpaar. Beide kommen nur in TE in ksl. Sprachschlüsseln vor (eine Ausnahme), und zwar bes. схранити ganz vorwiegend in religiösen Kontexten. Der Gebrauch der Polnoglasieform ist vorwiegend durch abweichende, konkrete Bedeutungen bedingt, er erstreckt sich daher auch auf ksl. TE.

хранити 1. ‘erhalten, bewahren’ 3×: «Б҃ъ вѣтром^{ъ} великимъ разраши (И раздруши) столпъ. и есть ѡстанокъ его промежю Асюра. и Вавилона ..... и в лѣта многа хранимъ ѡстанокъ.» (Einleitung 5.16); ‘Friede, Einvernehmen bewahren’: «да храни^{т} тако^{ж} любовь. ко кн҃змъ наши^{м} свѣтлы^{м} Ро҇укы^{м}.» (Vertrag 912, 34.1), dass. 53.17; 2. ‘(Vertrag) einhalten’, 3×: «и ти принимающе харатью на роту идуть хранити истину.» (Vertrag 945, 52.23), dass. 52.28, 53.9; 3. ‘in Gewahrsam halten’: «гостье да прино^{си}ть (РА приносять) грамоту ..... аще ли безъ грамотъı придуть. и преданъı будуть нами. да держимъ и хранимъ.» (*ibid.*, 48.16); 4. ‘beschützen’: «да входѧть в городъ ѡдинѣми воротъı. со цр҃вмъ мужемъ. без ѡружьꙗ. мужь ·н҃· и да творѧть куплю .... паки да исходѧть ·н҃· мужь цр҃тв^{а} вашего. да хранить ꙗ.» (*ibid.*, 49.7); 5. ‘(Sabbat) heiligen’: «свининъı не ꙗсти ни заꙗчинъı. суботу хранити.» (Überprüfung der Religionen, 986, 85.27); vgl. aksl. хр. ‘hüten, bewachen, bewahren’ (Sadnik).

хранитисѧ ‘sich vor etwas hüten’: «да аще хто хулить Словѣньскую гр^{а}моту да будеть ѿлученъ ѿ цр҃кве. донде сѧ испр^{а}вѧть ти бо суть волци а не ѡвца (ТР овци). ꙗже достоить ѿ плода знати ꙗ. хранитисѧ ихъ.» (Skazanie o gramote, 898, 27.21).

хоронити ‘verbergen’: «но рцѣмъ смр҃тни ѥсмы. дн҃ь живи а заоутра в гробъ. се все ч҃тнъı (? = чьто нъı) ѥси вдалъ. не наше. но твое. поручил нъı ѥси на мало дн҃ии. и в земли не хороните то нъı ѥсть великъ грѣхъ.» (Monomachs Belehrung, 1096, 246.1, überwiegend ksl.); hier von хранити abweichende Bedeutung, s. o., daher als nicht austauschbar angesehen, vgl. S. 68.

похоронити 1. ‘verstecken’ 2×: «и оувидѣ Ѡлегъ. ꙗко Ѡсколдъ. и Диръ. кнѧжита. похорони вои въ лодьꙗ^{х}. а другиꙗ назади ѡстави ..... и приплу подъ Оугорьское. похоронивъ вои своꙗ.» (Ermordung von Askold und Dir, 23.6, 8); 2. ‘beerdigen’ 3×: «Иво заповѣдала Ѡльга не творите трызнъı на҇ собою. бѣ бо имущи презвутеръ. сеи похорони бл҃жную Ѡльгу.» (Olgas Tod, 969, 68.6, überwiegend ksl.); «ре҇ сице в ночь похороните тѣло моѥ.» (Tod des hl. Feodosij, 1074,

188.11, fast rein ksl.), zusätzlich motiviert durch direkte Rede; Ersatz durch ksl. Form in anderen Abschriften: «..... предасть дх҃ъ в руцѣ Б҃жии. игумен же и бра҃ıа. похорониша (PA похраниша) тѣло ıего.» (Erzählung über die Mönche des Höhlenklosters, 1074, 189.27, fast rein ksl.); in Bedeutung 1 semantisch differenziert von похранити, in Bedeutung 2 jedoch nicht, vgl. S. 68 f.

схранити 1. '(vor Üblem) bewahren', in religiösen Kontexten 8 × : «млт҃вми твоими влд҃ко. да схранена буду ѿ сѣти неприıазн^{ь}ныı.» (Olgas Taufe, 955, 61.14); «изиде Б҃ъ воплощенъ. роди҃ неизреч^{нь}нѣ. и дв҃то М҃ти схрани нетлѣньно.» (Glaubensbekenntnis Volodimers, 988, 113.4), 62.1 2 ×, 116.8, 231.16, 255.29, 256.12; 2. '(Vertrag, Gebot Gottes) einhalten' 3 × : «да схранимъ правıа съвѣщаньıа.» (Vertrag 971, 73.10), *ibid.* 73.12 und 169.1; 3. 'bestatten': «и вложиша и в корсту (PA в раку) мороморѧну. схраниша (PA и опрятавше) тѣло ıего с плачемь бл҃жнаго кнѧзѧ.» (Volodimers Tod, 1015, 130.29); die dritte Bedeutung ist ungewöhnlich; Sreznevskij nennt sie nicht und L'vov 1975: 34 sieht sie als Pseudoslavonismus an.

сохранение 'Einhaltung (eines Vertrages)': «по^{д}щимсѧ елико по силе на сохранение прочи^{х}. и всег^{д}а лѣ^{т} с вами Греки. исповедание^{м} и написание^{м} со клѧтвою.» (Vertrag 912, 33.27); vgl. aksl. съхранениıе dass.

схоронити bedeutet wohl 'aufbewahren' und nicht 'verstecken', obwohl dies aus den Belegen nicht eindeutig hervorgeht: Die Griechen wollen Svjatoslav mit Geschenken in Versuchung führen; die Gesandten «придоша и поклониша҃ ему. [и] положиша пред нимъ злато и паволоки. и ре҃ С҃тославъ кромѣ зрѧ ѡтрокомъ своимъ схороните (PA съхраніте). ѡни же придоша ко ц҃рю. и созва ц҃ръ болѧры. рѣша же послании ıако придохомъ к нему. и вдахом^{ъ} дары. и не зрѣ на нѧ. и повелѣ схоронити. (PA сохранити).» (Svjatoslavs Feldzüge gegen die Griechen, 971, 71.3, 6, ganz überwiegend ksl.); das erste Vorkommen ist durch direkte Rede bedingt, das zweite, um diese möglichst getreu wiederzugeben. Sreznevskij zitiert nur diese Stelle und gibt 'убрать, спрятать' an; Lichačev 1950: I, 248 übersetzt mit спрятать, Trautmann 48 mit „verwahren".

*červo: чрево '(Mutter)leib': «Амазоне же мужа не имуть ..... и сочтаютсѧ съ ѡкр҃нхъ. (PA со окрестных) ... ѿ ни^{х} зачеништмъ въ чревѣ. паки разбѣгнутсѧ ѿтсюду ...» (Aus Hamartolos, 16.8); «первое нача пр҃рчтвовати ѡ воплощеньи Б҃жьѣ. рекъ. и-щрева преже де^{нь}ница родих тѧ.» (Rede des Philosophen, 986, 97.14); aksl. чрѣво dass.

черево 'Bauch': «и воевода. именемь Буды. нача оукарѧти Болеслава г҃лѧ. да то ти прободемъ трѣскою черево. твое толъстое.» (Boleslavs Sieg, 1018, 143.6), motiviert durch direkte Rede.

***červьje:** черевꙑ statt черевиѥ wohl ‘Fell vom Tierbauch’ (1. Bedeutung Srezn. III, 1499) in unklarer Stelle: (ein Russe berichtet über seinen ungewöhnlich starken Sohn) «ѥдиною бо ми и сварѧщю. и ѡному мьнущю ѹсние. разгнѣвавъсѧ на мѧ преторже черевꙑ рукама.» (Gründung von Perejaslavl’, 992, 123.4), Näheres S. 59; in dieser Bedeutung nicht austauschbar, da rksl. чревиѥ ‘башмак, сапог’ (Srezn. III, 1536; aksl. чрѣвии; zu den urslavischen Ansätzen vgl. Эт. слов. слав. яз. 4, 83 f.); черевье ‘Schuh’: «ѥгда же приспѣꙗше зима. и мрази лютии. станѧше (PA стояше) в прабошнѧ҄ⷯ в черевьꙗ҄ⷯ в протоптанꙑ҄ⷯ.» (Erzählung über die Mönche des Höhlenklosters, 1074, 195.15); auch in dieser Bedeutung aus Gründen des Usus nicht austauschbar, da die ksl. Form nur in religiösen Texten belegt ist.

***čerda:** череда im Ausdruck по чередамъ ‘einer nach dem anderen’: «а самꙑ кнѧзи Бъ҃ живꙑ в руцѣ дава. Коксусь ..... инѣхъ кметии молодꙑ҄ⷯ ·еі҃· то тѣхъ живꙑ. ведъ исѣкъ вметахъ в ту рѣчку. въ Славлии по череда҄ⷨ избьено.» (Monomachs Autobiographie, 1096, 251.2, überwiegend ar.); ч. ist als nicht austauschbar anzusehen.

***čerslo:** чресла/чересла ‘Lenden’: «препоꙗсавши крѣпко чресла своꙗ. и ѹтверди мꙑшцю свою на дѣло.» (Volodimers Vielweiberei, 980, 81.6, bibl. ‘die Lenden gürten’); aksl. чрѣсла dass.; «пакꙑ же при Маврикии цр҃ⷭи бꙑ҃ⷭ сице. жена дѣтищь роди безъ ѡчью. и без руку. в чересла (PA у чресла) бѣ ѥму рꙑбии хвостъ приросль.» (Folgen von Himmelszeichen, 1065, 165.13); zur Interpretation vgl. S. 137.

***čersъ:** чресъ / чересъ 1. ‘über, hinüber, durch’ räumlich, in Zusammenhang mit Bewegung: «ѡна же сѣдъши в кубару. цѣловавши ѹжики своꙗ. съ плачемъ поиде чресъ море.» (Korsuner Legende, 988, 111.1, ganz überwiegend ksl.); «бродишасѧ чресъ Сулу.» (Sieg über die Polovcer, 1107, 282.5, ganz überwiegend ksl.); Bewegung wird beabsichtigt: «и се имъ гл҃щимъ. разидошасѧ разно. наѹтриꙗ же хотѧщи҃ⷨ чресъ Днѣпръ на Ст҃ополка.» (Blendung Vasilkos, 1097, 263.18); чересъ ist motiviert durch realistisch dargestellte Bewegung: «ѡн же надѣꙗвъсѧ цѣлованьи (PA на целование) кр҃ⷭта. и приѣхавъ (A преихавъ, PVL Ip перееха) в лодьи чересъ Днѣпръ.» (Vseslavs Niederlage, 1067, 167.9); «Ст҃ополкъ же и Володимеръ и Ростиславъ созваша дружину свою на свѣтъ. хотѧче поступити чересъ рѣку.» (Polovcer belagern Torčesk, 1093, 219.19); ebenso 237.14; ч. ist motiviert durch konkrete Angabe: «бѧше чересъ гроблю мостъ» (74.27) und durch direkte Rede 219.19; zu Beleg 25.14 vgl. S. 134. 2. zeitlich ‘nach einem gewissen Zeitraum’; beide Formen erscheinen in gleichen Kontexten, auf Fasten bezogen: «ѡви на по-

щенье чресъ дн҃ь. и чресъ два дн҃и. ини же ıадуще хлѣбъ с водою.» (Erzählung über die Mönche des Höhlenklosters, 1074, 188.21); **«бѣ же ıадь юго проскура юдина. и та же черес дн҃ь.»** (*ibid.* 192.9) und 157.4; Näheres S. 136.

чрѣсъ ist im Aksl. nicht belegt, vgl. Cejtlin 1977: 21, jedoch im Ksl. in den genannten Bedeutungen, vgl. Miklosich.

Zweifelhafte und unechte TRAT/TOROT-Lexeme

***bork-** oder ***bьrakъ** (vgl. Vasmer I, 117 und Berneker 81): die folgenden Wörter haben keine torot-Entsprechungen; es ist auf jeden Fall anzunehmen, daß es sich aus semantischen Gründen (Ehe als christliche Institution) und aufgrund der sprachgeographischen Verteilung um ksl. Lehnwörter handelt: **бракъ** ist im Aksl., Russischen und Bulgarischen gut belegt, jedoch im Ukrainischen und Weißrussischen ungebräuchlich (vgl. Shevelov in Šachmatov-Shevelov 1960: 64 f.).

бракъ 'Hochzeit, Ehe': **«и брака оу нихъ не бываше. но оумыкиваху оу воды дв҃цѧ.»** (Gebräuche der slavischen Stämme, 13.18); **«дв҃о пр҄таıа неискусна браку. Бо҃ѡбрадованаıа. вѣрнꙑ҄ направленье сп҃с мѧ погыбшаго.»** (Monomachs Gebete, 1097, 256.15), auch 14.2, 78.23.

брачнꙑи 'Hochzeit-, hochzeitlich': **(Полѧне) «брачнꙑи ѡбычаи имѧху. не хоже**ше (TP **хожаше**) **зѧть по невѣсту. но приводѧху вечеръ.** (Gebräuche der slavischen Stämme 13.12); aksl. **брачьнъ.**

браченье 'Hochzeit': **(Володимеръ) «по кр҃щньи же приведе цр҃цю. на браченье.»** (Korsuner Legende, 988, 111.24); im Aksl. nicht belegt, auch Miklosich zitiert **б.** nicht, in PVL Ip 1× (10.14).

крамола 'Aufstand' entlehnt ins Slavische aus altbair. karmala (vgl. Vasmer): **«Посем же бꙑ҄ звѣздамъ теченье с вечера до заоутрьıа . . . . . се же проıавлѧше крамолꙑ. недузи чл҃комъ оумертвие бѧше.»** (Folgen von Himmelszeichen, 1065, 165.10); aksl. dass.

Lat. marmor > griech. *μάρμαρος* 'Stein, Felsblock' + Suff. *-or* wurde in das Slavische entlehnt (so Vasmer II, 167 und Berneker II, 20); in PVL L sind folgende ksl. und ar. Ableitungen belegt: **мраморѧнъ (мрамарѧнъ, мраморенъ) / мороморѧнъ** 'aus Marmor': **«и принесше положиша тѣло юго в цр҃кви ст҃ыıа Бц҃а. вложивъше и в раку мраморѧну.»** (Izjaslavs Tod, 1078, 202.16); **«. . . . . спрѧтавше тѣло юго. с честью положиша и в рацѣ мраморѧнѣ. в цр҃кви ст҃а ап҃ла Петра.»** (Jaropolks Begräbnis, 1086, 206.23); **«и начаша кумирꙑ творити.**

ѡви древꙗ^ны^. ѡви мѣдꙗны. а другии мрамарꙗны.» (Rede des Philosophen, 986, 91.22) und 116.18; «и малъ столпъ мраморѣ̑ постави (надъ А) ни^м^.» (912, 40.2); vgl. ksl. мраморъ, мраморьнъ, мраморѣнъ (Miklosich), rksl. мраморꙗнъıи (Srezn).

Ar. моромор ꙗнъ erscheint in identischem Kontext wie мр. in den ersten beiden Belegen; der Russismus unterstreicht die realistische Darstellung und hat meines Erachtens auch Signalfunktion, weil er in beiden TE die einzige Polnoglasieform ist (vgl. Belege S. 135 f.), während мраморꙗнъ in TE vorkommt, die andere TOROT enthalten.

***mъlni:** молоньꙗ 'Blitz': «тѣмже пришедшимъ въ землю свою и повѣдаху кождо своимъ ѡ бывшемъ. и ѡ лꙗдьнѣмь ѡгни. ꙗкоже молоньꙗ. (P молыниа, A молнїа)» (Igors erster Feldzug gegen die Griechen, 941, 45.4); «и бывши нощи бы̑ тма молоньꙗ и громъ ..... и бы̑ сѣча силна. ꙗко посвѣтꙗше молоньꙗ. блещшетьсꙗ ѡружье. и бѣ гроза велика.» (Über Jakun, 1024, 148.15, 22, überwiegend ar.); zweites Polnoglasie.

Ostslav. *skom-or-ochъ* (zur Etymologie vgl. L'vov 1974: 109 f.): скоморохъ 'Skomoroch, Spielmann': «... дьꙗволъ лститъ ..... лестьми превабльꙗ ны ѿ Ба̑. трубами и скоморохы.» (Predigt über die Strafen Gottes, 1068, 170.12); zur Interpretation vgl. S. 157 f.

Griech. σκορπίος 'Skorpion' wurde in das Aksl. entlehnt, vgl. *skorpijь -ija, skorъpii, -ьpii* (Sadnik 120, Vasmer III, 648), weiters rksl.-ar. скоръпии -иꙗ, скрапии, скоропии -ию, -иꙗ (Srezn. III, 383—390); in PVL L kommen die Formen скоропии 3× und скоропиꙗ einmal in derselben aus der Hamartoloschronik entlehnten TE vor: «... ѿгнавъ мно^ж^ство змии. и скоропии из^ъ^ гра^д^ ..... ѿ скоропии и ѿ комаръ. сотворивъ мѣдꙗнъ скоропии и погребе е̑ в земли .... и тако исчезнꙋша из' гра^д^. скоропиа. и комарье.» (Erzählung über Zauberer, 912, 39.23, 27, 40.1, 6); dieselben Formen finden sich in der Quelle, vgl. Istrin 1920: I, 305; ск. ist als nicht austauschbar durch скрапии anzusehen, jedoch durch unmarkiertes скорпии, -иꙗ (so PVL Ip 30.6, 7, 12, aber скоропиꙗ 30.2).

***sьrebro:** die Wortgruppe von сребро kommt in PVL L nur in dieser Schreibung vor (aksl. und rksl. auch сьребро, съребро, rksl. und ar. auch серебро, vgl. Vasmer und Srezn.), und zwar das Substantiv 13×, darunter 2× für Geldeinheit in den Verträgen: «да вдасть литръ. е̑ сребра по законꙋ Роу̑комꙋ.» (912, 34.23, ebenso 941, 52.5), sonst 'Silber(schmuck)', oft in Verbindung mit злато: «и дасть еи дары многи злато и сребро. паволоки и съсуды различныꙗ.» (Olgas Taufe, 955, 61.23), wobei bei Wiederholungen weder злато mit золото, noch сребро mit серебро variieren, sondern die Reihenfolge geändert wird, wie im bekannten Ausspruch Volodimers: «ꙗко сребромь и злато̑ не има̑ налѣсти дружины. а дружиною налѣзу сребро и злато. ꙗкоже дѣдъ мои и ѡц҃ь мои доискасѧ дружиною злата и сребра.» (Die Wohltaten Volodimers, 996, 126.17, 18, 20); weitere Belege 46.3, 67.26, 153.7, 159.19, 171.25, 198.24, 279.11.

среборенъ 'aus Silber', tritt auch regelmäßig mit златъ auf: «ношаху сли печати злати. а гостье сребрени.» (PA золотые, Vertrag 945, 48.9); bei der Beschreibung von Götzenbildern: «и постави кумиры на холму ... Перуна древѧна. а главу его сребрену. (PA серебряна) а оусъ златъ.» (Volodimers Vielweiberei, 980, 79.13, ähnlich 91.22); die Variante сребрѧныи dass.: «зло есть наши̑ головамъ. да намъ ꙗсти деревѧныими лъжицами. а не сребрѧныими. се слышавъ Володимеръ. повелѣ исковати лжицѣ сребрены.» (Die Wohltaten Volodimers, 996, 126.14, 16; daran schließt der oben zitierte Ausspruch an), vielleicht unter Einfluß des vorangehenden деревѧныи mit gleichem Suffix und Kasus; серебрѧныи ist häufiger, vgl. Srezn. III, 337.

Etymologisch ungesichert ist das Wortnest теремъ, теремныи, теремьскии (vgl. Vasmer aus griech. τέρεμνον 'Haus' oder Urverwandtschaft mit diesem oder zu kumanisch tärmä), das nur in dieser Lautung im Rksl.-Ar. gebräuchlich ist, vgl. Srezn. (*ibid.* ein Beleg für трѣмъ, s. unter теромъ; тр. ist serb.-ksl. vgl. Miklosich); fast alle Belege in PVL L finden sich in „Olgas erster Rache": «идеже есть дворъ Деместиковъ. за ст҃ою Бц҃ею надъ горою дворъ теремны бѣ бо ту теремъ каменъ.» (945, 55.26, 27), «на дворѣ теремьстѣмь. внѣ града. и заоутра Ѡлга сѣдѧщи в теремѣ.» 56.16); «и Володимеръ же то слышавъ. въшедъ въ дворъ теремныи ѡтень.» (Ermordung Jaropolks, 980, 78.4); dass. 79.12. Diese Wortgruppe wurde wegen ihrer Lautung und den praktisch nicht vorhandenen Formen mit Metathese zu den nicht austauschbaren TOROT gezählt.

***pri-tornъ:** dieser Ansatz ist unsicher, vgl. Vasmer II, 435 unter приторный 'zu süß' und Sadnik aksl. *pritranъ* 'klar' (ksl. 'furchtbar' Slovník); in PVL L притранъ 'schrecklich': «и се притранѣе и страшнѣе. ꙗко на хⷭ҇ьꙗньстѣ родѣ страхъ и колѣбанье.« (P пристрание, A пристраннее, Polovcer belagern Torčesk, 1093, 223.17); dieselbe Stelle findet sich auch in Suzdal. 1185, 393.11 (in PA пристраннее); zu den Lesarten in PA vgl. пристраньно 'erstaunlich' in Gal. 1229, 758.23 und 'schrecklich' *ibid.* 1256, 834.22.

18. WORTNESTLISTE DER TRAT- UND TOROT-LEXEME IN DER NESTORCHRONIK, III. REDAKTION (HYPATIUSCHRONIK)

Für diese Liste gelten dieselben Hinweise wie zur Wortnestliste von PVL L (S. 173 ff.). Zusätzlich mußte folgende Regelung getroffen werden, da bekanntlich in der III. Redaktion **ѣ** und **е** sowie **ѣ** und **и** verwechselt werden (zu den Gründen vgl. S. 273 und ausführlich Nikol'skij 1899: 262—268). Wörter, die immer mit **ѣ** bzw. **е** vorkommen, werden auf der Liste so wie im Text angeführt. Bei Wörtern, deren Schreibung variiert, wird die häufigere Schreibart für das Stichwort angewendet und die andere in Klammer hinzugefügt oder durch ein hochgestelltes ^{v} die Variation angezeigt, z. B. **облещисѧ**$^{+v7}$ bedeutet, daß dieses Lexem sowohl mit **ѣ** als auch **е** vorkommt, insgesamt 7× und daß in PVL L ebenfalls noch **оболочисѧ** belegt ist. Bei gleicher Frequenz wird **е** geschrieben. Häufig werden auch die Präfixe **пре-** (**прѣ-**) und **при-** verwechselt, ganz selten **про-**; **при-** statt zu erwartendem **пре-** (**прѣ-**) wurde als trat-Form gezählt, z. B. **привеликъ** (205.27, 206.15) oder **приобидити** (39.20); **пре-** statt **при-** (**про-**) hingegen nicht, z. B. **преступи** (244.23, ХП **приступи**), **предолжити** (193.3, ХП **про-**).

Die Anzahl der trat-Lexeme in PVL Ip beträgt nach unserer Zählung 273 (einschließlich der unechten 282) und der torot-Lexeme 123 (einschließlich der unechten 131). Die Gesamtfrequenz der ersteren ist 1634 bzw. 1659, der letzteren 532 bzw. 551.

брещи^{4}	***bergt'i**	
брегъ$^{+4}$	***bergъ**	берегъ$^{+11}$
благо^{4} благостꙑни^{1} благꙑи^{15} преблагꙑи^{1} блаженꙑи^{16} блажити^{1} благовѣстити^{1} Благовѣщение (-ье)^{4} благовоньнꙑи^{1} благовѣрнꙑи^{12} благодать^{5} благодѣтельствовати^{1} благоизволити^{1} благопотребнꙑи^{1} благоразумьнъ^{1} благословити(сѧ)^{22} благослов(л)ение (-ье)^{12} благоуханьнꙑи^{1} благоухание (-ье)^{3} благочестье^{1} благочестивꙑи^{1}	***bolg-**	
	***bolto**	болото^{1}
брада^{3}	***borda**	
забрало$^{+1}$ забралнꙑи^{1}	***bordlo**	забороло$^{+1}$
бранити$^{+2}$ брань^{20} возбранѧти (вьз-)^{2}	***born-**	боронити$^{+1}$ боронение^{1} възборонитисѧ^{1} оборонити^{2}
	***borti**	бороти(сѧ)^{4} вереборoти [sic!]^{1}
брашно^{9}	***boršьno**	
влещи (влекомꙑи)^{v4} возьвлещи$^{+1}$ изъвлещи (из-, изь-)$^{+v3}$ облещисѧ$^{+v7}$ привлещи^{2} съвлещисѧ$^{+2}$	***velk-** }	волокъ^{1} узволочи (statt възволочи)$^{+1}$ выволочи$^{+1}$ оболочисѧ$^{+1}$ поволочи^{1} сволочисѧ$^{+1}$ [1)]
облакъ^{3} облаченъ^{2}	***volk-** }	волочити^{1} воволочити^{1} изъволочити^{1} паволока^{16} паволочитꙑи^{2} Заволочье^{1} Заволочьскꙑи^{1}
поврѣщи^{2} испровречи^{1}	***verg-** }	
изъврагъ^{1}	***vorg-** }	
вредъ^{3} вредити^{1} врежати$^{+1}$	***verd-**	вьрежатисѧ$^{+1}$ [2)]
времѧ$^{+42}$ временнꙑи^{1}	***vertmen-**	веремѧ$^{+7}$
владѣти$^{+5}$ власть$^{+24}$ властель^{3} владꙑка^{11} владꙑчьнь^{2} владꙑчица^{1} единовластечь [sic!]^{1} обладати^{6} область^{3}	***vold-**	володѣти$^{+6}$ волость$^{+13}$
власъ^{1} власѧница^{4}	***vols-**	
	***vorbьjь**	воробьи (-ии)^{8}
врагъ$^{+26}$ вражии^{1} вьраждолюбьць [sic!]^{1}	***vorg-**	ворогъ$^{+3}$
вранъ^{2}	***vornъ**	

1) Im Text сволѣша (235.17).

2) Im Text вьрежатисѧ statt вережатисѧ (30.2).

	*vorpъ	воропъ^{2}
вратити$^{+1}$ възвратити(сѧ) (възъ-, вьз-, воз-, ꙋзъ-, ꙋз-)$^{+49}$ възвращати(сѧ) (вьз-)^{6} обратити(сѧ)$^{+15}$ обращение^{1} обращатисѧ^{1} [3)] отвратити^{1} отвращение^{1} отвращати^{1} развратити^{4} совращатисѧ^{1} ꙋвратитисѧ$^{+1}$ непревратьнъ^{1} несъвратьнъ^{1}	*vort- }	воротитисѧ$^{+9}$ ꙋзворотитисѧ (statt возворотитисѧ)$^{+2}$ оборотити$^{+1}$ ꙋворотитисѧ$^{+1}$
	*vert- }	веретено^{1}
врата$^{+12}$	*vorta	ворота$^{+9}$
глава$^{+27}$ главнꙑи^{1}	*golv-	голова$^{+12}$
глаголати^{249} възглаголати^{1} изглаголати^{1} проглаголати^{2}	*golgol-	
гладъ$^{+13}$	*goldъ	голодъ$^{+5}$
гласъ^{9} гласити^{1} изъгласити^{1} огласити^{1} съглашение^{1} велегласно^{1} единогласьнъ^{1}	*gols-	
невегласъ$^{+v6}$		невѣголосъ$^{+1}$
градъ$^{+119}$ [4)] граднꙑи$^{+1}$ град(ь)скꙑи^{4} гражанинъ$^{+4}$	*gord-	городъ$^{+176}$ [5)] городокъ^{3} городище^{1} городнꙑи$^{+1}$ горожанинъ$^{+6}$
възградити^{1} заградити^{1} оградити$^{+2}$		огородитисѧ$^{+1}$
виноградъ^{3}		
Цесарьградъ (Царьградъ)$^{+29}$ [6)]		Царьгородъ$^{+1}$
древо$^{+v18}$ древѧнꙑи$^{+4}$ (Древлѧне$^{+13}$)	*derv-	дьрево (statt дерево)$^{+1}$ деревѧнꙑи (-ии)$^{+3}$ (Деревлѧне$^{+27}$)
драгꙑи^{2}	*dorgъ	
жребии$^{+10}$	*žerbьjь	жеребии$^{+1}$
	*žerdlo	жерело (жералꙑ)^{2}
	*zdorv- siehe *sъ-dorv-	
злато$^{+21}$ златꙑи$^{+8}$	*zolt-	золото$^{+9}$ золотъ$^{+1}$ золотникъ^{6}
златозарнꙑи^{1}		Золотоверхꙑи^{1}
зракъ^{4}	*zork-	ꙋзороѵье^{1}
клада^{3}	*kold-	колодникъ^{3}

3) Im Text ѡбрѧщающасѧ (215.17), ХП обращающася.

4) Im Text градъ (112.15), aber ХП глад.

5) Городьць als Stadtname wird nicht gezählt, daher auch nicht городѵю (193.8), in PVL L Городьцю (202.4).

6) Alle Varianten des Namens für Konstantinopel erscheinen immer in Abkürzung: Цр҃-, Цр҃-, Weiteres vgl. S. 212 f.

кладѧзь^{9}	***kolded'źь**	
крава^{1}	***korva**	
	***korl'ъ**	король^{1} королечь (statt королевичь)^{1}
помрети^{1} умрети^{8}	***merti**	измерети^{1}
младыи$^{+3}$ младенець^{v5}	***mold-**	молодъ$^{+4}$
мразъ$^{+2}$	***morzъ**	морозъ$^{+1}$ замрозъ (sic! statt заморозъ)^{1} [7]
омраченье^{1} [8] помраченье^{1}	***mork-**	сумрокъ^{1}
нравъ$^{+6}$	***norvъ**	норовъ$^{+2}$
пленъ$^{+1}$ пленьнъıи$^{+1}$ пленити$^{+v3}$ плѣнение (-ье)$^{+v3}$ плѣновати^{2} поплѣнити$^{+1}$	***peln-**	полонъ$^{+6}$ полоннъıи$^{+1}$ полонити$^{+5}$ полонѣнье$^{+1}$ полоникъ^{1} полонѧникъ^{2} пополонити$^{+2}$
преблагъıи превеликъ^{v5} предивьнъ^{1} предобръıи^{1} преисподьнии^{1} прекрасьнъ^{1} премудръıи^{2} премудрость^{5} преподобнъıи^{1} [9] пресветозарнъıи^{1} пресвѧтъıи^{1} преславнъıи^{2} престолъ^{v4} пречистъıи^{3}	***per-** + Adjektiv (Substantiv)	
предати(сѧ)$^{+v33}$ [10] презрѣти$^{+3}$ преити$^{+v5}$ прекреститисѧ$^{+1}$ преложити$^{+v4}$ прельстити (-лѣстити, -лестить)$^{+12}$ принести$^{+1}$ [11] престоıати$^{+1}$ преступати$^{+8}$ преступити$^{+v9}$ прѣсѣдѣти$^{+1}$	***per-** + Verb (Deverbativum)	передатисѧ$^{+4}$ перезрити$^{+1}$ переити$^{+4}$ перекрѣститисѧ$^{+2}$ переложити$^{+1}$ перельстити (перь-)$^{+2}$ перенести$^{+3}$ перестоıати$^{+1}$ переступати$^{+5}$ переступити$^{+3}$ пересѣдѣти$^{+1}$
пребрести^{1} пребъıти^{6} пребъıвати^{v23} преваблѧти^{1} [12] превозвъıситисѧ^{1} [13] прегрѣшение^{1} предание (-ье)^{5} предаıати^{3} предержати^{1} предѣлъ^{v7} преимати^{1} прѣкладати^{2} [14] преклонитисѧ^{1} прелщение (-лещение)^{3} прельщати^{v5} прелѣсть (-лесть, -льсть)^{5} прельстнъıи^{1} прѣлюбодѣıати^{1} прелюбъı дѣıати^{2} прелюбодѣание^{1} прелюбодѣиць^{1} прелюбодѣица^{2} прелюбодѣичищь^{1} премѣнитисѧ^{v2} премѣнѧтисѧ^{v2} приносити^{1} [15] приоби-		

7) XП заморозь (129.14, Fußnote 21).

8) Im Text и ѡ мраченьихъ (168.23), XП омраченіи их.

9) Im Text прп҇бнаго еп҇па Никытъı (230.22).

10) Der Übersichtlichkeit halber sind die paarigen Verben vom Typ пре- / переden anderen vorangestellt.

11) Im Text принесеть (202.3), XП пренесет.

12) Im Text преваблѧеть (159.17), XП пребавляа.

13) Im Text преоузвысивсѧ (204.24), XП превозвысився.

14) Im Text прикладати (238.22).

15) Im Text приносѧть (202.13), XП преносят.

дѣти[1] 15) преобразитисѧ[1] Преображение[2] прѣпитати[1] препоꙗсати[1] препоꙗсание[1] прѣслушати[1] преставити-(сѧ)[v43] преставление[1] престати[1] преступление (-ье)[2] законопреступникъ[1] законопреступныи[1] претирати[1] преторгнути[1] преумножитисѧ[1] прѣходити[1]		
		переводитисѧ[1] бервороти [sic!] перевара[1] перевезти-сѧ[3] перевозъ[2] перевозникъ[2] перевѣсище[2] перегревъ (statt -гъвъ)[1] пережечи[2] переклюкати[1] перележати[1] перерѣзати[1] переступъ[1] перетеребовати[1] перебхати[1] переꙗти[9]
беспрестани[2] непревратьнъ непреложьнъ[1]		
предъ (пре, предо)[+69] прѣди[+1] предний[1] упрѣдъ[1] предъити[3] предложити[1] прѣдъпоити[1] 16) предъставити-сѧ[1] предстати[1] предъстоꙗти[1] предстоꙗнье[1] предбудущаꙗ[1] 17) пред(ъ)лежащии[4] предъидущии[2] предътекущии[1]	*per-dъ	передъ (перъдъ)[+10] переди[+1]
преже[+v32] преж(д)е⁝реченыи (-рѣченыи)[v5] (Предъславна)		переже[+2] (Передьслава, Передъслава, Передславино)
прекы[1] прекостьнъ[1]	*per-k-	
прѣщенье[1] запретити[2]	*per-t?	
прѣтисѧ[1] отпрѣтисѧ[1] распрѣтисѧ[1] упрѣти[1]	*perti	
пламень[4] пламѧнъ[1]	*polmen-	
платъкъ[1]	*polt-	
	*porgъ	порогъ[11]
праз(д)никъ[14] праздныи (Празднаꙗ недѣлꙗ)[2] празденство (празнество)[2] праз(ь)новати[8] непраздна[1]	*porzdьn-	
среда[4] средѣ[4] средний[1] средовѣць [sic!][1] посредѣ[+13]	*serd-	посередѣ[+1]
смрадъ[2]	*smordъ	
сладъкъ[2] сласть[1] наслажати(сѧ)[3] осладитисѧ[1]	*soldъ (-kъ)	
	*sork-	сорочица[2] сороч(ь)ка[2]

15) Im Text прищвидѧть (39.20), X преобидят.

16) Im Text прѣдыпоидеть (264.22), XII предидет.

17) Im Text прѣбудущаꙗ (31.20).

срамъ$^{+3}$ срамнии^{1} посрамити^{1} срамословье^{1}	*sorm-	соромъ$^{+1}$ осоромити^{1}
стрѣщи^{1}	*stergti	въстеречи^{1} [18]
стражь$^{+2}$	*storžь	сторожь (-а)$^{+10}$
страна$^{+76}$ страньнъıи$^{+2}$ страньствующии^{1} пристранъıи^{1} [19] пространьнъ^{1} пространество^{1} [20] упространитисѧ^{1} страннолюбивъ^{1} иностраньнъ^{1}	*storn- }	сторона$^{+21}$ сторонии$^{+1}$
простръти(сѧ)^{2}	*sterti }	
здравье^{2}	*sъ-dorv-	по здорову^{1} не⁝здоровити^{2}
	*telkti	утолочити^{1}
треба^{6} изътребити (ис-)^{2} потребити^{3} требѣ бъıти^{1} требовати^{v2} требованье^{v2} потреба^{5}	*terb-	теребити^{1} перетеребовати
	*cholpъ	холопъ^{2}
храбръıи (храбъръ)$^{+6}$	*chorbr-	хоробръ$^{+2}$ хоробрьство^{1}
храмъ$^{+1}$ храмина$^{+5}$	*chorm-	хоромъ$^{+3}$ хоромина$^{+1}$
хранити(сѧ)^{15} хранитель^{2} похранити$^{+1}$ схранити (съ-)^{8} схранение^{1}	*chorniti	похоронити$^{+6}$ схоронити$^{+1}$
чрево (щрево)^{4}	*červo	
	*červьje	черевие (-ье)^{2} [21]
учрежение^{1}	*čerd-	
чресла^{2}	*čerslo	
чресъ$^{+7}$	*čersъ	чересъ$^{+9}$

[18] XII оустерегоша (254.10, Fußnote 35).

[19] Im Text пристранье, (214.11), XII пристраннѣе, vgl. Srezn. unter пристранъıи

[20] XII пространьство (223.19), Fußnote 22.

[21] Im Text черевии (107.20).

бракъ^{2} **брачныи**^{1} **браченье**^{1}	***bork-** oder ***bьrak-**	
крамола^{1}	entlehnt aus abair. karmala	
мраморянъ$^{+3}$	entlehnt aus lat. marmor, griech. μάρμαρος	**мором(о)рянъ**$^{+3}$
	***mъlni**	**молонья**^{1}
скомрахъ^{1}	ostslav. skom-or-ochъ	
	entlehnt aus griech. σκορπίος	**скоропие**^{1}
сребро$^{+11}$ **сребрянъіи (сребреныи)**$^{+4}$ **среброникъ**^{1}	***sьrebro**	**серебро**$^{+4}$ **серебрянъ (серебренъ)**$^{+3}$
	aus griech. τέρεμνον oder urverwandt ***term-** oder zu kuman. tärmä (s. Vasmer)	**теремъ**^{3} **терем(ь)ныи**^{3} **теремьскыи**^{1}

19. VERGLEICH DER TRAT/TOROT-VORKOMMEN IN DER NESTORCHRONIK: II. und III. REDAKTION

(Laurentius- und Hypatiuschronik)

Die III. Redaktion der Nestorchronik ist am besten in der Hypatiuschronik erhalten, die um 1425 im Norden Rußlands (Pskow) entstand. Sie bildet den ersten Teil, der den „Južnorusskij svod" enthaltenden Handschrift und weist daher sprachlich sowohl südrussische (altukrainische) als auch nordrussische Züge neben zahlreichen ksl. Elementen auf (dazu ausführlich Nikol'skij 1899: 41, 238—275, 42, 23—110). Naturgemäß gibt es zwischen der II. und III. Redaktion der Nestorchronik eine ganze Reihe von sprachlichen Unterschieden, die sich aus der verschiedenen Entstehungsgeschichte (vgl. Šachmatov 1938: 69—102, bes. 22), der zeitlichen Differenz und dem anderen Ursprungsgebiet erklären. Die Syntax jedoch weist erstaunlich wenig Abweichungen auf. Wir beschränken uns im folgenden auf einen genauen Vergleich der trat- und torot-Vorkommen in beiden Denkmälern, der auch zu einigen allgemeinen Schlüssen führt.

Die Gesamtfrequenz der trat/torot-Lexeme beträgt in PL[1] 1723/385 und in PI 1659/551. Aus diesen Zahlen wird der beträchtlich volkssprachlichere Charakter der Lexik von PI gegenüber PL ersichtlich. Allerdings ist ein solcher oberflächlicher Vergleich insofern irreführend, da beide Handschriften zusätzliche Texte enthalten, die in der anderen fehlen. Das sind in PL die Werke Monomachs und in PI die Fortsetzung der Nestorchronik für die Jahre 1111—1117. Sonst variiert der Umfang der beiden Handschriften nur mehr geringfügig. Wenn man die trat/torot-Vorkommen der genannten Texte sowie anderer kürzerer Zusätze subtrahiert, so ergibt sich für PL eine Frequenz von 1642/352 und für PI 1511/519. Die Differenz beträgt also insgesamt +131 TRAT in PL und +167 TOROT in PI; sie ist jedoch durch folgende mannigfaltige Veränderungen hervorgerufen:

---

[1] Wie auf den Listen wird hier PL für PVL L und PI für PVL Ip verwendet. In den folgenden Zahlen sind auch unechte TRAT und TOROT eingeschlossen.

242 TRAT in PL sind in PI durch TOROT ersetzt.
Statt 89 TOROT in PL erscheinen in PI TRAT.
In PI sind weiters zusätzlich 41 TOROT und 81 TRAT belegt, die in PL fehlen oder keine markierten Entsprechungen haben.
74 TRAT und 26 TOROT in PL fehlen in PI oder haben dort keine markierten Entsprechungen.
Das ergibt 553 Veränderungen bezüglich des Gebrauches von trat/torot in PI im Vergleich mit PL.

ALLGEMEINE SCHLÜSSE HINSICHTLICH DES GEBRAUCHES VON POLNOGLASIE, die sich aus dem eingehenden Vergleich beider Redaktionen ergeben (s. Tabelle ab S. 282). Das wesentlichste Resultat ist, daß die für PL nachgewiesene Grundmotivation — Bezug auf die Rus — für den Gebrauch von TOROT in PI weitgehend unwirksam ist. Die Motivation ,,situationsangemessene Darstellung“ trifft für PI nicht zu. Mit anderen Worten, Polnoglasieformen sind in diesem Denkmal referentiell unmarkiert, sie können sich auf Beliebige(s) beziehen. In den ersten 60 Spalten finden sich 23 TOROT, die sich auf den byzantinischen Kaiser, Polovcer, biblische Gestalten u. a. beziehen, ja sogar auf Gott: «и сниде Гь Бъ видѣть горо҇ и столпа.» (4.26). Dasselbe gilt für die Motivation ,,Darstellung von Konkretem“ und naturgemäß für Kandaurovas «свое и чужое».

Was die Motivation ,,direkte Rede“ für den Gebrauch von Polnoglasie in dieser Redaktion anbelangt, so äußerten Kandaurova (1968b: 85) und Ustjugova (1974: 154 f.) entgegengesetzte Meinungen. Die erstere behauptet, daß die Anzahl der torot-Lexeme in der Erzählung des Chronisten im Vergleich mit PL merkbar größer sei, jedoch in der DR gäbe es verschwindend wenig Abweichungen. Nach Ustjugova ist die Verwendung von Polnoglasie in direkter Rede in PI von allen Abschriften der Nestorchronik am konsequentesten durchgeführt. Sie zitiert elf Belege.

Somit war es notwendig, sämtliche direkte Reden in PI zu untersuchen. Das Ergebnis ist folgendes: Die III. Redaktion enthält 52 TOROT in DR an Stelle von TRAT in PL (einschließlich zwei eingebettete DR) sowie sechs zusätzliche torot-Lexeme. Am häufigsten ist der Wechsel von градъ zu городъ, das auch viermal als Zusatz vorkommt. Es ist bemerkenswert, daß Sprecher und/oder Adressaten Angehörige der Rus sind bzw. sich der Inhalt auf sie bezieht. Hier ist also die Grundmotivation erhalten geblieben. Es findet sich eine einzige Stelle in Form von persönlicher Diktion, für die dies nicht zutrifft — es ist dieselbe wie in PL (40.11, Beleg S. 126) — nur ist diese in der III. Redaktion noch mehr russifiziert (s. Tabelle unter 912, 30.15—18).

Die Zahl der in direkten Reden enthaltenen torot-Lexeme ist in PI also beträchtlich höher als in PL. Rund ein Drittel aller Substitutionen mittels TOROT sowie sechs zusätzliche entfallen auf DR. Allerdings geht aus dieser Tabelle noch nicht hervor, wie weit eine solche persönliche Diktion tatsächlich eine Motivation darstellt, da der narrative Text insgesamt viel stärker russifiziert ist — enthält er doch die restlichen zwei Drittel der Substitutionen bzw. Zusätze. In volkstümlich abgefaßten Stellen bilden nämlich ebensolche Reden einen homogenen und nicht einen markierten Bestandteil. Wir wollen das Gesagte mit einem Beispiel veranschaulichen. Der Bericht über Olegs Feldzug gegen die Griechen ist in PI weitgehendst russifiziert (907, 21.6—22.10), in PL hingegen ganz überwiegend ksl. (29.19—31.3, vgl. Tabelle). Nun entspricht die folgende direkte Rede in beiden Fällen dem Sprachschlüssel, somit ist sowohl TOROT im ersteren kontextuell neutral wie TRAT im zweiten, vgl. die Griechen sagen zu Oleg: «не погублѧи горо҇ ...» (21.29) und in PL: «не погоублѧи града.» (30.15).

Schließlich unterließ es Ustjugova (1974) zu erwähnen, daß in PI gleichfalls 20 TRAT in direkter Rede erscheinen, denen in PL TOROT entspricht. Es handelt sich um verschiedene Wörter, darunter nur dreimal градъ und einmal der Norm von PI entsprechend Цесарьградъ.

Angesichts dieser komplexen Sachverhalte und der Tatsache, daß nur ein Drittel der torot-Substitutionen bzw. Zusätze in DR vorkommen, sehen wir „direkte Rede“ als einen Faktor für die stärkere Russifizierung der III. Redaktion, jedoch nicht als ausschlaggebend an.

TRAT/TOROT-VARIATIONEN IN PI. Es lag aus zwei Gründen nahe, diesen Text dahin zu überprüfen, ob er im Vergleich mit PL zusätzliche und kunstvoller ausgearbeitete Variationen enthält. Erstens ist man versucht, einen Ersatz für jene Motivationen zu suchen, die den Gebrauch des Polnoglasie in PL hervorriefen, jedoch in PI nicht wirksam waren. Zweitens liegen bereits Untersuchungen vor, in denen das Auftreten der Russismen als Variationsmittel gedeutet wird, und zwar insbesondere von Ustjugova (1974).

Wir legten in Kapitel 11 ausführlich dar, daß Variation als Stilmittel den Gebrauch von TOROT in PL nicht primär förderte, sondern eine sekundäre Rolle als Begleiterscheinung spielte. Zum Unterschied von Kandaurova (1968c) definierten wir „stilistische Variation“ als Wechsel von synonymen trat/torot-Lexemen in engerem Kontext (meist in unmittelbarer Aufeinanderfolge), um Monotonie zu vermeiden. Auch Ustjugova (1974: 156) besteht auf der Einschränkung «в пределах тесно связанного контекста». Sie führt acht solche Beispiele aus PI im Vergleich mit PL an.

Im folgenden zählen wir sämtliche Vorkommen aus PI auf, in denen synonyme trat/torot-Lexeme und Ableitungen von diesen zusätzlich zu PL alternieren, die also als stilistische Variation aufgefaßt werden können[2]:

1	преⷧ҇жиста апⷭ҇лъ ..... по семъ же переложиста плⷭ҇трь. (19.12—15)	AB
2	золотⷨ҇. и паволоками ... полаты златыꙗ ..... злато много и паволокы. (28.15—18)	B(B)AA
3	воевати. Вифаньскыꙗ страны. и плѣноваху по Понтү ..... и всю странү Никомидиискⷹ҇ю пополониша. (33.11—13)	A(A)B
4	ѿ града ..... городи ... в гороⷣ҇ (37.22—24)	ABB
5	на тѣхъ сторонахъ. а та страна ... (39.15)	BA
6	въ странѣ Корсүньстии ..... пакостѧть сторонѣ его. (39.30—40.1)	AB
7	не преступати ..... а ѡже переступїть ... (41.11—12)	AB
8	храбры. бѣ бо и самъ хоробръ ... (52.28)	AB
9	не посрамиⷨ҇ ..... сорома не имаеть ..... срамъ наⷨ҇. (58.6—9)	ABA
10	заꙗ грады иⷯ҇ ... и ины городы. (69.9, 10)	AB
11	мало городовъ ... городы ... грады (106.2—7)	BBA
12	Ст҃ополкъ рече. елико же Лѧховъ по городомъ избиваите ꙗ ..... и грады Червѣньскыꙗ заꙗ собѣ (131.6—11)	BA
13	вь граⷣ҇ ... зажегши городъ (162.26—27)	AB
14	хотѧще властїї ѡв сеꙗ ..... раздаваше волостѣ имъ (207.28—208.1)	AB
15	їзъ града ..... оү городѣ (212.10—12)	AB
16	в городъ ... ѡколо города ..... оү града (212.16—19)	BBA
17	вдам ти которыи любо городъ ..... даеть ми градъ свои (239.21—27)	BA
18	ѡступи градъ ..... гл҃ѧ ..... оү моемъ городѣ. (241.13—18)	A(A)B

[2] Korrelierte TRAT = A und TOROT = B; dazwischen vorkommende nicht korrelierte sind in Klammern gesetzt.

19 городъ ... в городѣ ... градъ ... гр҃ца .... городъ (242.3—11) BBA(A)B
20 на вороги своꙗ ..... враги наша. (242.12—16) BA
21 ѡступи городъ ... въ градѣ ... noch 4× городъ (244.9—14) BABBBB
22 оу градѣ (ХП въ) ..... городъ ... къ граду ... съ града (246.27—247.2) ABAA
23 изнемогаемъ голодомъ ... (предати). не могуще глада терпѣти (247.12—13) B(A)A
24 градъ ... горожане ... града ... переꙗста городъ (247.22—26) ABA(B)B

Die III. Redaktion (PI) enthält also 24 Variationen mehr als die II. (PL), während PI insgesamt 170 TOROT mehr als PL aufweist. Somit ist dieses Stilmittel auch in der III. Redaktion kein gewichtiger Faktor für den stärkeren volkssprachlichen Charakter. Jedoch zum Unterschied von PL handelt es sich in einigen Fällen um eine primäre Motivation, vgl. Nr. 8, in dem хоровръ zusätzlich verwendet wird — in anderen, wie Nr. 21, scheint der Wechsel auf Zufall zu beruhen. Kunstvolle, regelmäßig wiederkehrende Muster in der Variation sind ebensowenig wie in PL vorhanden, vgl. die Abweichungen bei einer dreigliedrigen Variation: BBA 2×, BAA, ABB, ABA. Es ist bemerkenswert, daß acht von diesen 24 zusätzlichen Variationen in PI auf dieselbe thematische Einheit, nämlich die Blendung Vasilkos (230.25—248.13), gegen Ende des Textes fallen. Hier, wie durchlaufend im Text, steht ebenso wie in PL das Synonympaar градъ / городъ an der Spitze.

Der Vollständigkeit halber sei noch erwähnt, daß die Reihenfolge der Variationsglieder im Vergleich mit PL auch abgeändert erscheint, und zwar in fünf Fällen:
володѣющемъ ... владѣюще (PL 9.5—8; PI 7.18—21) PI AB
градъ Бѣлъгородъ ... городовъ ... градъ сь (PL 122.4—7) PI AAB:
гра҃ Бѣлъ (ХП бѣльград) ... гра҃ ... городъ (PI 106.20—22)

und in unmittelbarer Folge:
по ѡнои сторонѣ ... на сеи сторонѣ ... на ѡну страну ... на сю страну (PL 122.10—15; PI 106.30—107.1) PI BABB
не в Дѣ҃довѣ городѣ ... но в твоемь градѣ (PL 263.15—16; PI 237.14—15) PI AB

Schließlich alterniert auch die Stellung des einzigen variierenden Stammesnamens:

Дрєвѧнѧ ... Дрєвлѧне ... Деревлѧне (PL 12.16—23; PI 9.26—33) PI BAA

Weder diese Belege noch die weiter oben zitierten stützen Ustjugovas Annahme (1975: 37), daß torot-Lexeme in PI bei Variationen durch erste Position hervorgehoben werden (genauso wenig wie TRAT in PL). Allerdings zog Ustjugova für ihre Untersuchung sämtliche, der Hypatiuschronik nahestehenden Abschriften im Vergleich mit PL heran. Dadurch erklärt sich möglicherweise die Divergenz zwischen ihren und den vorliegenden Ergebnissen. Hingegen können wir die folgende Behauptung Ustjugovas bestätigen: Wenn beim Kopieren ein Kirchenslavismus durch einen Russismus ausgetauscht wurde, so zog das einen weiteren Wechsel innerhalb desselben Kontexts nach sich. Es handelt sich naturgemäß nur um eine Tendenz und nicht um eine feststehende Regel. Auf solche Änderungen — von nicht korrelierten TRAT/TOROT — in religiösen Erzählungen wird noch im folgenden hingewiesen. Hier führen wir zwei markante Beispiele aus der Korsuner Legende an: PL enthält im ersten Teil zwei stark motivierte TOROT unter 19 TRAT, nämlich **«ѡб онъ полъ города»** (109.4), ein konkreter Hinweis und **перєими** 'schneide (das Wasser) ab' (109.19); beide sind in PI durch TRAT ersetzt, doch folgt in der nächsten Zeile: **«борѧхоусѧ крѣпко горожанѣ»** (95.4) statt **«изъ гра҇»** (PL 109.6, PA **крѣпко гражане**) und **«перєꙗша водꙋ»** (PI 95.20) für **прєꙗша** (PL 109.22).

Ferner ist oft nur die Reihenfolge von synonymisch gebrauchten TRAT/TOROT in engerem Kontext ausgetauscht, vgl. z. B. im Vertrag von 945 **власть / волость** 'Rechtsanspruch': **«да не имѣють волости кꙋпити. паволокъ лише по ·н҃· золотникъ ...»** (PL 49.11), **«да не имѣють власти зимовати оꙋ ст҃го Мамъı.»** (PL 49.18), aber **«и не имѣють власти кꙋпити паволокъ.»** (PI 37.31), **«и да н҇ ить (X имоуть) волости зимовати ...»** (PI 38.7). Solche Verschiebungen kommen häufig bei **градъ / городъ** vor, s. Tabelle.

Auch in PL vorkommende stereotype Ausdrücke wie **злато и паволоки** treten in PI mehrmals, aber nicht durchlaufend in veränderter Form auf: **золото и паволоки.**

Zur Russifizierung (Slavonisierung) einzelner TE[3]

Die Russifizierung von PI gegenüber PL erstreckt sich durchaus nicht einheitlich auf den ganzen Text. Die religiösen Erzählun-

[3] Zur Orientierung wird im weiteren Jahr und Name der TE angegeben, die Stellenangaben sind auf der Tabelle vermerkt.

gen und Passagen werden nämlich weitgehend unverändert wiedergegeben, also auch im selben ksl. Sprachschlüssel. Gar keine Unterschiede im Gebrauch von TRAT/TOROT zeigen z. B. die Lobpreisung Olgas (Jahr 969, s. Tabelle) oder die Überprüfung der Religionen (Jahr 986). Geringfügige Verschiebungen erfolgen in beiden Richtungen, doch ist sie zur Russifizierung hin die Ausnahme, vgl. Olgas Taufe (Jahr 955, +3 TOROT) oder die Überführung der Gebeine der hl. Boris und Gleb (Jahr 1072, +1 TOROT und —1 TRAT) und eine leichte weitere Slavonisierung die Regel, z. B. die Wohltaten Volodimers (Jahr 996, +4 TRAT und +1 TOROT) oder die Lobpreisung Jaroslavs (Jahr 1037, +4 TRAT, vom zusätzlichen Text mit 5 TRAT abgesehen). Durch diese Tendenz wirken manche religiöse Erzählungen in PI noch homogener als in PL.

Es ist bemerkenswert, daß in den umfangreichsten religiösen Erzählungen die Anzahl von TOROT zwar gleich bleibt, jedoch andere Lexeme mit russischer Lautung im selben Kontext auftreten: so enthält „die Ermordung der hl. Boris und Gleb" in PL оумерелъ (Jahr 1015, 132.7, motiviert durch direkte Rede) und колода (137.9), die in PI durch оумре (118.18) und клада ersetzt sind, dafür findet sich dort голова (119.1) und нездоровить (122.5), beide in DR. Ferner kommen in PI noch weitere acht TRAT in zusätzlichem Text hinzu. In „der Rede des Philosophen" (Jahr 986) erscheint in PL норовы (91.15) dafür нравъ in PI (78.19), jedoch acht Spaltenzeilen weiter моромор ѧны statt мрамарѧнъı (PL 91.22), während die einzige andere Vollautform in PL, холопъ (PL 97.22, PI 84.23), auch in PI erhalten ist.

Die thematischen Einheiten weltlichen Inhalts verhalten sich in PI hinsichtlich der Russifizierung ebenfalls uneinheitlich, aber das Ausmaß der Veränderungen ist größer. Es reicht von praktisch vollkommener Russifizierung fast rein ksl. TE in PL bis zu einer leichten Slavonisierung russischer Stellen.

Fast vollkommene Russifizierung: z. B. Olegs erster Feldzug gegen die Griechen (907): enthält in PI +10 TOROT; auf ksl. sind belassen austauschbares прѣдъ, Цесарьградъ — die Norm in PI — und semantisch differenziertes брашно. Weiters Jaropolks Sieg (977): sieben TRAT sind durch die entsprechenden TOROT ersetzt, ferner переꙗ durch приꙗ, zwei TOROT sind beibehalten und nur eines ersetzt: чересъ > чресъ.

Was die Sagen anbelangt, so sind z. B. Olgas Rachen im Vergleich mit PL durch die systematische Substitution von градъ > городъ u. ä. beträchtlich russifiziert. Durch den umgekehrten Wechsel hingegen erscheint die in PL sprachlich gemischte Erzählung von der Belgoroder Grütze (997) in stark slavonisierter Form, vgl. eine genaue Gegenüberstellung der trat/torot-Alternationen beider Texte in Hüttl-Folter (1980a: 39 f.).

Die große Erzählung von der Blendung Vasilkos (1097) weist 46 Änderungen hinsichtlich der Verwendung von TRAT/TOROT auf und enthält insgesamt 14× mehr городъ in PI als in PL, sie ist also beträchtlich russifiziert. Was die Proportionen von градъ / городъ anbelangt, so hat hier die Verschiebung zugunsten des Russismus wohl spezifische Gründe. In PL wird градъ insgesamt 29× verwendet, davon 11× im Nom.-Akk. Sing. ausnahmslos in der Schreibung гра̑, sonst ist гр. ausgeschrieben; городъ erscheint ein einziges Mal und городѣ 6×. Meines Erachtens förderte hier die Superskription als Raumsparungsmittel die höhere Frequenz des Slavonismus. Dieser Grund fällt für PI weg, da градъ (18×) hier durchlaufend ausgeschrieben ist. Der Nom.-Akk. Sing. dieses Wortes ist in PI 6× durch городъ ersetzt, die Kasus obliqui 7×.

Ähnlich wie bei religiösen Texteinheiten in PI eine leichte weitere Slavonisierung überwiegt, so ist für weltliche TE eine geringfügige Russifizierung charakteristischer (s. Tabelle). Trotzdem finden sich auch Passagen in allen Sprachschlüsseln, die hinsichtlich TRAT/TOROT identisch sind, so Rostislavs Tod (1066, fast rein ksl.), Svjatopolks Missetaten (1015, ganz überwiegend ksl.) und der Beginn der Regierung Jaroslavs (1016, überwiegend ar.).

ZUSAMMENFASSUNG: Der volkssprachlichere Charakter der III. Redaktion scheint hauptsächlich auf der bereits von Ustjugova (1974: 163) festgestellten Tendenz zu beruhen, daß in PI weltliche und religiöse Texte sprachlich schärfer voneinander abgegrenzt sind. In den ersteren wird Polnoglasie freier als in PL gebraucht. Diese Tendenz führt auch zu einem Ansteigen der torot-Lexeme in direkter Rede, in der die Grundmotivation „Bezug auf die Rus" erhalten blieb. Weiters förderte stilistische Variation Russismen, wenn auch in unerheblichem Maße. Und schließlich trug noch ein Faktor dazu bei: aus ksl. Quellen entlehnte Stellen sind in PI teilweise russifiziert (vgl. Beispiele S. 88 f.), im Gegensatz zu PL.

ZUR TABELLE: Kürzere Zusätze und Auslassungen sind in der Rubrik „Bemerkungen zu PI" angegeben, soweit sie trat/torot-Lexeme enthalten. Abweichungen in deren Gebrauch werden auf der Tabelle folgendermaßen dargestellt: PL ist Ausgangspunkt für den Vergleich, daher werden in PI zusätzlich vorkommende Formen für jede TE in der Tabelle rechts mit +1 vermerkt, fehlende mit —1. TOROT ohne Zahlenangaben bedeuten, daß sie TRAT in PL entsprechen und umgekehrt. Ist z. B. глаголати +1 / изворогъ angegeben, so bedeutet dies, daß in der gleichen thematischen Einheit in PI im Vergleich mit PL einmal глаголати zusätzlich vorkommt und изворогъ statt изврагъ in PL. Somit ist aus der Tabelle genau ersichtlich, in welchen Fällen eine Substitution von TRAT > TOROT vorliegt (seltener umgekehrt) und in welchen Zusätze oder Auslassungen. Um sich ein genaues Bild von den tatsächlich vorliegenden Veränderungen zu machen, genügt es also nicht, lediglich die trat/torot-Proportionen von PL mit jenen von PI zu vergleichen, sondern man muß die Anmerkungen zu PI in Betracht ziehen.

In PI kommt häufig при- statt zu erwartendem пре- vor, wie привеликъ. Dieses Problem wurde so behandelt: die при-Formen wurden in Klammer nach den der Norm entsprechenden пре-Formen in PL angeführt, aber при- wurde ebenfalls als TRAT gezählt. Dasselbe gilt für die wenigen Fälle mit при- statt пре- in PL, z. B. «приложиста (TA преложиста P преложиша) Псалтрь» (27.7); hier ergibt nur преложити 'übersetzen' einen Sinn. Wenn jedoch beide Präfixe sinngemäß möglich sind, so wurde при- als unmarkiert angesehen, z. B. «приꙗша землю Словеньскꙋ . . .» (PL 898, 25.18) — sie besetzten das slavische Land — dazu vgl. Sreznevskij приꙗти 8. Bedeutung 'овладеть, завоевать'. In derselben Stelle findet sich in PI markiert ar. переꙗша (18.7), das in der Tabelle so angeführt wird: переꙗти +1; das bedeutet, daß diesem TOROT eine unmarkierte Form und nicht die trat-Entsprechung gegenübersteht. Bei den Verben der Bewegung mit пре- / при- wurde aus dem Kontext erschlossen, ob при- sinngemäß oder statt пре- vorliegt.

Jahreseintragungen und kurze Mitteilungen, die keine trat/torot-Lexeme enthalten, werden auf der Tabelle nicht angeführt.

VERGLEICHENDE TABELLE DER TRAT/TOROT-VORKOMME

LAURENTIUSCHRONIK

Jahr	W/R[1]	Name der TE	Sp./Zeile	trat	torot	Schlüss
	R	Einleitung	1—5.22	8 : 16	1	f.r.k
	W	Die slavischen Stämme	5.23—6.25	2	—	(f.)r.
	W	Der Weg von den Varägern zu den Griechen	7.1—24	1	3 : 5	g.ü.k
	R	Legende über den hl. Andreas	7.25—9.4	5	3	ü.k.
	W	Poljanen-Brüder	9.5—21	2 : 3	1	g.ü.k
	W	Der Fährmann Kij	9.22—10.14	3	5 : 7	g.ü.k
	W	Sitz der slavischen Stämme	10.15—11.14	2	—	(f.)r.
	W	Über die Avaren	11.15—12.13	2	—	g.ü.k
	W	Gebräuche der slavischen Stämme	12.14—14.14	7 : 11	—	g.ü.k
	R	Aus Hamartolos	14.15—16.20	12 : 15	—	f.r.k.
	W	Tributeinnahme durch die Chazaren	16.21—17.24	4 : 5	2	ü.k.
852	W	Der erste Angriff der Rus auf Konstantinopel	17.25—18.24	4 : 5	1	f.r.k
858		Kurze Mitteilung	19.1—6	1	—	—
862	W	Berufung der Varäger	19.14—21.6	6 : 9	3 : 5	gem.
866	W	Askold und Dir	21.10—22.3	4	2	g.ü.k
879		Kurze Mitteilung	22.18—21	1	—	—
882	W	Ermordung von Askold und Dir	22.24—24.4	2 : 3	2 : 3	ü.k.
885		Kurze Mitteilung	24.13—20	1	—	—
898	R	Skazanie o gramote	25.10—29.2	8 : 13	1	f.r.k
902		Kurze Mitteilung	29.6—11	2	—	—
907	W	Olegs Feldzug gegen die Griechen	29.19—31.3	6 : 11	—	g.ü.k

[1] W/R = weltliches bzw. religiöses Sujet.

HYPATIUSCHRONIK

p./Zeile	trat	torot	Bemerkungen
1—5.6	5 : 11	3 : 4	(1—2.11 zusätzlicher Text mit благословити) страна —1 / пресѣдѣти —1 (Ip. 4.7 при-) / переступати / городъ 2
5.6—33	1	1	городъ
5.34—6.23	1 : 2	3 : 4	Цесарьградъ / Царьградъ / жеребии
6.23—7.17	4	3	городъ / съвлещисѧ / младъıи —1
7.17—33	1	3	владѣти / володѣти / городокъ (statt Lavr. 9.16 градъ) / городъ
7.33—8.15	3	4 : 7	страна / Цесарьградъ / городокъ / городъ
8.15—9.1	1	1	городъ
9.1—24	3	—	преже +1
9.24—10.30	7 : 9	2	городъ / норовъ
10.31—12.6	11 : 14	2	предѣлъ +1 / хоромъ / хоробръ
12.6—30	4 : 6	1	страна
12.31—13.24	5 : 6	—	Цесарьградъ
13.28—32	—	1	берегъ
14.5—15.12	4	4 : 11	городъ +2 / преже —1 / (Ip. 14.27—28 zusätzlicher Text mit городъ) / волость (statt Lavr. 20.13 градъ) / Цесарьградъ / городокъ / городъ 2 (statt Lavr. 20.24, 21.2 градокъ) / городъ
15.15—32	2 : 3	3	Цесарьградъ / воротитисѧ / городъ
16.9—12	1	1	молодъ +1
16.14—17.11	1	3 : 6	городъ 2 / молодъ +1
17.20—26	1	—	
17.36—20.26	6 : 10	4	переꙗти +1 (Lavr. 25.18 при-) / пополонити / преложити —1 / переложити (Lavr. 27.7 при-)
20.29—34	2	—	
21.6—22.10	3	4 : 10	городъ 6 / берегъ / изъволоѹчити +1 / берегъ +1 / полонѧникъ

Jahr	W/R	Name der TE	Sp./Zeile	trat	torot	Schlüss
907	W	Vertrag 907	31.3—32.1	4 : 6	2 : 4	ü.k.
907	W	Ende des Feldzuges	32.1—18	4	3 : 4	(f.)r.
912	W	Vertrag 912	32.24—37.28	14 : 26	9 : 10	f.r.k
912	W	Griechische Gesandte bei Oleg	37.29—38.14	4 : 5	1 : 2	f.r.k
912	W	Olegs Tod	38.14—39.15	4 : 7	—	ü.k.
912	R	Erzählung über Zauberer	39.16—42.2	19 : 28	3 : 6	f.r.k
913		Kurze Mitteilung	42.3—6	1	—	—
914		Kurze Mitteilung	42.7—11	1	—	—
915	W	Erster Pečenegeneinfall	42.12—43.2	3 : 6	1	f.r.k
929		Kurze Mitteilung	43.17—21	3 : 4	—	—
934		Jahreseintragung [Text aus PA!	43.26—28	2	—	—]
941	W	Igors erster Feldzug gegen die Griechen	44.4—45.9	10 : 13	1	g.ü.
943		Kurze Mitteilung	45.13—15	2	—	—
944	W	Igors zweiter Feldzug gegen die Griechen	45.16—46.10	4 : 9	1 : 3	ü.k.
945		Kurze Mitteilung	46.11—17	2	—	—
945	W	Vertrag 945	46.18—53.20	23 : 48	6 : 14	f.r.k
945	W	Igors Eid	53.21—54.12	1	1	ü.k.
945	W	Igors Feldzug gegen die Derevljanen	54.12—55.9	4 : 7	—	g.ü.
945	W	Olgas erste Rache	55.10—56.29	3 : 5	5 : 6	g.ü.
945	W	Olgas zweite Rache	56.29—57.10	—	1	ü.k.
945	W	Olgas dritte Rache	57.10—29	3	—	f.r.k
946	W	Svjatoslavs Feldzug gegen die Derevljanen	57.30—58.10	2	—	(f.)r.

./Zeile	trat	torot	Bemerkungen
2.10—23.3	3	2 : 7	городъ 3
3.3—21	2	5 : 6	золото / невѣголосъ
3.26—28.13	15 : 27	10 : 11	глаголати +1 / голова / пребъıти —1 (Ip. 25.8 при-) / обратитися —1 / страна / требовати + 1 / потреба + 1 / переступати /
8.14—28	3	3 : 4	золото / переступати
8.28—29.26	5 : 7	—	преже +1 / глаголати —1
9.26—31.28	18 : 24	4 : 7	городъ 3 / вьрежатися (statt вережатися; Lavr. 39.24 врежатися) / скоропии —3 / градъ —1 / преславнъıи +1 / врагъ —1 / совладѣтельство —1 / пребудущии +1 / предпоказати —1 / посредѣ +1 / градъ +1
1.29—33	1	—	
1.34—32.3	1	—	
2.4—20	3 : 4	1	пересѣчи —1 / городъ / градъ —1
2.29—33	3 : 4	—	
3.1—3	2	—	(ist zusätzlicher Text mit Царьградъ / пленити)
3.7—34.11	8 : 10	5	плѣновати +1 / пополонити / сторожь (statt Lavr. 44.12 страныь) / голова / сторона
4.16—18	2	—	
4.19—35.13	3 : 7	3 : 5	золото / серебро
5.14—20	2	—	
5.20—42.1	19 : 37	10 : 25	серебрянъ / градъ / городъ +1 / городъ / власть 2 / преже —1 / сторона 4 / волость / городъ —1 / възвратити / золотникъ 3 / средовѣць +1 / золотникъ +1 / полоникъ / приобидѣти (statt Lavr. 51.6 пре-) / серебро / переступити 2 / преступити —1
2.1—22	—	1	глаголати —1
2.22—43.21	3 : 4	1 : 3	городъ 3
3.21—45.14	2 : 3	6 : 10	городъ 2 / перевѣсище +1 / городъ +1
5.14—26	—	1	
5.26—46.14	1	2	городъ / передъ
6.15—26	1	1	городъ

Jahr	W/R	Name der TE	Sp./Zeile	trat	torot	Schlüss
946	W	Olgas vierte Rache	58.10—60.8	7 : 22	2 : 7	ü.k.
947		Kurze Mitteilung	60.9—17	2	1	—
955	R	Olgas Taufe	60.25—63.4	19 : 28	3	f.r.k
955	R	Svjatoslavs Widerstand gegen die Taufe	63.4—64.13	4 : 5	1	g.ü.k
964	W	Sagenhafte Charakterisierung Svjatoslavs	64.22—65.5	3	1	ü.k.
965		Kurze Mitteilung	65.6—11	2	—	—
967		Kurze Mitteilung	65.14—18	—	1	—
968	W	Pečenegenfeldzug gegen Kiev	65.19—67.19	8 : 25	2	g.ü.k
969	W	Olgas Tod	67.20—68.7	4	3	ü.k.
969	R	Lobpreisung Olgas	68.7—69.7	6 : 7	—	(f.)r.
970	W	Die Novgoroder suchen einen Fürsten	69.8—22	2	—	gem
971	W	Svjatoslavs Feldzug gegen die Griechen	69.23—72.17	11 : 30	3 : 6	g.ü.k
971	W	Vertrag 971	72.18—73.19	4 : 9	3	f.r.k
971	W	Svjatoslav bei den Dnjeprschnellen	73.20—74.9	4 : 5	2 : 7	f.r.k
975		Kurze Mitteilung	74.12—20	—	1	—
977	W	Jaropolks Sieg	74.22—75.20	5 : 7	4	ü.k.
980	W	Ermordung Jaropolks	75.23—79.10	15 : 30	2	ü.k.
980	R	Volodimers Vielweiberei	79.11—81.25	24 : 25	3	f.r.k
981		Kurze Mitteilung	81.26—82.2	1 : 2	—	—
983	R	Sage über Menschenopfer	82.5—83.25	9 : 15	2	g.ü.k
984		Kurze Mitteilung	83.26—84.5	1	1	—
985		Kurze Mitteilung	84.6—16	—	2	—

./Zeile	trat	torot	Bemerkungen
6.26—48.27	3 : 4	5 : 28	**городъ** +3 / **городъ** 13 / **голодъ** / **глаголати** —1 / **передатисѧ** / **воробьи** +1 / **воробьи**
3.28—49.6	2	1	
9.11—51.15	16: 26	5	**Цесарьградъ** / **городъ** / **золото** / **серебро** / **премудрость** —1 / **премудрость** +1
1.15—52.21	5 : 6	1	**небрещи** +1
2.26—53.7	3	2	**хоробръ** +1
3.8—13	1	1	**городъ**
3.16—20	—	1	
3.21—55.17	7 : 17	4 : 12	**городъ** 7 / **городъ** +1 / **горожанинъ** +1 / **оборонити**
5.18—56.2	3	4	**среда** / **золото** / **серебро**
.2—32	6 : 7	—	
7.1—15	2	—	
7.16—60.14	10 : 23	6 : 16	**городъ** 7 / **городъ** +1 / **голова** / **соромъ** / **похоронити** +1 / **похоронити** (statt Lavr. 71.3, 6 **схоронити**) 2 / **възвратитисѧ** +1 / **Цесарьградъ**
.14—61.15	4 : 9	1 : 2	**городъ** —1 / **золотѣ,** Schreibfehler statt Lavr. 73.15 **колоти**
.15—62.6	3	3 : 10	**голова** 2 / **порогъ** +1
.9—18	1	—	**власть**
.19—63.18	1	6 : 9	**городъ** 2 / **ѵресъ** / **ворота** / **городнъıи** / **переıати** —1 (Ip. 62.30 **при-**) / **волость** 2 / **волоѵити**
.20—67.3	15 : 29	5 : 7	**переити** +1 (Lavr. 76.2 **при-**) / **волость** / **городъ** 3 / **брань** +1 / **градъ** +2 / **предъ** —1 / **храбъръ** +1
.3—69.7	20 : 23	6	**деревѧнъ** / **голова** / **серебрѧнъ** / **золото** / **благъıи** +1 / **треба** / **треба** +1 / **невегласъ** / **владати** —1 / **веретено.** Statt **Предъславино** (Dorfname, Lavr. 80.1) in Ip. **Передславино** (67.22); in der Zählung nicht berücksichtigt.
.8—13	1	1	**городъ**
.16—71.3	11 : 16	1	**жребии** —1 / **древо** / **перетеребовати** / **невегласъ** / **пре** +1 (XII **пред**)
.4—13	2	—	**предъ** (Lavr. 84.4 **прешедъше** statt **при-**, so Ip. 71.11).
.14—24	—	2	

Jahr	W/R	Name der TE	Sp./Zeile	trat	torot	Schlüss
986	R	Überprüfung der Religionen	84.17—87.21	11 : 19	—	f.r.k
986	R	Rede des Philosophen	87.21—106.10	61 : 138	2	f.r.k
987	R	Zweite Glaubensprüfung	106.15—108.30	12 : 14	1	f.r.k
988	R	Korsuner Legende	109.1—112.2	17 : 38	3	g.ü.
988	R	Glaubensbekenntnis Volodimers	112.3—116.8	19 : 33	1 : 4	f.r.k
988	R	Sturz der Götzen	116.9—117.13	9 : 11	2 : 3	g.ü.
988	R	Taufe der Bevölkerung	117.13—119.13	9 : 16	1	f.r.k
988	R	Zweites Glaubensbekenntnis Volodimers	119.13—121.4	10 : 15	—	(f.)r
988	W	Fürstentümer von Volodimers Söhnen	121.5—23	1	1 : 2	gem
989		Kurze Mitteilung	121.24—122.3	1	—	—
991		Kurze Mitteilung	122.4—7	1 : 2	1	—
992	W	Gründung von Perejaslavl'	122.8—124.5	5 : 6	6 : 7	ü.k.
996	R	Die Wohltaten Volodimers	124.8—127.9	14 : 28	3	g.ü.
997	W	Belgoroder Grütze	127.10—129.12	7 : 15	6 : 18	gem
1000		Jahreseintragung	129.15—17	1 : 2	—	—
1001		Jahreseintragung	129.18—19	1	—	—
1003		Jahreseintragung	129.21—22	1	—	—
1007		Jahreseintragung	129.26	1	—	—
1011		Jahreseintragung	129.30—31	1	—	—
1014		Kurze Mitteilung	130.3—11	1	—	—

›./Zeile	trat	torot	Bemerkungen
'1.25—74.28	11 : 19	—	
'4.29—92.31	58 : 133	3	преꙗти —1 (Ip. 75.6 при-) / престолъ —1 / нравъ / мороморѧнъ / предъ (statt Lavr. 91.24 прид) / предъ —3 / преити —1 (Ip. 83.2 про-) / крава (statt Lavr. 97.23 глава) / благословитисѧ +1 / глаголати +1 / предати +1 / страна —2 / дьрево (statt дерево) / преѵмножитисѧ +1 (Lavr. 105.1—2 при Нои оѵмножившемъсѧ)
3.1—94.33	13 : 14	—	ѵмрети —1 (Lavr. 106.24—107.7 zusätzlicher Text mit diesem Lexem) / Цесарьградъ / храмъ —1 / преже +1
4.34—97.19	16 : 37	2	градъ / горожанинъ +1 / градъ —1 / преимати / переꙗти / полонъ —1 / враченье —1
7.19—101.25	18 : 37	—	преимати —1 (Ip. 100.4 при-) / преже —1 / преже +1 / Цесарьградъ 4 / съглашение +1
1.26—102.17	10 : 11	2 : 3	прелщати (Ip. 102.5 при-)
2.17—103.32	10 : 16	1	
3.32—105.19	10 : 15	—	
5.19—106.9	1	1 : 2	
6.10—19	—	—	пресвѧтыи —1
6.20—23	1 : 2	1	градъ / городъ
6.24—108.21	7	5 : 7	страна / стосторона (Lavr. 122.15 страна) / сторона / облѣщисѧ +1 / среднии
8.22—112.4	17 : 32	2	градьскыи +1 / праздникъ +1 / перевара +1 (Lavr. 125.6 про-) / градъ / древѧныи
2.5—114.10	8 : 26	4 : 9	градъ 6 / голодъ 2 / помрети / ѵмрети (statt Lavr. 127.27 померети) / кладѧзь 4 / городъ —1 / градъ +1 / предъ +2
4.11—14	1 : 2	—	
4.15—16	1	—	
4.17—19	1	—	
4.21—22	—	—	пренести —1 (Ip. 114.22 при-)
4.24—25	1	—	
4.27—115.5	—	1	теребити

Jahr	W/R	Name der TE	Sp./Zeile	trat	torot	Schlüss
1015	W	Volodimers Tod	130.12—131.29	7	1	f.r.k.
1015	R	Ermordung der hl. Boris und Gleb	132.1—139.14	26 : 47	2	f.r.k.
1015	W	Svjatopolks Missetaten	139.15—141.21	9 : 11	1	g.ü.k.
1016	W	Beginn der Regierung Jaroslavs	141.22—142.22	2	4 : 6	ü.ar.
1018	W	Boleslavs Sieg	142.25—144.8	1	2 : 4	ü.k.
1019	R	Svjatopolks Tod	144.9—146.10	5 : 6	—	g.ü.k.
1021		Kurze Mitteilung	146.13—21	—	1	—
1022	W	Zweikampf Rededja – Mstislav	146.22—147.16	2	1 : 2	g.ü.k.
1024	W	Jaroslav richtet die Zauberer	147.19—148.5	3	1	f.r.k.
1024	W	Über Jakun	148.5—149.9	3	3 : 4	ü.ar.
1026		Kurze Mitteilung	149.12—18	—	1	—
1030		Kurze Mitteilungen	149.24—150.2	2	—	—
1031		Kurze Mitteilung	150.3—8	1	—	—
1032		Jahreseintragung	150.9—10	—	1	—
1036	W	Mstislavs Tod	150.15—151.18	8 : 10	3	g.ü.k.
1037	R	Lobpreisung Jaroslavs	151.19—153.18	11 : 12	3	g.ü.k.
1043	W	Feldzug von Volodimer Jaroslavič gegen die Griechen	154.3—155.3	4 : 6	—	g.ü.k.
1044		Kurze Mitteilungen	155.4—15	1	—	—
1050		Jahreseintragung	155.24—25	1	—	—
1051	R	Gründung des Höhlenklosters	155.29—160.25	13 : 23	3	ü.k.
1052		Kurze Mitteilung	160.26—28	1	—	—
1054	W	Tod Jaroslavs	161.1—162.9	6 : 7	1	f.r.k.

./Zeile	trat	torot	Bemerkungen
.5.6—118.5	7	—	мраморѧнъ / схранити —1 / (zusätzlicher Text mit прѣже / глаголати 3 / обратитисѧ 3 / обращение / совращатисѧ / развратити / пребывати / възвратити / предъ 2)
.8.6—126.22	29 : 51	2	ꙋмерети —1 / голова / глаголати —1 / предъ —1 / глава +1 / врагъ +1 / прелестити +1 / нездоровити / ꙋмрети +1 / клада / страннъıи —1 / хранити +1 / (пре)-свѣтозарнъıи +1 / блаженъıи +1 / преславнъıи +1 / (zusätzliche Textstellen 1.: 121.23—122.1 mit глаголати 3 / чрево, 2.: 123.18—24 mit изьвлѣкщи, 3.: 124.1—11 mit благостъıни / глаголати / глаголъ)
6.22—129.2	9 : 11	1	
9.3—27	2	4 : 6	Ip. 129.14 замрозъ statt заморозъ
0.3—131.15	3	1 : 2	чрево / градъ
1.16—133.18	5 : 6	—	
3.21—30	—	1	
4.1—26	2	1 : 2	
4.29—135.15	3	1	
5.15—136.24	4	1	злато / молоньꙗ —2
7.1—9	2	—	страна / престати +1
7.14—22	1	1	городъ
7.23—28	1	—	
7.29—30	—	1	
8.3—139.8	9 : 11	1	переꙗти —1 (Ip. 138.12 при-) / градъ / страна / городъ
9.9—141.18	13 : 16	1	премꙋдрость +1 / златъıи / врата / гласъ +1 (zusätzlicher Text 139.14—18 mit премꙋдръıи / Благовѣщение 2 / врата / градъ)
2.2—143.2	4 : 7	—	Цесарьградъ +1
.3.3—15	1 : 2	—	глава +1
.3.24—25	1	—	
.3.28—149.16	14 : 24	1	оградити / переꙗти —1 (Ip. 149.4 при-)
9.17—20	1	—	
9.23—151.4	5 : 6	2	городъ

Jahr	W/R	Name der TE	Sp./Zeile	trat	torot	Schlüss
1054		Kurze Mitteilungen	162.10—18	1	—	—
1057		Kurze Mitteilung	162.20—22	1	—	—
1060		Kurze Mitteilung	162.28—163.9	2	—	—
1061		Kurze Mitteilung	163.10—16	1	—	—
1063		Kurze Mitteilungen	163.18—23	2	—	—
1064		Kurze Mitteilungen	163.24—164.5	2	—	—
1065	R	Folgen von Himmelszeichen	164.6—165.30	16 : 20	2	g.ü.k.
1066	W	Tod Rostislavs	166.1—20	1	—	f.r.k.
1067	W	Vseslavs Niederlage	166.21—167.13	3	1	ü.k.
1068	R	Predigt über die Strafen Gottes	167.21—170.20	17 : 29	2	f.r.k.
1068		Übergang zu folgendem	170.21—22	2	—	—
1068	W	Aufstand in Kiev	170.22—171.26	5	—	g.ü.k.
1068	W	Polovcereinfall + religiöse Reminiszenzen	171.27—173.4	5 : 7	—	g.ü.k.
1069	W	Vertreibung Vseslavs	173.5—174.13	5 : 10	—	f.r.k.
1071	R	Erzählung über Zauberer	174.22—181.17	19 : 47	6	g.ü.k.
1072	R	Überführung der Gebeine der hl. Boris und Gleb	181.18—182.19	7	—	f.r.k.
1073	W	Vertreibung Izjaslavs	182.20—183.16	7 : 12	—	g.ü.k.
1074	R	Tod des hl. Feodosij	183.20—188.15	17 : 34	1	f.r.k.
1074	R	Erzählung über die Mönche des Höhlenklosters	188.16—198.15	31 : 61	6	g.ü.k.
1075		Kurze Mitteilungen	198.16—199.5	2	1	—
1076		Kurze Mitteilungen	199.6—12	1	—	—
1078		Kurze Mitteilungen	199.22—200.17	1	1	—

p./Zeile	trat	torot	Bemerkungen
51.5—14	1	—	
51.15—18	1	—	
51.25—152.6	2	—	
52.7—13	1	—	
52.14—19	1	1	городъ
52.20—153.7	2	—	
53.7—155.5	16 : 19	2	пребыти —1 / городъ / ѹресла
55.6—26	1	—	
55.27—156.21	4	1	перекѣхати +1 (Lavr. 167.8 при-) / ѹресъ
56.28—159.27	16 : 30	2	вредъ +1 (Lavr. 168.1 ведромъ) / глаголати +1 / мразъ —1 / голова / скомрахъ
59.27—28	2	—	
60.1—161.6	5	—	
61.6—162.15	5 : 6	—	(преити statt принити, Lavr. 172.22) / брань —1 / согражати —1 / оградити +1
62.16—163.29	5 : 9	1	городъ
64.9—171.10	19 : 48	7 : 9	глаголати +1 / переступати / горъдъ (statt Lavr. 176.13 градъ) / предъ / предъ +1 / дрѣво +1 / сторона +1 / городъ 2 / преити (so X. П., Ip. 170.21 при-) / облещисѧ —1 (Ip. 170.24 ѡболкъсѧ)
71.11—172.16	5	1	праздновати —1 / деревѧнии
72.17—173.16	7 : 12	—	Lavr. 183.15 предѣлъ (Ip. 173.15 при-)
73.21—179.3	17 : 35	—	похранити
79.4—189.23	36 : 67	6	ѹересъ 2 / прегрѣшенье —1 (Ip. 179.18 со-) / предибудущаꙗ —1 / сторона / врата / ѹресъ +1 / беспрестани +1 / ѹресъ / прекрасьнъ +1 / глаголати +1 / страна / брашно +1 / проглаголати +1 / прелѣсть +1 / вранъ / перекрѣститисѧ +1 (zusätzliche Textstellen 1.: 184.2—6 mit посредѣ / глаголати, 2.: 184.22—24 mit гласъ / глаголати)
89.24—190.8	2	1	
90.9—16	1	—	
90.27—191.19	1	1	

Jahr	W/R	Name der TE	Sp./Zeile	trat	torot	Schlüs[s]
1078	W	Izjaslavs Tod	200.17—202.16	5 : 13	1	g.ü.k.
1078	R	Nekrolog für Izjaslav	202.16—204.6	4 : 8	2	g.ü.k.
1078		Kurze Mitteilung	204.7—12	1	1	—
1079		Kurze Mitteilungen	204.13—22	2	—	—
1084		Kurze Mitteilungen	205.8—16	1	—	—
1086	W	Jaropolks Begräbnis	206.1—207.15	9 : 12	2	g.ü.k.
1089		Kurze Mitteilungen	207.25—209.8	5 : 8	2 : 3	—
1091	R	Überführung der Gebeine des hl. Feodosij	209.10—214.22	24 : 33	1	g.ü.k.
1092	R	Spuk in Polock	214.25—215.9	6	1 : 2	ü.k.
1092		Kurze Mitteilungen	215.9—26	4	1	—
1093	R	Vsevolods Ende	215.27—217.20	8 : 11	—	g.ü.k.
1093		Kurze Mitteilungen	217.21—218.6	3	—	—
1093	W	Polovcer belagern Torčesk	218.6—225.26	30 : 66	7 : 12	g.ü.k.
1093		Kurze Mitteilung	225.26—226.2	1	—	—
1094	W	Kämpfe um Černigov	226.5—18	2 : 6	1	g.ü.k.
1094		Kurze Mitteilungen	226.18—26	2	—	—
1095	W	Ermordung Itlars	227.2—228.12	3 : 4	1	ü.k.
1095	W	Kämpfe mit den Polovcern	228.12—229.11	2	3 : 4	gem.
1095		Kurze Mitteilungen	229.11—24	2	1	—
1096	W	Belagerung von Starodub	229.25—230.28	5 : 13	2	ü.k.
1096	W	Neuerliche Polovcereinfälle	231.1—234.6	12 : 21	4 : 5	g.ü.k.
1096	W	Nach Methodius von Patara	234.6—22	1	—	ü.k.
1096	W	Wiedergabe von Gurjatas Bericht	234.23—235.18	3 : 4	—	f.r.k.

p./Zeile	trat	torot	Bemerkungen
91.19—193.21	4 : 10	2 : 4	городъ 2 / моромрѧнъ statt мороморѧнъ
93.21—195.20	4 : 8	1	волость —1
95.20—25	1	1	
95.26—196.6	1	1	Царьгородъ
96.22—29	1	—	
97.11—17	1	—	(zusätzlicher Text mit пребъıвати)
97.18—199.5	6 : 8	4	городъ / ворогъ / мраморѧнъ —1 / преже —1
99.14—200.23	4 : 5	2 : 4	преже —2 / городнъıи —1 / городъ +2 / градъ —1
00.24—205.30	24 : 32	3	суморокъ +1 / предъ / чресъ +1 / переже / пребыва-ти —1 / сторона
06.1—15	6	1 : 2	
06.15—31	1	3	городъ / страна —1 / веремѧ
07.1—208.23	7 : 10	1	волость +1 / пресѣдѣти —1 (Ip. 208.12 при-)
08.23—209.8	2	1	переже
09.8—216.21	31 : 62	9 : 17	глаголати —1 / (statt преити Lavr. 219.26 Ip. 210.25 при-) / посередѣ / передъ / городъ 4 / гладъ / плененье +1 / морозъ +1 / пристранье (statt Lavr. 223.17 при-транѣв) / предати +1 / градъ / переити / упространитисѧ —1
16.21—26	1	—	
16.29—217.12	2 : 3	2 : 4	городъ 3
17.12—20	2	—	
17.23—218.32	3	2	городъ / веремѧ / глаголати +1 / беспрестани / за-прети —1
18.32—219.26	2	3	градъ / градъ —1
19.26—220.8	1	2	веремѧ
20.9—221.9	4 : 6	4 : 7	предъ —1 / передъ / горожанинъ (statt Lavr. 230.1 людми градьскъıми) / городъ 3 / градъ —1
21.9—224.10	11 : 14	6 : 12	веремѧ 2 / городъ 5 / врагъ —1 / болонье —1 / ворота / стороннии +1 / пространество (statt Lavr. 233.13 про-сторонство) / глаголати +1
24.10—26	1	—	
24.26—225.21	2 : 3	1	сторона

Jahr	W/R	Name der TE	Sp./Zeile	trat	torot	Schlüss
1096	W	Sagenhaftes über Alexander den Großen	235.18—236.15	2 : 3	1	f.r.k.
1096		Übergang	236.16—17	4	—	—
1096	W	Kämpfe des Oleg Svjatoslavič	236.17—240.22	7 : 16	11 : 24	gem.
1096	R	Monomachs Belehrung	240.23—247.11	26 : 36	8	ü.k.
1096	W	Monomachs Autobiographie	247.12—252.13	4 : 5	14 : 20	ü.ar.
1096	W	Monomachs Brief an Oleg	252.13—255.9	11 : 14	4 : 5	gem.
1096	R	Monomachs Gebete	255.10—256.23	20 : 23	—	f.r.k.
1097	W	Blendung Vasilkos	256.24—273.6	28 : 90	19 : 41	ü.k.
1098		Kurze Mitteilung	273.7—9	1	—	—
1100	W	Tod von David Igorevič	273.15—274.26	1	1	gem.
1101		Kurze Mitteilungen	274.27—275.15	3	—	—
1102		Kurze Mitteilung	275.16—21	1	—	—
1102	W	Die Novgoroder verweigern Volodimer die Herrschaft	275.22—276.9	1	—	gem.
1102	R	Himmelszeichen	276.9—30	3	1	ü.k.
1103	W	Siegreicher Feldzug gegen die Polovcer	277.1—279.28	12 : 18	4 : 6	g.ü.k.
1103—5		Kurze Mitteilungen	279.29—281.3	3 : 4	3	—
1106		Kurze Mitteilungen	281.4—27	2 : 3	1	—
1107	W	Sieg über die Polovcer	281.27—282.25	4	—	g.ü.k.
1107		Kurze Mitteilung	282.25—283.3	—	—	—
1108		Kurze Mitteilung	283.5—22	1	1	—
1109		Kurze Mitteilungen	283.23—284.2	1	—	—
1110		Kurze Mitteilung	284.3—5	—	1	—
1110	R	Zeichen über dem Höhlenkloster	284.5—285.7	6 : 7	—	(f.)r.k.
1116		Postskriptum Silvesters	286.1—7	1	—	—

./Zeile	trat	torot	Bemerkungen
5.21—226.17	4 : 5	—	глаголати +1 / изъврагъ
6.17—19	2	1	преднии —1 / прежерѣченыи +1 / уворотитисѧ (statt Lavr. 236.17 възвратитисѧ) / преже —1
6.19—230.24	8 : 12	10 : 26	городъ 4 / передъ / чресъ / городъ —1 / переꙗти —1 / переꙗти —1 (Ip. 228.4 при-) / узвратитисѧ +1 / узворотитисѧ
0.25—248.13	26 : 74	26 : 60	глаголати —1 / перельстити / городъ 16 / перехреститисѧ / узволочи +1 / градъ 4 / сорочка —1 / сорочица +2 / стрѣщи / глава 2 / чересъ / хороборьство / прекладати (Ip. 238.22 при-) / преже +1 / волость / переꙗти —2 (Ip. 241.10, 248.4 при-) / власть / городъ +2 / ворогъ / ворота / градъ +1 / передъ / възвратитисѧ —1 / голодъ / переꙗти +1 (Lavr. 272.24 при-)
8.14—16	—	—	прежнии —1
8.16—20	—	1	(zusätzlicher Text mit городъ)
8.29—250.9	—	1	власть —1
0.10—30	3	1	городъ / глаголати +1
1.1—7	—	1	перьльстити (statt перельстити; Lavr. 275.18 пре-)
1.7—24	—	1	голова
1.24—252.18	3 : 4	1	преставитисѧ +1
2.19—255.27	10 : 15	9 : 11	благъ +1 / времѧ +1 / здоровити / передъ 2 / сторожь —1 / перезрити / благовѣрныи +1 / переступати
5.27—257.10	4 : 5	1	городъ —1 / Цесарьградъ
7.11—258.7	4 : 5	1	помраченье +1 / времѧ +1
8.7—259.3	2	1	чересъ / възвратитисѧ —1
9.3—10	—	1	передъ +1
9.11—260.8	2	1	прѣже +1
0.9—17	1	—	
0.18—20	—	1	
0.24—262.5	7 : 8	—	пламѧнъ +1

VIERTER TEIL

EINLEITENDE BEMERKUNGEN. Dieser Teil enthält einen Überblick über alle trat/torot-Vorkommen in den ältesten Regionalchroniken, und zwar wieder in Wortnest-Form, die uns am anschaulichsten erscheint. Diese Listen dienen gleichsam als Ergänzung des für die Nestorchronik erschöpfend beschriebenen Materials. Sie erlauben einen Vergleich zwischen der National- und den Regionalchroniken, sowohl hinsichtlich des Wortbestandes als auch was Verschiebungen in der Frequenz anbelangt (Näheres S. 345). Der Hauptzweck der folgenden Listen ist jedoch, eine möglichst umfassende Bestandsaufnahme der trat- und torot-Lexeme in diesem Genre bis zum Ende der ar. Periode zu geben (das heißt, vor dem Einsetzen des Zweiten südslavischen Einflusses). Im letzten Kapitel versuchen wir zu zeigen, wie maßgeblich diese Basis für die weitere Sprachentwicklung war.

Für die Galizische und Volhynische Chronik existiert seit langem eine Beschreibung der trat/torot-Lexeme, jedoch ohne durchlaufende Frequenzangaben (Hens'ors'kyj 1961). Nachdem die folgenden Wortnestlisten bereits zusammengestellt waren, erschien eine ähnliche Übersicht für die Erste Novgoroder Chronik (Dietze 1978: 592—596), die von unserer insofern abweicht, als die große Gruppe der пρе- / пеρе-Bildungen nicht behandelt wurde. Wir glauben daher, daß es nützlich ist, hier auch Wortnestlisten der genannten Texte zu publizieren.

Die technischen Hinweise zu der Wortnestliste von PVL L (S. 173 ff.) gelten auch für die folgenden. Ebenso das zu PVL Ip Gesagte (S. 266) bezüglich der Schwankungen von ѣ und е sowie ѣ und и. Bei der Kiever und Galizischen Chronik, die ja an PVL Ip angeschlossen sind, handelt es sich um Eigenheiten der Hypatiuschronik, das heißt dieselben Schwankungen kommen auch in den genannten Regionalchroniken vor. Auch in der Novgoroder Chronik variieren dieselben Grapheme; zu den phonetisch-phonologischen Ursachen vgl. Dietze 1975: 115—126, Filin 1972: 170 f., Ljapunov 1900: 267 f., 23 f. Die Grundlage für unsere Untersuchung bildete die Chronikedition von A. N. Nasonov (= НПЛ, 1950), deren

Editionsprinzipien stark von den Ausgaben der anderen Chroniken (ПСРЛ I, II) abweichen. Die auffallendste Neuerung Nasonovs ist die Schreibung я statt ѧ und ꙗ; der Einheitlichkeit halber haben wir diese ursprünglichen Grapheme mit Hilfe der Faksimileausgabe (= Dietze 1971) auf der Wortnestliste wieder eingesetzt.

20. Wortnestliste der TRAT- und TOROT-Lexeme in der ersten Novgoroder Chronik der älteren Redaktion (Synodalhandschrift)

Diese Chronik enthält nach unseren Zählungen:

105 trat-Lexeme, einschließlich der unechten 109
90 torot-Lexeme, einschließlich der unechten 96
Die Gesamtfrequenz der trat-Lexeme beträgt 523 bzw. 535
Die Gesamtfrequenz der torot-Lexeme beträgt 452 bzw. 466

	***bergt'i**	беречи^{1}
брегъ$^{+v2}$	***bergъ**	берегъ$^{+v4}$
	***berz-**	березовъ^{1}
благо^{3} благъіи^{3} преблагъіи^{3} блаженъіи^{3} благовѣрнъіи^{2} **Благовѣщение**^{v9} благодать^{2} благословити^{7} благословлѧти^{1} благословение^{2} благочьстивъіи^{1}	***bolg-**	
	***bolto**	болото^{1}
	***bordlo**	забороло^{2}
брань^{8} възбранити (възъ-)^{3}	***born-**	
	***borti**	повороти^{1}
привлещи^{1}	***velk-** }	волокъ^{1} волочи^{1}
влачити^{1}	***volk-** }	наволочити^{1} оболочитисѧ^{1}
		паволока^{1}
невреженъ^{2}	***verd-**	
врѣмѧ^{v11}	***vertmen-**	извеременити^{1}
владѣти^{1} власть$^{+8}$ владъіка^{54} владъічьнь (владъіцьнь)^{15}	***vold-**	волость$^{+38}$
владъічица (-цѧ)^{3}		
обладати^{1} область$^{+13}$		оболость$^{+1}$
власъ^{1}	***vols-**	
	***vorgъ**	ворогъ^{2}
	***vorp-**	навоpопити^{2}
възвратити(сѧ)$^{+12}$ възвращатисѧ^{1} обратитисѧ^{1} обращение^{1} обращатисѧ^{1} отвратити^{2}	***vort-**	воротъ^{1} воротити(сѧ) (върротитисѧ)^{14} възворотити(сѧ)$^{+3}$
врата$^{+1}$	***vorta**	ворота$^{+14}$
глава$^{+4}$	***golva**	голова$^{+27}$
глаголати^{15}	***golgol-**	
гладъ$^{+4}$	***goldъ**	голодъ$^{+3}$
градъ$^{+77}$ градьнъіи$^{+2}$	***gord-**	городъ$^{+133}$ городець^{1} городъкъ^{3} городьнъіи$^{+3}$ городьнѧ^{3} городьскъіи^{1} горожанинъ^{1} городчанинъ^{1}
оградити^{1} огражати^{1} прѣграда^{1} сградити^{1}		загородьць^{2}
виноградъ^{1}		
Цесарьградъ^{9}		
дрѣво^{1}	***derv-**	деревѧнъіи^{3}

драгъıи$^{+1}$	***dorg-**	дорогъ$^{+1}$ дорогъвъ (-говь)^{4} въздорожити^{1}
жрѣбьи^{1}	***žerbьjь**	
	***zdorv-** siehe ***sъ-dorv-**	
злато^{5}	***zolto**	
	***zork-**	узорочье^{3}
	***korl'ь**	король^{2} королевъ^{1} королевиць [sic!]^{2}
умрети$^{+2}$	***merti**	мерети^{2} измерети^{1} умерети$^{+1}$
младъ$^{+1}$ младѣньць^{1}	***mold-**	молодъıи (моложьшии)$^{+2}$ молодьць^{1}
мразъ$^{+4}$	***morz-**	морозъ$^{+4}$ морозити^{1} заморозъ^{1}
омрачитисѧ^{1} помрачение^{1}	***mork-**	
плѣнити$^{+1}$ поплѣнити^{3}	***peln-**	полонъ^{17} полонити$^{+2}$
преблагъıи премилостивъıи^{1} прѣмудръıи^{1} прѣмудрость^{1} преподобьнъıи^{1} прѣстолъ^{v5} пречистъıи^{1}	***per-** + Adjektiv (Substantiv)	
предати(сѧ)$^{+v6}$ 1) предаꙗти$^{+1}$ прѣити$^{+1}$ прѣставитисѧ$^{+v82}$	***per-** + Verb (Deverbativum)	передатисѧ$^{+2}$ передаꙗтисѧ$^{+1}$ переити$^{+1}$ переставитисѧ$^{+4}$
крестопреступникъ$^{+1}$		крестопереступникъ$^{+1}$
пребъıти^{3} пребъıвати^{2} прѣграда прегрешение^{1} преложити^{1} прѣльстити^{3} прельсть (-лесть)^{v2} Преображение^{v6} прѣслушание^{1} преставление^{v2} преступати^{2} преступникъ^{v2}		
		perebeчи^{1} переbродитисѧ^{1} перевозитисѧ^{1} перевѣтъ^{v5} перевѣтникъ^{2} перезоръ^{1} переимати^{3} переметати^{1} перемогатисѧ^{1} перенести^{v4} перенесение^{1} переѣхати^{v2}
беспрестани^{1}		
предъ$^{+v11}$ преднии$^{+v2}$ преже$^{+v17}$	***per-d-**	передъ$^{+3}$ переди^{3} переднии (передьнии)$^{+5}$ переже$^{+3}$
предлежащии^{1}		
прѣщение^{1}	***per-t?**	
пламень^{1}	***polmen-**	
	***polch-**	пополошитисѧ^{1}
	***porgъ**	порогъ^{2}
празд(ь)никъ^{7} праздьничьнъıи^{1}	***porzdьn-**	

1) Der Übersichtlichkeit halber sind die paarigen Verben vom Typ пре-/пере- den anderen vorangestellt.

	***por-k-**	порокъ^{7} пороччныи^{2}
среда$^{+2}$ средъ$^{+2}$ средѣ^{1} средохрестьнъıи^{1}	***serd-**	середа$^{+1}$ середъ$^{+1}$
смрадъ$^{+1}$	***smordъ**	смородъ$^{+2}$
	***solma**	солома^{1}
срамъ^{1} посрамити^{1}	***sorm-**	
стрещи$^{+v3}$	***stergti**	стеречи$^{+1}$ устеречисѧ^{3}
стража^{1} стражь$^{+1}$	***storžь**	сторожь (-а)^{14}
страна$^{+6}$	***storn-**	сторона$^{+13}$ сторонь^{1} по¦сторонь^{4}
с(ъ)дравъ (здравъ)$^{+12}$ не здравити^{1}	***sъ-dorv-**	сторовъ (здоровъ)$^{+10}$ нездоровие^{1}
	***cholpъ**	холопъ^{2}
храбръ^{1}	***chorbrъ**	
храмъ$^{+1}$	***chormъ**	хоромъ$^{+11}$
богохранимъıи^{1} схранити$^{+1}$	***chorniti**	схоронитисѧ$^{+1}$
чрѣсъ$^{+v3}$	***čersъ**	чересъ (цересъ)$^{+10}$

Zweifelhafte und unechte TRAT/TOROT-Lexeme

	wahrscheinlich verwandt mit lat. corbis 'Korb'[2]	коровьꙗ^{1}
крамола^{2} крамолникъ$^{+1}$	entlehnt aus abair. karmala	коромолникъ$^{+1}$
	***kolkolъ**	колоколъ^{1}
сребро$^{+v6}$ сребрьникъ^{3}	***sьrebro**	серебро$^{+v8}$ серебрьникъ (серебреникъ)^{2}
	wohl aus ***torpnь** zu тороп, торопить(ся), vgl. Vasmer	торонь^{1}

[2] Vgl. Weiteres Vasmer I, 629.

21. Wortnestliste der TRAT- und TOROT-Lexeme in der Suzdaler Chronik

Diese Chronik enthält nach unseren Zählungen:

182 trat-Lexeme, einschließlich der unechten 186
103 torot-Lexeme, einschließlich der unechten 107
Die Gesamtfrequenz der trat-Lexeme beträgt 1101 bzw. 1112
Die Gesamtfrequenz der torot-Lexeme beträgt 625 bzw. 632

	*bergt'i	беречи[1]
	*bergъ	берегъ[3]
благо[1] благъıи[9] блаженъıи[57] преблаженъıи[1] благовоньнъıи[1] благовѣрнъıи (-вѣрьнъıи)[58] Благовѣщенье[2] благодарити[2] благодаренье[1] благодать[1] благоразумнъıи[1] благороднъıи[10] благосердъ[2] благословити[12] благослов(л)енье[7] благоуханнъıи[1] благоуханье[1] благочестивъıи[7]	*bolg-	
	*bolnьje	болонье[2]
	*bolto	болото[4]
	*borda	борода[1]
бранити[1] брань[10] възбранити[1] взбранѧти[1]	*born-	
брашно[3]	*boršьno	
извлещи[1] облещи[1]	*velk- }	
	*volk- }	волочити[2] възволочити[1] паволока[3]
облакъ[+2]		оболокъ[+1]
отврещисѧ[1]	*verg-	
вредъ[1] невреженъ[2]	*verd-	
времѧ[28] временьнъıи[1]	*vertmen-	
разъвлажѣти[1]	*volg-	
владѣти[1] власть[+17] властьца[1] власти[1] властель[1] владъıка[14] владъıчьнь[1] владъıчица[1] обладати[1] область[1]	*vold-	волость[+41]
врагъ[+17] враждебнъıи[1] вражда[4]	*vorg-	ворогъ[+11]
	*vornъ	воронъ[1]
	*vorp-	воропъ[2] наворопити[1]
въз(в)ратити(сѧ) (възь-, воз-, вз-)[+78] возвращение[1] обратити(сѧ)[+4] обращати[1] отвратити[1] развратникъ[1]	*vort-	воротити(сѧ)[37] возворотитисѧ[+1] изворотити[1] оборотити[+1] поворотити(сѧ)[2] уворотити[1]
врата[+9]	*vorta	ворота[+24]
глава[+8]	*golva	голова[+13]
глаголати[86]	*golgol-	
гладъ[+2]	*goldъ	голодъ[+3]
гласъ[6]	*golsъ	

градъ$^{+131}$ граднъıи$^{+2}$ гражанинъ$^{+7}$ градитель^{1} оградъ$^{+1}$ преградъ^{1} виноградъ^{1} (Новъградъ$^{+}$) Царьградъ (Цесарьградъ)$^{+4}$	***gord-**	городъ$^{+156}$ городокъ^{2} городнъıи$^{+1}$ горожанинъ$^{+3}$ огородъ$^{+2}$ огородити(сѧ)^{2} передъгородье^{2} пригородъ^{2} (Новъгородъ$^{+}$) Цесарьгородъ$^{+3}$
	***dorga**	дорога^{2}
драгъıи$^{+7}$	***dorgъ**	дорогъ$^{+1}$
	***zdorv-** siehe ***sъ-dorv-**	
злато$^{+8}$ златъıи$^{+2}$ Златоверхъıи$^{+4}$	***zolt-**	золото$^{+6}$ золотъıи$^{+12}$ золотникъ^{1} золотоверхии$^{+1}$
зракъ^{1}	***zork-**	узороуье (-ие)^{5}
	***kold-**	колодникъ^{5}
	***korl'ь**	король^{22} королевъ^{3} королевиуь^{5}
вкратцѣ^{1}	***kort-**	
умрети^{4}	***merti**	
младъıи$^{+2}$ младенець^{6} младодьньство^{1}	***mold-**	молодъıи$^{+6}$
мразъ^{2}	***morzъ**	
омрауити^{2} омраунъıи^{2} помраyати^{1} помраyити^{2}	***mork-**	мороуьнъ^{1}
нравъ$^{+6}$	***norvъ**	норовъ$^{+1}$
плѣнити$^{+10}$ плѣновати^{2} поплѣнити^{4}	***peln-**	полонъ^{39} полонити$^{+5}$ ополонитисѧ^{1} отполонити^{3}
преблаженъıи превѣyнъıи^{1} прекраснъıи^{7} премногъıи^{1} премудръıи^{4} премудрено^{1} премудрость^{5} пре(д)подобнъıи^{4} [1)] пресвѣтлъıи^{1} пресвѧщенъıи^{4} преславнъıи^{2} престолъ^{1} пресущ(е)нъıи^{4} преyестнъıи^{1} преyистъıи^{3} всепреyистъıи^{3} [2)]	***per-** + Adjektiv (Substantiv)	
пребъıти$^{+9}$ [3)] предати(сѧ)$^{+9}$ преити$^{+1}$ прельстити$^{+1}$ преступати$^{+4}$ преступити$^{+2}$ преꙗти$^{+1}$ пребъıвати^{3} превести^{1} преградъ прегрѣшение^{2} [4)] предержати^{1} предѣлъ^{3} прождати^{1} презрѣти^{4} преклонити^{1} прелесть^{2} прелестнъıи^{1} преложити(сѧ)^{3} пренести^{1}	***per-** + Verb (Deverbativum)	перебъıти$^{+1}$ передатисѧ$^{+5}$ переити$^{+15}$ перельстити$^{+1}$ переступати$^{+1}$ переступити$^{+4}$ переꙗти$^{+6}$

[1)] Im Text прпбнъı (463.36), прпбнъıмъ (483.2).

[2)] Im Text всепреyтую (367.22), P всеyистую, A всеyестную.

[3)] Der Übersichtlichkeit halber sind die paarigen Verben vom Typ пре-/пере- den anderen vorangestellt.

[4)] Im Text прегрешении (371.11).

пренесенье^{1} **Преображенье**^{2} препловити^{1} преплоznámenье^{1} препоꙗсати^{1} преставитисѧ^{110} преставление^{1} престаꙗти^{1} преступленье^{1} преступникъ^{1} претерпѣти^{3} [5)] преткнутисѧ^{1} преходити^{3}		перебрати^{1} перебрести^{6} перебродити(сѧ)^{6} переводъ^{1} перевѣтъ^{1} перевѣтникъ^{1} переписати^{1} перепровадити(сѧ)^{2} перепустити^{1} [6)] перестоꙗти^{2} перестрашити^{1} перестрѧпати^{3} перехватити^{1} переѣхати^{2}
преизлиха^{1} непрестанно^{1}		
предъ (предо)$^{+16}$ преднии$^{+5}$ напредѣ$^{+1}$ спредъ^{1}	***per-d-**	передъ$^{+19}$ переди^{2} передний (передьнии)$^{+3}$ напередъ (напередь)$^{+8}$ напереди$^{+1}$ напереду^{1} [7)]
		упередити^{2}
предлежащии^{1} предреченыи^{2}		передъгородье
преже$^{+25}$ прежнии^{2} прежереченыи^{1}		переже$^{+4}$
	***per-kъ**	поперекъ^{1}
прѣщенье^{4} запрѣтити^{1}	***per-t?**	
упрѣти^{2}	***perti**	
	***polch-**	пополохъ^{3} пополошитисѧ^{1}
	***porgъ**	порогъ^{1}
праз(д)никъ (праздьникъ)^{19} празднꙑи (Празднаꙗ недѣлꙗ)$^{+2}$ праздьньство^{1} праздновати (праздьновати)^{3}	***porzdьn-**	пороздньıи (Пороздная недѣлꙗ)$^{+1}$ порожнии (Порожнꙗꙗ недѣлꙗ)^{1}
празнословець^{1}		
среда$^{+8}$ посредѣ^{5}	***serd-**	середа$^{+2}$ середи^{1}
	***sork-**	сорочка^{1}
срамъ$^{+2}$	***sorm-**	соромъ$^{+2}$ соромлѧти^{1}
срещи^{4}	***stergti**	достеречисѧ^{1}
стража$^{+1}$	***storžь**	сторожь (-а)$^{+19}$

5) Im Text **претерьпѣвъ** (441.24).

6) PA **преступити** (308.25, Fußnote 51).

7) P **напереди**, A **напрѣ** (395.5, Fußnote 5).

страна$^{+20}$ странникъ^{1}	*storn-	сторона$^{+12}$ посторонь^{1}
пространитисѧ^{1} распространитисѧ^{2} упространитисѧ^{1}		
устранитисѧ^{1}		
страньноприимьць^{1} [8]		
простръти^{1}	*sterti	
сдравъ$^{+1}$ здравье$^{+1}$	*sъ-dorv-	здоровъ$^{+2}$ здоровие$^{+1}$
потребитисѧ^{1} потребляти^{1}	*terb-	
требовати^{4} потреба^{3}		
	*torkъ	торокъ^{1}
	*cholpъ	холопъ^{1}
храбрыи$^{+2}$ храбрьство^{2}	*chorbr-	хоробръ$^{+1}$
храмъ$^{+2}$ храмина^{2}	*chorm-	хоромъ$^{+4}$
хранити^{4} хранилище^{2}	*chorniti	
богохранимыи^{3} схранити^{7} схраньникъ^{1}		похоронити^{2}
учредити^{3} учреженье^{1}	*čerd-	
чресла^{1}	*čerslo	
чресъ$^{+2}$	*čersъ	чересъ$^{+13}$
почрети^{1}	*čer(p)ti	
	*šelmъ	шеломъ^{1}

[8] Im Text страньноприимцѧ (382.2).

клевретъ[1]	aus vulg. lat. collibertus	
крамола[3]	entlehnt aus abair. karmala	
	entlehnt aus lat. marmor,griech.μάρμαρος	**моромор̄ъ**[1]
сребро[+5] **сребренъıи**[2]	***sьrebro**	**серебро**[+4]
	entlehnt aus griech. τέρεμνον oder urverwandt ***term-** oder zu kuman. tärmä	**теремъ**[1] **теремьць**[1 9)]
притраньнъıи[1]	***pri-tornъ**[10)]	

9) Im Text **терᵉмца** (327.27); zum Ansatz vgl. Vasmer III, 97.

10) Unsicherer Ansatz, vgl. Vasmer II, 435.

22. Wortnestliste der TRAT- und TOROT-Lexeme in der Kiever Chronik

Diese Chronik enthält nach unseren Zählungen:

159 trat-Lexeme, einschließlich der unechten 162
164 torot-Lexeme, einschließlich der unechten 169
Die Gesamtfrequenz der trat-Lexeme beträgt 802 bzw. 815
Die Gesamtfrequenz der torot-Lexeme beträgt 1480 bzw. 1505

брещи$^{+1}$	***bergt'i**	беречи$^{+3}$ възберечи^{1}
брегъ$^{+2}$	***bergъ**	берегъ$^{+5}$
благо^{2} благъіи^{10} преблагъіи^{2} блаженъіи^{13} блаженьство^{1} блажити^{1} благоволити^{2} благовѣрнъіи^{31} [1] Благовѣщение^{2} благодарити^{4} благодарение^{1} благодать^{10} благодѣꙗние^{1} благолюбивъіи^{2} благолюбьнъ^{1} благонравенъ^{3} благороднъіи^{1} благосердъ^{1} благословити(сѧ)^{7} благословѧти^{1} благослов(л)ение (-ье)^{11} благоѹмнъіи^{2} благоѹханьнъіи^{3} благохвалнъіи^{5} благочестивъіи^{2}	***bolg-**	
	***bolnьje**	болонье^{9}
	***bolto**	болото^{7}
	***borda**	борода^{2} бородатъ^{1}
	***bordlo**	забороло^{2}
брань$^{+8}$	***born-**	боронити^{1} боронь$^{+1}$ възборонити^{1}
брашно^{1}	***boršьno**	
облещи$^{+2}$ съвлѣщисѧ^{1}	***velk-** }	волочи^{1} изволочи^{1} оболочи$^{+1}$
привлачити^{1}	***volk-** }	волочити^{1} въіволочити^{1} изволочити^{1}
облакъ^{2}	}	паволока^{4}
	***verg-**	въіверечи^{2}
вредъ^{2} невреженъ^{2}	***verd-**	вередити^{3}
времѧ$^{+34}$ врѣмѣненъіи^{1} маловременьнъіи (-временнъіи)^{4}	***vertmen-**	веремѧ$^{+85}$ извеременити^{1}
власть$^{+6}$ владъіка^{9} владъічьнь (владъіцнии)^{3} владъічица^{2} самовластьнъ^{2} область^{3}	***vold-**	волость$^{+167}$ волостель^{1} волоститисꙗ^{1} [2]
власъ^{1}	***volsъ**	
врагъ$^{+9}$ вражнъіи^{1} вражда$^{+1}$	***vorg-**	ворогъ$^{+22}$ ворожда$^{+5}$ ворожьбитъ^{2} заворожити^{1}
	***vorp-**	воропъ^{3} навор опъ^{4} наворопити^{1} наворопникъ^{1}
вратитисѧ$^{+1}$ въз(в)ратити(сѧ) (възъ-, вьз-, воз-, возъ-, ѹз-)$^{+89}$ възвращение^{1} възвращатисѧ^{1} обратитисѧ$^{+2}$ обращати^{5}	***vort-**	воротити(сѧ)$^{+35}$ ворочати^{1} възворотити(сѧ) (вьз-, воз-, возъ-, ѹз-)$^{+43}$ оборотити(сѧ)$^{+6}$ оборочивати^{1} поворотити(сѧ)^{4} ѹворотити^{2}

[1] Im Text einmal бл҃говѣрънымъ (511.24).

[2] Vgl. Srezn. I, 292.

врата$^{+3}$	***vorta**	ворота$^{+33}$ воротца^{1} [3]
глава$^{+7}$	***golv-**	голова$^{+27}$ безголовие^{1}
глаголъ^{1} глаголати^{49} поглаголати^{2}	***golgol-**	
гладъ$^{+1}$	***goldъ**	голодъ$^{+3}$
гласъ^{3} възъгласити^{1} велегласно^{1} гласохвалныи^{1}	***gols-**	
градъ$^{+63}$ гражанинъ$^{+2}$ (Бѣлъградъ$^{+}$)	***gord-**	городъ$^{+235}$ городокъ^{3} городище^{1} горожанинъ$^{+4}$ городникъ^{1} загородити^{1} огородъ^{7} огородити^{2} перед(ъ)городие (-ье)^{2} Царьгородъ^{1} (Бѣлъгородъ$^{+}$)
древо$^{+1}$	***derv-**	дерево$^{+1}$ деревѧныи^{2}
	***dorga**	дорога^{10}
драгыи$^{+4}$	***dorgъ**	дорогыи$^{+6}$
	***zdorv-** siehe ***sъ-dorv-**	
злато$^{+23}$ златыи$^{+8}$ позлатити$^{+1}$ Златоверхыи$^{+v5}$	***zolt-**	золото$^{+17}$ золотыи$^{+14}$ позолотити$^{+3}$ Золотовѣрхыи$^{+1}$
	***zork-**	ꙋзорочье (-ие)^{5} [4]
	***kold-**	колодникъ (колодьникъ)^{11}
	***korl'ь**	король^{108} королевыи^{10} королевичь^{5}
млеко^{1}	***melko**	
ꙋмрети$^{+3}$	***merti**	мерети^{1} измерети^{1} ꙋмерети$^{+1}$
младъ$^{+4}$ младенѣць^{2}	***mold-**	молодыи (моложьшии, моложии)$^{+17}$ молодь^{2}
	***morzъ**	заморозъ^{1}
мракъ^{1} омрачныи^{1} помрачити^{1} помрачати^{1}	***mork-**	
нравъ^{3} благонравенъ	***norvъ**	
плѣнъ$^{+3}$ плѣнити$^{+v6}$ плѣнꙗти^{1}	***peln-**	полонъ$^{+27}$ полонити$^{+2}$ ополонитисѧ^{8} отполонити^{7} сполонитисѧ^{1}
преблагыи привеликъ (statt пре-)^{1} прѣдивьнъ^{1} прѣкрасныи^{1} прилюбимъ (statt пре-)^{1} [5] премилосердыи^{1} премногыи^{1} премꙋдрыи^{2} предподобныи (statt пре-)^{2} [6] пресвѧтыи^{1} преславныи^{3} престолъ^{1} пречистыи^{9} пречюдьнъ^{1}	***per-** + Adjektiv (Substantiv)	

3) Im Text **во Воротцехъ** (672.21), XП **въ воротцѣх.**

4) Auch **оузорочь** (fem.) (522.14, vgl. Srezn. nur dieser Beleg).

5) XП **прелюбим** (490.28, Fußnote 77).

6) Im Text **прп̑бныхъ. стхъ ѡць.** (705.12), **и со прп̑бнымъ Мефедьемь** (713.5).

преболе^{1} прѣбрести$^{+1}$ 7) пребыти$^{+v19}$ предати$^{+v12}$ преждати$^{+1}$ преити$^{+1}$ прельстити$^{+2}$ преступити$^{+1}$ прегрѣшение (при-)^{3} предатель^{1} предаіати(сѧ)^{v2} преклонитисѧ^{1} прекрыти^{1} прельсть^{1} прѣпирати^{1} препоіасати^{1} преставитисѧ^{v78} преставление (при-)^{4} престати^{2} преступление^{2} законопреступникъ^{1} пресѣкати^{1}	*per- + Verb (Deverbativum)	перебрести$^{+5}$ перебыти$^{+4}$ передати(сѧ)$^{+4}$ переждати$^{+3}$ переити$^{+35}$ перельстити$^{+2}$ переступити$^{+13}$
		переврати(сѧ)^{5} переводитисѧ^{1} перебѣчи^{5} перевезти^{1} перевести(сѧ)^{4} перевозити(сѧ)^{2} перевозъ^{3} перегатити^{1} перегонити^{1} перегоніати^{1} перезрѣти^{1} перележати^{1} перелетѣти^{2} переметати^{2} перемочи^{1} перемагатисѧ^{1} перенести^{2} переобидити^{3} 8) перепочити^{3} переправити(сѧ)^{4} перепустити^{1} пересердие^{1} перескокъ^{1} переспати^{1} перестичи^{1} перестоіати^{1} перестрѣлъ^{1} перестрашити^{1} переступати^{4} перестрѧпати^{1} перетѧти^{2} переходъ^{1} перебѣхати^{21} переіати^{4}
бес престани^{1} не пременьно^{1} непрѣстаньныи^{1} предъ (предо)$^{+v14}$ преди$^{+v5}$ преднии (прѣдьнии)$^{+6}$	*per-d-	передъ$^{+47}$ переди$^{+v7}$ переднии$^{+7}$ напередъ^{12} на¦переди^{v9} упередити^{1}
предлежащии^{3} предъстоіащии^{1}		перед(ъ)городие (-ье)
преже$^{+16}$ прежнии^{1}		переже$^{+21}$
	*per-k-	перекы (-ъ)^{8} поперекъ^{1}
прѣтити^{1} запрѣтити^{1}	*per-t?	
претисѧ^{1}	*perti	
платъ^{1}	*poltъ	
	*polch-	пополохъ^{2} пополошитисѧ^{2} уполошитисѧ^{2}
	*porgъ	порогъ^{2}
праз(д)никъ^{10} празныи (празнаіа недѣліа)$^{+1}$ празновати^{2}	*porzdьn-	порозныи (порознаіа недѣліа)$^{+4}$ порожнии^{2} упорозьнитисѧ^{1}
прахъ^{1}	*porchъ	

7) Der Übersichtlichkeit halber sind die paarigen Verben vom Typ пре-/ пере- den anderen vorangestellt.

8) = переобидѣти, vgl. Srezn. II, 912.

среда$^{+5}$ посредѣ (-и)^{5}	*serd-	середа$^{+3}$ середъ^{1} середѣ^{2} [9] середнии^{4} середохрестьнъıи^{2}
	*sernъ	серенъ^{1}
наслажение^{1}	*sold-	
	*sorm-	соромъ^{12} соромлѧти^{1}
стрещи$^{+1}$	*stergti	стеречи(сѧ)$^{+11}$ остеречи^{1} постеречи^{4} устеречи(сѧ)^{5}
стражь$^{+1}$	*storžь	сторожь (-а)$^{+25}$
страна$^{+9}$ странъıи [sic!]^{1} [10] пристраньнъ^{2} пространъ^{1}	*storn-	сторона$^{+43}$
сдравъ$^{+1}$ здравье$^{+1}$ несдравовати (нѣздравовати)^{3}	*sъ-dorv-	здоровъıи (сд-)$^{+4}$ здоровье (-ие)$^{+11}$ по здорову^{1}
требовати^{v4} потреба^{2} потребитисѧ^{1}	*terb-	
	*torpъ	оторопъ^{1}
	*cholpъ	холопъ^{2}
храборъ^{2} храборьствовати^{1}	*chorbr-	
храмъ$^{+2}$	*chormъ	хоромъ$^{+2}$
хранити$^{+3}$ схранити (съхранити)^{4}	*chorniti	хоронити$^{+1}$ похоронити^{3} расхоронитисѧ^{1}
чрево (щрево)$^{+2}$	*červo	черево$^{+1}$
учредити^{3}	*čerd-	
чресъ$^{+1}$	*čersъ	чересъ$^{+31}$
	*čer(p)ti	почерети^{1}
	*šelm-	шеломъ (шоломъ)^{7} шоломѧ^{3}

9) Adverb und Präposition.

10) Im Text странъıѩ (656.17).

бракъ[2]	***borkъ** oder ***bьrakъ**	
	***kolkolъ**	колоколъ[2]
	***polkъ** entlehnt aus agerm. *fulkaz	полокъ[1]
сребро[+v9] сребренъıи[2]	***sьrebro**	серебро[+16] серебренъıи (серебрѧнъıи)[v5]
	aus griech. τέρεμνον oder urverwandt ***termъ** oder zu kuman. tärmä (s. Vasmer)	теремъ[1]

23. Wortnestliste der TRAT- und TOROT-Lexeme in der Galizischen Chronik

Diese Chronik enthält nach unseren Zählungen:

119 trat-Lexeme, einschließlich der unechten 122
69 torot-Lexeme, einschließlich der unechten 73
Die Gesamtfrequenz der trat-Lexeme beträgt 692 bzw. 700
Die Gesamtfrequenz der torot-Lexeme beträgt 361 bzw. 367

	***bergъ**	берегъ^{4}
блаженъıи^{2} преблаженъıи^{1} благословение^{1}	***bolg-**	
	***bolto**	болото^{4}
	***borda**	борода^{1}
забрало$^{+2}$	***bordlo**	забороло$^{+2}$ 1)
бранити$^{+4}$ брань^{28} браньнъıи^{1} возбранити^{2} возбранꙗти^{4}	***born-**	боронити$^{+1}$
	***borti**	боротисѧ^{1}
брашно^{2}	***boršьno**	
	***velk-** }	соволочи^{1}
возвлачитисѧ^{1}	***volk-** }	волочити^{1}
облачити^{1}		оболокъ^{1}
врещи^{1}	***verg-**	
времѧ^{28}	***vertmen-**	
владѣти^{2} власть$^{+5}$ владъıка^{2} владъıчица^{1} обладати^{4}	***vold-**	волость$^{+3}$
врагъ$^{+3}$ вражба^{1} вражда (вражьда)^{7}	***vorg-**	ворогъ$^{+2}$ ворожьство^{1}
	***vornъ**	воронъ^{1}
вратитисѧ$^{+9}$возвратитисѧ(въз-, возъ-, звратитисѧ)$^{+39}$ возвращение^{1} навратитисѧ$^{+3}$ обратитисѧ^{8} обращати^{1} увратитисѧ^{1}	***vort-**	воротитисѧ$^{+20}$ возворотитисѧ$^{+1}$ наворотити(сѧ)$^{+7}$
врата$^{+18}$	***vorta**	ворота$^{+7}$
глава$^{+6}$	***golv-**	голова$^{+4}$ головнꙗ^{2}
глаголъ^{3} глаголати^{20}	***golgol-**	
гладъ^{4}	***gold-**	голодьнъ^{1}
гласъ^{5}	***golsъ**	
градъ$^{+179}$ градъкъ^{1} градець$^{+v2}$ граднъıи^{3} градьскъıи^{3} гражанинъ$^{+15}$ заградити^{1} оградъ^{1}	***gord-**	городъ$^{+55}$ городѣць$^{+1}$ городище^{1} горожанинъ$^{+1}$
древо^{v5}	***derv-**	
	***dorga**	дорога^{2}
драгъıи^{2}	***dorg-**	
	***zdorv** siehe ***sъ-dorv-**	

1) Im Text забролѣхъ (757.4), XII заборолѣх.

злато$^{+6}$ златыи$^{+5}$ позлатити^{1}	***zolt-**	золото$^{+1}$ золотыи$^{+2}$
	***kold-**	колодник (колодьникъ)^{6}
кладѧзь^{1}	***koldęd'źь**	
	***korl'ь**	король^{102} королевъ^{8} королевьскыи^{1} королевьство^{3} королевичь^{18}
млеко$^{+2}$	***melko**	молоко$^{+2}$
младъ$^{+17}$ младъство [sic!]^{1}	***mold-**	молодыи$^{+2}$
омрачити^{1}	***mork-**	
	***norvъ**	норовъ^{1}
плѣнъ$^{+v11}$ плѣнити$^{+v16}$ пленение^{1} плѣнѧти^{4} поплѣнити^{v7}	***peln-**	полонъ$^{+6}$ полонити$^{+1}$
преблаженыи привеликъ (statt пре-)^{1} [2] прегордыи^{3} предобръ^{1} прекрасныи^{2} [3] премудрыи^{2} пре(д)подобныи^{5} [4] пресвѧтыи^{3} пречистыи^{5} пречюдныи^{1}	***per-** + Adjektiv	
предати(сѧ)$^{+22}$ [5] преити$^{+v11}$ престати$^{+1}$ преводъ^{1} прегрешение^{1} преданье^{1} предаꙗти^{1} прельстити^{3} прельщенье^{1} прельщати^{1} прелесть^{1} премолвити^{1} премѣнити(сѧ)^{v2} препроводити^{1} престаꙗти^{9} претѧти^{1}	***per-** + Verb (Deverbativum)	передати(сѧ)$^{+3}$ переити$^{+13}$ перестати$^{+1}$
		перевести^{1} переводити^{1} перемолъвливати^{1} перестрѣлъ^{1} переѣхати^{1}
бес престани^{1} непрестаньно^{1}		
предъ$^{+11}$ предѣ^{1} преднии$^{+7}$ напред$^{+1}$ напреди^{1} предъварити^{1} преже^{17}	***per-d-**	передъ$^{+9}$ переднии$^{+1}$ впередъ^{1} напередъ$^{+6}$
претити^{1} запрѣтити^{1}	***per-t?**	
запретисѧ^{1}	***perti**	
пламень^{2} пламѧнъ^{1}	***polmen-**	

2) XII **превеликоу** (845.21, Fußnote 40).

3) Im Text **прекрасноу** (788.15), **прекраснии** (844.25).

4) Im Text **прп҃бномоу** (780.18), **прп҃наго** (782.2).

5) Der Übersichtlichkeit halber wurden die paarigen Verben vom Typ **пре-**/**пере-** den anderen vorangestellt.

	***polch-**	уполошитисꙗ^{1}
	***porgъ**	порогъ^{1}
празникъ^{1}	***porzdьn-**	
пракъ$^{+1}$ праща^{4}	***por-k-**	порокъ$^{+8}$ порочнꙑи^{1} [6]
средѣ^{2} посредѣ^{v2}	***serd-**	середнии^{1}
	***sernъ**	серенъ^{1}
смрадъ^{1}	***smordъ**	
	***solma**	солома^{1}
	***sork-**	сорочька^{1}
срамъ$^{+1}$ срамота^{1} усрамити^{1}	***sorm-**	соромъ$^{+2}$
стрещи$^{+2}$	***stergti**	стеречи$^{+3}$
стражь$^{+1}$	***storžь**	сторожь (-а)$^{+9}$
страна$^{+20}$ странꙑи [sic!]^{1} странникъ^{1} пристраньнꙑи^{2} пространьство^{1}	***storn-**	сторона$^{+2}$
здравье^{2} нездравие^{1}	***sъ-dorv-**	
потребити^{1}	***terb-**	теребити^{1}
	***chvorstъ**	хворостъ^{1}
	***cholpъ**	холопъ^{1}
храбрꙑи (храборъ)$^{+8}$	***chorbrъ**	хоробръ$^{+1}$
храмъ^{3}	***chormъ**	
чрево^{1}	***červo**	
	***čersъ**	чересъ^{4}
	***šelmъ**	шеломъ (шоломъ)^{5}

Zweifelhafte und unechte TRAT-TOROT-Lexeme

	***kolkolъ**	колоколъ^{1}
крамола^{4}	entlehnt aus abair. karmala	коромоловати^{1}
мраморъ^{1}	entlehnt aus lat. marmor,griech. μάρμαρος	
сребро$^{+3}$	***sьrebro**	серебро$^{+3}$ серебренꙑи^{1}

[6] Im Text **порочние** (801.5), XII **порочные.**

24. Wortnestliste der TRAT- und TOROT-Lexeme in der Volhynischen Chronik

Diese Chronik enthält nach unseren Zählungen:

70 trat-Lexeme, einschließlich der unechten 73
72 torot-Lexeme, einschließlich der unechten 77
Die Gesamtfrequenz der trat-Lexeme beträgt 152 bzw. 170
Die Gesamtfrequenz der torot-Lexeme beträgt 433 bzw. 444

	***bergъ**	берегъ^{1}
благыи^{6} блаженыи^{2} благовѣрныи^{7} благовѣрье^{5} благовѣстити^{1} Благовѣщение^{1} благодарити^{1} благопохвалныи^{1} благословити^{1} благословление^{2} благоухание^{1}	***bolg-**	
	***bolnьje**	болонье^{2}
	***bord-**	борода^{3} бородныи^{2}
	***bordlo**	забороло^{9} 1)
	***born-**	возборонити^{1}
совлачити^{1}	**(*velk-) *volk-**	волочити^{1} оболченъ^{1} 2)
		паволока^{2}
времѧ$^{+4}$ временьныи^{1}	***vertmen-**	веремѧ$^{+6}$
владыка^{10} владычество^{1} владычьствовати^{1}	***vold-**	изволодѣти^{1} волость^{1}
власатыи^{1}	***vols-**	волосъ^{1}
вражьствовати^{1}	***vorg-**	ворогъ^{5}
	***vorpъ**	воропъ^{1}
возвратитисѧ$^{+13}$	***vort-**	воротити(сѧ)^{9} возворотитисѧ$^{+1}$ коловоротныи^{1}
	***vorta**	ворота^{3}
глава$^{+2}$	***golva**	голова$^{+5}$
глаголъ^{1} глаголати^{6}	***golgol-**	
	***goldъ**	голодъ^{3}
гласъ^{1} оглашение^{1}	***gols-**	
градъ$^{+2}$	***gord-**	городъ$^{+177}$ горожанинъ^{16} огородити^{1}
древо^{2}	***derv-**	деревѧныи^{1}
	***dorga**	дорога^{5}
драгыи$^{+3}$	***dorgъ**	дорогыи$^{+6}$
	***zdorv-** siehe ***sъ-dorv-**	
злато$^{+3}$ златыи$^{+3}$	***zolt-**	золото$^{+10}$ золотыи$^{+4}$
	***zork-**	узорочие^{1}
	***korl'ъ**	король^{10} королевыи^{7}
умрети$^{+1}$	***merti**	умерети$^{+1}$
младъ$^{+1}$	***mold-**	молодыи$^{+5}$
	***morzъ**	морозъ^{2}

1) Im Text забролѣхъ (878.10), XII заборолѣх.

2) XII оболочен (924.19, Fußnote 43).

помрачити^{1}	***mork-**	
	***norvъ**	норовъ^{1}
	***peln-**	полонъ^{20} полоненикъ^{1} ополонитисѧ^{2} отполонити^{2}
предивьнъ^{1} приподобнъıи (statt пре-)^{1} [3] пресвѧтъıи^{1} престолъ^{1} пречистъıи^{4} добропрелюбнъıи^{1}	***per-** + Adjektiv (Substantiv)	
пребъıти$^{+2}$ [4] предати$^{+3}$ пребъıвати^{1} предание (-ье)^{3} препоıасати^{1} преставитисѧ^{11} преставление^{2} престаıати^{1}	***per-** + Verb (Deverbativum)	перебъıти$^{+2}$ передати(сѧ)$^{+4}$
		перегнити^{2} передаватисѧ^{1} перезрѣти^{1} переити^{8} перекормити^{1} перестати^{1}
беспрестани^{1} преизлиха^{1} предъ$^{+4}$ предании^{1}	***per-d-**	передъ (передо)$^{+13}$ передѣ^{4} напередъ^{4} передити^{1} [5] попередити^{2}
предлежащии^{3} предстоıащии^{1} преже^{2} прежнии^{1} прежер(е)ченъıи^{2}		
	***per-kъ**	поперекъ^{1}
запрѣтисѧ^{2} [6] отопрѣтисѧ^{1}	***perti**	
платъкъ^{1}	***polt-**	
	***polch-**	пополошитисѧ^{1}
	***por-kъ**	порокъ^{5}
среда^{1} среди^{1}	***serd-**	
сладкъıи^{1} наслажение^{1}	***soldъ (-kъ)**	
	***solma**	солома^{3}
срамъ$^{+1}$ посрамити^{1}	***sorm-**	соромъ$^{+7}$ соромота^{6}
	***stergti**	стеречи^{1}
	***storžь**	сторожь (-а)^{2}

---

3) Im Text **приподобнꙑ҄** (917.9).

4) Der Übersichtlichkeit halber wurden die paarigen Verben vom Typ **пре-** / **пере-** den anderen vorangestellt.

5) XП **попередил** (894.5, Fußnote 45).

6) Das Simplex **прѣти сѧ** kommt einmal im selben Kontext wie **запрѣтисѧ** vor, doch in einer Form ohne Metathese und wurde daher auf der Liste nicht angeführt (im Gegensatz zu Hens'ors'kyj 1961: 136), vgl. **«без лѣпа т сѧ прить»** (880.7).

страна$^{+1}$ **страньныи**^{1} **страненъприимникъ**^{1}	***storn-**	**сторона**$^{+8}$
	***sъ-dorv-**	**здоровъ (сдоровъ)**^{3} **здоровье (-ие)**^{8} **устоpовитисѧ**^{1} [7]
требовати^{1}	***terb-**	**отеребити**^{1}
	***cholpъ**	**холопъ**^{2}
	***chorbrъ**	**хоробрыи**^{4}
	***chormъ**	**хоромъ**^{1}
съхранити^{1}	***chorniti**	
	***čersъ**	**черес**^{1}
	***šelmъ**	**шеломъ**^{1}

Zweifelhafte und unechte TRAT/TOROT-Lexeme

брачныи^{1}	***bork-** oder ***bьrak-**	
	***kolkolъ**	**колоколъ**^{1}
	entlehnt aus abair. karmala	**коромола**^{5} **коромолникъ**^{1}
сребро$^{+8}$ **сребрѧныи (сребренъ)**$^{+8}$	***sьrebro**	**серебро**$^{+2}$ **серебрѧныи**$^{+2}$

7) XII **оздоровися** (864.10, Fußnote 42).

25. ZUSAMMENFASSENDE LISTEN

Alle bisher angeführten Hinweise bezüglich Anordnung und Schreibung für die obigen Wortnestlisten (S. 173 ff., 266) gelten auch für die zusammenfassenden Listen, mit folgenden Abänderungen und Ergänzungen: Variierende Schreibweisen sind nur durch ein hochgestelltes ^{v} angezeigt und die alternierenden bzw. ausgefallenen Grapheme unterstrichen, wobei die ältere Form als Stichwort angegeben ist, z. B. городъ̲къ bedeutet, daß auch городокъ vorkommt, городь̲ныи^{v}, auch городныи, вре̲ме̲нь̲ныи^{v} für врѣмѧньныи (PL), временныи (PI), врѣмѣненыи^{v} (K). Das ^{v} dient als Verweis zu den einzelnen Wortnestlisten, falls man die verschiedenen vorkommenden Varianten finden will. Alle Stichwörter mit ѣ / е sind auf den zusammenfassenden Listen nach PVL L normalisiert, das die rksl. Norm am besten verkörpert, also брегъ^{v} oder съ̲вле̲щисѧ^{v}. Bei Suffixdubletten wie -ие -ье wird die häufigere als Stichwort mit ^{v} angegeben, bei gleicher Frequenz die etymologisch entsprechendere.

Liste sämtlicher TRAT- und TOROT-Lexeme aus den untersuchten Chroniken
(mit Frequenzangaben)

брещи$^{+7}$	***bergt'i**	вереҷи$^{+5}$ възвереҷи^{1}
брегъ$^{+v15}$	***bergъ**	берегъ$^{+v36}$
	***berz-**	березовъ^{1}
благо^{13} благостыни^{1} благыи^{59} преблагыи^{v5} блаженыи^{111} преблаженыи^{2} треблаженыи^{1} блаженьство^{1} блажити^{2} благоволити^{2} благовоньныи^{3} благовѣрьныи^{v118} благовѣрье^{5} благовѣстити^{v3} Благовѣщение^{v19} благодарити^{7} благодарение^{v2} благодать^{23} благодѣтельствовати^{2} благодѣтьнъ^{1} благодѣıание^{1} благоизволити^{2} благолюбивыи^{2} благолюбьнъ^{1} благонравенъ^{3} благопотребныи^{2} благопохвалныи^{1} благоразумныи^{3} благородьныи^{v12} благосердъ^{3} благословити(сѧ)^{73} благословлѧти^{v2} благословление^{v48} благоумныи^{2} благоуханьныи^{v5} благоухание^{v8} благохвалныи^{5} благочестье^{2} благочьстивыи^{v12} благочестьнъ^{1}	***bolg-**	
	***bolnьje**	болонье^{14}
	***bolto**	болото^{18}
брада$^{+6}$	***bord-**	борода$^{+4}$ бородатъ^{1} бородныи^{2}
забрало$^{+3}$ забрал(ь)ныи^{v2}	***bordlo**	забороло$^{+17}$
бранити$^{+9}$ брань$^{+90}$ браньныи^{1} възбранити$^{+v8}$ възбранѧти^{v8} обранити$^{+1}$	***born-**	боронити$^{+4}$ боронение^{2} боронь$^{+1}$ възборонити(сѧ)$^{+v4}$ оборонити$^{+3}$
	***borti**	бороти(сѧ)^{9} переборoти^{2} побороти^{1}
брашно^{24}	***boršьno**	
влещи$^{+v7}$ возьвлещи$^{+1}$ из(ъ)влещи$^{+v6}$ облещи(сѧ)$^{+v18}$ привлещи^{5} съвлещисѧ$^{+v4}$	***velk-** }	волокъ^{3} волочи$^{+2}$ узволочи (statt въз-)$^{+1}$ выволочи^{2} изволочи$^{+1}$ оболочи(сѧ)$^{+2}$ поволочи^{1} с(о)волочи(сѧ)$^{+v4}$ волочити$^{+7}$ воволочити^{1} възволочити$^{+1}$ выволочити^{1} изъволочити^{v2} наволочити^{1} оболокъ$^{+2}$ оболочити(сѧ)$^{+2}$ паволока^{41} паволочитыи^{v4} Заволочие^{v2} Заволочьскыи^{2}
влачити$^{+2}$ возвлачитисѧ$^{+1}$ облакъ$^{+8}$ облаченъ^{4} облачити$^{+1}$ привлачити^{2} совлачити^{1}	***volk-** }	

врещи^{1} отврещисѧ^{1} поврещи^{v4} испроврещи^{2}	*verg-	въвереѹи^{2}
изъврагъ$^{+1}$	*vorg-	изворогъ$^{+1}$
вредъ^{8} вредити(сѧ)$^{+3}$ врежати(сѧ)$^{+3}$ невреженъ^{8}	*verd-	вередити$^{+5}$ вьрежатисѧ$^{+1}$
врѣмѧ$^{+v195}$ временьнъıи^{v5} маловременьнъıи^{4}	*vertmen-	веремѧ$^{+98}$ извеременити^{2}
разъвлажѣти^{1}	*volg-	
владати^{1} владѣти$^{+16}$ власть$^{+88}$ властьца^{1} власти$^{+1}$ властель$^{+5}$ владъıка^{111} владъıѹьнии^{v23} владъıѹество^{1} владъıѹьствовати^{1} владъıѹица^{v10} единовластеѹь [sic!]^{1} самовластець^{2} самовластьнъ^{2} совладѣтельство^{1}	*vold-	володѣти$^{+12}$ волость$^{+276}$ волостель$^{+1}$ волоститисꙗ$^{+1}$ изволодѣти^{1}
обладати^{19} область$^{+23}$		оболость$^{+1}$
власъ$^{+4}$ власѧница^{8} власатъıи^{1}	*vols-	волосъ$^{+1}$
врабьи$^{+1}$	*vorbьjь	воробьи$^{+v14}$
врагъ$^{+85}$ вражии^{3} вражнъıи^{1} враженнъıи^{1} вражба^{1} вражьда$^{+v12}$ враждолюбьць^{2} вражьствовати^{1}	*vorg-	ворогъ$^{+46}$ ворожда$^{+5}$ ворожьбитъ^{v3} ворожьство^{1} заворожити^{1}
вранъ$^{+3}$	*vornъ	воронъ$^{+3}$
	*vorp-	воропъ^{10} навороппъ^{4} навороппити^{4} навороппникъ^{1}
вратити(сѧ)$^{+12}$ възвратити(сѧ)$^{+v325}$ възвращение^{v3} въз(ъ)вращатисѧ^{v10} навратитисѧ$^{+3}$ обратити(сѧ)$^{+44}$ обращение^{2} обращати(сѧ)^{10} отвратити(сѧ)^{5} отвращение^{2} отвращати^{1} разъвратити^{v7} развратникъ^{1} совращатисѧ^{1} ѵвратитисѧ$^{+2}$	*vort-	воротъ^{1} воротити(сѧ)$^{+132}$ вороѹати^{1} възворотити(сѧ)$^{+v52}$ изворотити^{1} наворотити(сѧ)$^{+7}$ оборотити(сѧ)$^{+9}$ обороѹивати^{1} поворотити(сѧ)^{6} ѵворотити(сѧ)$^{+4}$
непревратьнъ^{2} несъвратьнъ^{v2}		коловоротнъıи^{1}
вретено$^{+1}$	*vert-	веретено$^{+1}$
врата$^{+55}$	*vorta	ворота$^{+96}$ воротца^{1}
глава$^{+87}$ главнъıи^{2}	*golv-	голова$^{+96}$ головнꙗ^{3} безголовие^{1}
глаголъ^{6} глаголати^{634} възглаголати^{2} изглаголати^{1} поглаголати^{2} проглаголати^{3}	*golgol-	
гладъ$^{+41}$	*gold-	голодъ$^{+21}$ голодьнъ^{1}
гласъ^{28} гласити^{2} възъгласити^{1} изъгласити^{v2} огласити^{2} оглашение^{1} съглашение^{1} гласохвалнъıи^{1}	*gols-	
велегласно^{3} единогласьнъ^{2} невѣгласъ$^{+10}$		невѣголосъ$^{+3}$

градъ$^{+607}$ градецъ$^{+v2}$ градъкъ$^{+v5}$ градьнъıи$^{+v10}$ градьскъıи$^{+v11}$ гражанинъ$^{+32}$ градитель^{1}	*gord-	городъ$^{+1004}$ городецъ$^{+v2}$ городъкъ$^{+v11}$ городище^{4} городьнъıи$^{+v6}$ городьнꙗ^{3} горожанинъ$^{+13}$ городчанинъ^{1} городникъ^{1} городьскъıи$^{+1}$
възъ(ъ)градити^{v2} заградити$^{+3}$ оградъ$^{+2}$ оградити$^{+3}$ огражати^{1} прѣграда^{1} преградъ^{1} сградити^{1} согражати^{1} виноградъ^{8}		загородьць^{2} загородити$^{+1}$ огородъ$^{+9}$ огородити(сѧ)$^{+8}$ передъгородие^{v4} пригородъ^{2}
(Бѣлъградъ$^{+}$) (Новъградъ$^{+}$) Ц(ес)арьградъ$^{+v59}$		(Бѣлъгородъ$^{+v}$) (Новъгородъ$^{+}$) Ц(ес)арьгородъ$^{+v20}$
древо$^{+v46}$ древѧнъıи$^{+v8}$ (Древ[л]ѧне$^{+}$)	*derv-	дерево$^{+v3}$ деревѧнъıи$^{+9}$ (Дерев[л]ѧне$^{v+}$)
	*dorga	дорога^{19}
драгъıи$^{+21}$	*dorg-	дорогъıи$^{+14}$ дорогъвь^{v4} въздорожити^{1}
жребии$^{+v19}$	*žerbьjь	жеребии$^{+1}$
	*žerdlo	жерело^{v4}
	*zdorv- siehe *sъ-dorv-	
злато$^{+88}$ златъıи$^{+34}$ златникъ$^{+3}$ Златоверхъıи$^{+v9}$ златозарнъıи^{2}	*zolt-	золото$^{+48}$ золотъıи$^{+33}$ золотникъ$^{+9}$ золотоверхъıи$^{+v3}$
позлатити$^{+2}$		позолотити$^{+3}$
зракъ^{9}	*zork-	ꙋзорочие^{v16}
клада$^{+5}$	*kold-	колода$^{+1}$ колодьникъ^{v26}
кладѧзь$^{+15}$	*koldęd'źь	колодѧзь$^{+4}$
заклати^{1}	*kolti	колоти^{1}
	vgl. *koltiti	сколота^{2}
крава^{2} 1)	*korva	
	*korl'ь	король^{246} королевъıи^{29} королевьскъıи^{1} королевьство^{3} королевичь^{v32}
вкратцѣ^{1}	*kort-	
млеко$^{+3}$	*melko	молоко$^{+2}$
помрети$^{+1}$ ꙋмрети$^{+25}$	*merti	мерети^{3} измерети^{4} померети$^{+2}$ ꙋмерети$^{+4}$
младъıи$^{+32}$ младъство [sic!]^{1} младенець^{v18} младодьньство^{1}	*mold-	молодъıи$^{+40}$ молодь^{2} молодьць^{1}
мразъ$^{+10}$	*morz-	морозъ$^{+7}$ морозити^{1} заморозъ^{v4}

1) In PL statt крава главѣ (97.23), PA коровѣ.

мракъ^{1} омрачити(сѧ)^{4} омраченье^{2} омрачныи^{3} помрачити^{4} помрачение^{v2} помрачати^{2}	***mork-**	морочьнъ^{1} суморокъ^{1}
нравъ$^{+21}$	***norvъ**	норовъ$^{+7}$
плѣнъ$^{+v16}$ пленьныи$^{+1}$ плѣнити$^{+v38}$ плѣнение$^{+v7}$ плѣньникъ$^{+2}$ плѣнıати^{v5} пленовати^{v5} поплѣнити$^{+17}$	***peln-**	полонъ$^{+120}$ полонныи$^{+1}$ полонити$^{+19}$ полонѣнье$^{+1}$ полоникъ$^{+1}$ полонѧникъ^{v4} ополонитисѧ^{11} отполонити^{13} пополонити$^{+2}$ сполонитисѧ^{1}
превеликъ^{v10} превѣчныи^{1} прегордыи^{3} предивьнъ^{v4} предобрыи^{3} преисподьнии^{1} прекрасныи^{v11} прилюбимъ (statt пре-)^{1} премилосердыи^{1} премилостивыи^{2} премногыи^{2} премудрыи^{v12} премудрено^{1} премудрость^{v15} пре(д)подобьныи^{v15} препѣтыи^{2} пресвѣтлыи^{1} пресвѣтозарныи^{1} пресвѧтыи^{9} пресвѧщеныи^{4} преславныи^{7} престолъ^{v17} пресущныи^{4} пречестныи^{1} пречистыи^{21} пречюдныи^{2} всепречистыи^{3} добропрелюбныи^{1} преболе^{1}	***per-** + Adjektiv (Substantiv)	
пребрести$^{+v3}$ пребыти$^{+46}$ превести$^{+1}$ преводъ$^{+1}$ предати(сѧ)$^{+v119}$ предаıати(сѧ)$^{+v8}$ прежидати$^{+2}$ презрѣти$^{+12}$ преимати$^{+3}$ преити$^{+v23}$ прекреститисѧ$^{+3}$ преложити(сѧ)$^{+v14}$ прельстити$^{+v33}$ пренести$^{+v5}$ пренесенье$^{+1}$ преобидѣти$^{+v2}$ препровадити$^{+1}$ преставитисѧ$^{+v358}$ престати$^{+4}$ престоıати$^{+2}$ преступати$^{+24}$ преступити$^{+v25}$ крестопреступникъ$^{+1}$ пресѣдѣти$^{+v4}$ претребовати$^{+1}$ претѧти$^{+1}$ преıати$^{+3}$ приѣхати$^{+1}$ (statt пре-)	***per-** + Verb (Deverbativum)	перебрести$^{+11}$ перебыти$^{+7}$ перевести(сѧ)$^{+4}$ переводъ$^{+1}$ передати(сѧ)$^{+25}$ передаıатисѧ$^{+1}$ пережидати$^{+3}$ перезрѣти$^{+v3}$ переимати$^{+3}$ переити$^{+80}$ перекрѣститисѧ$^{+2}$ переложити$^{+1}$ перельстити$^{+5}$ перенести$^{+v10}$ перенесенье$^{+1}$ переобидити$^{+3}$ перепровадити(сѧ)$^{+2}$ переставитисѧ$^{+4}$ перестати$^{+2}$ перестоıати$^{+4}$ переступати$^{+6}$ переступити$^{+21}$ крестопереступникъ$^{+1}$ пересѣдети$^{+v2}$ перетерѣбовати$^{+1}$ перетѧти$^{+2}$ переѣхати$^{+v27}$ переıати$^{+32}$
пребывати^{v50} пребѣгати^{1} превавлѧти^{2} превозвыситисѧ^{v2} прегрѣшение^{v12} предание^{v14} предатель^{1} предержати^{3} предѣлъ^{v14} прекладати^{v4} преклонити(сѧ)^{4} прекланѧти^{1} прекрыти^{1} прельщение^{v7} прельщати^{9} прельсть^{v15} прельстныи^{v3} прелюбодѣıати^{v2} прелюбы дѣıати^{2} прелюбодѣıание^{v3} прелюбодѣи^{1} прелюбодѣиць^{2} прелюбодѣица^{4} прелюбодѣичищь^{1} премолвити^{1} премѣнити(сѧ)^{v6} премѣнѧти(сѧ)^{4} приносити (statt пре-)^{1}		

преобразити(сѧ)^{2} Преображение^{v12} прѣпирати^{1} прѣпитати^{1} препловити^{1} препловленье^{1} препоıасати^{5} препоıасание^{v2} преслушати^{v2} прѣслушание^{1} преставление^{v9} престаıати^{12} престоıанье^{1} преступление^{v7} преступникъ^{v3} законопреступникъ^{3} законопреступнъıи^{2} пресѣкати^{1} претерпѣти^{4} претирати^{2} преткнутисѧ^{1} преторгнути^{2} преумножитисѧ^{1} преходити^{v5}	*per- + Verb (Deverbativum) Fortsetzung	перевечи^{v6} перебрати(сѧ)^{6} переводити(сѧ)^{10} перевара^{1} перевезти(сѧ)^{7} переводити^{1} перевозити(сѧ)^{3} перевозъ^{8} перевозникъ^{4} перевѣсище^{3} перевѣтъ^{v6} перевѣтникъ^{3} перегатити^{1} перегнити^{2} перегонити^{1} перегоıати^{1} перегъбъ^{v2} передаватисѧ^{1} пережечи^{4} перезоръ^{1} переклюкати^{2} перекормити^{1} перележати^{2} перелетѣти^{2} переметати^{3} перемочи^{1} перемогатисѧ^{v2} перемолъвливати^{1} переписати^{1} перепочити^{3} переправити(сѧ)^{4} перепустити^{2} перерѣзати^{2} пересердие^{1} перескокъ^{1} переспати^{1} перестичи^{1} перестрашити^{2} перестрѣлъ^{2} перестрѧпати^{4} переступъ^{1} пересѣчи^{1} перехватити^{1} переходъ^{1} переѣздити^{1}
бес¦престани$^{+v7}$ преизлиха^{2} непреложьнъ^{2} не пременьно^{1} не престаи^{1} непрестаньнъıи^{v3}		бес¦перестани$^{+2}$
предъ$^{+v194}$ преди$^{+v8}$ предьнии$^{+v24}$ напредъ$^{+1}$ напреди$^{+v2}$ спредъ^{1} упрѣдъ^{1} предъварити^{1} предъити^{8} предложити^{1} прѣдъпоити^{1} предъпоказати^{1} предъставитисѧ^{1} предстати^{1} предъстоıати^{3} предстоıанье^{1} пред(и)будущаıа^{v2} предълежащии^{v15} предъидущии^{2} предреченъıи^{2} предъстоıащии^{v2} предътекущии^{2} (Предъславино$^{+}$ Предъславна) преже$^{+v146}$ прежнии^{6} преж(д)е¦реченъıи^{v11}	*per-d-	передъ$^{+v106}$ переди$^{+v16}$ передьнии$^{+v17}$ передити^{1} попередити^{2} упередити^{3} впередъ^{1} вередѣ^{2} напередъ$^{+31}$ напереди$^{+v10}$ напереду^{1} (Передъславино$^{+}$ Передъславинъ Передъслава^{v}) переже$^{+30}$
преки$^{+v2}$ прекостьнъ^{2}	*per-k-	перекы$^{+v8}$ поперекъ^{3}
претити^{v2} прѣщение^{v7} запретити^{v7}	*per-t?	
претисѧ^{v3} запрети(сѧ)^{2} от(о)прѣтисѧ^{v4} распрѣтисѧ^{2}	*perti	

пламенъ^{v11} пламѧнъ^{2}	***polmen-**	
платъ^{1} платъкъ^{3}	***polt-**	
	***polch-**	пополохъ^{5} пополошитисѧ^{4} уполошитисѧ^{3}
	***porgъ**	порогъ^{27}
праз(д)ьникъ^{v61} праз(д)нꙑи$^{+v6}$ праздьничьнꙑи^{1} праз(д)ньство^{v4} праздьновати^{v19} празнословецъ^{1} непраздна^{2}	***porzdьn-**	пороз(д)нꙑи$^{+v5}$ порожнии^{3} упорозьнитисѧ^{1}
пракъ$^{+1}$ праща^{4}	***por-k-**	порокъ$^{+20}$ порочнꙑи^{3}
прахъ^{1}	***porchъ**	
среда$^{+21}$ средъ$^{+2}$ средѣ$^{+v10}$ среднии$^{+1}$ средовѣць [sic!]^{1} средохрестьнꙑи$^{+1}$ посредѣ$^{+v34}$	***serd-**	середа$^{+7}$ середъ$^{+2}$ середѣ$^{+v3}$ середнии$^{+6}$ середохрестьнꙑи$^{+2}$ посередѣ$^{+1}$
	***sernъ**	середъ^{2}
смрадъ$^{+6}$	***smordъ**	смородъ$^{+2}$
сладъкꙑи^{v5} сласть^{2} насладити(сѧ)^{2} наслажение^{2} наслажати(сѧ)^{6} осладитисѧ^{1} усладитисѧ^{1}	***sold- (kъ)**	
	***solma**	солома^{5}
	***sork-**	сорочица^{2} сорочька^{v7}
срамъ$^{+12}$ срамнии^{2} срамлѧтисѧ$^{+1}$ срамота$^{+1}$ посрамити^{4} усрамити^{1} срамословье^{2}	***sorm-**	соромъ$^{+19}$ соромлѧти$^{+2}$ соромота$^{+6}$ осоромити^{2}
стрещи$^{+v11}$	***stergti**	стеречи(сѧ)$^{+17}$ достеречисѧ^{1} остеречи^{1} постеречи^{4} устеречи(сѧ)^{v10}
стражь$^{+7}$ стража$^{+2}$	***storžь**	сторожь (-а)$^{+v90}$
страна$^{+210}$ странь$^{+1}$ страньнꙑи$^{+v7}$ странникъ^{2} страньнствующии^{2} пристраньнꙑи^{v5} пространьнъ (-странъ)^{v3} пространьство$^{+v2}$ пространитисѧ^{1} распространитисѧ^{2} упространитисѧ^{4} устранитисѧ^{1} устранѧтисѧ^{1} страннолюбивъ^{2} страненъприимникъ^{1} страньноприимьць^{1} иностраньнъ^{2}	***storn-**	сторона$^{+116}$ сторонь$^{+1}$ стороннии$^{+1}$ посторонь^{5} простороньство$^{+1}$
простръти(сѧ)^{6}	***sterti**	

съдравъ$^{+v14}$ здравье$^{+v8}$ нездравие$^{+1}$ не сдравити$^{+v3}$ несдравовати^{v3}	*sъ-dorv-[2]	здоровъıи$^{+v19}$ здоровие$^{+v20}$ нездоровие$^{+1}$ по здорову$^{+v3}$ не здоровити$^{+2}$ усторобитисѧ^{1}
	*telkti	утолочити^{2}
треба$^{+6}$ тревити$^{+1}$ истревити^{v4} потревити(сѧ)^{10} потреблıати^{1} требѣ бъıти^{2} требовати^{v12} требованье^{v4} потреба^{17} потребьнъ^{1}	*terb-	тереба$^{+1}$ теребити$^{+2}$ отеребити^{1}
	*torkъ	торокъ^{1}
	*torpъ	оторопъ^{1}
	*chvorstъ	хворостъ^{1}
	*cholpъ	холопъ^{12}
храбъръ (-ъıи)$^{+v25}$ храбрьство$^{+v3}$ храборьствовати^{1}	*chorbr-	хоробръıи$^{+8}$ хороборьство$^{+1}$
храмъ$^{+12}$ храмина$^{+11}$	*chorm-	хоромъ$^{+23}$ хоромина$^{+2}$
хранити(сѧ)$^{+32}$ хранилище^{2} хранитель^{2} богохранимъıи^{4} похранити$^{+1}$ съхранити$^{+v33}$ сохранение^{v2} схраньникъ^{1}	*chorniti	хоронити$^{+2}$ похоронити$^{+16}$ расхоронитисѧ^{1} схоронити-(сѧ)$^{+4}$
чрево$^{+v9}$	*červo	черево$^{+2}$
	*červьje	черевие^{v4}
учредити^{6} учрежение^{v2}	*čerd-	череда^{1}
чресла$^{+4}$	*čerslo	чересла$^{+1}$
чресъ$^{+v18}$	*čersъ	чересъ$^{+v76}$
почрети$^{+1}$	*čer(p)ti	почерети$^{+1}$
	*šelm-	шеломъ^{v14} шоломѧ^{3}

[2] Vgl. dazu Vasmer III, 20.

бракъ^{8} брачныи^{3} браченье^{2}	***bork-** oder ***bьrak-**	
клевретъ^{1}	aus vulg. lat. collibertus	
	wahrscheinlich verwandt mit lat. corbis ‘Korb’	коровы^{1}
крамола$^{+11}$ крамолникъ$^{+1}$	entlehnt aus abair. karmala	коромола$^{+5}$ коромолникъ$^{+2}$ коромоловати^{1}
	***kolkolъ**	колоколъ^{5}
мраморъ$^{+1}$ мраморѧнъ$^{+v8}$	entlehnt aus lat. marmor, griech. μάρμαρος	моромoръ$^{+1}$ моромoрѧнъ$^{+v5}$
	***mъlni**	молоны^{4}
	***polkъ** entlehnt aus agerm. *fulkaz	полокъ^{1}
скомрахъ$^{+1}$	ostslav. skom-or-ochъ	скоморохъ$^{+1}$
	entlehnt aus griech. σκορπίος	скоропии^{v5}
сребро$^{+v55}$ сребрѧныи$^{+v24}$ среброникъ$^{+1}$	***sьrebro**	серебро$^{+v37}$ серебрѧныи$^{+v11}$ серебрьникъ$^{+2}$
	aus griech. τέρεμνον oder urverwandt ***term-** oder zu kuman. tärmä (s. Vasmer)	теремъ^{7} теремьныи^{v6} теремьскыи^{v2} теремьць^{1}
притраньныи^{v2}	***pri-tornъ**[3]	
	wohl aus ***torpnь** zu тороп, торопить(ся)[4]	торонь^{1}

[3] Unsicherer Ansatz, vgl. Vasmer II, 435.

[4] So Vasmer III, 125.

Liste der TRAT- und TOROT-Lexeme, die in allen untersuchten Chroniken vorkommen

	***bergъ**	берегъ^{V}
блаженъıи благословление^{V}	***bolg-**	
времѧ^{V}	***vertmen-**	
владъıка	***vold-**	волость
	***vorg-**	ворогъ
възвратити(сѧ)^{V}	***vort-**	воротити(сѧ) възворотитисѧ^{V}
	***vorta**	ворота
глава	***golva**	голова
глаголати	***golgol-**	
градъ	***gord-**	городъ горожанинъ
драгъıи	***dorgъ**	
злато	***zolt-**	
	***korl'ъ**	король
младъıи	***mold-**	молодъıи
	***pelnъ**	полонъ
пре(д)подобьнъıи^{V} пречистъıи	***per-** + Adjektiv	
предати(сѧ)^{V}	***per-** + Verb	передати(сѧ) переити
предъ^{V} предьнии^{V}	***per-dъ**	передъ
преже^{V}		
	***storžь**	сторожь (-а)
страна	***storn-**	сторона
	***cholpъ**	холопъ
	***čersъ**	чересъ^{V}

zweifelhafte und unechte TRAT-/TOROT-Lexeme

сребро^{V}	***sьrebro**

Liste der TRAT- und TOROT-Lexeme, die in mehr als einer der untersuchten Chroniken vorkommen
(mit Quellenangaben)

врещи PL PI K	*bergt'i	беречи NSK
брегъ^{v} PL PI NK	*bergъ	
благо PL PI NSK благыи PL PI NSKV преблагыи^{v} PL PI NK преблаженыи SG блажити PI K благовоньныи PL PI S благовѣрьныи^{v} PL PI NSKV благовѣстити^{v} PL PI V Благовѣщение^{v} PL PI NSKV благодарити SKV благодарение^{v} SK благодать PL PI NSK благодѣтельствовати PL PI благоизволити PL PI благопотребныи PL PI благоразумныи PL PI S благородьныи^{v} PL SK благосердъ SK благословити(сѧ) PL PI NSKV благословлѧти^{v} NK благооуханьныи^{v} PI SK благооухание^{v} PL PI SV благочестье PL PI благочьстивыи^{v} PL PI NSK	*bolg-	
	*bolnьje	болонье PL SKV
	*bolto	болото PL PI NSKG
врада PL PI	*borda	борода SKGV
забрало PI G забрал(ь)ныи^{v} PL PI	*bordlo	заборало PL PI NKGV
бранити PL PI SG брань PL PI NSKG възбранити^{v} PL NSG възбранѧти^{v} PL PI SG	*born-	боронити PL PI KG боронение PL PI възборонити-(сѧ)^{v} PL PI KV оборонити PL PI
	*borti	бороти(сѧ) PL PI G пербороти PL PI
брашно PL PI SKG	*boršьno	
влещи^{v} PL PI из(ъ)влещи^{v} PL PI S облещи(сѧ)^{v} PL PI SK привлещи PL PI N съвлещисѧ^{v} PL PI K	*velk-	волокъ PL PI N волочи NK выволочи PL PI оболочи-(сѧ) PI K с(о)волочи(сѧ)^{v} PL PI G волочити PL PI SKGV изъволочити^{v} PI K оболокъ SG оболочити(сѧ) NKV паволока PL PI NSKV паволочитыи^{v} PL PI Заволочие^{v} PL PI Заволочьскыи PL PI
влачити PL N облакъ PL PI SK облаченъ PL PI привлачити PL K	*volk-	
поврещи^{v} PL PI испроврещи PL PI	*verg-	
вредъ PL PI SK вредити(сѧ) PL PI врежати(сѧ) PL PI невреженъ PL NSK	*verd-	вередити PL K

времен҄ьнъıи^{v} PL PI SKV	***vertmen-**	верем҄ѧ PI KV извеременити NK
владѣти PL PI NSG власть PL PI NSKG властель PL PI S владъıчьнии^{v} PL PI NSK владъıчица^{v} PL PI NSKG самовластець PL K обладати PL PI NSG область PL PI NSK	***vold-**	володѣти PL PI
власъ PL PI NK власѧница PL PI	***vols-**	
	***vorbьjь**	воробьи^{v} PL PI
врагъ PL PI SKG вражии PL PI вражьда^{v} SKG враждолюбьць PL PI	***vorg-**	ворожьбитъ^{v} PL K
вранъ PL PI	***vornъ**	воронъ PL SG
	***vorp-**	воропъ PL PI SKV наворопити NSK
вратити(сѧ) PL PI KG възвращение^{v} SKG въз(ъ)вращатисѧ^{v} PL PI N обратити(сѧ) PL PI NSKG обращение PI N обращати(сѧ) PL PI NSKG отвратити(сѧ) PL PI NS отвращение PL PI разъвратити^{v} PL PI ѵвратитисѧ PI G непревратьнъ PL PI несъвратьнъ^{v} PL PI	***vort-**	оборотити(сѧ) PL PI SK поворотити(сѧ) SK ѵворотити(сѧ) PI SK
врата PL PI NSKG	***vorta**	
главнъıи PL PI	***golv-**	головнıа PL G
глаголъ PL KGV възглаголати PL PI проглаголати PL PI	***golgol-**	
гладъ PL PI NSKG	***goldъ**	голодъ PL PI NSKV
гласъ PL PI SKGV гласити PL PI изъгласити^{v} PL PI огласити PL PI велегласно PL PI K единогласьнъ PL PI невѣгласъ PL PI	***gols-**	невѣголосъ PL PI
градъкъ^{v} PL G градьнъıи^{v} PL PI NSG градьскъıи^{v} PL PI G гражанинъ PL PI SKG въз(ъ)градити^{v} PL PI заградити PL PI G оградъ SG оградити PI N виноградъ PL PI NS Ц(ес)арьградъ^{v} PL PI NS	***gord-**	городець^{v} NG городъкъ^{v} PI NSK городище PL PI KG городьнъıи^{v} PL PI NS горожанинъ PL PI NS огородъ SK огородити(сѧ) PL PI SKV передъгородие^{v} SK Ц(ес)арьгородъ^{v} PL PI SK
древо^{v} PL PI NKGV древѧнъıи^{v} PL PI (Древлѧне^{v} PL PI)	***derv-**	дерево^{v} PL PI K деревѧнъıи PL PI NKV (Деревлѧне^{v} PL PI)

	***dorga**	дорога SKGV
	***dorgъ**	дорогъıи NSKV
жребии^{v} PL PI N	***žerbьjь**	
	***žerdlo**	жерело^{v} PL PI
	***zdorv-** siehe ***sъ-dorv-**	
златъıи PL PI SKGV Златоверхъıи^{v} SK злато-зарнъıи PL PI позлатити KG	***zolt-**	золото PL PI SKGV золотъıи PL PI SKGV золотникъ PL PI S золотоверхъıи^{v} PL PI S
зракъ PL PI S	***zork-**	ѹзороѹие^{v} PL PI NSKV
клада PL PI	***kold-**	колодьникъ^{v} PL PI SKG
кладѧзь PL PI G	***koldęd'źь**	
	***koltiti**	сколота PL PI
крава^{v} PL PI	***korva**	
	***korl'ь**	королевъıи NSKGV королевичь^{v} PL PI NSKG
млеко KG	***melko**	
ѹмрети PL PI NSKV	***merti**	мерети NK измерети PL PI NK ѹмерети PL NKV
младенець^{v} PL PI NSK	***mold-**	
мразъ PL PI NS	***morzъ**	морозъ PI NV заморозъ^{v} PL PI NK
омрачити(сѧ) NSG омраченье PL PI омрачнъıи SK помрачити SKV помрачение^{v} PI N помрачати SK	***mork-**	
нравъ PL PI SK	***norv-**	норовъ PL PI SGV
плѣнъ^{v} PL PI KG плѣнити^{v} PL PI NSKG плѣнение^{v} PL PI G плѣнıати^{v} KG пленовати^{v} PL PI S поплѣнити PL PI NSG	***peln-**	полонити PL PI NSKG полонѧникъ^{v} PL PI V оплонитисѧ SKV отполонити PL SKV
превеликъ^{v} PL PI G предивьнъ^{v} PL PI KV предобръıи PL PI G прекраснъıи^{v} PI SKG премилостивъıи PL N премногъıи SK премѹдръıи^{v} PL PI NSKG премѹдрость^{v} PL PI NS пресвѧтъıи PL PI KGV преславнъıи PI SK престолъ^{v} PL PI NSKV пречюднъıи KG	***per-** + Adjektiv (Substantiv)	
пребрести^{v} PL PI K пребъıти PL PI NSKV пребъıвати^{v} PL PI NS преваблıати PL PI превозвъıситисѧ^{v} PL PI прегрѣшение^{v} PL PI NSKG предание^{v} PL	***per-** + Verb (Deverbativum)	перевечи^{v} NK перебрати(сѧ) SK перебрести SK переводити(сѧ) PL PI NSK перебъıти SKV перевезти(сѧ) PL PI K перевозити(сѧ) NK перевозъ PL PI K

PI GV предаıати(сѧ)^{v} PL PI NKG предержати PL PI S предѣлъ^{v} PL PI S преждати SK презрѣти PL PI S преимати PL PI преити^{v} PL PI NSKG пре-кладати^{v} PL PI преклонити(сѧ) PL PI SK пре-креститисѧ PL PI преложити(сѧ)^{v} PL PI NS пре-льстити^{v} PL PI NSKG прельщение^{v} PL PI G пре-льщати PL PI G прельсть^{v} PL PI NSKG прельстньıи^{v} PL PI S прелюбодѣıати^{v} PL PI прелюбодѣıание^{v} PL PI прелюбодѣиць PL PI прелюбодѣица PL PI пре-мѣнити(сѧ)^{v} PL PI G премѣнѧти(сѧ) PL PI пре-нести^{v} PL PI S преобидѣти PL PI преобразити(сѧ) PL PI Преображение^{v} PL PI NS препоıасати PL PI SKV препоıасание^{v} PL PI преслушати^{v} PL PI преставити-сѧ^{v} PL PI NSKV преставление^{v} PL PI NSKV пре-стати PI KG престаıати PL SGV престоıати PL PI преступати PL PI NS преступити^{v} PL PI SK пре-ступление^{v} PL PI SK преступникъ NS законопре-ступникъ PL PI K законопреступньıи PL PI пре-сѣдѣти^{v} PL PI претерпѣти PL S претирати PL PI преторгнути PL PI преходити^{v} PL PI S преıати PL S бес¦престани^{v} PL PI NKGV преизлиха SV непре-ложьнъ PL PI непрестаньньıи^{v} SKG	*per- (Fortsetzung)	перевозникъ PL PI перевѣсище PL PI перевѣтъ^{v} NS перевѣтникъ NS перегъбъ^{v} PL PI пережеѵи PL PI перезрѣти^{v} PI KV переклюкати PL PI перележати PI K перельстити^{v} PI SK переметати NK перемогатисѧ^{v} NK перенести^{v} PL PI NK перепустити SK перерѣзати PL PI перестати GV перестоıати PI SK перестрашити SK перестрѣлъ KG перестрѧпати SK переступати PI S переступити PL PI SK пересѣдети^{v} PL PI пере-ѣхати^{v} PI NSKG переıати PL PI SK
преди^{v} PL PI KG напреди^{v} SG	*per-d-	переди^{v} PL PI NSK передьнии^{v} PL NSKG напередъ PL SKGV напереди^{v} SK упередити SK
предъити PL PI предъстоıати PL PI пред(и)буду-щаıа^{v} PL PI		
предълежащии^{v} PL PI NSKV предъстоıащии^{v} KV предътекущии PL PI		(Передъслава PL PI)
прежнии PL SKV преж(д)е¦реѵеньıи^{v} PL PI SV		переже PI NSK
преки^{v} PL PI прекостьнъ PL PI	*per-k-	поперекъ SKV
претити^{v} KG прѣщение^{v} PL PI NS запретити^{v} PL PI SKG	*per-t?	

претисѧ^v PL PI K запрети(сѧ) PL G от(о)прѣти-сѧ^v PL PI V распрѣтисѧ PL PI упрѣти PL PI S	***perti**	
пламень^v PL PI NG пламѧнъ PI G	***polmen-**	
платъкъ PL PI V	***polt-**	
	***polch-**	пополохъ SK пополошитисѧ SKV уполошитисѧ KG
	***porgъ**	порогъ PL PI NSKG
праздьникъ^v PL PI NSKG праздныи^v PL PI SK праз(д)ньство^v PL PI S праздьновати^v PL PI SK непраздна PL PI	***porzdьn-**	порозднъıи^v SK порожнии SK
	***por-k-**	порокъ NGV пороуныи NG
среда PL PI NSKV средѣ^v PL PI NGV посредѣ^v PL PI SKG	***serd-**	середа PL NSK середъ NK середѣ^v SK середнии PL KG
	***sernъ**	серенъ KG
смрадъ PL PI NG	***smordъ**	
сладъкыи^v PL PI V сласть PL PI наслажение KV наслажати(сѧ) PL PI	***sold- (kъ)**	
	***solma**	солома NGV
	***sork-**	сороуька^v PL PI SG
срамъ PL PI NSGV срамнии PL PI посрамити PL PI NV срамословье PL PI	***sorm-**	соромъ PL PI SKG соромлѧти SK осоромити PL PI
стрещи^v PI NSKG	***stergti**	стереуи(сѧ) PL NKGV устереуи(сѧ)^v PL PI NK
стражь PL PI NKG стража NS	***storžь**	
страньныи^v PL PI KGV странникъ SG страньнст-вующии PL PI пристраньныи^v PI KG пространьнъ^v PL PI K пространьство^v PI G упространитисѧ PL PI S страннолюбивъ PL PI иностраньнъ PL PI	***storn-**	посторонь NS
простръти(сѧ) PL PI S	***sterti**	
съдравъ^v NSK здравье PL PI SKG не сдравити^v PL N	***sъ-dorv-**	здоровъıи^v NSKV здоровие^v SKV по здорову^v PL PI K
	***telkti**	утолоуити PL PI
истребити^v PL PI потребити(сѧ) PL PI SKG требѣ быти PL PI требовати^v PL PI SKV требова-нье^v PL PI потреба PL PI SK	***terb-**	теребити PI G
храбърыи^v PL PI NSKG храбрьство^v PL S	***chorbr-**	хоробрыи PI SGV

храмъ PL PI NSKG хрaмина PL PI S	***chorm-**	хоромъ PL PI NSKV хоромина PL PI
хранити(сѧ) PL PI SK съхранити^{v} PL PI NSKV сохранение^{v} PL PI богохранимыи NS	***chorniti**	хоронити PL K похоронити PL PI SK схоронити(сѧ) PL PI N
чрево^{v} PL PI KG	***červo**	черево PL K
	***červьje**	черевие^{v} PL PI
учредити SK учрежение^{v} PI S	***čerd-**	
чресла PL PI S	***čerslo**	
чресъ^{v} PL PI NSK	***čersъ**	
	***šelmъ**	шеломъ^{v} SKGV

Zweifelhafte und unechte TRAT/TOROT-Lexeme

бракъ PL PI K брачныи PL PI V браченье PL PI	***bork-** oder ***bьrak-**	
крамола PL PI NSG	entlehnt aus abair. karmala	коромолникъ NV
	***kolkolъ**	колоколъ NKGV
мраморѧнъ^{v} PL PI	entlehnt aus lat. marmor, griech. μάρμαρος	моромормнъ^{v} PL PI
	***mъlni**	молоньы^{v} PL PI
	entlehnt aus griech. σκορπία	скоропии^{v} PL PI
сребрѧныи^{v} PL PI NSKV	***sьrebro**	серебро^{v} PI NSKGV серебрѧныи^{v} PI KGV
	aus griech. τέρεμνον oder urverwandt ***term-** oder zu kuman. tärmä (s. Vasmer)	теремъ PL PI SK теремьныи^{v} PL PI теремьскыи^{v} PL PI
притраньныи PL S	***pri-tornъ** (s. Vasmer II, 435)	

Liste der TRAT- und TOROT-Lexeme, die nur in einer der untersuchten Chroniken vorkommen (mit Quellenangaben)

	*bergt'i	възберечи K
	*berz-	березовъ N
благостыни PI треблаженыи PL блаженьство K благоволити K благовѣрье V благодѣтьнъ PL благодѣꙗние K благолюбивыи K благолюбьнъ K благонравенъ K благопохвалныи V благоумныи K благохвалныи K благочестьнъ PL	*bolg-	
	*bord-	бородатъ K бородныи V
браньныи G обранити PL	*born-	боронь K
	*borti	побороти N
возьвлещи PI	*velk- }	ѹзволочи (statt въз-) PI изволочи K поволочи PI
возвлачитисѧ G облачити G совлачити V	*volk- }	воволочити PI възволочити S выволочити K наволочити N
врещи G отврещисѧ S	*verg- }	вывеpeчи K
изъврагъ PI	*vorg- }	изворогъ PL
	*verd-	вьрежатисѧ PI
маловременьныи K	*vertmen-	
разъвлажѣти S	*volg-	
власти S владати PL властьца S владычество V владычьствовати V единовластечь [sic!] PI самовластьнъ K совладѣтельство PL	*vold-	изволодѣти V волостель K волоститисꙗ K
		оболость N
власатыи V	*vols-	волосъ V
врабьи PL	*vorbьjь	
вражныи K вражедныи S вражба G вражьствовати V	*vorg-	ворожда K ворожьство G заворожити K
	*vorp-	наворопъ K наворопникъ K
навратитисѧ G отвращати PI развратникъ S совращатисѧ PI	*vort- }	воротъ N ворочати K изворотити S наворотити(сѧ) G оборочивати K
		коловоротныи V
вретено PL	*vert- }	веретено PI

	***vorta**	воротца K
	***golv-**	безголовие K
изглаголати PI поглаголати K	***golgol-**	
	***gold-**	голодьнъ G
възъгласити K оглашение V съглашение PI гласохвалнъıи K	***gols-**	
градеyьv G градитель S ограждати N прѣграда N преградъ S сградити N сограждати PL (Бѣлъградъ K) (Новъградъ S)	***gord-**	городьня N городникъ K городчанинъ N городьскъıи N загородьць N загородити K пригородъ S
	***dorg-**	дорогъвьv N въздорожити N
	***žerbьjь**	жеребии PI
	***zdorv-** siehe ***sь-dorv-**	
златникъ PL	***zolt-**	позолотити K
	***kold-**	колода PL
	***koldęd'źь**	колодязь PL
заклати PL	***kolti**	колоти PL
	***korľь**	королевьскъıи G королевьство G
вкратцѣ S	***kort-**	
	***melko**	молоко G
помрети PI	***merti**	померети PL
младъство [sic!] G младодьньство S	***mold-**	молодь K молодьць N
	***morz-**	морозити N
мракъ K	***mork-**	морочьнъ S сyморокъ PI
пленьнъıи PI плѣньникъv PL	***peln-**	полоннъıи PI полонѣнье PI полоникъ PI пополонити PI сполонитися K
превѣчнъıи S прегордъıи G преисподьнии PI прилюбимъ (statt пре-) K премилосердъıи K премудрено S препѣтъıи PL пресвѣтлъıи S пресвѣтозарнъıи PI пресвященъıи S пресущнъıи S пречестнъıи S всепречистъıи S добропрелюбнъıи V преболе K	***per-** + Adjektiv	
превѣгати PL превести S преводъ G предатель K прекланяти PL прекрыти K прелюбы дѣяти PI пре-	***per-** + Verb (Deverbativum)	перевара PI перевести(ся) K переводити G переводъ S перегатити K перегнити V перегонити K перегоняти K

любодѣи PL прелюбодѣичищь PI премолвити G пренесенье S приносити (statt пре-) PI прѣпирати K прѣпитати PI препловити S препловленье S препровадити G прѣслушание N престоꙗнье PL крестопреступникъ N пресѣкати K преткнутисѧ S претребовати PL претѧти G преумножитисѧ PI приѣхати (statt пре-) PL		передаватисѧ V передаꙗтисѧ N переждати K перезоръ N перенимати N перекормити V перекрѣститисѧ PI перелетѣти K переложити PI перемочи K перемолъвливати G перенесение N переобидити K переписати S перепочити K перепровадити(сѧ) S пересердие K перескокъ K переспати K переставитисѧ N перестичи K переступъ PI крестопереступникъ N пересѣчи PL перетеребовати PI перетѧти K перехватити S переходъ K переѣздити PL
не пременьно K не престани PL		бес¦перестани PL
напредъ G спредъ S упрѣдъ PI	*per-d-	передити V попередити V впередъ G впередѣ V напереду S
предъварити G предложити PI прѣдъпоити PI предъпоказати PL предъставитисѧ PI предстати PI предстоꙗнье PI		
предъидущии PI предреченъıи S		
	*per-k-	перекы[v] K
платъ K	*polt-	
праздьничьнъıи N празнословець S	*porzdьn-	упорозьнитисѧ K
пракъ G праща G	*por-k-	
прахъ K	*porchъ	
средъ N среднии PI средовѣць [sic!] PI средохрестьнъıи N	*serd-	середохрестьнъıи K посередѣ PI
	*smordъ	смородъ N
насладити(сѧ) PL осладитисѧ PI усладитисѧ PL	*sold- (kъ)	
	*sork-	сорочица PI
срамлѧтисѧ PL срамота G усрамити G	*sorm-	соромота V
	*stergti	достеречисѧ S остеречи K постеречи K
странь PL	*storn-	сторонь N сторонни PI
пространитисѧ S распространитисѧ S устранитисѧ S устранѧтисѧ PL		простороньство PL
страненъприимникъ V страньноприимьць S		
нездравие G несдравовати[v] K	*sъ-dorv-	нездоровие N не здоровити PI усторобитисѧ V

треба PI	***terb-**	**тереба** PL
требити PL **потребляти** S **потребьнъ** PL		**отеребити** V
	***torkъ**	**торокъ** S
	***torpъ**	**оторопъ** K
	***chvorstъ**	**хворостъ** G
храборьствовати K	***chorbr-**	**хороборьство** PI
хранилище S **хранитель** PI **похранити** PI **схраньникъ** S	***chorniti**	**расхоронитися** K
	***čerda**	**череда** PL
	***čerslo**	**чересла** PL
почрети S	***čer(p)ti**	**почерети** K
	***šelm-**	**шоломя** K

Zweifelhafte und unechte TRAT/TOROT-Lexeme

клевретъ S	aus vulg. lat. collibertus	
	wahrscheinlich verwandt mit lat. corbis 'Korb'	**коробья** N
крамольникъ N	entlehnt aus abair. karmala	**коромола** V **коромоловати** G
мраморъ G	entlehnt aus lat. marmor, griech. μάρμαρος	**моромор** S
	***polkъ** entlehnt aus agerm. ***fulkaz**	**полокъ** K
скомрахъ PI	ostslav. skom-or-ochъ	**скоморохъ** PL
сребреникъ PI	***sьrebro**	**серебрьникъ** N
	aus griech. τέρεμνον oder urverwandt ***term-** oder zu kuman. tärmä (s. Vasmer)	**теремьць** S
	wohl aus ***torpnь** zu тороп, торопить(ся) (Vasmer)	**торонь** N

Resümee

Die untersuchten Chroniken enthalten nach unseren Zählungen insgesamt:

445 trat-Lexeme, einschließlich der unechten 458

299 torot-Lexeme, einschließlich der unechten 318

Die Gesamtfrequenz der trat-Lexeme beträgt 6597 bzw. 6714

Die Gesamtfrequenz der torot-Lexeme beträgt 4253 bzw. 4349

Ein Vergleich der Wortnester der Nestorchronik mit jenen der untersuchten Regionalchroniken hatte folgende Ergebnisse: 1. Die Zahl der *tort-Ansätze weicht relativ wenig ab; in den Regionalchroniken kommen nur 15 *tort-Ansätze sowie vier unechte zusätzlich vor. Die hinzukommenden Wortnester sind sehr schwach entwickelt, 14 haben lediglich einen Reflex (davon elf TOROT, drei TRAT), vgl. *berz- березовъ N, *volg- развлажѣти S, *dorg- дорога SKGV, *kort- вкратцѣ S, *melko- млеко KG – молоко G, *polchъ пополохъ SK пополошитисѧ SKV ꙋполошитисѧ KG, *por-k пракъ G праща G порокъ NGV порочныи NG, *porchъ прахъ K, *sernъ серенъ KG, *solma солома NGV, *torkъ торокъ S, *torpъ оторопъ K, *chvorstъ хворостъ G, *čer(p)ti почрети S – почерети K, *šelm – шеломъ SKGV шоломѧ K und sekundäre TOROT: *kolkolъ колоколъ NKGV, коробьꙗ N, *polkъ полокъ K, *torpnь торонь N.

2. Der volkssprachlichere Charakter aller untersuchten Texte (einschließlich PI) im Vergleich mit PL zeigt sich weiters darin, daß über ein Dutzend urslavische Ansätze zusätzlich torot-Reflexe aufweisen, während in PL nur TRAT vorliegt; das sind: *bergti беречи NKS възберечи K, *bord- борода SKGV бородатъ K бородныи V, *verg- выверечи K, *vert- веретено PI, *vertmen веремѧ (98 × !) PI KV извеременити NK, *vols- волосъ V, *dorg- дорогыи NSKV дорогъвь N въздорожити N, *žerbьjь жеребии PI, *mork- морочьнъ S сꙋморокъ PI, *per²: insgesamt 55 Verba, Deverbativa u. a. Bildungen mit пере-, davon sind 26 nur 1 × belegt, 37 kommen nur in einer Chronik vor. (Zum Vergleich: 24 Bildungen mit пре-, die in PL fehlen, davon 20 nur 1 × belegt), *per-k- перекъ K, поперекъ SKV, *porzdьn- порозднып SK, порожнии SK ꙋпорозьнитисѧ K, *smordъ смородъ N, *chorbr- хоробрыи PI SGV хоробрьство PI und die unechte tort-Form *sьrebro серебро PI NSKGV серебрѧныи PI KGV серебрьникъ N. Von den genannten Ansätzen blieben die torot-Reflexe meist erhalten, jedoch nicht веремѧ trotz Höchstfrequenz, vgl. S. 191 f.

3. Schließlich ist aus der zusammenfassenden Liste aller trat- und torot-Lexeme aus sämtlichen untersuchten Chroniken eine

starke Frequenzsteigerung zahlreicher Polnoglasieformen im Vergleich mit PL ersichtlich, wie ворогъ 1× – 46×, полонъ 5× – 120×, напередъ 1× – 31× u. a. Das besagt aber keineswegs, daß die Regionalchroniken sprachlich homogen abgefaßt sind, wie ein Blick auf diese und alle vorangehenden Listen zeigt. Von den trat-Lexemen wird reichlich Gebrauch gemacht, und zwar nicht nur wenn sie unpaarig waren wie владыка 111× oder die Komposita mit благо- (z. B. благовѣрьнъıи 118×) und/oder wenn diese gänzlich assimiliert waren wie възвратитися 325× (возворотитися 52×) oder глаголати 634×. Für die nachfolgende Entwicklung war es von größter Bedeutung, daß korrelierte Paare (Synonyme und solche mit angehender oder ausgeprägter Bedeutungsdifferenzierung) in beiden Formen häufig vertreten sind, wie глава 87× – голова 96×, градъ 607× – городъ 1004×, злато 88× – золото 48×, страна 210× – сторона 116× u. a. Dies gewährleistete meist das Überleben beider Glieder, aber durchaus nicht immer, vgl. S. 351.

Zusammenfassend soll festgestellt werden, daß die untersuchten Chroniken sowohl trat- als auch torot-Lexeme in genügendem Ausmaß enthalten, um diesen Bestand als eine repräsentative Basis für einen Vergleich mit jenem in der Gegenwartssprache heranzuziehen. Das ist der Gegenstand des abschließenden Kapitels.

DIE TRAT-WURZELN DER ALTRUSSISCHEN CHRONIKEN ALS BASIS SOLCHER SLAVONISMEN IN DER RUSSISCHEN GEGENWARTSSPRACHE

Wie wir im Vorwort darlegten, ist das Ziel dieser Studie nicht nur eine synchrone Beschreibung der rksl.-ar. lexikalischen Wechselbeziehungen, wie anhand der beiden hervorstechendsten Merkmale demonstriert wurde. Diese Beschreibung soll auch in diachroner Perspektive als Basis der nachfolgenden Entwicklung gesehen werden.

Wir sind — wollen wir überhaupt eine Aussage über die Entwicklung machen — zu einem „Sprung" über Jahrhunderte gezwungen, denn es gibt bekanntlich keine ähnlichen Überblicke (etwa wie den vorliegenden) über den trat/torot-Bestand vom 15. bis einschließlich dem 19. Jahrhundert, sondern nur zahlreiche Teil- und Einzeluntersuchungen. Ebenso fehlt eine umfassende Darstellung der rksl.-russ. Wechselbeziehungen von ihren Anfängen bis in die petrinische Epoche. Und schließlich steht noch eine Geschichte der genetischen Kirchenslavismen in der neueren russischen Literatursprache aus. Um G. Y. Shevelov zu paraphrasieren, eine solche Monographie käme fast einer Geschichte der russischen Literatursprache gleich (Šachmatov - Shevelov 1960: 66).

Gemäß unserer Gesamtkonzeption ist die neuere russische Literatursprache des ausgehenden 18. Jahrhunderts eine Neuschöpfung, nämlich eine Fusion aus dem jahrhundertelang koexistierenden Russischkirchenslavischen und Russischen (Näheres Hüttl-Folter 1979). Während die Phonetik und Morphologie fast gänzlich bodenständig sind, so ist der Anteil des genetisch Kirchenslavischen auf der lexikalischen Ebene — in Wortschatz und Wortbildung — aus der neueren russischen Literatursprache nicht wegzudenken.

Wir versuchen nun aufgrund der Ergebnisse dieser Studie zu zeigen, daß die Basis dieser Hybridisierung bereits in den ar. Chroniken ausgearbeitet war und diese die künftige Entwicklung bis heute anbahnte. Während bisher die torot-Lexeme im Mittelpunkt der Untersuchung standen, müssen wir jetzt die trat-Lexeme viel stärker beachten. Denn die neuere russische Literatursprache ist, wie gesagt, in ihrer lautlichen und grammatischen Struktur fast rein ostslavisch, es bilden also die Kirchenslavismen die genetisch markierte Komponente.

Zum Beweis unserer Annahme werden drei Vergleiche des trat/(torot)-Bestandes aus den ar. Chroniken mit jenem im modernen Russischen durchgeführt: 1) mit Šachmatovs Verzeichnis der trat-Wurzeln (Šachmatov - Shevelov 1960: 9—11), 2) mit den auf *tort zurückgehenden Wortnestern im "Russian Derivational Dictionary" (= RDD) und 3) mit Daten über trat-Lexeme in den heutigen Dialekten.

Nach dem vollständigsten Verzeichnis von trat-Wurzeln — das wir Šachmatov verdanken — finden sich in der russischen Literatursprache des 20. Jahrhunderts 58 solche Wurzeln, meist mit koexistierenden Polnoglasie-Wurzeln. Zu beiden führt Šachmatov Beispiele aus ihren respektiven Wortnestern an. Von diesen sind 52 trat-Wurzeln in den untersuchten Chroniken belegt. Die Wortnester ähneln sich ebenfalls in den Chroniken und bei Šachmatov insofern, als da wie dort in 45 Fällen sowohl trat- als auch torot-Reflexe auftreten sowie in drei gleichen nur trat-Lexeme[1]. Man kann also mit Recht behaupten, daß die Basis dieser wichtigsten genetischen Slavonismen und deren Wechselbeziehungen mit den entsprechenden Polnoglasieformen bereits in den Chroniken vorhanden waren und die weitere Entwicklung im Keim vorbildeten.

Um Mißverständnissen vorzubeugen: es kann keineswegs davon die Rede sein, daß die Wortnester in identischer Form erhalten blieben. Wir wollen nur folgendes betonen: der entscheidende Prozeß der Hybridisierung vollzog sich bereits während der ar. Periode, und zwar in Texten, die sowohl rksl. als auch ar. Wortgut in größerem Ausmaß enthielten und das sind an erster Stelle die ar. Chroniken. Die Wortnester hingegen waren bekanntlich im Laufe der Jahrhunderte ständigen und zahlreichen Veränderungen unterworfen, ebenso wie die rksl.-russ. Wechselbeziehungen in verschiedenen folgenden Epochen.

Šachmatovs Verzeichnis wurde noch von Shevelov um sieben ergänzt (Šachmatov - Shevelov 1960: 88); von diesen sind gleichfalls брад-, глагол, храм und сребр- in den ar. Chroniken belegt; dadurch erhöht sich die Gesamtzahl der erhaltenen Wurzeln auf 56.

---

1 Zu sehr verbreitetem благ- führt Šachmatov nur den Ortsnamen Бологое als russ. Entsprechung an; somit sehen wir благ- ebenso wie in den Chroniken als unpaarig an.

Ein Vergleich von Šachmatovs Verzeichnis mit der zusammenfassenden Liste aller trat/torot-Lexeme aus den untersuchten Chroniken zeigt, daß nur die Wurzeln бразд-, брем-, врач- (ein sekundäres TRAT), крат- (wie in многократный), трезв- und merkwürdigerweise хлад- in den Chroniken nicht belegt sind. Andererseits enthält unsere Liste bedeutend mehr Ansätze, nämlich 97, da wir von urslav. *tort und nicht von ksl. trat ausgingen. In 20 von diesen Fällen liegen in den Chroniken nur torot-Reflexe vor und ebenso in der Gegenwartssprache, soweit sie sich erhielten. Ausnahmen sind als ,,veraltet“ registriertes праг und срачица (vgl. Слов. совр. р. л. яз.). Diese 20 Ansätze wurden naturgemäß von Šachmatov und Shevelov nicht berücksichtigt; sie müssen daher bei einem Vergleich abgezogen werden. Dadurch reduziert sich der zahlenmäßige Unterschied auf 21. Dieser erklärt sich zum Teil dadurch, daß auf unserer Liste einige Ansätze für ganze Wörter, die auf dieselbe Wurzel zurückgehen, getrennt angesetzt und gezählt wurden.

Der tatsächliche Unterschied zwischen Šachmatovs Verzeichnis und unserer Liste beträgt lediglich 15 *tort-Ansätze; diese haben in den Chroniken trat- und meist auch torot-Reflexe. Die ersteren starben entweder aus oder waren im frühen 20. Jahrhundert so veraltet, daß sie Šachmatov nicht mehr zitierte. Dies sind folgende einzelne Reflexe bzw. Wortgruppen: 1) unpaariges брашно, das Слов. совр. р. л. яз. noch als ,,veraltet“ und ,,kirchlich“ registriert; 2) der in den Chroniken nur 2× belegte Reflex von *perti, **запрети** wurde durch запереть ersetzt; 3) in den Chroniken auftretende trat/torot-Dubletten wurden beseitigt: **забрало** / **забороло**, das erstere erhielt sich, von den folgenden aber die Polnoglasieform: **врабьи** / **воробьи, вранъ** / **воронъ, вретено** / **веретено, (за)клати** / **колоти,** nur das Paar **кладѧзь** / **колодѧзь** überlebte, das erstere ist ,,veraltet, poetisch und figurativ“ (Слов. совр. р. л. яз.); 4) nur in PVL belegtes **крава** wurde gänzlich von корова verdrängt; 5) alle trat-/torot-Reflexe von *verg/*vorg verschwanden: **врещи, от-, по-, испровращи** sowie **изъврагъ** / **изворогъ;** 6) in den Chroniken häufiges **гладъ** ist laut Слов. совр. р. л. яз. veraltet und poetisch und голод, -ный die Norm; 7) von *kold- starb **клада** aus, колода hielt sich und колодник ist veraltet; 8) vom Wortnest *merti hatte **умрети** höhere Frequenz (25×), daneben **из-, помрети** — die Polnoglasieformen **мерети, из-, по-, умерети** waren selten, doch überlebten nur die letzteren; 9) *stergti war in den Chroniken mit der trat-Form **стрещи** vertreten, TOROT jedoch mit fünf Verben, -стеречь allein blieb erhalten; 10) schließlich erhielten sich die zwei in den Chroniken belegten Reflexe von *polt-, платъ und платъкъ, die Šachmatov vielleicht wegen der nicht ganz gesicherten Etymologie (s. Vasmer) ausließ.

Die aufgezählten Unterschiede lassen sich auf zwei linguistische Tendenzen zurückführen: Zur Verdrängung durch torot-Lexeme waren von alters her vereinzelte trat-Lexeme prädeterminiert, die bereits in den Chroniken keine Verankerung durch Wortnester besaßen, meist niedrige Frequenz und konkrete, monoseme Bedeutung hatten, die sich mit jener der korrelierten Russismen deckte (s. Punkt 3, 4, 7). Es handelt sich um Dublettenbeseitigung, wobei entsprechend den genannten Faktoren in der Regel die bodenständigen Wörter erhalten blieben. Wenn solche trat-Lexeme dennoch überlebten, dann stehen sie ganz an der Peripherie des Wortschatzes, wie кладязь. Sobald 'Hunger' nicht mehr als „Strafe Gottes" wie in den Chroniken aufgefaßt wurde — daher seine hohe Frequenz (41 × – голодъ 21 ×) — stieß гладъ zu dieser lexikalischen Schicht.

Die zweite Tendenz hat rein linguistische Ursachen: Lag bei einem Verbum nur im Infinitiv und einzelnen finiten Formen Metathese vor, so wurde diese offensichtlich beseitigt, vgl. Punkt 2, 5, 8. Dies geschah unabhängig von der Frequenz, wie bei умрети.

Nun wurde neuestens behauptet, daß Šachmatovs Verzeichnis der genetischen Slavonismen lediglich „zufällig zusammengesuchte Beispiele" enthalte (so Filin 1981: 19), ihnen also keine Beweiskraft zukomme. Aus diesem Grund stellten wir einen zweiten Vergleich des trat-Bestandes aus den ar. Chroniken auf breiter Grundlage mit dem der modernen russischen Literatursprache an, nämlich mittels des "Russian Derivational Dictionary". Dieses enthält als Korpus Орфографический словарь русского языка (под редакцией С. И. Ожегова и А. Б. Шапиро, 4-ое изд., 1959, М.) mit rund 110.000 Wörtern, die in 10.953 Wortnester angeordnet sind. Das Ergebnis war verblüffend: Es deckt sich weitgehendst mit dem Resultat des ersten Vergleiches. Unter den weit über 10.000 Wortnestern finden sich zusätzlich zu Šachmatovs Verzeichnis nur drei trat-Wurzeln, die in den ar. Chroniken nicht belegt sind: склаб – осклабить(ся), осклабленный (RDD 547), тер 1 mit einem großen torot-Nest und einem TRAT: трение (RDD 612 f.) sowie unpaariges член- mit 35 trat-Wörtern (S. 713). Hingegen finden sich in diesem Wörterbuch zusätzlich rund 30 Wortnester ausschließlich mit Polnoglasie.

Unsere Annahme, daß die Struktur der Wortnester in den ar. Chroniken sowie die Semantik und Frequenz ihrer einzelnen Glieder bereits die weitere Entwicklung vorzeichneten, wird ebenfalls durch den Vergleich mit RDD bestätigt. Man vergleiche nur auf unserer zusammenfassenden Liste folgende Wortnester mit zahlreichen trat- und torot-Reflexen und deren große Ausbreitung im heutigen Russischen: *velk-/*volk- — im RDD волок S. 98—99 (je rund 100 Reflexe), *vort-/*vert- — im RDD верт 1 S. 73—76 (врат- 93 Lexeme – ворот- über 100 und bezeichnenderweise keine врет-Reflexe und nur acht mit верет-), *gord- — im RDD город S. 132 f. (mit 60 trat- und 65 torot-Wörtern), *storn- — im RDD стран S. 583 f. (mit 64 trat- und 35 torot-Lexemen; die heutige Distribution spiegelt den schon in den Chroniken belegten größeren semantischen Umfang von стран- sowie die höhere Zahl und Frequenz dieser Formen wider).

Wir glauben, daß die aufgezählten Ergebnisse des ersten und zweiten Vergleiches als Beweis unserer Annahme genügen, daß der trat/torot-Bestand der ar. Chroniken die Basis der weiteren Entwicklung bis heute darstellt. Die entscheidenden innersprachlichen Faktoren für diese Entwicklung sind: die Struktur der Wortnester, das heißt, die jeweilige trat/torot-Distribution sowie die Semantik und Frequenz der einzelnen Glieder. Durch sie war der weitere Verlauf sozusagen angebahnt aber durchaus nicht prädeterminiert, weil neben den genannten Faktoren auch andere, fallweise verschiedene sprachliche sowie außersprachliche Gründe die tatsächliche Entwicklung bestimmten. Es würde den Rahmen dieser Studie sprengen, würden wir hier in Einzelheiten gehen. Übrigens gaben wir einen ausführlichen Überblick über die Geschichte des Wortnestes von *vold-, der zur Illustration des Gesagten dienen kann (Hüttl-Folter 1979: 29 ff.). Es ist aber zu hoffen, daß die in dieser Studie enthaltenen Wortnestlisten und zusammenfassenden Listen für die künftige Forschung ein nützliches Hilfsmittel bilden, z. B. bei konkreten lexikologischen Einzeluntersuchungen oder für Vergleiche des Wortbestandes mit anderen Denkmälern.

Hier soll nur noch ergänzend erwähnt werden, daß Wörter, die in den ar. Chroniken mit hoher Frequenz belegt sind, aus ganz verschiedenen Gründen verschwinden konnten, wie z. B. unpaariges глаголати (634× !) durch eine gänzliche Neugestaltung der Verba dicendi im Russischen, vgl. Filin 1949: 200 ff. Веремѧ, das 98× belegt ist (neben времѧ 195×, die Norm in PVL L) hinterließ keine Spuren, weil es sich um einen abstrakten, auf das Griechische zurückgehenden Begriff handelt. Heute existiert nur ein umfangreiches Wortnest mit TRAT in der Literatursprache mit 46 Wörtern (nach RDD S. 103). Auch in den Dialekten überlebte nur die ksl. Form, vgl. Porochova 1978a: 56.

Zum Abschluß wollen wir einen Vergleich mit dem Bestand an genetischen Slavonismen in den russischen Dialekten durchführen. Denn eine große Ausbreitung in den Dialekten, vor allem bei gleicher Bedeutung wie im Aksl., Rksl. und AR wäre ein sicheres Anzeichen, daß dieses Wortgut bereits sehr früh, wohl in der ar. Periode eingedrungen ist. Vor einem Jahrzehnt wäre ein solcher Vergleich noch kaum möglich gewesen, denn diese Frage war unerforscht, wenn auch Jakubinskij eine Liste solcher Dialektismen zusammenstellte (1953: 113—118). Dank O. G. Porochova, die zahlreiche Arbeiten gerade den Slavonismen in den russischen Dialekten widmete, ist dieser Mangel weitgehend behoben (vgl. Porochova 1971, 1972, 1974, 1976, 1978a, 1978b)[2]. Wir fassen die darin enthaltenen Ergebnisse zusammen, soweit sie für unser Thema von Bedeutung sind. In den Dialekten des 19. und 20. Jahrhunderts finden sich 53 Wortnester von trat-Wurzeln (Porochova 1978b: 9) bzw. mit den Präfixen пре-, пред- (Porochova 1971: 29). Von diesen werden insgesamt 44 aufgezählt (*ibid.* und Porochova 1978a: 50), mit der Feststellung, daß sich der Bestand größtenteils mit dem in der Literatursprache deckt. Sämtliche zitierte trat-Wurzeln sind bereits in den ar. Chroniken belegt, ausgenommen брем-, хлад- und шлем- (in den untersuchten Chroniken nur шеломъ, шоломѧ). Weiters sind in den Dialekten ebenso wie in der Literatursprache und in den ar. Chroniken folgende Wurzeln unpaarig: благ- und треб-, jedoch nur in den beiden ersteren: врем-, крат- (кратно 'oft') und член-, was die Abhängigkeit des Dialektbestandes von der Literatursprache unterstreicht. In den Dialekten fehlen — ebenso wie in den ar. Chroniken блат-, млат-, aber auch вран-, глад-, млек- und чред- (Porochova 1978a: 53).

Weiters sieht die Autorin als Beweis für direkte Entlehnung aus dem Aksl. trat-Morpheme mit *-žd-* an, doch breiteten sich diese Formen erst durch den Zweiten Südslavischen Einfluß im Rksl. aus, die Norm in der ar. Periode ist *-ž-*. Solche von Porochova zitierte Dialektismen (1978a: 54) stammen also wohl aus einer späteren Periode, wie граждан 'гражданин', vgl. auf unserer Liste гражанинъ

[2] Einige weitere Arbeiten von Porochova, die sie in Fußnoten zitiert, sind mir nicht zugänglich.

32× oder *-ž-* wurde ab dem 15. Jahrhundert durch *-žd-* ersetzt. Nur враж(ь)да ist schon in den Chroniken belegt.

Hingegen ist Porochovas folgender Beweis für die genetischen Zusammenhänge zwischen den Dialektismen und dem Aksl. stichhältig und besonders wichtig: Es gibt zahlreiche vollkommene Übereinstimmungen in der Semantik mundartlicher Wörter und ihren Entsprechungen im Aksl., Ksl., und AR; das wird mit 40 Beispielen demonstriert, die von der Literatursprache abweichen (1978a: 55—58). Sie werden Belegen aus der Wortkartothek für die ar. Periode und aus (a)ksl. und ar. Wörterbüchern gegenübergestellt, wobei die untersuchten Chroniken nicht sonderlich berücksichtigt sind. Ein Dutzend haben auch in diesen Texten Parallelen.

Im Resümee ihrer Dissertation widmet Porochova der letzten Frage ein eigenes Kapitel (1978b: 24 ff.) und stellt nochmals fest: Wörter mit Metathese sind genetisch mit dem Aksl. verbunden und drangen über die Literatursprache in die Dialekte ein. Jene Wörter, die in der gegenwärtigen Literatursprache keine Entsprechungen besitzen, haben solche in den ar. Denkmälern.

Der abschließend durchgeführte Vergleich mit den genetischen Slavonismen in den russischen Dialekten ergänzt die beiden vorangehenden und bestätigt offensichtlich nochmals unsere Annahme: Die Grundlage der lexikalischen Hybridisierung, wie sie bis heute für die russische Sprache charakteristisch ist, wurde bereits in den altrussischen Chroniken gelegt.

LITERATURVERZEICHNIS

I. Quellen[1]

Gal(izische Chr.)	Teil der Hypatiuschronik, in ПСРЛ II, Sp. 716—848, Jahr 1201—1260.
Ip. (Hypatiuschr.)	ПСРЛ II
Kiev(er Chr.)	Teil der Hypatiuschronik, in ПСРЛ II, Sp. 285—715, Jahr 1118—1200.
Komissionyj spisok	besterhaltene Abschrift der Ersten Novgoroder Chronik der jüngeren Redaktion (erste Hälfte bis Mitte des 15. Jahrhunderts); in НПЛ S. 104–427.
Lavr. (Laurentiuschr.)	ПСРЛ I
Nač. Svod (Načal'nyj svod)	nach Šachmatov um 1095 entstanden; große Teile erhalten im Komissionyj spisok (s. o.) mit Unterbrechungen ab S. 104 (Jahr 854) bis S. 201 (Jahr 1074).
Novg(oroder Chr.)	Erste Novgoroder Chronik der älteren Redaktion (Synodalhandschrift), in НПЛ S. 15—100.
Faksimileausgabe	in Dietze 1971 (Nachdruck der Ausgabe von 1875).
НПЛ	Новгородская первая летопись старшего и младшего изводов, М.-Л., 1950, под редакцией А. Н. Насонова.
PVL Ip	III. Redaktion der Nestorchronik in der Hypatiuschronik, ПСРЛ II, Sp. 1—285.
PVL L	II. Redaktion der Nestorchronik in der Laurentiuschronik, ПСРЛ I, Sp. 1—286.
Faksimileausgabe	Повѣсть временныхъ лѣтъ по Лаврентіевскому списку, изд. Археографической коммиссии, СПб., 1872.

[1] Vgl. weitere Abkürzungen für diese Quellen auf S. 22.

PVL L	andere benützte Ausgaben, Übersetzungen und Rekonstruktion s. III. unter Lichačev 1950, Tschiżewskij 1969, Trautmann, Šachmatov 1916: PVL I.
ПСРЛ I	Полное собрание русских летописей I: Лаврентьевская летопись и Суздальская летопись по Академическому списку, М., 1962 (Nachdruck von 1926).
ПСРЛ II	Полное собрание русских летописей II: Ипатьевская летопись, СПб., 1908.
Suzd(aler Chr.)	Teil der Laurentiuschronik, in ПСРЛ I, Sp. 289—488, Jahr 1111—1377.
Vol(hynische Chr.)	Teil der Hypatiuschronik, in ПСРЛ II, Sp. 848—938, Jahr 1261—1292.

II. Wörterbücher

Berneker		E. Berneker, Slavisches etymologisches Wörterbuch, I. Bd. A—L, II. Bd. Erste Lieferung, Heidelberg, 1924.
Dietze	1977	J. Dietze, Frequenzwörterbuch zur Synodalhandschrift der Ersten Novgoroder Chronik, Halle (Saale).
Эт. слов. слав. яз.		Этимологический словарь славянских языков. Праславянский лексический фонд, под ред. О. Н. Трубачева, М., 1974— (bis Bd. 7).
Etym. slovník		Etymologický slovník slovanských jazyků, Slova gramatická a zájmena, Svazek 1: Předložky. Koncové partikule, sestavil F. Kopečný, Praha, 1973. Svazek 2: Spojky, částice, zájmena a zájmenná adverbia; sest. F. Kopečný, V. Šaur, V. Polák, 1980.
Filin		Ф. П. Филин, Словарь русских народных говоров, Вып. 1—17, М.-Л., 1965—1981.

Gröber - Müller	B. Gröber, L. Müller, Vollständiges Wörterverzeichnis zur Nestorchronik Bd. 1. Erste Lieferung (= Handbuch zur Nestorchronik, Hrsg. L. Müller Bd. 3), München.
Kočin	Г. Е. Кочин, Материалы для терминологического словаря древней России, под ред. Б. Д. Грекова, М.-Л., 1937.
Miklosich	Lexicon palaeoslovenico-graeco-latinum, Wien, 1862—1865.
RDD	D. S. Worth, A. S. Kozak, D. B. Johnson, Russian Derivational Dictionary, New York - London - Amsterdam, 1970.
Sadnik	L. Sadnik u. R. Aitzetmüller, Handwörterbuch zu den altkirchenslavischen Texten, 's-Gravenhage, 1955.
Слов. р. яз. XI—XVII вв.	Словарь русского языка XI—XVII вв. Выпуск А—Л (1—8), М., 1975—1981.
Слов. совр. р. л. яз.	Словарь современного русского литературного языка I—XVII, М.-Л., 1950—1965.
Слов. цсл. и р. яз.	Словарь церковно-славянскаго и русскаго языка, составленный Вторым отделением Имп. Академии Наук, I—IV, 2-ое изд., СПб., 1867.
Slovník	Slovník jazyka staroslověnského I, Praha, 1958 (bis 33. Lieferung, 1979).
Srezn(evskij)	И. И. Срезневский, Материалы для словаря древне-русского языка по письменным памятникам, I—III, СПб., 1893.
Vasmer	Russisches etymologisches Wörterbuch, I—III, Heidelberg, 1953—1958.

III. Fachliteratur

Enthält auch einige Arbeiten, auf die im Text nicht verwiesen wurde, weil sie keinen direkten Bezug auf bestimmte erörterte Probleme haben. Sie waren jedoch für diese Studie im allgemeinen nützlich als Nachschlagewerke, wegen ähnlicher behandelter Fragen bzw. zur Vertiefung des historisch-kulturellen Hintergrundes oder wegen soziolinguistischer Methodik.

Amartol		Hamartoloschronik, s. auch Istrin 1920
Bauer	1965	Я. Бауэр, Старославянскый язык и язык жителей Великой Моравии. Сопоставление синтаксического строя; in: Magna Moravia. Sborník k 1100. výročí příchodu byzantské mise na Moravu, Praha, 469—492.
Bauer	1967	Ja. Bauer, K vývoji vztažných vět v slovanských jazycích, in: Slavica Slovaca, II, 4, 297—320.
Bauer	1972	Ja. Bauer, Vliv řečtiny a latiny na vývoj syntaktické stavby slovanských jazyků, erstmals veröffentlicht 1958; K povaze vlivu církevní slovanštiny na staroruskou syntax, erstmals veröffentlicht 1966, beide in: Syntactica slavica, Brno, S. 47—67, 91—95.
Belozercev	1964	Г. И. Белозерцев, Соотношение глагольных образований с приставками *вы-* и *из-* выделительного значения в древнерусских памятниках XI—XIV вв., in: Исследования по исторической лексикологии древнерусского языка, М., 1964, 161—217.
Bielfeldt	1961	H. H. Bielfeldt, Altslawische Grammatik, Halle (Saale).
Birnbaum	1958	H. Birnbaum, Zur Aussonderung der syntaktischen Gräzismen im Altkirchenslavischen, in: Scando-Slavica, IV, 239—257.

Borkovskij - Kuznecov	1965	В. И. Борковский, П. С. Кузнецов, Историческая грамматика русского языка, 2-ое изд., М.
Brekle	1972	H. E. Brekle, Semantik. Eine Einführung in die sprachwissenschaftliche Bedeutungslehre, München.
Bulachovskij	1958	Л. А. Булаховский, Исторический комментарий к русскому литературному языку, 5-ое дополн. и перераб. изд., Киев.
Cejtlin	1977	Р. М. Цейтлин, Лексика старославянского языка. Опыт анализа мотивированных слов по данным древнеболгарских рукописей X—XI вв., М.
Diem	1974	W. Diem, Hochsprache und Dialekt im Arabischen. Untersuchungen zur heutigen arabischen Zweisprachigkeit (Abhandlungen für die Kunde des Morgenlandes Bd. XLI, 1), Wiesbaden.
Dietze	1971	J. Dietze, Die Erste Novgoroder Chronik nach ihrer ältesten Redaktion (Synodalhandschrift) 1016—1333/1352. Edition des altrussischen Textes und Faksimile der Handschrift im Nachdruck, Leipzig.
Dietze	1975	J. Dietze, Die Sprache der Ersten Novgoroder Chronik. Die von der Synodalhandschrift graphisch reflektierte phonetische und phonologische Situation (Uniwersytet im. Adama Mickiewicza w Poznaniu. Seria Filologia rosyjska, Nr 6).
Dietze	1978	J. Dietze, Phonetische Slawismen in der Synodalhandschrift der Ersten Novgoroder Chronik, in: Zschr. f. Slawistik, XXIII, 4, 586—596.
Dittmar	1980	N. Dittmar, Soziolinguistik. Exemplarische und kritische Darstellung ihrer Theorie, Empirie und Anwendung, 4.

korr. Aufl., Athenäum Taschenbücher, Linguistik, Königstein/Ts.

Durnovo 1969 Н. Н. Дурново, Введение в историю русского языка, М. (erste Ausgabe 1927).

Eremin 1949 И. П. Еремин, Киевская летопись как памятник литературы, in: ТОДРЛ, VII, 67—97.

Ferguson 1959 Ch. Ferguson, Diglossia, in: Word, 1959, Bd. 15, 325—340.

Filin 1949 Ф. П. Филин, Лексика русского литературного языка древнекиевской эпохи (по материалам летописей), Учен. зап. Ленинградск. гос. пед. Инст. им. Герцена, т. 80.

Filin 1972 Ф. П. Филин, Происхождение русского, украинского и белорусского языков, М.-Л.

Filin 1974 Ф. П. Филин, Об истоках русского литературного языка, in: ВЯ, 3, 3—13.

Filin 1977 Ф. П. Филин, О генетическом и функциональном статусе современного русского литературного языка, in: ВЯ, 4, 3—21.

Filin 1981 Ф. П. Филин, Истоки и судьбы русского литературного языка, М.

Fishman 1972 J. A. Fishman, Soziologie der Sprache. Eine interdisziplinäre sozialwissenschaftliche Betrachtung der Sprache in der Gesellschaft (Hueber Hochschulreihe 30), München.

Frančuk 1965 В. Ю. Франчук, До історії імені Володимир, in: Територіальні діалекти і власні назви, Київ, 261—267.

Hamartoloschronik s. Istrin 1920.

Hens'ors'kyj 1961 А. І. Генсьорський, Галицько-волинський літопис, Київ.

Hüttl-Folter	1978	Г. Хютль-Фольтер, Диглоссия в древней Руси, in: Wr. Slav. Jahrb., XXIV, 108—123.
Hüttl-Folter	1979	G. Hüttl-Folter, Zusammenhänge zwischen dem sprachlichen Erbe und der neueren russischen Literatursprache, Wr. Slav. Jahrb., XXV, 26—47.
Hüttl-Folter	1980 a	G. Hüttl-Folter, Zur Sprache der Nestorchronik: Russischkirchenslavisch-altrussische lexikalische Wechselbeziehungen, in: Zschr. f. Sl. Ph., XLI, 1, 34—57.
Hüttl-Folter	1980 b	G. Hüttl-Folter, Die Lexeme градъ und городъ in der Nestorchronik, in: Zschr. f. Slawistik, XXV, 1, 6—16.
Hüttl-Folter	1983	G. Hüttl-Folter, Zu den Verben und Deverbativen mit dem Präfix из- im Russischkirchenslavischen, in: Litterae slavicae aevii medii (Francisco Venceslavo Mareš sexagenario oblatae), im Druck.
Hüttl-Worth	1973	Г. Хютль-Ворт, Спорные проблемы изучения литературного языка в древнерусский период, in: Wr. Slav. Jahrb., XXV, 26—47.
Hüttl-Worth	1975	G. Hüttl-Worth, Zur Distribution von *trat/torot*-Formen in den altrussischen Chroniken, in: Wr. Slav. Jahrb., XXI, 88—92.
Issatschenko	1980	A. Issatschenko, Geschichte der russischen Sprache, 1. Band, Von den Anfängen bis zum Ende des 17. Jh., Heidelberg.
Istrin	1920	В. М. Истрин, Книгы Временьныя и образныя Георгия Мниха. Хроника Георгия Амартола в древнем славянорусском переводе, I—III, Л., 1920—1930.

Изв. СЛЯ		Известия АН СССР. Серия литературы и языка.
Jakobson	1933	R. Jakobson, Aus der deutschen Russistik, in: Prager Presse, 21. Juli 1933, 6 (= Rezension von Paschen 1933).
Jakobson	1974	R. Jakobson, Form und Sinn. Sprachwissenschaftliche Betrachtungen (Internationale Bibliothek für allgemeine Linguistik, Bd. 13), München.
Jakubinskij	1923	Л. П. Якубинский, О диалогической речи, in: Русская речь. Сб. статей под ред. Л. В. Щербы (Труды Фонет. института практического изучения языков), Петроград, 96—194.
Jakubinskij	1953	Л. П. Якубинский, История древнерусского языка, М.
Kandaurova	1967a	Т. Н. Кандаурова, О взаимозаменяемости слов с комплексами ТРАТ, ТОРОТ в оригинальных русских памятниках XII—XIV вв., in: Учен. зап. МГПИ, 264, 418—433.
Kandaurova	1967b	Т. Н. Кандаурова, О характере оппозиций в парах соотносимых между собой неполногласных и полногласных слов (на материале древнерусского письменного литературного языка XI—XIV вв.), in: Учен. зап. МГПИ, 264, 375—390.
Kandaurova	1967c	Т. Н. Кандаурова, Восточнославянские полногласные варианты слов в оригинальном русском житии Феодосия Печерского, in: Учен. зап. МГПИ, 264, 391—417.
Kandaurova	1968a	Т. Н. Кандаурова, Случаи орфографической обусловленности слов с полногласием в памятниках XI—XIV вв., in: Памятники древнерусской письменности, М., 7—18.

Kandaurova 1968b Т. Н. Кандаурова, Полногласная и неполногласная лексика в прямой речи летописи, in: Памятники древнерусской письменности, М., 72—94.

Kandaurova 1968c Т. Н. Кандаурова, О случаях параллельного употребления полногласных и неполногласных слов-вариантов в памятниках XI—XVII вв., in: Русская историческая лексикология, М., 140—153.

Kandaurova 1972 Т. Н. Кандаурова, Ассимиляция маркированных церковнославянизмов в древнерусских памятниках XI—XIV веков, in: Проблемы общего и русского языкознания, М., 89—103.

Kandaurova 1973a Т. Н. Кандаурова, Лексика с неполногласными и полногласными сочетаниями в корнях в древнерусских памятниках XI—XIV вв. (Unveröffentlichte Maschinschrift der Doktordissertation), М.

Kandaurova 1973b Т. Н. Кандаурова, О характере семантической соотносительности слов с неполногласными и полногласными сочетаниями в корнях, in: Вопросы грамматики и лексики русского языка, отв. ред. А. Н. Стеценко, М., 65—75.

Kandaurova 1974 Т. Н. Кандаурова, Лексика с неполногласными и полногласными сочетаниями в корнях в древнерусских памятниках XI—XIV вв., Автореферат диссертации на соискание ученой степени доктора филологических наук, М.

Kandaurova 1980 Т. Н. Кандаурова, О различиях в объеме лексико-семантических значений коррелятивных -ТРАТ-, -ТОРОТ- лексем (на материале древнерусских

		памятников XI—XIV вв.), in: Исследования по исторической семантике, Калининград, 64—73.
Karger	1955	М. К. Каргер, К характеристике древнерусского летописца, in: ТОДРЛ, XI, 59—71.
Keipert	1977	H. Keipert, Die Adjektive auf *-telьnъ*. Studien zu einem kirchenslavischen Wortbildungstyp, I. Teil, Wiesbaden. (Veröffentlichungen der Abteilung für slavische Sprachen und Literaturen des Osteuropa-Instituts an der Freien Universität Berlin, Bd. 45.)
Kuz'mina	1954	И. Б. Кузьмина, Употребление глагольных форм в побудительных предложениях в русском языке XI—XVII вв., in: Труды Института языкознания АН СССР, V, 81—138.
Larin	1975	Б. А. Ларин, Лекции по истории русского литературного языка (X—середина XVIII в.), М.
Leont'ev	1971	A. A. Leont'ev, Sprache - Sprechen - Sprechtätigkeit, Übers. u. herausgeg. v. C. Heeschen u. W. Stölting, Stuttgart, Berlin, Köln, Mainz.
Leont'ev	1974	Основы теории речевой деятельности, отв. ред. А. А. Леонтьев, М.
Lichačev	1947	Д. С. Лихачев, Русские летописи и их культурно-историческое значение, М.-Л.
Lichačev	1950	Повесть временных лет. Ч. 1: Текст и перевод, ч. 2: Приложения, под ред. В. П. Адриановой-Перетц, М.-Л.
Lichačev	1962	Д. С. Лихачев, Текстология на материале русской литературы X—XVII вв., М.-Л.

Ljapunov	1900	Б. М. Ляпунов, Исследование о языке синодального списка 1-ой новгородской летописи. Вып. 1, СПб. (= Исследования по русскому языку, II, вып. 2).
Ljapunov	1929	Б. М. Ляпунов, Семасиологические и этимологические заметки в области славянских языков: приставка *из-*, in: Slavia, VII, 4, 754—764.
Lüdtke	1968	H. Lüdtke, Geschichte des romanischen Wortschatzes. 1. Bd.: Wandlungen innerhalb der Romania von der Antike bis zur Gegenwart. 2. Bd.: Ausstrahlungsphänomene und Interferenzzonen, Freiburg im Br.
Lunt	1975	H. G. Lunt, On the Language of Old Rus: some questions and some suggestions, in: Russian Linguistics, Vol. 2, Nr. 3/4, 269—281.
L'vov	1968	А. С. Львов, Исследование речи философа, in: Памятники древнерусской письменности, М., 333—396.
L'vov	1974	А. С. Львов, Из лексикологических наблюдений, in: Этимология 1972, М., 1974, 103—113.
L'vov	1975	А. С. Львов, Лексика «Повести временных лет», М.
МГПИ		Московский государственный педагогический институт им. В. И. Ленина.
Michajlovskaja	1973	Н. Г. Михайловская, К проблеме изучения лексико-семантической системы древнерусского языка, in: ВЯ 2, 92—101.
Michajlovskaja	1980	Н. Г. Михайловская, Системные связи в лексике древнерусского книжно-письменного языка XI—XIV вв. Нормативный аспект, М.

Miklosich	1854	F. Miklosich, Über die Sprache der ältesten russischen Chronisten, vorzüglich Nestor's. Sitzungsbericht der Kaiserl. Akademie der Wissenschaften, Phil.-Histor. Classe, vom 8. XI. 1854, Wien, 1—52.
Miklosich	1860	F. Miklosich, Chronica Nestoris Textum russico-slovenicum, Wien.
Morris	1946	Ch. Morris, Signs, Language and Behaviour, New York.
Müller	1977	L. Müller, Handbuch zur Nestorchronik, Bd. I—III (Forum Slavicum 48—50), Herausgeber, s. u. Gröber - Müller und unter Scheffler.
Mur'janov	1978	М. Ф. Мурьянов, Время (понятие и слово). К 600-летию Лаврентьевской летописи, in: ВЯ 2, 52—66.
Nasonov	1969	А. Н. Насонов, История русского летописания XI—начала XVIII века. Очерки и исследования, М.
Nikol'skij	1899	А. А. Никольский, О языке ипатской летописи, in: Русский филологический вестник т. 41, 238—275, т. 42, 23—110.
Nikol'skij	1976	Л. Б. Никольский, Синхронная социолингвистика, М.
Obnorskij	1946	С. П. Обнорский, Очерки по истории русского литературного языка старшего периода, М.-Л.
Obnorskij	1960	С. П. Обнорский, Избранные работы по русскому языку, М.
Paschen	1933	A. Paschen, Die semasiologische und stilistische Funktion der *trat/torot*-Alternationen in der altrussischen Literatursprache, Heidelberg.
Picchio	1973	R. Picchio, The isocolic principle in Old Russian prose, in: Slavic Poetics. Essays in honor of Kiril Taranovsky, The Hague - Paris, 299—331.

Picchio 1977 R. Picchio, The function of biblical thematic clues in the literary code of "Slavia orthodoxa", in: Slavica Hierosolymitana, I, 1—31.

Porochova 1971 О. Г. Порохова, О лексике с неполногласием и полногласием в русских народных говорах, ч. I. Варьирование, in: Диалектная лексика 1969, Л., 1971, 27—48.

Porochova 1972 О. Г. Порохова, О лексике с неполногласием и полногласием в русских народных говорах, ч. II. Слова с корнями *град-* и *город-*; in: Вопросы изучения лексики русских народных говоров. Диалектная лексика 1971, Л., 1972, 14—68.

Porochova 1976 О. Г. Порохова, О лексике с неполногласием и полногласием в русских народных говорах, ч. III (Лексико-семантические и морфонологические особенности слов с корнями *брем-/берем-*, *бреж-/береж-*, *празд-/порож-*, *прах-/порох-*, *слад-/солод-*, *смрад-/смород-*), in: Диалектная лексика 1974, Л., 1976, 52—69.

Porochova 1978a О. Г. Порохова, О лексике с неполногласием и полногласием в русских народных говорах, ч. IV. К вопросу о генезисе лексики с неполногласием, известной в народных говорах; in: Диалектная лексика 1975, Л., 1978, 44—59.

Porochova 1978b О. Г. Порохова, Полногласная и неполногласная лексика в русском литературном языке и говорах. (Автореферат докторск. диссертации), М.

Rospond 1972 С. Роспонд, Структура и стратиграфия древнерусских топонимов, in: Восточнославянская ономастика, М., 9—89.

Růžička	1961	R. Růžička, Struktur und Echtheit des altslavischen dativus absolutus, in: Zschr. f. Slawistik, VI, 4, 588—596.
Scheffler	1977	L. Scheffler, Textkritischer Apparat zur Nestorchronik; mit einem Vorwort v. L. Müller, München (Handbuch zur Nestorchronik, Hrsg. L. Müller, Bd. II).
Schmidt	1975	W.-H. Schmidt, Gattungstheoretische Untersuchungen zur altrussischen Kriegserzählung (Zur Soziologie mittelalterlicher Gattungen), (Veröffentlichungen der Abteilung für slavische Sprachen und Literaturen des Osteuropa-Instituts an der Freien Universität Berlin, Bd. 44), Berlin.
Schumann	1958	K. Schumann, Die griechischen Lehnbildungen und Lehnbedeutungen im Altbulgarischen (Veröffentlichungen der Abteilung für slavische Sprachen und Literaturen des Osteuropa-Instituts an der Freien Universität Berlin, Bd. 16), Wiesbaden.
Searle	1977	John R. Searle, Sprechakte. Ein sprachphilosophischer Essay, Frankfurt a. M.
Shevelov	1968	G. Y. Shevelov, On the Lexical Makeup of the Galician-Volhynian Chronicle (An Experiment in the Comprehensive Study of Vocabulary followed by a Few Remarks on the Literary Language of Old Rus'), in: Studies in Slavic Linguistics and Poetics in Honor of Boris O. Unbegaun, New York, 195—207.
Sobolevskij	1980	А. И. Соболевский, История русского литературного языка, изд. подготовил А. А. Алексеев, Л. (Verfaßt 1889).
Sorokoletov	1970	Ф. П. Сороколетов, История военной лексики в русском языке XI—XVIII вв., Л.

Stricker	1979	G. Stricker, Stilistische und verbal-syntaktische Untersuchungen zum Moskovitischen Prunkstil des 16. Jahrhunderts (Slavistische Beiträge, Bd. 127) München.
Suchomlinov	1908	М. И. Сухомлинов, Исследования по древней русской литературе. О древней русской летописи как памятнике литературном, in: Сборник Отд. русск. яз. и слов., LXXXV Nr 1, 1908, 1—272.
Sumkina	1954	А. И. Сумкина, К истории относительного подчинения в русском языке XIII—XVII вв., in: Труды Института Языкознания АН СССР, V, 139—202.
Šachmatov	1908	А. А. Шахматов, Разыскания о древнейших русских летописных сводах, СПб.
Šachmatov	1916 PVL I	А. А. Шахматов, Повесть временных лет. I. Вводная часть. Текст. Примечания, Петроград.
Šachmatov	1938	А. А. Шахматов, Обозрение русских летописных сводов XIV—XVI вв., М.-Л.
Šachmatov	1940	А. А. Шахматов, Повесть временных лет и ее источники, in: ТОДРЛ, IV, 11—150.
Šachmatov	1947	А. А. Шахматов, Киевский начальный свод 1095 г., in: А. А. Шахматов 1864—1920, Сборник статей под ред. С. П. Обнорского, М.-Л., 117—160.
Šachmatov - Shevelov	1960	A. Šachmatov - G. Y. Shevelov, Die kirchenslavischen Elemente in der modernen russischen Literatursprache, Wiesbaden, 1960 (= Slavistische Studienbücher I). Šachmatovs Aufsatz (S. 3—41) ist eine Übersetzung aus Очерк современного русского литературного языка, М., 1941, 4. Auflage.

		G. Y. Shevelovs Aufsatz: Die kirchenslavischen Elemente in der russischen Literatursprache und die Rolle A. Šachmatovs bei ihrer Erforschung, 43—106.
ТОДРЛ		Труды Отдела Древнерусской Литературы.
Trautmann		Die altrussische Nestorchronik. Povest' vremennych let. In Übersetzung herausgeben v. R. Trautmann, Leipzig, 1931.
Tschiżewskij	1948	Dm. Tschiżewskij, Altrussische Literaturgeschichte im 11., 12. und 13. Jahrhundert, Frankfurt a. M.
Tschiżewskij	1969	Die Nestorchronik. Eingeleitet und kommentiert von Dm. Tschiżewskij (Slavistische Studienbücher VI), Wiesbaden.
Tvorogov	1962	О. В. Творогов, Словарь-комментарий к «Повести временных лет» (Автореферат канд. диссертации), М.
Tvorogov	1963	О. В. Творогов, К вопросу об употреблении старославянизмов в «Повести временных лет», in: ТОДРЛ, XIX, 208—214.
Tvorogov	1976	О. В. Творогов, Повесть временных лет и Начальный свод (Текстологический комментарий), in: ТОДРЛ, XXX, 3—26.
Учен. зап. МГПИ		Ученые записки Московского государственного педагогического института им. В. И. Ленина.
Uluchanov	1964	И. С. Улуханов, Предлоги *предъ – передъ* в русском языке XI—XVII вв., in: Исследования по исторической лексикологии древнерусского языка, М., 1964, 125—160.

Uluchanov 1966a И. С. Улуханов, Глаголы с приставкой *предъ-* в древнерусском языке XI—XV вв., in: Лексикология и словообразование древнерусского языка, М., 1966, 123—153.

Uluchanov 1966b И. С. Улуханов, Причины семантического преобразования славянизмов (На материале глаголов с приставкой *пре-*), in: Изв. СЛЯ, 1966, XXV, 87—99.

Uluchanov 1968 И. С. Улуханов, О судьбе славянизмов в древнерусском литературном языке (На материале глаголов с приставкой *пре-*), in: Памятники древнерусской письменности. Язык и текстология, М., 1968, 19—71.

Uluchanov 1969 И. С. Улуханов, Славянизмы и народноразговорные слова в памятниках древнерусского языка XI—XIV вв. (глаголы с приставками *пре-*, *пере-* и *предъ-*), in: Исследования по словообразованию и лексикологии древнерусского языка, М., 106—186.

Uluchanov 1972 И. С. Улуханов, О языке древней Руси, М.

Unbegaun 1965 B. O. Unbegaun, Le russe littéraire est-il d'origine russe ?, in: Revue des études slaves, XLIV, 19—28.

Uspenskij 1973 Б. А. Успенский, История русского литературного языка. Проект пространной программы, М. (Maschinschrift).

Uspenskij 1976 Б. А. Успенский, К вопросу о семантических взаимоотношениях системно противопоставленных церковнославянских и русских форм в истории русского языка, in: Wr. Slav. Jahrb., XXII, 92—107.

Uspenskij	1981	Б. А. Успенский, Диглоссия и двуязычие в истории русского литературного языка, im Druck.
Ustjugova	1973	Л. М. Устюгова, К проблеме взаимодействия церковнославянизмов и восточнославянизмов в различных списках «Повести временных лет», in: Вопросы грамматики и лексики русского языка, отв. ред. А. Н. Стеценко, (МГПИ), М., 116—133.
Ustjugova	1974	Л. М. Устюгова, К вопросу об особенностях функционально-стилистического использования лексем с неполногласными и полногласными сочетаниями в «Повести временных лет» по Ипатьевскому списку, in: Исследования по русскому языку и языкознанию, (МГПИ), М., 148—168.
Ustjugova	1975	Л. М. Устюгова, Характер различий в использовании книжно-славянизмов и соотносительных русизмов в основных списках «Повести временных лет» (Автореферат канд. диссертации, МГПИ), М.
Ustjugova	1976	Л. М. Устюгова, Особенности функционально-стилистического использования глаголов с приставками *пре*/*пере* в списках «Повести временных лет», in: Сборник трудов по русскому языку и языкознанию, (МГПИ), вып. II, М.
Večerka	1971	R. Večerka, Vliv řečtiny na staroslověnštinu, in: Listy filologické 94, 129—150.
Vinogradov	1958	В. В. Виноградов, Основные проблемы изучения образования и развития древнерусского литературного языка, М.

Vinokur	1943	Г. О. Винокур, Русский язык. Исторический очерк; zum ersten Mal publiziert 1943, zitiert nach Избранные работы по русскому языку, М., 1959, 11—110.
ВЯ		Вопросы языкознания.
Vondrák	1912	W. Vondrák, Altkirchenslavische Grammatik, 2. Auflage, Berlin.
Worth	1974	D. S. Worth, Slavonisms in the Uloženie of 1649, in: Russian Linguistics, I, 225—249.
Worth	1975	Д. С. Ворт, О языке русского права, in: ВЯ, 2, 68—75.
Worth	1976	D. S. Worth, Slavonic and Russian in 17th-c. epistolary texts, in: Wr. Slav. Jahrb., XXII, 101—108.
Worth	1978a	D. S. Worth, On "Diglossia" in Medieval Russia, in: Die Welt der Slaven, XXIII, 2, 371—393.
Worth	1978b	Slavonisms in Russian diplomatic reports 1567—1667, in: Slavica Hierosolymitana II, 3—12.
Wr. Slav. Jahrb.		Wiener Slavistisches Jahrbuch.
Wunderlich	1972	D. Wunderlich, Linguistische Pragmatik (Schwerpunkte Linguistik und Kommunikationswissenschaft), Bd. 12, Athenäum, Frankfurt a. M.
Zschr. f. Slawistik		Zeitschrift für Slawistik.
Žuravskij	1972	А. И. Журавский, О разграничении белорусских и церковнославянских памятников, in: Русское и славянское языкознание. К 70-летию Р. И. Аванесова, М., 95—101.

WORTREGISTER

Das Wortregister enthält alle trat- und torot-Lexeme in derselben vereinheitlichten Form wie auf der „Liste sämtlicher trat- und torot-Lexeme aus den untersuchten Chroniken" (S. 326 ff.). Andere Kirchenslavismen und Russismen mit distinktiven Merkmalen werden nur dann aufgenommen, sofern sie im Text besprochen werden, nicht aber, wenn sie nur in Zitaten vorkommen. Wörter, die nur in einzelnen morphologischen Formen markierte Merkmale aufweisen, werden nicht berücksichtigt. Namen aller Art werden ebenfalls nur angegeben, wenn sie näher erläutert werden. Aus dem Kapitel „Belege und Kommentare zu den trat/torot-Lexemen in PVL L" (S. 182—265) werden lediglich die Stichwörter angeführt, nicht aber andere Russismen und Kirchenslavismen. Diese Stichwörter sind durch Fettdruck gekennzeichnet. Die kursiv gedruckten Zahlenangaben weisen darauf hin, daß das Stichwort in den Tabellen auftritt.